本书为北京市社会科学基金重大项目
《北京专史集成》（第三辑）成果

北京专史集成

主编 王岗

北京军事史

本书主编 靳 宝

人民出版社

图书在版编目（CIP）数据

北京军事史 / 靳宝主编 .
– 北京：人民出版社，2017
（北京专史集成 / 王岗主编）
ISBN 978-7-01-018525-5

Ⅰ . ①北… Ⅱ . ①靳… Ⅲ . ①军事史 – 北京 Ⅳ . ① E289.1

中国版本图书馆 CIP 数据核字（2017）第 276491 号

北京军事史
BEIJING JUNSHI SHI

丛书主编：王　岗
丛书策划：张秀平
本书主编：靳　宝
责任编辑：张秀平
装帧设计：徐　晖

人民出版社出版发行
地　　址：北京市东城区隆福寺街 99 号金隆基大厦
邮政编码：100706　　http://www.peoplepress.net
经　　销：新华书店总店北京发行所经销
印刷装订：北京中科印刷有限公司
出版日期：2018 年 8 月第 1 版　　2018 年 8 月第 1 次印刷
开　　本：730 毫米 × 960 毫米　1/16
印　　张：22.5
字　　数：430 千字
书　　号：ISBN 978-7-01-018525-5
定　　价：79.80 元

丛书主编：王　岗
本书主编：靳　宝

本书撰稿人员（以姓氏笔画排序）
　　　　王　岗　许　辉　陈清茹　张艳丽
　　　　郑永华　靳　宝

编写说明

　　2006 年，历史所在北京市社科院领导的大力支持下，将《北京专史集成》作为院内重大课题立项。10 年来已经出版了 15 部专著。这些专著是在全所同事的共同努力和所外专家的大力支持下下陆续编写、出版的，并得到了从事北京史研究同行们的认可。

　　2014 年我们将已经出版的 12 部专史编为"第一辑"，又确定了《北京专史集成》第二辑新的 12 部专史书目，并得到了北京市哲学社会科学规划办公室领导的大力支持，再次把《北京专史集成》第二辑列为北京市哲学社会科学重点项目，我们在此深表感谢。同样，《北京专史集成》第二辑的出版也得到了人民出版社的领导和负责编辑工作的专家们的大力支持。我们在此也深表感谢。

　　在《北京专史集成》课题立项之后，我们特别聘请了一批著名历史学家作为课题的学术顾问，他们为专史第一辑的撰写工作提出了很多宝贵的意见，我们在此表示深深的敬意与感激。在专史第一辑的撰写过程中，有些著名专家因年事已高而辞世，我们在此也深表悼念之情。学术研究是全社会的事情，这些年事已高的著名专家在学术上的无私帮助给我们今后的研究工作树立了榜样，激励着我们做好专史第二辑的研究工作。我们相信，在院领导的大力支持下，在历史学家们的无私帮助下，在出版社领导和责编的积极推动下，特别是在全所科研人员的共同努力下，北京专史第二辑的编写和出版工作一定会顺利完成。

王岗　2017 年 11 月

前　言

　　在人类历史上，很早就有了战争。最初是人与动物之间的战争，被人们称之为"狩猎"。这是人类为生存而获取食物的一种主要手段，也是人类残杀动物的一种行为。随着人类组成不同的部落，在部落之间为争夺食物，以及各种财物，也会相互残杀，人们称之为战争。这时战争的主体，是"全民皆兵"，没有专职的军队，所有部落成员都是战士。而那些游牧部落和渔猎部落的民众，都是天生的战士，比农耕部落的民众有着更强的战斗能力。

　　随着部落的发展，逐渐形成了部落联盟和国家的雏形，而在这时的部落联盟之间的战争，已经颇具规模。传说，炎帝与黄帝之间的"阪泉之战"，以及炎黄联盟与蚩尤部落之间的"涿鹿之战"，就是这个时期的典型战例。随着国家的形成和发展，部落首领已经转变为天子与诸侯王，各诸侯国之间的战争也变得规模越来越巨大，时间越来越频繁。人们对战争也越来越重视，开始有了专门研究战争的学者，在先秦时期的"百家争鸣"之中，则有了"兵家"，今天对战争的研究被称为军事学。

　　随着人类战争的不断发展，开始出现半职业化的军队。在中原地区，当有战争发生时，农民们就要前去从军；一旦战争结束，这些人也就解甲归田。在成为士兵的同时，这些人还要自备武器和其他装备。再往后，则是职业化军队的出现，有专门主持战争的统帅和冲杀在前线的将领。这些人的活动，往往决定着战争的胜负，以及国家的兴亡。因此，他们也就成了国之栋梁。

　　《北京军事史》研究的时间跨度，是从先秦时期的"阪泉之战"开始，一直到新中国建立为止的几千年历史。从军事史的角度来看，在这几千年的漫长岁月中，大致跨越了两个阶段。第一个阶段是从先秦到"鸦片战争"之前，在中国疆域内发生的战争主要是处在冷兵器阶段。第二个阶段是从西方列强用洋枪洋炮轰开中国大门之后，这时开始开入热兵器阶段。由于兵器种类的不同，使得战争的结果也发生了很大变化。

在第一个阶段，战争是以人们之间身体直接对抗的形式来决定胜负的，士兵身体的强弱，是决定胜负的一个重要因素；而士兵的斗志强弱，是决定胜负的另一个重要因素。战争中所使用的武器优劣如何，却只能起到辅助用。强壮的身体加上高昂的斗志，可以使一支军队所向无敌。而有了精良的武器，却没有斗志的军队往往会打败仗。

在冷兵器时代，还有一个重要的战争因素，则是骑兵的作用非常强大。徒步的士兵是很难与骑兵对抗的，不论是从力量对比，还是从速度对比，两者的差距太大。因此，在通常情况下，两者的对抗，往往形成一边倒的结果，骑兵总会战胜步兵。但是，当进入热兵器阶段，特别是有了机械化部队之后，骑兵的优势几乎荡然无存。

在北京的战争史上，中原地区的王朝军队往往在步兵的人数上占有绝对优势，而在骑兵的人数上，则是北方少数民族政权军队占据优势。在这种情况下，对抗的结果也往往是少数民族的军队以少胜多，击败中原王朝的军队。契丹族和蒙古族的铁骑经常会创造出一些徒步军队无法想象的军事奇迹，骑兵的重要作用，由此可见一斑。

透过战争的表面现象，我们还可以看到一些表象之下的深层原因。即战争的胜负不仅仅是军队的强弱，而在很大程度上有着经济作为背后的支柱。在中原地区，古代王朝要保持一支强大的骑兵队伍是要消耗巨额资产的，甚至很快就会导致国家贫穷，衰落。而在北方游牧部落中，饲养马匹的费用是很少的，大草原就是天然的牧场，广大牧民就是天生的骑兵。因此，中原王朝只能制造一些骑兵的障碍（如万里长城），才能够维持双方的军事平衡。一旦这些障碍被扫除（如石敬瑭割让燕云十六州），这种军事上的平衡也就被打破了。

这种经济背景还体现在许多方面。如俗话常说"兵马未动，粮草先行"，就是指战争前的战略物资的筹措活动。如果没有充足的战争物资筹备，往往会导致战争的失败。古代战争是如此，当代战争也是如此。隋炀帝为了征伐辽东，专门开凿永济渠到涿郡（今北京），以提供运粮运兵的便利条件。虽然战争最后失败了，却是由于统治者违背了战争的基本准则和违背了合理的战略战术。

在进入热兵器阶段之后，军事背后的经济背景变得越来越重要。

在机械制造中，兵器制造（包括枪、炮、战舰、坦克、飞机等）的水准高低，对于战争胜负的影响越来越大。而一个国家经济实力和科技发展水平，直接决定了它在军事实力上的强弱。今天的军事对抗，在很大程度上就是经济实力强弱和科技水平高低的对抗。

在以往人们研究战争的过程中，还有一个十分重要的命题是人们经常提到的，即战争的正义性和非正义性问题。早在先秦时期，由于诸侯之间的战争频繁爆发，就有人指出这种战争是非正义性的，所谓"争地以战，杀人盈野。争城以战，杀人盈城"。对于这种非正义的战争，是应该加以谴责的。

但是，由于历史发展的复杂性，使得人们有时对战争性质的判断很难确定是否是属于正义战争。特别是在北京古代历史上经常发生的汉族政权与少数民族政权之间的军事对抗，就很难简单用正义还是非正义来判断。凡是涉及到民族关系问题的战争，许多人不敢谈论谁是谁非。其实，我们只要依据历史事实加以判断，谁是掠夺者，谁是自卫者，正义与否，一目了然。

作为军事科学而言，研究表明，今天的战争比起以往历史上任何一个时期都要复杂得多，影响战争胜负的因素也变得越来越多。从军队构成、组织体系、兵种协同、武器装备、战争策划、战役准备、环境了解、后勤保障、紧急应对，等等，皆包括在军事史的研究范围之内。古代战争的因素虽然要简单一些，主要内容也是不可缺少的。

我们这部《北京军事史》，是放在北京历史发展的大框架下，以历代战争作为主线展开的。同时也简要涉及到了军事制度、军事技术等方面的内容。至于重要的军事人物及其活动，则没有充分展开。北京历史文化极其丰富，而军事史的发展变化也是十分丰富的，这部著作限于篇幅，只能加以简要梳理。挂一漏万之处，还望专家学者及广大读者指正。

王岗

2017 年 11 月

目　录

编写说明 ………………………………………………………………（1）

前　言 …………………………………………………………………（1）

绪　论 …………………………………………………………………（1）

第一章　先秦 …………………………………………………………（1）

　第一节　召公受封的军事意义 ……………………………………（1）

　　一、炎黄阪泉之战 ………………………………………………（1）

　　二、召公受封的军事意义 ………………………………………（4）

　第二节　燕国军事地位的形成 ……………………………………（8）

　　一、斡旋于诸侯强国的战争历程 ………………………………（8）

　　二、附重与牵制的军事特点 ……………………………………（16）

第二章　两汉魏晋十六国北朝 ………………………………………（25）

　第一节　西汉分封与燕王之战 ……………………………………（25）

　　一、秦汉之际对燕蓟的军事争夺 ………………………………（25）

　　二、燕王谋反所引发的军事冲突 ………………………………（29）

　第二节　光武平定河北与燕地军事防御功能的加强 ……………（37）

　　一、上谷、渔阳突骑与光武帝平定河北 ………………………（38）

　　二、平定各部叛乱与东汉政权巩固 ……………………………（40）

　　三、渔阳彭宠叛乱与幽州军事的大一统 ………………………（41）

第三节　两汉时期匈奴等部族对幽燕地区的军事侵扰⋯⋯⋯（43）
　　一、匈奴对幽燕地区的军事侵扰⋯⋯⋯⋯⋯⋯⋯⋯⋯⋯⋯（43）
　　二、鲜卑、乌桓对幽燕地区的军事侵扰⋯⋯⋯⋯⋯⋯⋯⋯（46）
　　三、朝鲜部族与燕地的军事关系⋯⋯⋯⋯⋯⋯⋯⋯⋯⋯⋯（52）
第四节　刘豫、公孙瓒割据幽州与曹魏统一北方⋯⋯⋯⋯⋯（54）
　　一、黄巾起事与幽燕兵畔⋯⋯⋯⋯⋯⋯⋯⋯⋯⋯⋯⋯⋯⋯（54）
　　二、刘虞与公孙瓒的军事对抗⋯⋯⋯⋯⋯⋯⋯⋯⋯⋯⋯⋯（55）
　　三、公孙瓒与袁绍的军事对峙⋯⋯⋯⋯⋯⋯⋯⋯⋯⋯⋯⋯（57）
　　四、幽州军事形势与曹魏统一北方⋯⋯⋯⋯⋯⋯⋯⋯⋯⋯（58）
第五节　魏晋十六国北朝对幽州的军事争夺⋯⋯⋯⋯⋯⋯⋯（61）
　　一、魏晋对幽州边地的军事管控⋯⋯⋯⋯⋯⋯⋯⋯⋯⋯⋯（61）
　　二、石勒与王浚的军事争夺⋯⋯⋯⋯⋯⋯⋯⋯⋯⋯⋯⋯⋯（61）
　　三、段匹磾与刘琨的联盟与争夺⋯⋯⋯⋯⋯⋯⋯⋯⋯⋯⋯（63）
　　四、十六国北朝对幽州地区的军事争夺⋯⋯⋯⋯⋯⋯⋯⋯（63）

第三章　隋唐五代⋯⋯⋯⋯⋯⋯⋯⋯⋯⋯⋯⋯⋯⋯⋯⋯⋯⋯⋯（74）
第一节　隋代幽州军事战争与防御⋯⋯⋯⋯⋯⋯⋯⋯⋯⋯⋯（74）
　　一、隋初幽州军事形势⋯⋯⋯⋯⋯⋯⋯⋯⋯⋯⋯⋯⋯⋯⋯（74）
　　二、隋炀帝时期的幽州军事⋯⋯⋯⋯⋯⋯⋯⋯⋯⋯⋯⋯⋯（77）
第二节　唐前期的幽州军事⋯⋯⋯⋯⋯⋯⋯⋯⋯⋯⋯⋯⋯⋯（82）
　　一、太宗时期幽州外围军事防御的开拓⋯⋯⋯⋯⋯⋯⋯⋯（82）
　　二、高宗武后时期幽州防御形势的转变⋯⋯⋯⋯⋯⋯⋯⋯（85）
　　三、幽州节度使制与幽州军事防御⋯⋯⋯⋯⋯⋯⋯⋯⋯⋯（88）
第三节　唐后期的幽州军事⋯⋯⋯⋯⋯⋯⋯⋯⋯⋯⋯⋯⋯（100）
　　一、安史之乱后幽州藩镇概况⋯⋯⋯⋯⋯⋯⋯⋯⋯⋯⋯（100）
　　二、幽州藩镇的叛乱战争⋯⋯⋯⋯⋯⋯⋯⋯⋯⋯⋯⋯⋯（102）
　　三、幽州藩镇讨叛及对外防御⋯⋯⋯⋯⋯⋯⋯⋯⋯⋯⋯（104）
第四节　唐末五代时期的幽州军事⋯⋯⋯⋯⋯⋯⋯⋯⋯⋯（110）
　　一、唐末五代幽州藩镇的对外攻略⋯⋯⋯⋯⋯⋯⋯⋯⋯（110）
　　二、幽州藩镇衰落的原因⋯⋯⋯⋯⋯⋯⋯⋯⋯⋯⋯⋯⋯（114）

第四章　辽金 ……………………………………………………（127）

　第一节　宋、辽关于燕京地区的军事争夺 ……………………（127）

　　一、契丹与后梁等对幽州的军事角逐 ………………………（127）

　　二、北宋收复幽燕与宋辽军事对峙 …………………………（130）

　第二节　宋、金关于燕京地区的军事争夺 ……………………（140）

　　一、宋金"海上之盟"与燕云交割 …………………………（141）

　　二、张觉纳土归宋与宋金冲突 ………………………………（144）

　　三、郭药师降金与金灭北宋 …………………………………（145）

　第三节　军事制度与都城文化 …………………………………（147）

　　一、燕京地区军事制度 ………………………………………（147）

　　二、辽南京与金中都构建的军事战略意义 …………………（151）

　　三、宋辽金军事战争与燕京地区社会生活 …………………（153）

第五章　元代 ……………………………………………………（159）

　第一节　大都地区发生的重大军事事件 ………………………（160）

　　一、蒙古军队攻占金中都 ……………………………………（160）

　　二、忽必烈与阿里不哥的争斗 ………………………………（164）

　　三、元代中期的两都之战 ……………………………………（166）

　　四、红巾军的北伐战役 ………………………………………（169）

　　五、大明军的北伐与元顺帝北逃 ……………………………（172）

　第二节　大都地区的军事防卫体系 ……………………………（174）

　　一、军卫制度的建立与完善 …………………………………（175）

　　二、军卫组织的结构 …………………………………………（178）

　　三、军卫组织的功能 …………………………………………（180）

　　四、重要关隘 …………………………………………………（183）

　　五、驿站与急递铺 ……………………………………………（186）

第六章　明代 ……………………………………………………（192）

　第一节　明军北伐与北部边防的初建 …………………………（192）

　　一、明军北伐与攻克大都 ……………………………………（192）

　　二、洪武前期的北部边防与北平军事设置 …………………（196）

三、明代长城的初建 …………………………………………（199）

第二节　"靖难之役"与永乐迁都 ……………………………（203）

一、燕王"镇北"防边与"靖难之役"的爆发 ……………（204）

二、永乐迁都北京与五出阴山 ……………………………（209）

第三节　明北部边防的构建与明中期保卫北京的战争 ……（214）

一、作为明代边防核心的北京军事体系 …………………（214）

二、京营与京操 ……………………………………………（218）

三、瓦剌扰边与北京保卫战 ………………………………（222）

四、"庚戌之变"与北京外城的修建 ……………………（225）

五、"隆庆和议"与戚继光练兵蓟镇 ……………………（229）

第四节　明代末期北京新的军事变量 ………………………（234）

一、后金崛起与进关扰京 …………………………………（234）

二、李自成农民军攻占北京 ………………………………（237）

第七章　清代 …………………………………………………（249）

第一节　清军入关与攻陷北京 ………………………………（249）

一、努尔哈赤统一女真各部 ………………………………（250）

二、后金对明战争 …………………………………………（250）

三、清军入关与攻陷北京 …………………………………（254）

第二节　京师防务与军事制度 ………………………………（257）

一、京师驻军 ………………………………………………（258）

二、军事制度 ………………………………………………（262）

三、武器装备与军事技术 …………………………………（267）

四、八旗兵丁与京师社会 …………………………………（271）

第三节　英法联军侵占北京与《北京条约》的签订 ………（272）

一、张家湾、八里桥阻击战 ………………………………（272）

二、英法联军进占北京与《北京条约》的签订 …………（276）

第四节　义和团运动和八国联军侵占北京 …………………（279）

一、北京地区义和团军事活动 ……………………………（279）

二、八国联军占领北京与《辛丑条约》 …………………（283）

　　第五节　晚清北京军事 ……………………………………（285）

　　　　一、练兵机构 …………………………………………（285）

　　　　二、新式武器装备的生产 ……………………………（286）

　　　　三、编练新军 …………………………………………（288）

第八章　民国 …………………………………………………（297）

　　第一节　北洋政府时期的战争 ……………………………（297）

　　　　一、小规模的武装冲突 ………………………………（298）

　　　　二、大规模的军阀混战 ………………………………（301）

　　第二节　国共两党的抗日战争 ……………………………（308）

　　　　一、古北口抗战 ………………………………………（309）

　　　　二、卢沟桥事变及平汉路抗敌 ………………………（312）

　　　　三、中国共产党开辟的抗日根据地 …………………（320）

　　第三节　解放战争时期的军事活动 ………………………（325）

　　　　一、解放战争时期的自卫战争 ………………………（325）

　　　　二、平津战役 …………………………………………（326）

主要参考文献 …………………………………………………（330）

后　记 …………………………………………………………（334）

绪　论

在人类文明的发展进程中，战争一直是催生文明与毁灭文明的重要力量。而在不同文明相互冲突、相互融合的过程中，战争也扮演着重要的角色。在漫长的北京历史发展进程中，这种现象尤为明显。一方面，北京地区所处的地理位置较为特殊，具有突出的战略地位，因此，历来就是各种势力集团争夺的焦点；另一方面，这里又是不同文明的交界处，故而使得文明冲突的许多过程是通过战争才得以实现的。

在中国古代，黄河流域就像是一块大吸铁石，吸引着两岸的众多部落民众不断向她靠拢、聚集。在这个靠拢、聚集的过程中，爆发了一场又一场的战争，由此形成了不同部落的兴衰，然后是不同朝代的建立和消亡。中华民族的文明历史进程，亦由此不断推衍，延绵数千年。与此同时，这个聚集过程的范围在不断扩大，南至两广、云贵，北至蒙古高原及东北，最终形成了中国今天的版图。这个聚集的过程，也就是战争连绵不绝的过程。

北京地区的战争，据历史文献记载，最早的当属黄帝部落与炎帝部落之间的"阪泉之战"。当时的炎帝是部落联盟的首领，而黄帝部落是新崛起的部落，许多周边部落都归依了黄帝，因此，引起炎帝前来兴师问罪。但是，部落之间的是非是靠拳头来判断的，于是，炎、黄部落之间只能靠战争的胜负来分别是非，最后是黄帝战胜炎帝，成为新的部落联盟首领。这场争夺部落联盟首领的战争，是在北京延庆区的山间盆地中进行的。

新的炎黄部落联盟进一步向南推进，在战胜蚩尤部落之后，进入黄河流域。而黄帝部落有相当一部分民众没有随同逐鹿中原，而是留在了北京地区，以蓟城作为活动中心。这一部分民众到西周初年则被

1

周武王分封在蓟地，仍被认定为黄帝后裔。又一说为尧帝后裔（但是尧帝本身就是黄帝后裔）。总之，自黄帝逐鹿中原到西周初年这段时间，黄帝部落就有一个分支一直生活在北京地区。

历史文献记载，黄帝文明在推向黄河流域的时候，是通过"阪泉之战"和"涿鹿之战"这两场较大规模的战争，才得以实现的。当然，在漫长的历史发展进程中，当时这里的各个部落及方国之间的战争冲突是不可避免的，只是规模不大，影响又较小，故而没有留下相关的记载。

中国古代最早的三个朝代，即夏、商、周三代，皆是以黄河流域作为活动中心的。这时的中原王朝，已经基本形成以农耕生产作为主要生产形态的社会模式。与之差别较大的，则是北方大草原上生活的众多游牧部落。在中原王朝政区范围内形成的农耕文明，与在大草原上形成的游牧文明之间，有着较大差异，并由此而长期存在着两大文明之间的矛盾冲突，而北京地区正是位于这两大文明区域的结合部位。

为了抵御游牧部落的侵扰，周武王把召公奭的子孙们分封到北京地区，建立燕国，以作为西周王朝的"屏藩"。这个分封燕国的举措，与分封蓟国的政治意图是完全不同的。分封黄帝后裔的蓟国，是为了"存亡国，继绝世"，以显示其仁德，而分封召公后裔的燕国，则是为了强化西周王朝在北方地区的统治，因为这里的战略地位太重要了。

自燕国建立后，确实在军事上起到了"屏藩王室"的重要作用。但是，西周王朝自身的统治却在逐渐衰退，由西周蜕变为东周。由于中央王朝地位的降低，各地诸侯纷纷发动兼并战争，以壮大自己的力量，周王室最终灭亡，出现战国"七雄"纷争的局面。这时的燕国，已经发展成为"七雄"之一，与周边的齐、赵等强国对峙，争战不休。当时人即指出：这种诸侯间的混战，是没有正义的战争。《孟子·离娄下》："争地以战，杀人盈野；争城以战，杀人盈城。此所谓率土地而食人肉，罪不容于死。"但是，不参与混战是不可能的，整个社会就是在这种混战中获得新生。

秦灭六国，一统天下，废除分封诸侯，建立中央集权的郡县制国家，车同轨，书同文，对中国历史的发展起了巨大的推动作用。但是，随之而来的楚汉灭秦，汉又灭楚，建立汉朝，使得战争几乎成为整个历史发展的主旋律。汉高祖刘邦错误的理解秦废分封的政治举措，大封同姓及异姓诸侯王，采用分封与郡县并行的制度，导致分裂割据状态长期存在，中央政府与各地诸侯之间战争不绝。

汉初的北京地区，曾先后分封有多位异姓及同姓诸侯王，由此而带来这一地区的政治动荡与军事混战，给广大民众造成巨大的灾难。这种状况，一直延续到西汉中期，才逐渐得到平息。由于中国古代的王朝实行的皆是"家天下"的体制，故而一直到中国最后一个王朝清朝，分封制度始终没有废除，成为中国古代政治制度中的一大顽疾。

从先秦到秦汉时期，北方游牧部落对中原地区的侵扰，一直是中原王朝十分棘手的大问题。为了解决这个问题，秦始皇耗费大量人力物力，将原来诸侯国修筑的长城连为一体，史称万里长城。这座长城是一条规模巨大的军事防御体系，在很大程度上减少了游牧部落侵害的影响。北京地区位于这条长城的东部，以居庸关作为枢纽，构成了整个防御体系中最为关键的部位之一。而长城脚下的幽州城（即蓟城），则是整个华北地区最重要的军事重镇。

在秦汉和隋唐之间，中国曾经出现一段较长时期的分裂割据时期，史称南北朝，在中原地区陆续出现的各个政权，大多数是由北方少数民族（时人称之为"五胡"即五个少数民族）首领建立的。这时南北对抗的主战场是在江淮一线，北京地区因为远离主战场，也就失去了军事重镇的作用。

从隋唐时期开始，幽州的军事重镇地位再度突显出来。这时北方各少数民族部落纷纷崛起，开始不断向中央王朝发起冲击。隋炀帝为了平定辽东局势，举全国之力开凿大运河、又率大军亲征辽东，这时的涿郡，就变成征辽大军的大本营，而新开的永济渠，则成为最主要的运输线，既运送军队，又运送粮草。由于东征军事行动的失败，导致了强大的隋朝归于灭亡。

唐朝建立后，这种形势并没有好转。唐太宗再次亲征辽东，又以失败告终。而北方的突厥、契丹、奚族等势力不断崛起，给中央王朝的压力越来越大。这时作为北方军事重镇的幽州城，则发挥了越来越重要的作用。作为幽州节度使的安禄山，在得到唐玄宗的宠信之下，手中握有大量精锐部队。这支部队本来是为了对抗契丹及奚族等少数民族部落侵扰的，但是，却在安禄山、史思明等少数民族将领的指挥下，发动叛乱，先后攻陷东都洛阳及西京长安，迫使唐玄宗逃往蜀中，史称"安史之乱"。

这次叛乱虽然被镇压下去，但是，唐朝却由盛转衰，进入藩镇割据的时期。这次历史事件，充分显示了幽州在整个唐朝的重要军事地位。而安禄山所辖大量精锐部队则是由唐朝供给大量粮草和兵器的，这又和唐朝漕运及海运的开通有着密切联系。换言之，隋炀帝开凿永济渠，为安禄山叛乱提供了物资供给的便利，再往后，则是为北京最终成为全国首都奠定了物质基础。

"安史之乱"后的幽州，处于一个非常复杂的环境中。一方面，仍然要发挥对抗北方游牧部落侵扰的作用；另一方面，又要对抗来自中央王朝和周边藩镇的威胁。在这种情况下，幽州藩镇的军事地位不仅没有下降，反而更加重要了。唐朝灭亡后，五代时期幽州藩镇又成为后唐与后梁两大势力争夺的焦点，同时，还是契丹政权一直虎视眈眈的吞并目标。

在后晋取代后唐的历史转折关头，契丹政权终于找到了占据幽州的机会，从石敬瑭手中得到"燕云十六州"。幽州的军事地位出现一次大逆转，从中原王朝对抗北方游牧部落的军事重镇，转变为北方游牧部落进攻中原地区的桥头堡和军事大本营。这个大逆转，直接改变了此后中国历史发展的轨迹。

契丹政权在得到幽州城之后，立即将其升为陪都辽南京，又改国号为大辽。与此同时，又将云州（今山西大同）升为辽西京，由此可见契丹政权对"燕云十六州"的重视，而幽州和云州正是整个北方地区东、西对峙的两大军事重镇。这个重要地位，是其他北方城镇皆无法与之相比的。

此后，宋朝崛起，太祖赵匡胤采取先南后北的统一方略，在统一全国大部分地区之后，还没有收复"燕云十六州"即死去。宋太宗即位后，经过周密准备，开始发动大规模军事行动，企图一举收复失地。但是，在势如破竹的大好形势下，却在燕京城下遭到辽朝军队的顽强抵抗，宋、辽双方在燕京城北的高梁河畔展开激战，宋军大败，一些已经收复的失地也陆续重回辽朝手中。由此可见，燕京城的战略地位是极其重要的，是决定争夺双方胜负的关键所在。

在此后的辽、宋对峙时期，燕京城一直是辽朝出兵伐宋的大本营。到辽朝末年，金朝崛起，并与宋朝签订"海上之盟"夹攻辽朝，宋朝的主攻目标仍然是燕京。但是，宋军主力攻到这里之后，在得到辽朝降将郭药师的帮助下，却又被残余的辽军打得大败。金军在攻占大草原上的辽上京、辽中京等重要城市之后，才又挥师南下，兵不血刃的攻占了燕京。

通过宋、辽之间的这场战役，使金朝统治者充分认识到宋朝军队的战斗力极差，不堪一击。再加上降宋的郭药师又转而降金，并提出进一步攻打宋朝的建议，也才引起金朝统治者继续向南扩张的欲望，并很快发动大规模南伐，再次占有燕京。这时的燕京，与辽西京（今山西大同）一起，成为金军进攻宋朝的大本营，两者比较，燕京的战略地位又比辽西京重要得多。

在金、宋对峙时期，金朝的疆域很快就达到江淮一线，这时的燕京城，已经失去了军事重镇的地位，但是，很快又变成了金朝的政治中心。金中都城的扩建及不断发展，使之成为整个华北地区、乃至黄河以北地区最繁华的大都会，成为整个金朝的经济和文化中心。同时也为这里发展成为全国的政治和文化中心奠定了坚实的基础。

金朝末年，蒙古部落迅速崛起，在部落首领铁木真的率领下，统一大草原，建立蒙古国，铁木真也被尊称为成吉思汗。这时的金中都，很快就成为了成吉思汗进攻的最主要目标。其地位，也从金朝的政治中心变为对抗蒙古军队侵扰的军事重镇。金朝统治者南逃汴京（今河南开封）后，金中都城很快就陷落了，并且变成了蒙古国进占中原地区的军事大本营。

从成吉思汗攻占金中都城，到窝阔台汗灭金，再到此后的贵由汗及蒙哥汗在位时期，中都城一直是蒙古国在中原地区的统治中心，军事上的重要性再度削弱。及蒙哥汗在伐宋战争中阵亡，皇弟忽必烈与阿里不哥之间为争夺皇位展开激战，中都城成为忽必烈的军事大本营，在这里征集到大量军队及战略物资，保证了忽必烈取得最终胜利。

忽必烈在平定阿里不哥叛乱之后，继续为统一天下而努力。为此，他决定把统治中心从大草原上迁到中原地区来，于是，在旧中都城东北方着手建造一座新的都城，并将其命名为大都城。与此同时，又将国号命名为大元，取自《易经》中的"大哉乾元"之意。此后不久，元世祖忽必烈攻灭南宋，一统天下，元大都城第一次成为全国的首都。这时的元大都城，显然不会遭受任何势力的攻击。

元朝末年，明朝大将徐达率大明军北伐，直捣元大都城。元顺帝北逃，大明军占领大都城后，立即取消了这里的都城地位，降其为北平府，再次成为北方的军事重镇。明太祖朱元璋定都南京，封其诸子镇守长城沿线，其中，命皇子朱棣为燕王，并调遣重兵，镇守在这里，以防备元朝的残余势力卷土重来。

明太祖死后，建文帝采取削藩之策，逼迫燕王朱棣起兵"靖难"，推翻了建文帝，随后改北平府为北京，并迁都于此，史称其为明成祖（又作"明太宗"）。这时的北京城，不仅是全国的政治和文化中心，也是抵御亡元残余势力的重要军事大本营。明成祖据此，发动多次大规模北伐，基本上肃清了亡元的残余势力。

明成祖的迁都北京，被后人称之为"天子戍边"。这正是明成祖的高明之处。明太祖定都南京，却派重兵镇守北边，从而造成政治中心和军事重心分离的状态，极易造成全国政局的动荡。明成祖的迁都北京，把政治中心和军事重心合为一体，从而保证了全国政局的稳定。一方面，可以有效抵御北方草原部落的不断侵扰；另一方面，又可以有效镇压各地的叛乱活动。迁都北京的重大决策，保证了明朝此后二百余年统治的稳定。

到明代中期，北方游牧部落的势力再次崛起，对中原王朝构成新的威胁。明英宗亲率大军抗击瓦剌部的侵扰，却在土木堡兵败被俘，史称"土木之变"。瓦剌部落随即向北京发动进攻，明朝政府中以于谦为首的抗战派成功阻击入侵之敌，取得北京保卫战的胜利。这是"天子戍边"最危险的时刻。到了此后的嘉靖年间，北方游牧部落的威胁一直没有解除，迫使明朝政府不得不再修外城，遂形成今天北京城的凸字形格局。

到了明代末年，由于明朝统治日益腐败，出现了内外交困的局面。这时，来自内部的威胁是农民起义军的发展和壮大，以李自成为首的农民起义军屡败屡战，目标直指北京城。来自外部的威胁则从蒙古大草原转移到了东北地区，满族的崛起造成更大冲击，目标也是指向北京城。明朝政府面对这两方面的冲击，一步步走向衰亡。

先是李自成农民起义军冲破层层阻碍，终于攻占北京城，灭亡了明朝。与此同时，以满族统治者建立的清朝也向山海关发动猛攻，与前来对抗的李自成发生激战。李自成战败后，不仅退出了北京城，而且一路兵败如山倒，溃不成军。清朝军队在占领北京城后，很快就决定在此定都，并迅速挥师南下，剿灭李自成农民军和明朝的残余反抗势力。北京在成为清朝的都城之后，军事重镇的地位再次消失了。

清朝定都北京，在经过康雍乾的盛世发展之后，达到了中国古代都城发展的巅峰。此后，随着"鸦片战争"的爆发，中国进入半封建半殖民地社会。西方列强在加紧对中国侵略的过程中，矛头始终对准北京。先有英法联军攻占北京，后有八国联军攻占北京，使得曾经繁华一时的北京城一次又一次饱受摧残。在洋枪洋炮的攻击下，北京的军事防御功能已经不能发挥任何作用。

"辛亥革命"的爆发，推翻了腐败的清王朝，而北洋政府的统治仍然很腐败。民国政府的北伐战争统一了全国，并且把都城从北京迁到南京。此时，又面临着日本帝国主义的侵略日甚一日，最终在北平（今北京）爆发了"卢沟桥事变"，由此掀起全民族抗日战争的热潮。

经过中华民族艰苦卓绝的抗日战争，以及全世界人民一致的反法西斯战争，终于迎来了正义压倒邪恶的伟大胜利。此后，又爆发了国、共两党之间的内战，又经过四年的解放战争，特别是"三大战役"，在毛泽东主席的领导下，取得了决定性胜利，而北平和平解放，为新中国定都北京，奠定了坚实的基础。今天的北京，是新中国的政治和文化中心，却不再是军事重心。

纵观北京几千年的文明发展史，不难看出，军事斗争一直贯穿着历史发展的主脉。每当历史的转折关头，就会有重大的军事事件发生，并且左右着此后历史发展的总趋势。但是，军事行动只能解决一些具体问题，而真正决定国家兴衰的只能是政治举措。

在北京的历史发展进程中，无数次大小战争被载入史册，受到人们的关注。而在这些战争的背后，却有着另外两条主线：一条主线是不同文明之间的冲突和交流，如农耕文明与游牧文明之间的冲突和交流，由此而引发了无数次的战争；另一条主线则是不同民族之间的交往和融合，如汉族与匈奴、鲜卑、突厥、契丹、女真、蒙古、满族等少数民族之间的交往和融合，许多历史上的少数民族就是在交往的过程中先是采用了战争的形式，最后却融入到汉族群体之中。

今天的中华民族，经历过无数战争，却没有在战争中消亡，而是变得越来越繁荣，越来越强大。这是中华文明不断发展的结果，一个民族只要有着不断创造新文明的能力，就会愈加兴旺，绵延不绝。战争是新文明产生的推动力，也是旧文明消亡的摧蚀剂。这一点，我们通过了解北京历史上的战争与和平，就可以有较为深切的体会。

第一章 先秦

燕蓟地区，缘于其特殊的地域环境，史前时期的传说时代就已成为军事战争的重要场所，并孕育着某种战略特征。西周初年，随着召公的受封，作为战争据点意义上的军事特点和地位开始形成。进入春秋战国时期，作为北方重要诸侯王国，燕国的牵制军事功能和意义尤显突出，与齐、与赵、与秦的战争因果，则具体地反映了这一军事特征。

第一节 召公受封的军事意义

炎黄阪泉之战萌发了燕蓟地区军事的意义与地位，尽管学界对这一战争的具体呈现仍有不同看法。殷商时期，缘于文献记载与考古材料的缺乏，目前无法对这一较长时期燕蓟地区军事面貌给予描述。进入西周以来，随着召公的受封，燕蓟地区的政治影响凸显，相应其军事地位也随之提升，开始承担北方防御任务。

一、炎黄阪泉之战

对阪泉之战较早详尽记载的是西汉史学家司马迁的《史记·五帝本纪》。其文载曰："轩辕之时，神农氏世衰。诸侯相侵伐，暴虐百姓，而神农氏弗能征。于是轩辕乃习用干戈，以征不享，诸侯咸来宾从。而蚩尤最为暴，莫能伐。炎帝欲侵陵诸侯，诸侯咸归轩辕。轩辕乃修德振兵，治五气，艺五种，抚万民，度四方，教熊罴貔貅䝙虎，以与炎帝战于阪泉之野。三战，然后得其志。蚩尤作乱，不用帝命。于是黄帝乃征师诸侯，与蚩尤战于涿鹿之野，遂禽杀蚩尤。而诸侯咸尊轩辕为天子，代神农氏，是为黄帝。"这里所出现的"阪泉"地望在何处？宋代裴骃《史记集解》引东汉服虔曰："阪泉，地名。"又引西晋皇甫谧曰："在上谷。"这一方面指出了阪泉是一个地名，另一方面所谓的"在上谷"，即阪泉属于上谷郡，而战国时期燕国所置的上谷郡，范围很大，辖今河北西北部、北京西北部和内蒙古的一少部分，因此这一注解对于我们判定阪泉的地望稍显模糊。唐代张守节《史记正义》引唐初地理书《括地志》云："阪泉，今名黄帝泉，在妫州怀戎县东五十六里。出五里至涿鹿东北，与涿水合。又有涿鹿故城，在妫州东南五十里，本黄帝所都也。"又引《晋太康地理志》云："涿鹿城东一里有阪泉，上有黄帝祠。"并案："阪泉之野则平野之地也。"这又把"涿鹿"与阪泉联系在一起，从叙述来讲，似乎二者相距较近，甚至是一个地方。关于涿鹿，《史记集解》引服虔曰："涿鹿，山名，在涿郡。"这显然与《史记正义》所言的"涿鹿"并非同一地。故作者又引张晏曰："涿鹿在上谷。"唐代司马贞《史记索隐》云："或作'浊鹿'，古今字异耳。案：《地理志》上谷有涿鹿县，然则服虔云'在涿郡'者，误也。"从东汉史学家班固所著《汉书·地理志》来看，"涿鹿"应属上谷郡地区。《辽史拾遗》卷十五《地理志》云："《太平寰宇记》曰：'羹颉山，黄帝祠，有泉，湛而不流，即古阪泉也。今在妫州城东二百步。《史记》云轩辕与炎帝战于阪泉之野。'"宋代欧阳忞《舆地广记》卷十二上《河北路》曰："怀戎县，本汉潘县，属上谷郡，唐属广密郡，北齐改置怀戎县，及立北燕州，后周曰燕州，唐为北燕州，后改曰妫州。天宝中，析置妫川县，寻省妫水贯中。故涿鹿县，汉属上谷郡，晋属广宁郡，后省。昔黄帝与蚩尤战于涿鹿，即此。涿鹿城东一里有阪泉，黄帝与炎帝战于阪泉，即此。东北五十里有居庸。"综合《括地志》等注解，我们可以大致得出阪泉的地望所在：今河北涿鹿及其东南一带。

而宋明以来的一些文献则直接把阪泉标注于今北京延庆阪泉村一带，如《读史方舆纪要》"延庆州红门山"条下载曰："阪泉山在州西。相传轩辕与炎帝战于阪泉之野即此山也，亦曰阪山。"《太平寰宇记》、《大明一统志》、《嘉庆隆庆志》、《延庆州志》、《嘉庆重修一统志》等与此记载相同。以往北京史研究者，也把它与北京延庆联系在一起。1989年出版的《北京通史·远古至魏晋北朝卷》，其中关于炎黄阪泉之战的地望问题，书中是这样描述的："阪泉，地名，汉代属上谷郡，其址在今河北省怀来县东部及京郊延庆县西部一带。今延庆尚有阪山、阪泉村，当地有一泉称'阪泉'，相传黄帝与炎帝的阪泉之战，即发生在此地"。[1] 1992年北京社科院历史所又组成了专家会研组，

"搜索并考订了若干有关的文献资料，考查分析了当时的地理位置和历史背景，经过去粗取精、去伪存真地思索与研究，从而得到了有充分根据的结论，即中华民族远祖炎黄阪泉之战纪念地在延庆。"接着作者写道："这种判断还是有迹可寻的。《史记·正义》载：黄帝亦号缙云氏。今延庆县东北部，古有缙云山，亦称缙山。五代时于今延庆县东部置儒州，领缙山县。……黄帝亦号缙云氏，或许因为他活动的地区有缙云山之故。"[2]负责撰写《北京通史》"北京远古的传说"这一节内容的王彩梅，1992年再次详尽论证了自己的观点。首先，她以阪泉之战与涿鹿之战并非同一战争，推出阪泉与涿鹿应有一相当的距离。接着，从延庆的特殊地理环境，以及延庆西北张山营乡有一山名"阪山"，阪山以南一公里处有一喷泉名"阪泉"，在阪泉之旁有两个村庄，即上阪泉村和下阪泉村，得出：文献所讲的阪泉之野正位于延庆盆地的西北端张山营乡的阪山脚下。[3]

如果仅依所谓后世存有的"阪山"、"阪泉"、"阪泉村"，则是无法判定炎黄阪泉之战地望的。宋代沈括《梦溪笔谈》卷三《辨证一》云："解州盐泽方百二十里，久雨，四山之水悉注其中未尝溢，大旱未尝涸。卤色正赤，在版泉之下，俚俗谓之蚩尤血，唯中间有一泉乃是甘泉，得此水，然后可以聚人。"《嘉庆重修一统志》云："（阪泉山）相传旧名汉山，晋文公卜纳王，遇黄帝战于阪泉之兆，因故改今名。"这两处文献都是从"阪泉"或"阪山"的单一信息推导出炎黄阪泉之战地在今山西南部或西部。

以阪泉之战与涿鹿之战并非一战，而推出两者间距有一相当距离，这也缺乏说服力。朱绍侯指出《史记·五帝本纪》所谓的炎黄阪泉之战实际上是黄帝与冒称炎帝的蚩尤进行的军事战争，这样黄帝与蚩尤在两个相邻近的地方进行两次战争，是完全可以的。[4]就地理环境来讲，今河北涿鹿地区也是具备的。在没有新文献依据的支撑下，我们还是遵从《括地志》等地志的记载。不过，缘于黄帝与蚩尤的两次大战之地，均距延庆地区较近，战争所产生的影响力必波及北京地区，对北京地区的军事战略地位的形成，绝不能说没有意义。后世所出现的"阪山"、"阪泉村"这一文化现象，说是这一古史战争传说的影响物，也不无道理。另外，蓟国的产生，也是这方面的反映。[5]北京地区至今还保留着若干黄帝史迹传说，绝不是偶然的。[6]

近来还有学者从语音学角度对此作了探讨，认为炎黄涿鹿之战、阪泉之战并没有发生过，只是晋南盐池故事的衍化而已。[7]关于炎黄涿鹿之战与阪泉之战的历史性，已有学者从考古学角度对此作了论证。[8]

研究五帝必须摆脱"传说时代"的旧观念，而换成五帝为"历史时代"的新观念；同时要对"传说时代"赋予新的内涵，给予新的界定。[9]因此，我们不能轻易否定炎黄阪泉之战的历史存在。

二、召公受封的军事意义

进入有文字记载的殷商时期，缘于北京地区殷商遗存的缺失，故无法对其军事面貌进行描述。不过，还是有零星的兵器出土。1977 年发现并发掘的平谷刘家河商墓，随葬器物达 40 余件，包括金、铜、玉、陶四类，其中铜兵器 1 件，即铁刃铜钺。据考古学者推测，该墓年代约当殷商早期。[10]1965 年，在房山县焦庄发现商代晚期小型墓 2 座，出土有铜戈。[11]

陈平《北京出土征集拣选青铜器的铭文》一文中记北京出土商时有铭兵器三件，其一编号 7 名为戈，其二编号 28 名为大于戈，其三编号 29 名为戈戈。[12]有学者指出，"然据我们翻检考证原文，陈先生著录编号 7 与编号 29 实为一器，即本器戈戈；而编号 28 之大于戈实为大于爵，为酒器，而非兵器"[13]。甲骨卜辞记载有戈方国族氏，《合集》8399："庚寅……令入戈人步？"朱凤瀚认为，"戈人之称可证戈是氏名，应即殷代金文中所见戈氏"。[14]据考证，商周时期之戈地望在今商丘与新郑之间。[15]而《左传·定公四年》载，周时分封周公以"殷民六宗"，康叔"殷民七宗"，当然召公也会分有相当的殷遗民宗族。北京琉璃河西周燕国早期 M251 出带戈字铭文甗一件，M1193 出土的克盉、克罍铭文记载，燕侯初受封时有羌、兔等六族随迁于北燕。这些宗族的特性必定会在西周燕国早期的器物中显现出来，而戈戈的出现可证当时必有戈族随迁或为当地殷遗土著。[16]

就北京地区来讲，殷商时期有两个方国较为突出，即燕与蓟。西周灭殷商而统华夏，遂对北部边疆进行分封与管理。《史记·周本纪》记载，周武王灭纣后，"封召公奭于燕"。[17]同文又载曰："武王追思先圣王，乃褒封神农之后于焦，黄帝之后于祝，帝尧之后于蓟，帝舜之后于陈，大禹之后于杞。"而《礼记·乐记》则云："武王克殷反商，未及下车，而封黄帝之后于蓟。"无论是封帝尧之后还是黄帝之后，所言西周初封侯于蓟是可以肯定的。这说明，西周初年，燕与蓟的并存仍在继续。但西周以后无蓟国活动的文献记载，对于此现象，《史记正义》有这样的注解："蓟燕二国俱武王立，因燕山、蓟丘为名，其地足自立国，蓟微燕盛，乃并蓟居之，蓟名遂绝焉"。[18]似乎蓟国乃自然衰落，被强大的燕国合并。也有学者认为，蓟国乃灭于山戎的南进。[19]这也是可能的。

燕、蓟的分封，军事意义尤显突出。正如有学者指出，燕国国都所在地的北京，其军事战略地位之重要，更是不可须庾忽视；燕地和燕都不但是由东北进入中原的门户，而且还可与齐、鲁、晋等地在军事上遥相呼应，互为犄角；如此重要的战略据点，周王朝自然不能等闲视之，所以分封的是像召公这样举足轻重的人物；燕国，也就成为了替周王朝扼守北方边境的一个重要的诸侯国，是周朝北土的一道屏障。[20]

关于召公受封的军事意义，我们可以从以下三个方面进行分析：

首先，地理环境。对于燕蓟地区的军事地理特点及其意义，中国古代诸多文献给予记录与说明。如《宸垣识略》卷一《形胜》云：“左环沧海，右拥太行，北枕居庸，南襟河济，形胜甲于天下。”《日下旧闻考》卷五《形胜》引《河图括地象》云：“燕郡背沙漠，进临易水，西至军都，东至于辽，长蛇带塞险陆相乘也。”[21]明代杨士奇《历代名臣奏议》卷三百二十七《御边》载宋富弼上仁宗封事曰：“古北口，居庸关，为中原险要。”《金史·梁襄传》载曰：“燕都，地处雄要，北倚山险，南压区夏，若坐堂隍，俯视庭宇。”又言：“居庸、古北、松亭、榆林等关，东西千里，山峻相连，近在都畿，易于据守。”《元史·穆呼哩传》也云：“幽燕之地，龙盘虎踞，形势雄伟，南控江淮，北连朔漠，驻跸之地，非此不可。”陶宗仪《辍耕录》云：“右拥太行，左注沧海，抚中原，正南面，枕居庸，奠朔方，峙万岁山，浚太液池，派玉泉，通金水，萦畿带甸，负山引河。壮哉帝居！择此天府。”《日下旧闻考》卷五《形胜》引《杨文敏集》载曰：“地势宽厚，关塞险固，总握中原之夷旷者，又莫过燕蓟。虽云长安有崤函之固，洛邑为天地之中，要之帝王都会为亿万年太平悠久之基，莫金陵燕蓟若也。”《日下旧闻考》卷五《形胜》：“臣等谨按：燕蓟为轩黄建都之地，宸山带海，形势之雄伟、博大，甲于天下。”又引《方舆胜略》曰：“张良谓关中用武之地，阻三面而守一面，东制诸侯。今世都燕，亦用武之地，亦阻三面，以一面制天下。前之进无穷，后之退有限，大非关中之比。”顾祖禹《读史方舆纪要》卷十一《直隶二》言：“关山险峻，川泽流通，据天下之脊，控华夏之防，钜势强形，号称天府。”可见，历代文献对燕蓟地区的重要军事地位和地形优势，给予了非常高的评价和关注。

其次，武器装备。西周成康时期所分封的燕国，其都城即北京房山琉璃河遗址中的城址。虽然我们无法详尽地描述西周时期燕都地区的军事战争，但一系列文化遗存为我们了解当时燕都地区的军事装备等方面提供了条件。

1973—1977 年发掘的琉璃河西周遗址，出土了兵器 79 件，主要有剑、戟、戈、矛、镞和盾饰等。其中，铜剑 4 件，长度在 25 厘米—27 厘米，可分为二式。与剑同出的尚有剑鞘饰件，饰件背面还有铜带。戟 1 件，即内铸有铭文"匽侯"二字的匽侯戟，出土时已被折断成 2 截，全长 22 厘米。铜戈 30 件，可分六式。有的还铸有铭文，如"父辛"、"僕戈"等字。最短者为 15 厘米，最长者达 31.2 厘米。铜矛 2 件，可分二式。通长分别为 19 和 20 厘米。铜镞 25 件，可分三式。通长短者 3.9 厘米，长者 5.9 厘米。铜盾饰 19 件，属于盾牌上的饰件。除了一些墓葬出土外，车马坑也有出土。有的背面有阳文"匽侯"、"匽侯舞扬"等字。[22]

1981—1983 年发掘的琉璃河西周燕国墓葬中，也出土了不少武器。如 M1029，在木椁壁板外的东侧台上出土青铜戈 4 件，戟 2 件，在西侧台上出土大铜泡 4 件，铜戈 9 件，戟 8 件，矛 1 件，有的兵器系被砸弯后放入墓中的。其中，M1029：54 戈内两面各有铭文一字，分别是"匽"、"侯"，M1029：52 铜勾戟内上有"匽侯舞戈"铭文，M1029：36 铜泡内有"匽侯舞易"铭文。M1093，在人架西侧棺椁之间，放置一些随葬品，最北部为一套铜质辔具，在辔具的南边置铜戈 1 件，铜镞 5 件。M1043，还出土了 1 件弓形器，全长 32 厘米，两端各有一镂空球形铃，内置小铜球。[23]

M1193 号琉璃河西周燕国大墓，出土了一些兵器。北台上放置的主要是矛和戈的断尖残援，东西台和南台上主要放置戈、戟、矛、盾、甲、胄等。其中戈、戟、矛等兵器，几乎都被折去援尖，有的则被砸弯。在墓室的东南角和西南角分别竖立 4 根和 6 根长矛，长度在 3.8 米—4.2 米之间。墓室东南角，靠墓壁倚放着两件带柲的铜戈。漆盾的发现也是这次发掘的一项重要收获，分别置于南台和东西两台的南半部，摆放的错落有致。形状多样，有的作长方形，有的上部作为山形脊。盾表面有菱形、人面形、圆形铜制品（一称大铜泡）作为嵌饰。高度一般在 1.3 米上下，宽为 0.7 米左右。它们的两侧就是竖立的两束长矛。矛与盾的同时随葬，反映了两者的内在关联。椁室中部还出土有一件铜戈。此墓共出土各种遗物 200 余件，戈的总数有可能超过 20 件，分为四式，其中两件刻有"成周"二字铭文。戟 4 件，内上有"匽侯舞戈"铭文。矛 10 件，通长 23.7 厘米。弓形器一件，全长 36.5 厘米。胄 1 件，半球形，高 21、左右宽 22.5 厘米、前后长 24.8 厘米。将此墓定在西周早期或成康时期是合适的。鉴于其有四条墓道，发掘者推断墓主人必是地位显赫的燕侯之一。[24]

第三，军事文化的多元性。1975 年在北京昌平县东八里的白浮村附近发掘了三座保存基本完好的西周木椁墓。[25]M2 椁内人骨一具，系中年女性。M3 系中年男性。M1 系老年男性。至于年代，发掘者推断其为西周早期燕国墓。出土大约 60 余件兵器，多放于主人两侧。有些器形是罕见的，有的还是首次发现。具体而言，戈，31 件；戟，9 件；刀，2 件，其中一件柄端铸一鹰头；短剑，6 件，其中一件鹰头形首剑，一件马头形首剑；匕首，1 件，前锋似矛，柄端为带锥的铜铃，握柄在中央，并刻有弦纹与锯齿纹；斧，1 件；钺，1 件；矛，3 件；盔，2 件；弓形器，2 件；甲，M2 墓主人小腿部有排列较整齐的小铜泡一堆，可能为护腿甲，[26]M3 出土的小铜泡 145 件，分布在人骨四周，推测不是车马饰件，也可能是护腿甲上的饰件；盾饰 16 件。

昌平白浮西周墓所发现的兵器，有自身特点。从文化因素构成角度来看，白浮墓所出兵器可分西周组合和北方组合。西周组合有铜戈、盾饰、矛、勾戟等，各种兵器的形制也与中原者相通。不同的是，白浮墓的兵器要远远多于中原中型墓乃至晋侯墓葬，与琉璃河墓地中高级墓葬如 M1193、M1029 中兵器相若。这说明白浮墓主的军事等级与权力与西周贵族相同，与燕国贵族的相似度尤其明显。但在墓葬规格和青铜礼器方面，白浮墓葬与琉璃河墓葬这两座墓葬相距甚大，可见白浮墓主的军事地位高于其政治地位。北方组合有短剑、管銎斧、啄戈、三銎长体刀、胄等。其中短剑较为特殊，有四种形制：曲柄铃首剑（报告称匕首）、帽首剑（来源于卡拉苏克文化）、北方文化风格与卡拉苏克剑的融合型短剑、卡拉苏克剑与中原扁茎剑的融合型短剑。白浮啄戈 M2：20 也体现了两种文化因素：援部形状与西周的铜戈相似，管銎及其后部的半圆形内侧则是西亚的管銎斧、啄所特有。白浮 M2、M3 分布出土一件铜胄，琉璃河 M1193 也出土有同样的铜胄，这种铜胄为北方文化器物，与中原文化铜胄迥然不同。从类型学演变序列观察，白浮铜胄应从柳林高红铜胄发展而来。白浮 M3：17 是一件特殊兵器，不见于他处。其形态与周式舌形钺较接近。这种兵器是周式钺与管銎斧的融合品。可以看出，在白浮墓葬北方兵器组合中，北方文化占主要地位，卡拉苏克文化次之。[27]

对于墓主人身份问题，学界有所争议。发掘人员认为，白浮西周墓墓主人的社会地位，虽无文字材料可查，但就其建造如此坚固的椁室，随葬大批的器物，有铜兵器、玉器，及大量的象征车马的车马饰件等现象来看，无疑死者生前是有出征打仗的战车战马和全套武器装备的奴隶主阶级中的武将。[28]有人从棺椁形制、腰坑、白膏泥分析，认为白浮墓葬来源于燕文化，但不是姬姓周人，也不是商遗民，很可能是属于"无终"的狄人系统。[29]近来又有学者从北方民族墓葬随葬品考查，认为"自商代晚期以来，这一带都是北方畜牧民族的天下。臣属燕国的商遗民墓葬出现在此，或许正说明他们曾在此附近担任燕国北部边境守卫者的重任。他们生前与北部山区的畜牧民族征战，死后随葬数件缴获的北方系青铜兵器，自在清理之中。M2 墓主人或许是一位曾领军打仗的燕国女将军。不过无论如何，妇女领军甚至以缴获兵器随葬仍然令人称奇，这或许是商贵族的传统"。[30]

无论如何，白浮村西周木椁墓出土的兵器，从军事意义上体现了中原青铜文化与北方青铜文化在北京地区的相互影响；尽管对墓主人身份仍有不同认识，但均肯定了其与燕国军事的密切关联，也从另外一种角度折射出西周燕地（特别是燕都地区）的重要军事战略地位和意义，印证了北方军事据点这一特征的存在。

第二节　燕国军事地位的形成

进入春秋战国时期，特别是战国中后期，诸侯争霸愈演愈烈，真实地呈现出了国家的两大功能：祀与戎。作为偏于北方一隅的燕国，虽弱小，但荣列诸侯争霸序列，是战争链条不可缺少的一环。从整个军事战争来讲，燕国在这一长时期的发展过程中，与齐的军事冲突最为频繁与激烈，其次是与赵国，再次是与秦国。在这一系列军事战争中，燕国所表现出来的军事特点就是附重与牵制的功能与作用，正如时人所言"独战则不能，有所附则无不能"。这一特点对燕国的政治、经济、社会、文化等都有重要影响。

一、斡旋于诸侯强国的战争历程

1. 齐伐山戎救燕

春秋时期，燕国军事史上一件大事，就是山戎侵燕，齐桓公北伐山戎救燕。《史记·燕召公世家》载曰："（燕庄公）二十七年（前664年），山戎来侵我，齐桓公救燕，遂北伐山戎而还。"《史记·十二诸侯年表》系年于燕庄公二十八年（前663年），《史记·齐太公世家》系年于齐桓公二十三年（前663年）。实际上，齐桓公伐山戎当始于公元前664年冬，终于公元前663年夏。[31]《史记·齐太公世家》亦载曰："（齐桓公）二十三年，山戎伐燕，燕告急于齐。齐桓公救燕，遂伐山戎，至于孤竹而还。"

北京延庆地区所发现的一系列山戎文化遗存，以实物的形态再现了这一军事形胜。北京地区的山戎文化遗存，主要集中发现于北部山区——延庆县境八达岭以北的军都山一带。迄今为止，发现出土富有典型山戎文化特色的直刃匕首式青铜短剑等青铜遗物的地点，已有十余处。1965 年—1987 年，就军都山沿线发现的零散山戎文化遗存中，直刃青铜短剑达 17 件，戈 1 件，铜镞 5 件。在大规模正式科学发掘中，收获更为丰富。如葫芦沟墓地，随葬青铜兵器的墓为数较少，青铜短剑多出于死者左右腰间，这表明兵器乃墓主人生前随身佩戴之物。兵器类如青铜短剑、镞，皆出于青、壮年男性墓，女性墓不见。这说明，男性青壮年承担着军事使命，且在氏族中起主导和支配地位。西梁洼墓地，随葬青铜短剑的，皆为男性。虽然青铜兵器出土较少，但出现了兵器组合阵容的现象，如 YXM25 号墓，就出土了一组青铜兵器戈、短剑、镞，其中直刃匕首式青铜短剑的柄端铸饰写实动物纹，铜戈为内、援相平的三穿型式。玉皇庙墓地，是现今已知的山戎文化墓地中规模最宏阔的一处。整个墓地，大致可划分为四区，即北区、西区、东区和南区。从墓葬形制规格大小和死者身份高低的角度看，当首推北区的大中型墓较多，其中不乏属于部落首领或高级身份的武士墓。有个别墓葬，只有随葬品而不见人骨架，这类墓，往往都出土成组青铜兵器，有可能墓主人系阵亡在疆场而未能收尸的武士。这里出土各种形式的直刃匕首式青铜短剑 70 余件，约占墓葬总数的四分之一。一些墓葬中出土成组青铜容器，这些青铜容器明显表现出两种文化因素：一种是体现山戎文化土著特色的器物，如铸工粗拙的双耳青铜鍑和兽头环耳三足杯，另一种是体现北燕和中原文化因素的纹饰华美的器物，如蟠螭纹铜罍、云纹铜盘等。这使我们清楚地看到两种文化发生接触、相互交流的痕迹，表明军都山一带的山戎文化，并非一个闭塞的、与世隔绝的文化，它也经常受到燕和中原地区文化的影响。[32]

葫芦沟、西梁洼、玉皇庙这三处墓地，出土了近百件典型的山戎文化兵器，为我国古代兵器宝库增添了一批新内容，也必将在中国古代兵器史的研究中占据一席之地。通过延庆军都山沿线的山戎文化遗存调查与发掘，使得学术界明确了解到北京北部山区，在春秋时期确曾是山戎部族盘踞和活动的地域之一。这支部族，地处燕之北野，与广布于太行山脉以北至燕山山地，活跃于滦河、潮白河、洋河和桑干河流域一带的其他诸多山戎部族，共同构成了对燕国的威胁。同时，从墓葬形制、兵器种类及其组合特征等内容，我们还可窥探出一些有关这次伐山戎之战的某些历史信息。

燕、齐与山戎的军事战争无论对燕国，还是齐国，影响力都是非常显著的。对于齐国来讲，提升了大国的地位和尊望，"诸侯闻之，皆从齐"[33]、"海滨诸侯莫敢不来服，"[34]特别是对于齐国"三匡天子而九合诸侯"[35]的形成无疑起到了很好的铺衬作用。而对燕国来讲，由此摆脱了长期以来北部军事威胁，赢得了一时的安宁，对于国内的经济、文化、社会发展，都是积极有利的。同时，还拓展了疆域。为了感激齐国的救助，燕庄公执意相送齐桓公南下归国，但一不留神就跨出了燕境而来到齐地。西周礼制规定，"非天子，诸侯相送不出境"。[36]既然燕国国君以"天子"之礼相待，那么齐国也不能不以礼相待，"吾不可以无礼于燕"。[37]于是，齐桓公割燕君所至之地与燕，"燕君送齐桓公出境，桓公因割燕所至地予燕"。[38]

从传世文献来看，整个春秋时期，燕齐较大规模军事冲突并不多，两个王国之间基本处于一种和平相处的发展境地。进入战国时期，则出现了另一番历史景象。

2. 燕国禅让与齐伐燕

公元前四世纪，燕、齐兵戎相见不断。如燕釐公二十三年（前380年），齐桓公攻燕，取桑丘（今河北徐水县西南）。后赵、魏救燕，败齐于桑丘。[39]燕釐公三十年（前373年），燕败齐师于林营。[40]燕文公七年（前355年），齐师及燕师战于泃水，齐师遁。[41]又《史记·燕召公世家》载曰："易王初立，齐宣王因燕丧伐我，取十城；苏秦说齐，使复归燕十城。"

在燕齐战争史上，值得大书特书的就是燕王哙禅让而引发的齐伐燕和燕昭王为"复仇"而进行的大规模伐齐。

关于燕王哙禅让子之而引发齐伐燕这一事件，主要见于《战国策·燕策》、《史记·燕召公世家》以及《韩非子·外储说右下》这些传世文献中。20世纪70年代在河北省平山县中山国遗址1号墓出土的中山王方壶铭文，也为这个事件提供了一些新的材料。此外，马王堆汉墓出土帛书《战国纵横家书》、传世文献《孟子》、《论衡》等，对了解这一事件也有帮助。[42]

燕国禅让事件的后果之一就是燕内乱，齐趁之伐燕。《史记·燕召公世家》载曰："三年（前315年），国大乱，百姓恫恐。将军市被与太子平谋，将攻子之。诸将谓齐湣王曰：'因而赴之，破燕必矣。'齐王因令人谓燕太子平曰：'寡人闻太子之义，将废私而立公，饬君臣之义，明父子之位。寡人之国小，不足以为先后。虽然，则唯太子所以令之。'太子因要党聚众，将军市被围公宫，攻子之，不克。将军市被及百姓反攻太子平，将军市被死，以徇。因构难数月，死者数万，众人恫恐，百姓离志。孟轲谓齐王曰：'今伐燕，此文、武之时，不可失也。'王因令章子将五都之兵，以因北地之众以伐燕。士卒不战，城门不闭，燕君哙死，齐大胜。燕子之亡。"《史记集解》注曰："章子，齐人，见《孟子》。"又注曰："徐广曰《年表》云君哙及太子、相子之皆死。骃案：《汲冢纪年》曰'齐人禽子之，而醢其身也。'"《史记索隐》注曰："五都即齐也。按：临淄是五都之一也。"在司马迁的笔下，很可能的历史事实应是：齐国与燕国太子平密谋，企图覆灭燕国的改革之路，而将军市被只不过是被利用的一个小角色，当他得知这一阴谋后，才出现了与百姓反攻太子平的现象。而燕国自身的这种内乱正好满足了齐国的目的，故孟子才讲今伐燕乃文武之时不可失也的话。

《资治通鉴》卷三《周纪三》对此记载的更为详尽："齐王令章子将五都之兵，因北地之众，以伐燕。燕士卒不战，城门不闭。齐人取子之，醢之。遂杀燕王哙。齐王问孟子曰：'或谓寡人勿取燕，或谓寡人取之。以万乘之国伐万乘之国，五旬而举之，人力不至于此。不取必有天殃，取之何如？'孟子对曰：'取之而燕民悦，则取之。古之人有行之者，武王是也。取之而燕民不悦，则勿取。古之人有行之者，文王是也。以万乘之国伐万乘之国，箪食壶浆以迎王师，岂有他哉！避水火也，如水益深，如火益热，亦运而已矣。'诸侯将谋救燕，齐王谓孟子曰：'诸侯多谋伐寡人者何以待之？'对曰：'臣闻七十里为政于天下者汤是也，未闻以千里畏人者也。《书》曰：徯我后后来其苏。今燕虐其民，王往而征之，民以为将拯己于水火之中也，箪食壶浆以迎王师。若杀其父兄，系累其子弟，毁其宗庙，迁其重器，如之何其可也。天下固畏齐之强也。今又倍地而不行仁政，是动天下之兵也。王速出令反其旄倪，止其重器，谋于燕众，置君而后去之，则犹可及止也。'齐王不听，已而燕人叛。王曰：'吾甚惭于孟子。'"又《战国纵横家书》第十五章云："齐人攻燕，拔故国，杀子之，燕人不割而故国复返。"

考古资料对此也有呈现，一是现藏于美国费城宾夕法尼亚大学博物馆的陈璋方壶，[43]以及1982年江苏盱眙出土的陈璋圆壶，[44]二者均有铭文，基本相同，记载的就是齐伐燕一事。内容如下："唯王五年，奠阳陈得再立事岁，孟冬戊辰，齐藏戈孤。陈璋内伐匽亳（胜）邦之获。"对此释文，学术界也多有不同。一是关于齐伐燕年代问题，郭沫若认为是齐襄王五年（前279年）；[45]丁山、陈梦家认为是齐宣王五年（前315年）；[46]唐兰认为是齐闵王五年（前296年），此次战役是一次"覆三军，获二将"的不大不小的战役；[47]周晓陆认为并非周天子某王五年，而为战国田齐宣王五年;[48]李学勤、祝敏申亦认为是齐宣王五年;[49]马承源认为是田齐桓公五年;[50]何琳仪也认为是齐宣王五年。[51]综合各家研究,这次齐伐燕战争的年代为齐宣王五年是有道理的。二是关于"燕亳邦"的解读。陈梦家提出,此燕之亳邦当指易水,商人以亳名其都,名其社,所以燕亳当指燕国之亳。[52]林沄则认为燕亳就是指燕貉之国,亳就是貉。[53]丁山提出,燕亳者,近于幽燕之亳也。[54]陈伟认为,燕亳连称,亳可能是燕国的别称,有如荆之于楚,郑之于韩,梁之于魏。[55]周晓陆认为,燕亳就是指燕国建于首都之亳社,燕亳邦为燕国的一个都邑。[56]李学勤认为,内应释为纳,亳释为薄,陈璋内伐燕薄邦之获是说陈璋上献伐燕至其都城的俘获。[57]董珊则不释为亳,而是胜,内为纳,胜邦就是胜国、灭国。[58]

关于奠阳陈得再立事岁中的陈得,陈梦家、丁山、周晓陆均认为是指田忌,且周晓陆还指出,田忌或为田臣思、田居思、田巨思、徐州子期之别名。董珊怀疑陈得就是孟尝君田文。[59]这些说法也只是一种推测,但说其为齐国的一位执政大臣,是可以的。至于陈璋,与《史记》《战国策》《资治通鉴》所记载的"田章"、"章子"是同一人,乃齐国的战将。[60]

1977年发掘出土的中山国中山王鼎壶铭文,也有关于这次战役的记录。方壶铭文如下:"惟十四年,中山王兴,命相邦貯择郾吉金,铸为彝壶。节于醴酏,可法可常,以享上帝,以祀先王。穆穆济济,严敬不敢怠荒。因载所美,昭大皇功,诋郾之化,以敬嗣王。……适遭燕君子哙,不顾大谊,不就诸侯,而臣宗易位,以内绝召公之业,乏其先王之祭祀,外之则将使上勤于天子之庙,而后与诸侯齿长,于哙同则,上逆于天,下不巡于人旅,寡人非之。貯曰:为人臣而反臣其宗,不祥莫大焉。将与吾君并立,于世齿长,于哙同则,臣不忍见旅。貯愿从大夫,以靖郾疆,是以身蒙幸胄,以诛不顺。郾故君子哙,新君子之,不用礼谊,不顾逆顺,故邦亡身死,曾无匹夫之救,遂定君臣之位,上下之体,休有成功,创辟封疆。天子不忘其勋,使其老策赏仲父,诸侯皆贺……。"其鼎铭如下:"惟十四年,中山王兴作鼎于铭曰:……昔者郾君子哙,睿弇夫悟,长为人宗,干于天子之勿疑,犹迷惑于子之而亡其邦,为天下戮……今吾老貯,亲率三军之众,以征不谊之邦,获俘振铎,辟启封疆,方数百里,列城数十,克敌大邦……。"此"十四年"约当公元前315—314年。[61]这也说明,当时随齐伐燕的还有中山国等,可见规模之大。

燕因禅让引发的燕齐大战,反映了一系列社会特点:一是战争与周礼的关系。虽然战国纵横争夺不断，但周礼始终在起一定调和与阻止作用，孟子对齐王所言及其不听之后果就能说明这一点，这也是战国诸侯各国互存的一个内在因素。正如孟子所言，取之而燕民不悦，齐军的侵扰激起了燕人的抵抗。《孟子·公孙丑下》云："燕人畔。"其他诸侯国也纷纷救燕，《孟子·梁惠王下》载曰："齐人伐燕，取之。诸侯将谋燕。"《战国策·赵策三》："齐破燕，赵欲存之。"《史记·赵世家》："齐伐燕，赵救燕。"《战国策·魏策一》："楚许魏六城，与之伐齐而存燕。"《史记·秦本纪》云秦"使庶长疾助韩而东攻齐"。在这样的形势下，齐国不得不退兵，撤出燕境。

二是改革与战争的关系。诸侯王国发展的道路如何，是改革还是战争，这得从自身军事特点来思量，随着军事特点的不同，可能这种道路的选择或艰易程度不同，历程不同，结果也就会发生变化，并不是一个简单的抉择。燕王哙禅让而引发的燕齐大战，这并不反映出燕国改革是不可行的。《韩非子·说疑》说得很明白："燕君子哙，召公奭之后也。地方数千里，持戟数十万，不安子女之乐，不听钟石之声，内不湮汗池台榭，外不罿弋田猎，又亲操耒耨以修畎畝。子哙之苦身以忧民如此其甚也，虽古之所谓圣王明君者，其勤身而忧世不甚于此矣。"这说明，燕王哙不是一个后世所讥刺的"愚主"。或许，公元前318年，燕王哙与楚、三晋等联合攻秦，却"不胜而还"，由此产生了要从燕国内部探寻发展之路的想法。郭沫若曾言："作为一国的国王，能把自己的位子心甘情愿地让给臣下，这不是一件容易的事情。燕王哙办到了，足见他不同寻常。他所选择的对象子之，照道理也应不一定是一个坏蛋。燕王哙禅让剧虽然受到国内的反对和邻国齐宣王的武装干涉而失败了，但我们从这里是可以推想的到：除开禅让之外他在国政上一定还有些别的改革的。"[62]

三是文化传统惯性与战争之间的关系。文化传统是有惯性的，并不随着某种改变而发生位移或消失，一定时候却显示出它的强大能量。燕国虽弱小，但召公之文化传统并没有在战国时期消失，它的惯性仍存在。故当齐的战争行为触及到了这一惯性，那将是巨大的反弹。燕昭王的改革实际上是重拾这种文化传统，使这一惯性发挥出新的能量。

3. 燕昭王改革与燕国军事"复仇"

在诸侯救燕的行动中，值得关注的就是燕昭王即位。公元前312年，赵武灵王召燕公子职于韩，派人护送其回国就位，立为燕王，即燕国历史上最值得书写的燕昭王。[63]

燕昭王即位后，一方面礼贤下士，广揽人才，强国富民，积极推行各项改革，另一方面为"报齐"而进行军事准备。《战国策·燕策一》："今臣闻王居处不安，食饮不甘，思念报齐。"改革的目的之一，就是要"雪先王之耻"。贤士凑燕，不乏军事人才，如"乐毅自魏往"、"剧辛自赵往"[64]。乐毅，中山人，魏国名将乐羊后裔，擅长用兵，他对燕昭王实现"复仇"在军事方面起了非常重要的作用。而苏秦则在智谋上为燕昭王的夙愿贡献了力量。苏秦指出："齐虽强国也，西劳于宋，南罢于楚，则齐军可败而河间可取。"[65]1972年银雀山汉简《孙子兵法·用间》言："燕之兴也，苏秦在齐。"

公元前296年，齐国曾经伐燕，"覆三军，获二将"。[66]公元前295年，燕昭王使苏秦入齐，请齐王舍燕而攻宋，以此削弱齐国的实力。公元前293年，齐遂派兵攻击宋，而燕发兵两万并自备粮草助齐攻宋，[67]这样可以迷惑齐国，"齐之信燕也，至于虚北地以行其兵"。[68]不过，齐并没有完全缓和对燕的敌视，当燕将张魁率军入齐后，缘于矛盾而被齐王杀死。[69]《吕氏春秋·行论》："齐攻宋，燕王使张魁将燕兵以从焉，齐王杀之，燕王闻之，泣数行于下。"

经过精心准备，国力提升，"燕国殷富，士卒乐轶轻战"，[70]伐齐条件似乎成熟。燕昭王二十八年（前284年），任命乐毅为上将军，统率燕、赵、魏、韩、秦五国联军，向齐国边境进发。《战国策·燕策二》载曰："齐兴兵伐宋，三覆宋，宋遂举，燕王闻之，绝交于齐，率天下之兵以伐齐，大战一，小战再，顿齐国，成其名。"首先是从东南出击齐国的济西，大获全胜。济西大捷后，乐毅遣返了其他四国军队，亲率燕军直入齐国内境，很快攻下齐都临淄，齐湣王仓皇出逃。《史记·田敬仲完世家》载曰："乐毅遂入临淄，尽取齐之宝藏器。"《史记·乐毅列传》亦载曰："乐毅攻入临淄，尽取齐宝财物祭器输入燕……齐器设于宁台，大吕陈于元英，故鼎反乎磨室。"乐毅入齐后，"修正燕军，禁止侵掠，求齐之逸民，显而礼之，宽其赋敛，陈其暴令，修其旧政"，齐民大悦。乐毅还"表贤者之闾"，结果是"齐人食邑于燕者二十余君，有爵位于蓟者百有余人"。燕军继续攻占齐国重要城镇，"中军据临淄而镇齐都"，"左军渡胶东、东来"，"右军循河、济、屯阿甄以联魏师"，"前军循泰山以东至海，略琅邪"，"后军旁北海以抚千乘"。[71]

上海博物馆曾在香港古玩市场购买的郾王职壶，其铭文记载了燕昭王伐齐这一军事活动，内容如下：唯郾王职苙乍承祀庶几三十，东讨仇国，令日壬午，克邦残城，灭齐之获。[72]

伐齐的同时，燕国还开拓疆土，设塞保卫。《史记·朝鲜列传》载曰："全燕时，尝略属真番、朝鲜。为置吏，筑鄣塞。"《史记·匈奴列传》载曰："其后燕有贤将秦开，为质于胡，胡甚信之。归而袭破走东胡，东胡郤千余里。与荆轲刺秦王秦舞阳者，开之孙也。燕亦筑长城，自造阳至襄平。置上谷、渔阳、右北平、辽西、辽东郡以拒胡。当是之时，冠带战国七，而三国边于匈奴。其后赵将李牧时，匈奴不敢入赵边。后秦灭六国，而始皇帝使蒙恬将十万之众北击胡，悉收河南地。"

然而，这样的军事强势随着燕昭王的离世而衰落。公元前 279 年，燕惠王即位。不久，齐田单率兵败燕而复国。公元前 272 年，燕惠王被臣子所弑，其子武成王即位。秦、魏、楚、韩以"定乱"为名，趁火打劫，共伐燕国。

4. 燕赵之战与秦灭燕

早在春秋时期，燕晋之间就有军事冲突发生。《史记·燕召公世家》载曰："（燕惠公）六年（前 539 年），惠公多宠姬，公欲去诸大夫而立宠姬宋，大夫共诛姬宋，惠公惧，奔齐。四年，齐高偃如晋，请共伐燕，入其君。晋平公许，与齐伐燕，入惠公。惠公至燕而死。"《史记索隐》注曰："宋，其名也，或作'宗'。刘氏云'其父兄为执政，故诸大夫共灭之'。"《史记·十二诸侯年表》："公欲杀公卿，立幸臣。公卿诛幸臣，公惧，出奔齐。"梁玉绳《史记志疑》卷十九提出，《世家》的三个"姬"字均当作"臣"字。这虽是一场权力斗争，却引发了齐、晋联合攻伐燕国的军事战争。至于战争规模、武器装备等具体事项，则不得而知。

长沙马王堆三号汉墓帛书《春秋事语·燕大夫章》还记载了春秋之时燕、晋之间的另一次军事战争。其文载曰："燕大夫子口率师以御晋人，胜之。归而饮至，而乐。其弟子车曰：'口则乐矣，非先王口之乐也。昔者［文王军］宗，能取而弗灭，以申其德也。武王胜殷，登……乐则荒，荒则……君之忧。'处十一月，晋人口燕南，大败［燕人］。"[73]大意是说，晋人侵燕，燕大夫某率师御敌，打败了晋人；但他归而饮乐，骄傲自满，忘乎所以，其弟子车良言进谏，劝他居安思危，可忠言逆耳，没被采纳；结果，晋人再度侵燕，燕人反而大败。[74]

战国中后期，燕赵军事战争不断升级。公元前 320 年（燕王哙元年、赵武灵王六年），燕伐赵，围浊鹿（今河北涞源县北）。赵武灵王及代人救之，败燕师于勺梁（今河北唐县东南）。[75]燕武成王七年（前265 年），燕攻赵，赵孝成王聘齐人田单率赵师回击燕军。公元前 259年，赵军一些将领率原燕国之众叛归燕国。燕孝王二年（前 256 年），

15

燕派兵攻打赵国的昌城（今河北冀县西北）。燕王喜四年（前251年），在燕相栗腹的建议下，燕喜王下令伐赵。《史记·赵世家》："赵壮者皆死长平，其孤为壮，可伐也。"当时有人反对，"赵四战之国，其民习兵，不可伐"。燕起二军、车二千乘击赵。一支由栗腹统帅，一支由卿秦统帅，燕王也自将偏师随其后。结果，燕军大败而逃。赵国大将廉颇一路追击，直逼燕都蓟城。燕国以大夫将渠为相，才得以请和。公元前250年，赵将廉颇、乐乘再度围攻燕都，燕以重礼求得和解。公元前249年，赵将乐乘又一次进围燕都。公元前248年，赵助魏攻燕。公元前243年，赵良将李牧率军攻燕。公元前242年，燕试图乘赵换将之际，攻击赵国。结果，赵取燕师二万。公元前236年，赵再次攻燕。在短短的三十年间（前265—前236）中，燕赵之间的战争就有九次之多，"燕国在关键的战国后期，出于'错误的决策'，发动了数场'错误的战争'，可悲可叹！二与赵为战，燕国是败多胜少（一胜八败），常常是得不偿失，空耗国力，可怜可笑！燕国在战国后期的迅速衰落，与这数次燕赵战争不无关系"。[76]

随着合纵攻秦的失败，秦国逐渐走上统一的道路。公元前228年，秦将王翦率军攻击赵军，邯郸沦陷，赵王迁被俘，公子嘉率宗族数百人逃亡代地（今河北蔚县东北），自立为代王。秦军继续北上，屯军于中山。代王嘉与燕合并，屯于上谷郡。秦军威胁的不单是代王嘉，兵临易水，对燕是一种直接逼近。为了缓解这种危局，燕太子丹策划了一场轰轰烈烈的荆轲刺秦王壮举，最终以失败告终，更难抵秦军的攻击。正如燕臣鞠武所言："太子贵匹夫之勇，信一剑之任，而欲望功，臣以为疏。"[77]公元前226年冬十月，秦军直捣燕都蓟城。很快，燕都陷落。燕王喜和太子丹仓皇逃亡辽东郡，后在代王嘉的劝导下，燕王喜斩杀太子丹，但并没有为其灭亡的命运带来根本性转机。公元前222年，秦人大举进攻偏据一隅的燕王喜，燕王喜被俘，至此燕国灭亡。

二、附重与牵制的军事特点

1. 武器装备与军事制度

战国时期燕国兵器主要有戈、矛、剑三个品种，戈数量最多，形制也最为复杂。仅燕都及其周边地区就出土了不少兵器。如1977年12月在怀柔县公安局看守所南约20米处，发现战国墓一座，出土有铜剑、铜戈各1件。1971年8月，顺义县英各庄发现战国墓葬区一处，在此收集到墓中随葬品有战国铜剑2件。1982年3月，顺义县龙湾屯村大北务北山坡发现战国墓一座，事后收集到该墓随葬的青铜兵器剑、戈、镞各 1 件。1981 年 12 月，通县中赵甫村发现战国墓一座，出土有铜剑 2 件、铜戈 2 件、铜镞 2 件。1965 年 3 月，顺义县李家桥公社平各庄出土战国铜戈等。1971 年，在顺义县英各庄战国墓葬区范围内，收集到铜剑 4 件，铜戈 3 件。1971 年春，平谷县南独乐河公社北独乐河村出土战国铜剑 1 件。1959 年，怀柔县基建工程中，出土铜剑 2 件、铜戈 1 件、天鸡纹铜矛 1 件、铜镞数枚。1972 年 12 月，怀柔县汤河公社东帽湾出土战国铜剑 1 件。1978 年 3 月，怀柔县城关镇新贤街出土战国铜剑 1 件。1971 年，延庆县永宁公社供销社收到战国铜剑 1 件。1982 年，延庆县红旗甸公社六道河村出土战国铜戈 1 件；1984 年，延庆县四海公社北门外出土战国铜戈 1 件；1958 年 3 月，昌平县十三陵水库出土战国铜剑 2 件。1959 年，房山县良乡窦店村出土战国铜剑 1 件。1963 年 4 月，永定门外房管所琉璃井出土战国铜剑 1 件。1972 年 10 月，永定门外定安里崇文区二商局食品厂出土战国铜剑 1 件。1973 年，宣武区陶然亭公园出土战国铜剑 1 件。

考古类型学研究表明，战国燕戈由中原三晋戈派生而来。[78] 为了能够在列强纷争的动荡局势下谋取并维持其霸主地位，燕国必须加紧军备竞赛，其中最有效的手段就是提高兵器在战争中的杀伤力。在这种背景下，燕国开始了自己的兵器改良运动，并最终确立了代表本国特色的铜戈形制——鐏和锯。目前资料显示，这一改良举措的实施，至少不晚于战国中期的郾侯载（燕成侯）。随后的郾侯脮时期继续创新，将东北系铜剑身上发达的血槽移植到铜戈援身上，胡上的波状与刺也随之增加，但数目不固定，或 3 个或 4 个，器名也由原来的戈、鐏更新为鐏、鈈。[79] 到了郾侯（王）职时，以 B 型和 C 型为代表的燕戈形制最终固定下来。上述燕国铜戈的一系列改制，最终目的都是为了增强自身的有效杀伤力，进而提高燕国的军事地位。[80] 当然，与秦国兵器相比，燕国兵器不管在质量上，还是工艺流程，造型设计方面，同样存在明显的差距和不足，特别是在造型设计方面，秦国非常注意增强兵器在格斗中的承受力和对敌人的杀伤力，而燕国铸造的兵器中这一点表现的则不明显。[81]

值得注意的是，诸多兵器刻有铭文，这对我们了解燕国军事制度提供了非常难得的宝贵资料。

在燕国，国君是兵器的最高督造者。[82] 如燕下都 23 号遗址出土的"郾王喜造御司马残"，司马是大小军官的泛称，御司马，乘车作战的军官，也可理解为军官身份的战车兵。燕国军队编制中有右军和左军，如"郾右军"、[83] "郾侯载作左军"。[84]《周礼·夏官·司马》："万有二千五百人为军，王六军，大国三军，次国二军，小国一军。"《说文》："军，兵车也。"军是指以车兵为主体的武装部队的最高建制单位。在车战盛行的年代里，一国武装力量主要是由若干军组成的。[85] 有独立的建制步兵，如"左行议御戈"，[86] 行是独立的建制步兵，主要执行战车兵力所不及的险地作战任务，是军的补充。议通仪，御通率（帅），行议御即步兵仪仗队的统帅。从晋有左中右三行，燕有左军右军来看，当时燕国至少还有一支与"左行仪"并存的步兵仪仗队"右行仪"。"郾王詈造行义百夆司马鈇"、[87] "郾王戎人乍百夆御矛"。[88] 百夆，一种百人编队，行义百夆司马是指步兵仪仗队的百人队长。

就步兵部队来讲，主要有以下几种：（1）燕王直属的步兵部队。如"郾王职作王萃"。关于萃，李学勤认为萃即谓诸车之部队，即戎车之部队；[89] 张震泽认为萃借为卒。[90] 萃借为卒，可以成立，但流于笼统，萃不能简单地等同于步卒的卒，而是一个群体概念，萃之从卒，与军之从车同理，应释为步兵部队。（2）戴头巾的步兵部队。如"郾侯载作右军鈇"、[91] "郾侯载作巾萃鈇"，[92] 巾萃即指戴头巾的步兵部队。（3）甲胄步兵部队。如"郾王□作巾萃锯"、"郾王□作函萃锯"，函萃就是指甲胄步兵部队，史载燕人擅长作甲，特指不戴头盔的铠甲步兵部队。燕国甲胄步兵在当时的存在是毋庸置疑的。（4）轻装步兵。"郾王□作秡锯"，燕国的秡亦当是一种步兵，与齐国的技击、魏国的奋击同理。鉴于巾萃、函萃的存在，秡可能是一种既无头巾又无甲胄的轻装步兵。"郾王□作五秡锯"，五作伍解，伍，军队的基层编制单位，由五名士兵组成。《周礼·夏官》："五人为伍，伍皆有长。"《司马法·兵教》："伍长教其四人。"五秡可断为秡兵伍长。

除了以上军队建制外，还有水军部队，以及较为特殊的纠察武装人员。如"郾王职作黄萃矛"，在阴阳五行学说盛行的时代里，黄象征五行中之土色，土能克水，黄色曾被用作水军的服色，汉代有一支中央直属的水军，"羽林黄头"。因此，有学者认为黄萃即水军部队。"郾王喜为检矛"，这里的检是指军中专司纠察不轨的部分武装人员。这种人员极少，故仅留下一件。

战国时期的燕国，地处华夏大地东北一隅，国家较弱，在列国政治生活中所起的作用比较次要，所以史学家对于燕国历史尤其军事史的记载也相当简略。而燕国兵器铭文在这一领域弥补了古史记载的不足，成为复原燕国军队面貌和军制改革状况的重要史料来源。燕国兵器铭文的分析结果表明，战国时期的燕国军队也毫无例外地经历了这样的一次变革：从战国早期到燕成侯时代，有铭兵器的配属对象已知有左军、右军、戎、左行仪御、巾萃五种，左军、右军的戈矛占据着最大的数量比例，说明军仍是这一阶段燕国军队的主体部分。戎戟的称呼继承了春秋戈铭的一般传统，说明戟车兵的成分和性质尚未发生变化。"行"原是一种以贵族甲士为骨干的建制步兵，但在中国奴隶制时代，甲士下车作战无异去尊就卑，这就极大地限制了"行"的战斗作用。左行仪御戈的发现，证明"行"已蜕变为一种仪仗队，然犹有左右之别，保留着原作战部队的组织形式。"行"的战斗职能为新兴的巾萃所取代，郾侯脮时代及以后，左军、右军、戎均已从兵器铭文中消失，行仪亦不复有左右之别，只有巾萃戈仍在继续流行。巾萃相当于魏国的"苍头"，大概燕人为了同别国有所区别，有意隐去颜色"苍"（青）而以巾萃行，性质是一致的。军的湮没和萃的出现，标志着燕国奴隶制时代军队的解体和封建制新式军队的诞生。[93]

2. 军事城堡与军事防御体系

北京地区发现了不少春秋战国时期的古城遗址，如房山的黑古台遗址、蔡庄古城址、卢村古城址、长沟古城址，其中蔡庄古城址很可能为军事城堡。蔡庄古城址，是 1959 年初文物普查时发现的。城大体呈正方形，长宽各约 300 米，现仅存东西南三面，北城墙可能早年已被河水冲毁。东南、西南两城角，保存尚完整，高约 3.5 米。南墙和西墙中部各有一处向外突出，或为城门。南墙突出处遗有豁口，顺豁口处直入城内河沿，有深沟一道，将城内耕地分成两半，或为原城内街道久经风雨冲刷而致。当地农民在古城址挖土时，曾发现铜铁箭镞。此城可能建于战国而沿用至汉代。

上世纪 50 年代曾发现发掘的清河镇朱房村古城遗址，出土了部分兵器和大量的农具。据考古人员推测，此城址的建筑年代上限应当是战国，下限当在秦汉之际。城址基宽 11.85、顶残宽 1.4 米，可见当时此城的规模。同时，考古人员分析认为，该土城原来必定是一座具有军事意义的边城。北京距长城不远，在战国秦汉时期，它是燕国防胡军事基地之一，起着拱卫都城蓟城的犄角。[94]

昌平以北有几处山口如南口和居庸关等，都是古代的军事要塞。在这种天险附近，当时肯定要设立军事城镇。以往曾在这些地区附近发现有较大的墓葬区，正可说明这个问题。[95]对于居庸这一军事要塞，《吕氏春秋·有始览》把它列入战国时期的九塞之一。《史记·朝鲜列传》中所言的燕国鼎盛时大力"筑鄣塞"，营建长城，并在燕国北部边疆地带设立上谷郡、渔阳郡、右北平郡、辽西郡、辽东郡来抵御匈奴等胡人的军事侵扰，构筑起一道牢固的防御战线。

3. 附重牵制的军事特点

战国时期苏秦说燕文侯曰："燕东有朝鲜、辽东，北有林胡、楼烦，西有云中、九原，南有嘑沱、易水，地方二千余里，带甲数十万，车六百乘，骑六千匹，粟支数年。南有碣石、雁门之饶，北有枣栗之利，民虽不佃作而足于枣栗矣。此所谓天府者也。"[96]《战国策·燕策》与此记载完全一致。《史记·货殖列传》载曰："燕亦勃碣之间一都会也，南通齐、赵，上谷至辽东地踔远，有鱼、盐、枣、栗之饶，北邻乌桓、夫余，东绾秽貉、朝鲜、真番之利。"《汉书·地理志下》对此也有记录："燕地，尾、箕分野也。武王定殷，封召公于燕，其后三十六世与六国俱称王。东有渔阳、右北平、辽西、辽东，西有上谷、代郡、雁门，南得涿郡之易、容城、范阳、北新城、故安、涿县、良乡、新昌，及勃海之安次，皆燕分也。乐浪、玄菟，亦宜属焉。"

所谓"带甲数十万，车六百乘，骑六千匹"，相比春秋时期，战国时燕国这样的兵力，有了较大的增长，但仍难荣列军事强国之中。其国土面积不如楚，部卒数量不及魏，车骑数量逊于赵，军粮储备难望齐之项背，即使刀剑器械一项也输于韩，在列国中无一技之长，以这样的势力拼争于战国，毫无优势而言。[97]然而，燕国不仅作为战国七雄之一，且存在时间较长。正如司马迁曾评论说："燕迫蛮貉，内措齐、晋，崎岖强国之间，最为弱小，几灭者数矣。然社稷血食者八九百岁，于姬姓独后亡，岂非召公之烈邪！"[98]司马迁所分析的召公之烈，也就是悠久的周礼文化传统，或许是其中一个因素，但不是全部，也不是关键。

《史记·苏秦列传》载苏代（应为苏秦）言曰："凡天下战国七，燕处弱焉。独战则不能，有所附则无不能。南附楚，楚重；西附秦，秦重；中附韩、魏，韩、魏重。"《韩非子·有度》亦云："燕襄王以河为境，以蓟为国，袭涿、方城，残齐，平中山，有燕者重，无燕者轻。"这实际上道出了燕国"社稷血食者八九百岁，于姬姓独后亡"的重要因素，即它在军事上的附重战略特点。不过，值得我们注意的是，苏秦并没有提及到燕对于齐、赵的附重战略意义，为何？其实，这里面还蕴含着燕国军事战略的另一重要素，即牵制作用。燕国在战国时期对齐赵的牵制作用，对于秦、楚、韩、魏与齐、赵的抗衡意义非常突出，甚至是决定性的。以上所述及的诸多战事，是对这一战略特点的很好说明。当然，无论牵制，还是附重功能，均离不开其特殊的地理位置。[99]

如果联系燕国在战国时期的军事战略特点来看，所谓的禅让事件的失败是必然的，也说明燕国通过内在的改革而强大自身这条路是很艰难的，因为燕国的存在已不是他自身的存在，而是在一个庞大的网络系统中存活，恰恰是这种生存状态让其实现了独姬姓后亡的历史命运。

注释：

1　曹子西主编：《北京通史》第 1 卷，中国书店 1994 年，第 22 页。

2　魏开肇：《中华民族远祖炎黄阪泉之战纪念地在延庆》，《北京社会科学》1992 年第 4 期。

3　王彩梅：《论炎黄阪泉之战的地理位置及相关问题》，《北京社会科学》1992 年第 4 期。

4　9　朱绍侯：《研究五帝历史必须改变思路——〈五帝时代研究〉读后感》，《中原文物》2005 年第 5 期。

5　蓟与黄帝部落的经济活动有关，参见李江浙：《蓟城前史初探》，《京华旧事存真》第 2 辑，1992 年。

6　19　韩光辉：《蓟聚落起源与蓟城兴起》，《中国历史地理论丛》1998 年第 1 期。

7　吴晓东：《涿鹿之战——一个晒盐的故事》，《民族艺术》2015 年第 2 期。这方面的认识还有不少，如马重阳：《从"涿鹿"、"浊鹿"再到"浊卤"——关于炎黄大战蚩尤的文史追踪》，《山西师大学报》2012 年第 3 期。

8　韩建业：《涿鹿之战探索》，《中原文物》2002 年第 4 期；金宇飞：《涿鹿之战的考古学研究》，《重庆文理学院学报》2011 年第 4 期。

10　中国社会科学院考古研究所编：《新中国的考古发现和研究》，文物出版社 1984 年，第 240 页。

11　北京市文物研究所编：《北京考古四十年》，北京燕山出版社 1990 年，第 38 页。

12　《首都博物馆丛刊》第 15 辑，北京燕山出版社 2001 年。

13　16　杨博：《北京市征集商代戈戈考源与研究》，《吕梁教育学院学报》2010 年第 3 期。

14　朱凤瀚：《商周家族形态研究》增订本，天津古籍出版社 2004 年，第 95 页。

15　王长丰：《殷周金文族徽整理与研究》，郑州大学历史学院，硕士学位论文，2006 年。

17　《史记》卷三十四《燕召公世家》："周武王之灭纣，封召公于北燕。"

18　《史记》卷三《周本纪》注。

20　彭华：《燕国史稿》，中国文史出版社 2005 年，第 71 页。

21　《大清一统志》卷四《顺天府》引张华《博物志》："郡背沙漠，进临易水，西至军都，东至于辽，长蛇带塞险陆相乘。"

22 北京市文物研究所：《琉璃河西周燕国墓地》（1973—1977），文物出版社1995年，第200—211页。

23 中国社会科学院考古研究所、北京市文物工作队琉璃河考古队：《1981—1983年琉璃河西周燕国墓地发掘简报》，《考古》1984年第5期。

24 中国社会科学院考古研究所、北京市文物研究所琉璃河考古队：《北京琉璃河1193号大墓发掘简报》，《考古》1990年第1期。

25 28 北京市文物管理处：《北京地区的又一重要考古收获——昌平白浮西周木椁墓的新启示》，《考古》1976年第4期。

26 有人推测其可能为皮靴装饰。参见韩金秋：《白浮墓葬的微观分析与宏观比较》，《边疆考古研究》第7辑，科学出版社2008年，第103—108页。

27 29 韩金秋：《白浮墓葬的微观分析与宏观比较》，《边疆考古研究》第7辑，科学出版社2008年，第103—108页。

30 韩建业：《略论北京昌平白浮M2墓主人身份》，《中原文物》2011年第4期。

31 彭华：《燕国史稿》，中国文史出版社2005年，第74页。

32 北京市文物研究所编：《北京考古四十年》，北京燕山出版社1990年，第83—84页。

33 36 37 《史记》卷三十二《齐太公世家》。

34 《国语·齐语》。

35 《管子·戒篇》。

38 40 70 98 《史记》卷三十四《燕召公世家》。

39 《六国年表》、《田敬仲完世家》、《赵世家》、《韩世家》、《魏世家》。

41 《水经注·鲍丘水》引《古本竹书纪年》。

42 具体分析参见靳宝：《燕国"禅让"实践的重新解读》，《廊坊师范学院学报》（社会科学版）2011年第4期。

43 著录见于罗振玉：《三代吉金文存》卷13，中华书局1983年。

44 《文物》1982年第11期。

45 郭沫若：《两周金文辞大系图录考释》，上海书店1999年，第220—221页。

46 丁山：《陈骍壶铭跋》，《责善半月刊》二卷6期；陈梦家：《陈骍壶考释》，《责善半月刊》二卷23期。

47 唐兰：《司马迁所没有见过的珍贵史料》，《战国纵横家书》，文物出版社1976年，第132、142页。

48 56 周晓陆：《盱眙所出重金络缶·陈璋圆壶读考》，《考古》1988年第3期。

49 57 李学勤、祝敏申：《盱眙壶铭与齐破燕年代》，《文物春秋》1989年创刊号。

50 马承源：《商周青铜器铭文选》第4卷，文物出版社1990年，第560页。

51　何琳仪：《战国文字通论订补》，江苏教育出版社 2003 年，第 86 页。

52　陈梦家：《两周铜器断代》，中华书局 2004 年，第 383 页。

53　林沄：《燕亳和燕亳邦小议》，《史学集刊》1994 年第 2 期。

54　丁山：《商周史料考证》，龙门联合书局 1960 年，第 16 页。

55　陈伟：《包山楚简初探》，武汉大学出版社 1996 年，第 12 页。

58　董珊：《匽王职壶铭文研究》，《北京大学中国古文献研究中心集刊》第三辑，北京大学出版社 2002 年，第 48—49 页。

59　董珊：《战国题铭与工官制度》，北京大学历史系，博士学位论文，2002 年。

60　朱晓雪：《战国陈得、陈璋考》，《辽宁省博物馆馆刊》第 3 辑，2008 年。

61　商承祚：《中山王𰯼壶、鼎铭文刍议》，《上海博物馆集刊》，上海古籍出版社 1982 年。

62　郭沫若：《奴隶制时代》，人民出版社 1973 年，第 30 页。

63　《史记》卷四十三《赵世家》。

64　《战国策·燕策一》、《史记》卷三十四《燕召公世家》。

65　66　《战国策·燕策一》。

67　马王堆汉墓帛书整理小组编：《战国纵横家书》一一《苏秦自赵献书于齐王》，文物出版社 1976 年，第 36 页。

68　《战国策·燕策二》。

69　马王堆汉墓帛书整理小组编：《战国纵横家书》四《苏秦自齐献书于燕王》，文物出版社 1976 年，第 45 页。

71　《资治通鉴》卷四《周纪四》。

72　周亚：《郾王职壶铭文初释》，《上海博物馆集刊》第 8 辑，上海书画出版社 2000 年，第 45 页；黄锡金：《燕破齐史料的重要发现——燕王职壶铭文的再研究》，《古文字研究》第 24 辑，中华书局 2002 年，第 249 页。

73　马王堆汉墓帛书整理小组：《马王堆汉墓出土帛书〈春秋事语〉释文》，《文物》1977 年第 1 期。

74　彭华：《燕国史稿》，中国文史出版社 2005 年，第 78 页。

75　朱右曾：《汲冢竹书存真》，上海古籍出版社 1995 年。

76　彭华：《燕国史稿》，中国文史出版社 2005 年，第 123 页。

77　《燕丹子》卷上。

78　80　井中伟：《战国时期燕戈的类型学考察》，《北方文物》2008 年第 2 期。

79　戈为勾兵，矛为刺兵，戈矛可组成一种勾刺两用的兵器—戟。戣当是一种戈类武器。鈹是指单独装柲的戈，柲端不加装矛头是鈹的基本特征。戣、鈹的主要区别在于柲端加装戟刺与否。

81　王海、宁京鹏：《宽甸县城东郊战国铜戈考古探究》，《集人时刊》2011 年第 10 期。

82　李学勤：《战国题铭概述》（上），《文物》1959 年第 7 期。

83　于省吾：《商周金文寻遗》，考古研究所 1952 年，第 113、115 页。

84　罗振玉：《三代吉金文存》卷 20，中华书局 1983 年。

85　蓝永蔚：《春秋时期的步兵》，中华书局 1979 年，第 46—47 页。

86　河北省博物馆：《河北省出土文物选集》，文物出版社 1980 年。

87　河北省文物管理处：《燕下都 23 号遗址出土的一批铜戈》，《文物》1982 年第 8 期。

88　林已参大：《中国殷周时代的武器》，京都大学人文科学研究所 1972 年，第 125、85 页。

89　李学勤：《论河北近年出土的战国有铭兵器》，《古文字研究》第 7 辑，中华书局 1982 年，第 126 页。

90　张震泽：《燕王职戈考释》，《考古》1973 年第 4 期。

91　邹安：《周金文存》卷六，台联国风出版社 1978 年，第 19 页。

92　中国历史博物馆考古组：《燕下都城址调查报告》，《考古》1962 年第 1 期。

93　沈融：《燕兵器铭文格式的内容及其相关问题》，《考古与文物》1994 年第 3 期。

94　北京市文物研究所编：《北京考古四十年》，北京燕山出版社 1990 年，第 97—98 页。

95　苏天钧：《北京昌平区松园村战国墓葬发掘记略》，《文物》1959 年第 9 期。

96　《史记》卷六十九《苏秦列传》。

97　99　侯毅、张昊：《东周燕国的战争及其在历史进程中的作用》，《晋阳学刊》2006 年第 5 期。

第二章　两汉魏晋十六国北朝

秦汉大一统社会的构建与发展，促进了幽燕地区行政的根本性变革，从纷乱的争霸局面转换到统一王朝下的地方秩序建设上。就其军事演进来看，随之有了新的变化。两汉幽州，呈现更多的是为大一统政权建设与稳固服务的军事战略职能，这表现在两个方面：对内维护本地的地域安全与秩序安全，对外为王朝统一及其支配下的国家安全和社会秩序有效运转提供必要的军事力量，相对来讲，后者更为突出。而随着割据政权的出现、持续，幽州军事重镇的功能似乎日显凸起。曹操统一北方，十六国北朝时期各政权对幽州的争夺，均可说明幽州军事重镇的战略地位，初步显示出幽州对于北方一统的军事意义。

第一节　西汉分封与燕王之战

秦短暂统一后，幽燕地区再次陷入了战乱争夺的时代。西汉大一统的构建，势必离不开北方幽燕地区的归属与安全维护。秦汉之际各支力量的军事争夺，体现了这一点。即使西汉大一统形成与发展过程中，幽州的军事地位依然是突出的，尽管这一地区再无大的战事发生。卢绾、刘旦的分封，就是很好的说明。而其最终的"覆灭"，则从另一个层面体现了地方军事的大一统化。

一、秦汉之际对燕蓟的军事争夺

1. 秦王朝对燕地军事防御的加强

缘于特殊的地理环境，燕地成为秦一统之后东北边防的重要安全基地。秦始皇、秦二世连续前往巡行，无不透射出燕地在秦最高统治者心中的战略地位。早在战国时期，燕国自身为了防御匈奴等部族的侵扰，遂修筑了长城。《史记·匈奴列传》载曰："燕亦筑长城，自造阳至襄平。"所谓"造阳"，《史记集解》引韦昭曰："地名，在上谷。"其大致位置在今河北独石口到内蒙古正蓝旗滦河源一带。[1] 襄平，《史记索隐》引韦昭云："今辽东所理也。"其为辽东郡郡治，在今辽宁省辽阳市老城。这是说燕国的原有长城，自上谷至辽东，绵延千里。

秦始皇三十二年（前215年），燕人卢生奏曰："亡秦者胡也。"随后秦始皇派将军蒙恬发兵三十万北击匈奴，同时修筑长城。自然燕地的长城继续沿用，或有补修。《史记·蒙恬列传》载曰："筑长城，因地形，用制险塞，起临洮，至辽东，延袤万余里。"《史记索隐》案："《太康地记》'秦塞自五原北九百里，谓之造阳。东行终利贲山南，汉阳西也。'汉，一作'渔'。"这些说明，秦始皇统一天下后，在燕国的长城基础上，把秦燕长城相连，使得北边长城绵延万里。这条长城与秦直道相连，司马迁曾言："吾适北边，自直道归，行观蒙恬所为秦筑长城亭障，堑山堙谷，通直道，固轻百姓力矣"。[2] 有学者对燕北长城与交通的关系问题做了阐述。[3] 秦始皇的这次修筑，再次巩固和扩展了燕国的长城防御功能。

对战国秦时期的燕长城的考古学调查，也取得了不少成果。经过实地考察发现，燕北长城有南北两道，南道长城可称之为燕北"内线长城"，北道长城可称之为燕北"外线长城"。其中，燕北"内线长城"又有东西两段。史书所言的"自造阳，至襄平"是指燕北内线长城的西段。具体走向为：由独石口北滦河源南的大滩起，东经丰宁县北，进入围场县，东行与赤南（赤峰市南）长城相连，然后出内蒙古敖汉旗境，进入辽宁省。燕北内线长城的东段，即朝鲜境内的大宁江长城。《史记·朝鲜列传》载，燕人卫满，燕国全盛时，尝略属真番、朝鲜，为置吏，筑障塞。燕北外线长城，西起于河北省张北西，然后东北行经内蒙古太仆寺旗、正蓝旗南，进入多伦县境，又东行进入围场县境内；然后，又东行进入辽宁省阜新县、彰武县境内，接着进入吉林省四平一带，最后至朝鲜境内。燕北长城的修筑，使燕国北部地区免遭东胡、朝鲜等的侵扰，有利于当地农业经济的发展，尤其重要的是，燕北长城（外线长城）的修筑为后来秦始皇修筑的万里长城奠定了基础。[4]

2. 武臣北徇燕赵与韩广反秦自立

秦二世元年（前209年）七月，秦"发闾左谪戍渔阳"[5]，引起了陈胜、吴广的揭竿而起，并很快席卷全国。正如西汉严安所言："陈胜、吴广举陈，武臣、张耳举赵，项梁举吴，田儋举齐，景驹举郢，周市举魏，韩广举燕，穷山通谷，豪士并起，不可胜载也"。[6]陈胜入陈后，以陈人武臣为将军，张耳、陈馀为左右校尉，率兵三千，北略赵地。很快，攻下赵城十余座，遂"引兵东北击范阳"。燕人蒯通[7]向范阳令徐公[8]进谏曰："窃闻公之将死，故吊。虽然，贺公得通而生。"徐公问道："何以吊之？"对曰："秦法重，足下为范阳令十年矣，杀人之父，孤人之子，断人之足，黥人之首，不可胜数。然而慈父孝子莫敢倳刃公之腹中者，畏秦法耳。今天下大乱，秦法不施，然则慈父孝子且倳刃公之腹中以成其名，此臣之所以吊公也。今诸侯畔秦矣，武信君兵且至，而君坚守范阳，少年皆争杀君，下武信君（武臣）。君急遣臣见武信君，可转祸为福，在今矣。"徐公一听很有道理，于是让人驾车护送蒯通前往游说武臣。蒯通见武臣曰："足下必将战胜然后略也，攻得然后下城，臣窃以为过矣。诚听臣之计，可不攻而降城，不战而略地，传檄而千里定，可乎？"武臣曰："何谓也？"蒯通曰："今范阳令宜整顿其士卒以守战者也，怯而畏死，贪而重富贵，故欲先天下降，畏君以为秦所置吏，诛杀如前十城也。然今范阳少年亦方杀其令，自以城距君。君何不赍臣侯印，拜范阳令，范阳令则以城下君，少年亦不敢杀其令。令范阳令乘朱轮华毂，使驱驰燕、赵郊。燕、赵郊见之，皆曰此范阳令，先下者也，即喜矣，燕、赵城可毋战而降也。此臣之所谓传檄而千里定者也"。[9]武臣不仅从其计，还"以车百乘，骑二百，侯印迎徐公"。结果，"燕赵闻之，降者三十余城"。[10]

秦二世元年八月，武臣自立为赵王。陈胜闻听此事，很愤怒，欲捕系武臣家属而诛之，后在将臣的劝说下，才遣使者前往邯郸向武臣表示祝贺，但把武臣家属困禁在宫中，督促赵兵入关。赵王将相谋曰："王王赵，非楚意也。楚已诛秦，必加兵于赵。计莫如毋西兵，使使北徇燕地以自广也。赵南据大河，北有燕、代，楚虽胜秦，不敢制赵。若楚不胜秦，必重赵。赵乘秦之敝，可以得志于天下。"赵王觉得有道理，"因不西兵，而遣故上谷卒史韩广将兵北徇燕地"。[11]卒史，官名，秦汉官署中的属吏，地位比书佐稍高，秩一百石，亦有二百石者。西汉郡国每郡初有卒史十人，后有增至二百人者。郡太守之卒史虽小吏，却有相当的政治活动能量，甚为人所重。

韩广恰遇战乱之际，得到赵王武臣的赏识，承担收复燕地的重任。当他率兵占领蓟城后，[12]原燕国贵族豪杰劝其自立为燕王。史载，"燕故贵人豪杰谓韩广曰：'楚已立王，赵又已立王。燕虽小，亦万乘之国也，愿将军立为燕王。'韩广曰：'广母在赵，不可。'燕人曰：'赵方西忧秦，南忧楚，其力不能禁我。且以楚之强，不敢害赵王将相之家，赵独安敢害将军之家乎！'韩广以为然，乃自立为燕王。居数月，赵奉燕王母及家属归之燕"。[13]这时，赵王武臣率领张耳、陈馀两员大将亦北上到达燕地边界。一天，赵王出来活动，不小心被燕军俘获。燕王以此欲分赵地一半，一连几个使者前来游说，都被燕军所诛杀。张耳、陈馀甚是着急，一位小卒奏报说可以解救赵王，遭到众人嘲笑。当他独自一人来到燕军营帐时，问燕将曰："知臣何欲？"燕将曰："若欲得赵王耳。"曰："君知张耳、陈馀何如人也？"燕将曰："贤人也。"曰："知其志何欲？"曰："欲得其王耳。"赵养卒乃笑曰："君未知此两人所欲也。夫武臣、张耳、陈馀杖马箠下赵数十城，此亦各欲南面而王，岂欲为卿相终己邪？夫臣与主岂可同日而道哉，顾其势初定，未敢参分而王，且以少长先立武臣为王，以持赵心。今赵地已服，此两人亦欲分赵而王，时未可耳。今君乃囚赵王。此两人名为求赵王，实欲燕杀之，此两人分赵自立。夫以一赵尚易燕，况以两贤王左提右挈，而责杀王之罪，灭燕易矣。"燕将以为然，乃归赵王，养卒为御而归。[14]

3. 燕将臧荼灭韩广而统领燕地

秦二世二年（前208年）九月，秦军围攻巨鹿，项羽北上救赵。三年（前207年）十月，秦将章邯攻破邯郸，燕王派遣大将臧荼救赵抗秦。很快，邯郸解围。汉元年（前206年）十二月，项羽背约入关，火烧咸阳，分天下，立诸侯。同年二月，燕将臧荼随之被分封为燕王，以蓟城为都；而原来的燕王韩广则被徙封为辽东王，以无终（今天津蓟县）为都。但燕王臧荼并不满足这一分封结果，韩广又不愿前往辽东屈尊为一小小辽东王。最终，引发了燕王臧荼追杀韩广于无终，并占有整个燕国之辖地。[15]汉二年（前205年）九月，韩信"使人请兵三万人，愿以北举燕赵，东击齐，南绝楚粮道"，[16]汉王刘邦准许。韩信一鼓作气，大破赵军，斩杀陈馀，擒赵王歇。接着，他"欲北攻燕，东伐齐"。而原赵国广武君李左车曰："今将军欲举倦弊之兵，顿之燕坚城之下，欲战恐久力不能拔，情见势屈，旷日粮竭，而弱燕不服，齐必距境以自强也。燕齐相持而不下，则刘项之权未有所分也。若此者，将军所短也。臣愚，窃以为亦过矣。故善用兵者不以短击长，而以长击短。"韩信曰："然则何由？"广武君对曰："方今为将军计，莫如案甲休兵，镇赵抚其孤，百里之内，牛酒日至，以饟士大夫醳兵，北首燕路，[17]而后遣辩士奉咫尺之书，暴其所长于燕，燕必不敢不听从。燕已从，使喧言者东告齐，齐必从风而服，虽有智者，亦不知为齐计矣。如是，则天下事皆可图也。兵固有先声而后实者，此之谓也。"韩信曰："善。"从其策，"发使使燕，燕从风而靡"。[18]燕王臧荼降汉。[19]汉四年（前 203 年），"燕人来致枭骑助汉"。[20]

二、燕王谋反所引发的军事冲突

1. 燕王臧荼"谋反"

刘邦灭项羽之后，仍封臧荼为燕王，[21]使其成为汉代第一个燕王，也是汉代燕蓟地区第一个异姓王。

然而好景不长，就在刘邦分封其为燕王不久，燕王臧荼就举兵反汉。《史记·秦楚之际月表》："（汉五年）（前 202 年）八月，帝自将诛燕。九月，燕反汉，虏荼。"[22]《史记·高祖本纪》："（汉五年）十月，燕王臧荼反，攻下代地。高祖自将击之，得燕王臧荼。即立太尉卢绾为燕王。使丞相哙将兵攻代。"《史记·樊郦滕灌列传》载曰："（樊哙）从高帝攻反燕王臧荼，虏荼，定燕地。……（郦）商以将军从击荼，战龙脱，[23]先登陷阵，破荼军易下，[24]却敌，迁为右丞相，赐爵列侯，与诸侯剖符，世世勿绝，食邑涿五千户，号曰涿侯。以右丞相别定上谷，因攻代，受赵相国印……（夏侯）婴以太仆从击荼。……（灌婴）以车骑将军从击破燕王臧荼。"《史记·陈丞相世家》："（陈平）常以护军中尉从定燕王臧荼。"《史记·绛侯周勃世家》："（周勃）以将军从高帝击反者燕王臧荼，破之易下。[25]所将卒当驰道为多。[26]赐爵列侯，剖符世世勿绝。食绛[27]八千一百八十户，号绛侯。"《史记·张丞相列传》："（张）苍以代相从攻臧荼有功，以六年中封为北平侯，食邑千二百户。"

汉高祖刘邦亲率大军对其进行征伐，随军出征的有丞相樊哙，将军郦商、周勃、灌婴，代相张苍，太仆夏侯婴，护军中尉陈平，以及阳夏侯陈豨、南安侯宣虎、陵侯华无害、东茅侯刘到（一说为刘钊）、厯侯程黑（一说为磨侯程黑）、宁侯魏遬、共侯昭涉掉尾。[28]无论从出征的阵容，还是因此立功封侯的数量看，一方面说明燕王臧荼反汉在汉初一统天下中的影响度，以及燕国稳定在汉代大一统中的重要位置；同时还透射出当是燕国的军事实力之强大。梁人栾布入燕为伍，也能说明这一点。

《史记·栾布列传》："栾布者，梁人也。始梁王彭越为家人时，[29]

尝与布游。穷困，赁佣于齐，为酒人保。数岁，彭越去之巨野中为盗，而布为人所略卖，为奴于燕。为其家主报仇，燕将臧荼举以为都尉。臧荼后为燕王，以布为将。及臧荼反，汉击燕，虏布。梁王彭越闻之，乃言上，请赎布以为梁大夫。使于齐，未还，汉召彭越，责以谋反，夷三族。已而枭彭越头于雒阳下，诏曰：'有敢收视者，辄捕之。'布从齐还，奏事彭越头下，祠而哭之。吏捕布以闻。上召布，骂曰：'若与彭越反邪？吾禁人勿收，若独祠而哭之，与越反明矣。趣亨之。'方提趣汤，布顾曰：'愿一言而死。'上曰：'何言？'布曰：'方上之困于彭城，败荥阳、成皋间，项王所以不能遂西，徒以彭王居梁地，与汉合从苦楚也。当是之时，彭王一顾，与楚则汉破，与汉而楚破。且垓下之会，微彭王，项氏不亡。天下已定，彭王剖符受封，亦欲传之万世。今陛下一征兵于梁，彭王病不行，而陛下疑以为反，反形未见，以苛小案诛灭之，臣恐功臣人人自危也。今彭王已死，臣生不如死，请就亨。'于是上乃释布罪，拜为都尉。孝文时，为燕相，至将军。布乃称曰：'穷困不能辱身下志，非人也！富贵不能快意，非贤也。'于是尝有德者厚报之，有怨者必以法灭之。吴楚反时，以军功封俞侯，复为燕相。燕齐之间皆为栾布立社，号曰栾公社。景帝中五年（前145年）薨。"太史公司马迁作了这样的评论："栾布哭彭越，趣汤如归者，彼诚知所处，不自重其死。虽往古烈士，何以加哉！"这样的忠义之将，或许从一个侧面反映了燕国的军事战斗力。

对此，还可举一佐证来说明。《汉书》卷二十二《礼乐志》载"安世房中歌"第五章曰："海内有奸，纷乱东北。招抚成师，武臣承德。行车交逆，《箫》、《勺》群匿。肃为济哉，盖定燕国。"对此诗句的解释，注家有分歧。唐代颜师古认为，这里的"奸"指匈奴，总的意思是说匈奴服从，则燕国安静无寇难也。清沈钦韩在其《汉书疏证》[30]中则认为，这里所谓纷乱东北指的是燕国臧荼反汉。当代秦汉史专家王子今对此作了全面分析，赞成沈钦韩的解读，同时对于颜师古的注疏也指出了他认识的时代性与来源。[31]

燕王臧荼"反汉"的原因，一是燕王臧荼乃项羽旧封，对刘邦所建立的汉皇朝存在心理惧畏。清代大学士何焯对此看得很清楚："臧荼，项氏所置，又负杀故主之罪，故惧诛最先反"[32]二是如贾谊所分析的那样，汉初诸侯王先后谋反，乃"形势然也"[33]不到两个月，燕王臧荼就被俘，燕地平定，刘氏皇朝消灭了潜在的异己势力，这是历史的必然与偶然统一的结果。

2. 燕王卢绾"畔汉"

燕王臧荼被灭之后，汉高祖刘邦另立亲信卢绾为燕王，都蓟城。[34] 燕王卢绾，汉高祖刘邦所封最后一个异姓诸侯王。卢绾与汉高祖刘邦同乡，为儿时伙伴，两家为至亲相处。高祖起事，卢绾跟随，先后为将军、太尉，屡立军功。鉴于其与高祖的亲密关系，"群臣莫敢望，虽萧、曹等，特以事见礼，至其亲幸，莫及卢绾"。燕王臧荼反时，卢绾还参与讨伐。故燕王臧荼被灭之后，高祖欲让卢绾为燕王。史载，"高祖已定天下，诸侯非刘氏而王者七人。欲王卢绾，为群臣觖望。及虏臧荼，乃下诏诸将相列侯，择群臣有功者以为燕王。群臣知上欲王卢绾，皆言曰：'太尉长安侯卢绾常从平定天下，功最多，可王燕。'诏许之。汉五年（前202年）八月，乃立卢绾为燕王。诸侯王得幸莫如燕王。"

汉十一年（前196年）秋，陈豨反，燕王卢绾亦攻击代地东北部。当陈豨派使臣王黄前往匈奴，想得到匈奴的支持而反汉时，燕王卢绾也派使者张胜入匈奴，目的是想劝阻匈奴不要支持叛将陈豨。但当张胜听完原燕王臧荼之子臧衍的一席话后，遂改变了原出行计划，擅自联合匈奴来支持陈豨反汉击燕。卢绾初知此事，非常愤怒，立刻上书请诛张胜及其家族。然而，待张胜把臧衍的建议向卢绾详尽讲述后，卢绾立即改变已有策略，一方面派张胜再次出使匈奴，为联合匈奴而做准备，同时秘密派人联络陈豨，让他坚持作战。史载："燕王寤，乃诈论它人。脱胜家属，使得为匈奴间，而阴使范齐之陈豨所，欲令久亡，连兵勿决。"[35] 那么臧衍到底说了些什么，能让燕王卢绾的战略选择发生如此大的改变？

据史书记载，臧衍见张胜曰：

> 公所以重于燕者，以习胡事也。燕所以久存者，以诸侯数反，兵连不决也。今公为燕欲急灭豨等，豨等已尽，次亦至燕，公等亦且为虏矣。公何不令燕且缓陈豨而与胡和？事宽，得长王燕；即有汉急，可以安国。[36]

臧衍认为，燕将之所以受到重用，就是因为他们熟悉匈奴情况，善于与匈奴征战；而燕国之所以能长期存在，就是因为其他诸侯王不断出现反汉，中央王朝无暇顾及较为边远的燕国。如果燕国急着灭陈豨，那么燕国的政治命运也就到了尽头。倒不如放纵陈豨而联合匈奴，这样，一可以使燕国长期存在，二即使汉皇朝危急，燕国也可安存。应该说，臧衍关于"长王燕"战略的提出，可谓对当时形势的分析切中要害，成功地抓住了燕王卢绾"长王燕"的政治心理。

汉十二年（前195年），高祖派遣樊哙攻击并斩杀陈豨，俘获的士兵道出了燕王卢绾使者前往陈豨住所密谋联合之事。当高祖得知燕王卢绾的这一计谋后，遂派人征召卢绾进宫，卢绾以病为由没有去长安觐见高祖。高祖再次派辟阳侯审食其、御史大夫赵尧前往蓟城迎接燕王卢绾。卢绾愈加害怕，谓其幸臣曰："非刘氏而王，独我与长沙耳。往年春，汉族淮阴，夏，诛彭越，皆吕后计。今上病，属任吕后。吕后妇人，专欲以事诛异姓王者及大功臣。"乃遂称病不行。两位大臣遂将卢绾与臣子的谈话如实汇报给高祖，高祖更加发怒，又从匈奴降者处听说张胜作为燕国使者往来于燕、匈，于是高祖言："卢绾果反矣！"派大将樊哙等人击燕。卢绾将其宫人家属和部分王室卫队居于长城脚下，等待形势转变。如果高祖病愈，他还想觐见谢罪。结果，四月，高祖驾崩。卢绾遂率众逃入匈奴，匈奴封其为东胡卢王。史载，"绾为蛮夷所侵夺，常思复归。居岁余，死胡中"。[37]

诸多文献对汉王朝对燕王卢绾的讨伐作了记载，如《史记·樊哙传》载曰："燕王卢绾反，（樊）哙以相国击卢绾，破其丞相抵蓟南，定燕地，凡县十八，乡邑五十一。"《史记·绛侯周勃世家》云："燕王卢绾反，（周）勃以相国代樊哙将，击下蓟，得绾大将抵、丞相偃、守陉、太尉弱、御史大夫施，屠浑都。[38]破绾军上兰，[39]复击破绾军沮阳。[40]追至长城，[41]定上谷十二县，右北平十六县。辽西、辽东二十九县，渔阳二十二县。"

历史上关于燕王卢绾背汉而降匈奴的原因，有三种代表性认识：一是把燕王卢绾"谋反"归咎于汉皇朝对他这一功臣太刻薄。明代杨循吉提出："次卢绾疑惧，欲反不反状，如两人手指而语，而汉待功臣之薄亦可以见矣"。[42]二是认为卢绾之所以选择了"叛汉"而"降匈奴"，是因他自身的疑惧所造成的。南宋黄震就提出："卢绾与帝居同里，生同日，学同师，平生至相得，非有大功而王之燕，帝之于绾厚矣，亦以贰心自成疑惧而走匈奴，此则绾之罪也。"[43]三是认为燕王卢绾之所以背汉而降匈奴，除了汉皇朝待这些功臣刻薄外，还与最高统治者对其猜忌息息相关。明代进士茅坤对此已有一些认识，"以前俱详次绾之见幸于汉，以后才次绾之背汉以取灭亡也，然亲爱如绾而犹为臧衍、张胜所诖误，至于亡入匈奴，亦由汉待功臣太薄，数以猜忌诛之，故反者什七八耳，悲夫！"[44]

如果把燕王卢绾"反叛"归结为汉皇朝对其刻薄，有些勉强。燕王卢绾，在汉初的诸多大臣中，最受汉高祖的宠信，地位甚高。他在跟随刘邦征战天下时，就"出入卧内，衣被食饮赏赐，群臣莫敢望，虽萧、曹等，特以事见礼，至其亲幸莫及绾者"；后封为燕王，依然备受宠信，"诸侯得幸莫如燕王者"。[45]而且还与楚元王刘交共同参与、传递刘邦的一些政治密谋，"交与卢绾常侍上出入卧内，传言语诸内事隐谋"[46]。也正是有着这样非常特殊的地位与关系，燕王卢绾虽为刘邦分封的异姓王，但在其心理，对高祖刘邦的忠心，始终有别于其他异姓诸侯王。即使在出逃中，他还是对汉高祖刘邦心存归复之心，原想在长城脚下待高祖病愈而入谢，不曾想高祖驾崩，他才逃亡匈奴。《汉书》卷一下《高帝纪下》载曰："卢绾与数千人居塞下候伺，幸上疾愈，[47]自入谢。夏四月甲辰，帝崩于长乐宫。卢绾闻之，遂亡入匈奴。"

说燕王卢绾自身疑惧对其政治选择有一定影响，这是有道理的。不过他真正惧怕的不是高祖，而是吕后。《史记》卷九三《韩王信卢绾列传》载卢绾对其幸臣言："非刘氏而王，独我与长沙耳。往年春，汉族淮阴，夏，诛彭越，皆吕后计。今上病，属任吕后。吕后妇人，专欲以事诛异姓王者及大功臣。"卢绾的担心也不是一点道理没有，当高祖驾崩后，吕后就与大臣审食其谋曰："诸将故与帝为编户民，北面为臣，心常鞅鞅，今乃事少主，非尽族是，天下不安。"关于"心常鞅鞅"，颜师古注曰："鞅鞅，不满足也"。[48]这对卢绾作出那样的政治选择，是一种触动因素，不过这不是最重要的。

其实，卢绾之所以"媾胡"而"背汉"，其原因是多方面的。除了以上因素外，诸如臧衍、张胜的诱导，匈奴方面的拉拢，[49]匈奴与燕国的交通日益密切，[50]等等这些条件，都会影响卢绾"媾胡"而"反叛"的进程。有学者对此有所指出，"卢绾的反叛并不能单纯从某一方面寻找原因，而是多方面相互作用的结果，其根本原因缘于汉高祖对异姓诸王采取的铲除行动"。[51]但这里所说的根本原因，只是提到了矛盾的一个方面，而忽略了异姓诸侯王本身的政治需求。

战国时期苏秦说燕文侯曰："燕东有朝鲜、辽东，北有林胡、楼烦，西有云中、九原，南有嘑沱、易水，地方二千余里，带甲数十万，车六百乘，骑六千匹，粟支数年。南有碣石、雁门之饶，北有枣栗之利，民虽不佃作而足于枣栗矣。此所谓天府者也"。[52]《史记·货殖列传》亦载曰："燕亦勃碣之间一都会也，南通齐、赵，上谷至辽东地踔远，有鱼、盐、枣、栗之饶，北邻乌桓、夫余，东绾秽貉、朝鲜、真番之利。"这些文献记述说明，幽燕地区物质资源丰富，周边贸易繁盛，战略地位显著。对于这样地区的封王，自然要享有一定的政治权力与政治待遇，"长王燕"必然成为他们追求的政治目标与政治理想。

宋代学者张耒在其《柯山集》卷三七《田横论》中对此有所说明："予读田横传，横之将死，告其客曰：'予与汉王俱南面称孤，今汉王为天子，而横乃为亡虏而北面事之。其耻固已甚矣。'读韩王信、陈豨、卢绾等传，窃怪此数人者，其受汉恩亦厚矣，或拔于士伍而王之，或皆恩昵亲党，然少不得志，出则起而为乱，盖其素所蓄积，未尝不在于乱，特因事而后发，而考其本心，盖亦如田横之所耻者耶。"这是说，汉初的功臣，把与高祖刘邦同打天下而后称臣视为一种耻辱，因此他们要通过各种方式来维护自身的政治权力与地位，甚至以反叛的极端途径来实现所谓的政治理想。

燕王卢绾虽与其他功臣在军功方面有别，但他同样逃不出汉代政治环境的影响与驱使，因为他的政治目标依然是"长王燕"。只不过，他在整个"反叛"过程中，有两点较为特殊：一是他"反叛"的不彻底，始终流露出对高祖刘邦及汉皇朝大一统社会与政治制度的向往与依恋，"常思复归"[53]，他的孙子最终还是回归到汉皇朝的政治怀抱，"孝景中六年，卢绾孙他之，以东胡王降，封为亚谷侯"。[54]二是燕王卢绾选择联合匈奴来实现他的"长王燕"政治理想，虽然这是北方诸侯王国较易出现的一种政治选择，[55]如高祖时韩王信反叛而降匈奴，景帝时赵王遂"北使匈奴，与连和攻汉，"[56]但比较而言，燕王卢绾"媾胡"有其历史渊源，即他之所以采纳"媾胡"来"长王燕"，离不开燕国历史上"媾胡"的设想与尝试这一背景。从燕太傅鞠武提出"北购于单于而图秦"[57]的设想，到臧衍逃亡匈奴祈望燕国"媾胡"来长期存在，再到燕王卢绾的具体实施，这是一个历史推演过程，不是一时的想法或临时的环境所单一造成的。

因此，从根本来讲，卢绾与其他诸侯王一样，其最终的政治命运，都是贾谊所言的"形势使然也"。[58]对于燕王卢绾而言，这种"形势使然"表现为燕王"长王燕"与汉皇朝构建大一统政治制度和社会秩序这一矛盾运动的结果，这才是其政治选择的根本因素。

燕王卢绾"媾合"匈奴，在当时汉皇朝统治者及群臣看来，对北方边郡带来了一些不利因素，影响了高祖艰辛忍辱换来的和亲局面，如《史记·匈奴列传》载曰："冒顿常往来侵盗代地。于是汉患之，高帝乃使刘敬奉宗室女公主为单于阏氏，岁奉匈奴絮缯酒米食物各有数，约为昆弟以和亲，冒顿乃少止。后燕王卢绾反，率其党数千人降匈奴，往来苦上谷以东。"如果从历史的另一面来认识这一现象，那么其仍有值得肯定的地方，燕王卢绾的亡降匈奴，必然把燕蓟地区先进的中原文明或多或少带入匈奴地区，一定程度上加快了北方少数民族文明进程。同时，匈奴地区的民风与经济形态对燕蓟地区也产生了一定影响。

3. 燕王刘旦谋求"天子"梦及其破灭

元狩六年（前117年），武帝封齐怀王刘闳、广陵王刘胥、燕王刘旦为诸侯王，各以国土风俗申戒，[59]希望他们把所在的王国治理好，共同维护汉皇朝的大一统社会与政治秩序。

对于燕王刘旦，武帝的封策是这样的：

> 维六年四月乙巳，皇帝使御史大夫汤庙立子旦为燕王。曰：于戏，小子旦，受兹玄社！朕承祖考，维稽古，建尔国家，封于北土，世为汉藩辅。于戏！荤粥氏虐老兽心，侵犯寇盗，加以奸巧边萌。于戏！朕命将率徂征厥罪，万夫长，千夫长，三十有二君皆来，降期奔师。荤粥徙域，北州以绥。悉尔心，毋作怨，毋俷德，毋乃废备。非教士不得从征。于戏！保国艾民，可不敬与！王其戒之。[60]

这一封策的具体意思是说，把你封到北方燕国这一王国土地上，要世世代代维护汉皇朝的稳定与统一，保卫边疆安全与发展；目前，匈奴的威胁已基本消除，北边较为安定，你千万不要作怨、背德，同时还要积蓄武装力量，来防备匈奴等民族的侵扰。既然北方匈奴的威胁基本解除了，为什么还要强调"无乏武备，常备匈奴"呢？实际上，武帝封燕王刘旦的这一封策是有很深用意的。一方面，重点强调燕王刘旦不要作怨，即不要走卢绾等燕王为了"长王燕"而背叛中央皇朝的政治道路，侧重的并不是抵御匈奴的侵扰，而是强调燕王不要联合匈奴来对抗汉中央皇朝；另一方面，自景帝削藩、武帝推恩令后，燕北无边郡，汉郡太守、都尉承担起了守卫边疆的任务，但受儒家尊尊亲亲以及西周以来宗亲制度的影响，武帝还是希望刘氏宗亲燕王刘旦时刻为防御匈奴侵扰而准备着，一旦汉郡太守、都尉反汉或消极防御边疆民族侵扰，那么作为刘氏宗亲的燕王就能够担当维护汉中央皇朝的政治使命。结果怎样？燕王刘旦还是"作怨"了，此次不单是"长王燕"，目标是要谋皇位，野心更大，武帝所告诫的"不要作怨"可谓落空了。不过，武帝所希望燕王不要联合匈奴对抗汉皇朝的目标却成功了，燕王刘旦虽然联合其他王侯、大臣合兵谋反，但确实未与匈奴联合，直到东汉末年，燕王或广阳王既未出现谋反的政治行为，更没有出现联合匈奴对抗汉皇朝的史实。正如褚少孙补《史记》所言："远哉贤主，昭然独见：诚齐王以慎内；诚燕王以无作怨，无俪德；诚广陵王以慎外，无作威与福"。[61]武帝决不允许群臣或郡国与匈奴联合而对抗汉王朝的大一统社会体制与秩序，他对待李陵大将兵败降匈奴一案的态度，包括司马迁为李陵辩护而遭受的后果，更进一步证实了武帝的这一政治观念。

燕王刘旦，也是诸侯王中有一定文化水平的王侯，史载其"为人辩略，博学经书杂说，好星历数术倡优射猎之事，招致游士"。及卫太子遭遇"巫蛊"之祸而败亡，同一天分封的齐怀王又薨，燕王刘旦自认为应该轮到他嗣皇位了。于是，他上书要求进京宿卫。武帝对他的这一想法和要求，很不高兴，甚至"下其使狱"。后又藏匿亡命之徒，被削良乡、安次、文安三县。武帝由是恶旦，遂立少子为太子，即昭帝刘弗陵。武帝崩，刘旦不仅不哭丧，而且还私派人前往京城，以问礼名义，探视一些政治动向。年幼的昭帝，在霍光辅佐下，为了天下稳定，赐予燕王刘旦钱三千万，又封万三千户。刘旦怒曰："我当为帝，何赐也！"遂与宗室中山哀王子刘长、齐孝王孙刘泽等结谋，诈言以武帝时受诏，得职吏事，修武备，备非常。[62]刘长以刘旦名义命令群臣曰："寡人赖先帝休德，获奉北藩，亲受明诏，职吏事，领库兵，饬武备，任重职大，夙夜兢兢，子大夫将何以规佐寡人？且燕国虽小，成周之建国也，上自召公，下及昭、襄，于今千载，岂可谓无贤哉？寡人束带听朝三十余年，曾无闻焉。其者寡人之不及与？意亦子大夫之思有所不至乎？其咎安在？方今寡人欲矫邪防非，章闻扬和，抚慰百姓，移风易俗，厥路何由？子大夫其各悉心以对，寡人将察焉。"群臣呼应，郎中成轵更是怂恿刘旦主动起事，谓旦曰："大王失职，[63]独可起而索，不可坐而得也。大王壹起，国中虽女子皆奋臂随大王。"刘旦又言："我亲武帝长子，反不得立，上书请立庙，又不听。立者疑非刘氏。"于是，与刘泽密谋，准备发动政变。史载，"使人传行郡国，以摇动百姓。泽谋归发兵临淄，与燕王俱起。且遂招来郡国奸人，赋敛铜铁作兵器，数阅其车骑材官卒，建旌旗鼓车，旄头先驱，郎中侍从者著貂羽，黄金附蝉，[64]皆号侍中。且从相、中尉以下，勒车骑，发民会围，大猎文安县（今河北文安县东北），以讲士马，须期日。"郎中韩义等人多次劝谏刘旦不要与朝廷对抗，密谋发兵；但无济于事，且均被诛杀。史载，"且杀义等凡十五人"。

　　朝廷得知此消息后，拘捕刘泽并诛杀，而对燕王刘旦则不予追究。即使这样，燕王刘旦的帝王梦想仍在继续。恰好刘旦的姐姐盖长公主、左将军上官桀父子与霍光争权夺利，恩怨颇深。于是，盖长公主、上官桀父子与刘旦交往频繁。燕王刘旦为了实现他的所谓帝王梦，贿赂盖长公主"金宝走马"。上官桀和御史大夫桑弘羊不断向刘旦诉说霍光的过失，鼓动他向皇帝告发。刘旦很高兴，真就上书给昭帝，言"臣旦愿归符玺，入宿卫，察奸臣之变"。[65]年仅十四的昭帝，觉得这份上书背后隐藏某种阴谋，是在有意诋毁辅政大臣霍光，遂更加亲信霍光，疏离上官桀等人。上官桀等人密谋刺杀霍光，废除昭帝，共迎立燕王刘旦为天子。在"我帝长子，天下所信"的心理作用下，继续成为朝廷上层官员政治斗争的陪伴者。[66]

　　这一天，燕王宫中发生一系列奇异现象，众人皆恐，燕王受惊而病倒。占星者吕广等人言："当有兵围城，期在九月十月，汉当有大臣戮死者。"燕王刘旦更加惊恐，而此时密谋一事被盖长公主家里的一位稻田使者燕仓知道，并向有关人员告发。上官桀等人，皆被诛。燕王刘旦感到了大势已去，置酒万载宫，自歌曰："归空城兮，狗不吠，鸡不鸣，横术何广广兮，固知国中之无人！"华容夫人起舞曰："发纷纷兮实渠，骨籍籍兮亡居。母求死子兮，妻求死夫。徘徊两渠间兮，君子独安居！"有赦令到，王读之，曰："嗟乎！独赦吏民，不赦我。"因迎后姬诸夫人之明光殿，王曰："老虏曹为事当族！"欲自杀。左右曰："觉得削国，幸不死。"后姬夫人共啼泣止王。最后，还是以绶自绞。后夫人随旦自杀者二十余人。天子加恩，赦王太子建为庶人，赐旦谥曰刺王。[67]

　　所以，这一历史结果来看，武帝在策书中所寄予的希望，一部分落空了，即他所想让刘旦治理好燕国，始终与中央汉王朝保持一致，但刘旦最终还是出现"谋反"夺位行为；另一部分则实现了，即他所想的燕国不再通过媾合匈奴来背叛汉王朝。燕王刘旦在其整个谋反过程中，确实没有像燕王卢绾那样，去利用匈奴来实现自己的政治目标。

第二节　光武平定河北与燕地军事防御功能的加强

　　从军事意义来讲，东汉中兴的实现离不开燕蓟地区。上谷、渔阳两郡的突骑，在光武平定河北中起了关键性作用，而光武帝建立东汉，平定河北是其军事战略环节的重要部分。当东汉政权建立后，随着大一统制度的推行和加强，作为地方区域的幽州，显然不可能有独立的军事权力。对渔阳太守彭宠等燕蓟地区的所谓"叛乱"之平息，也就理所当然。这既是汉王朝大一统的继续，也是北部边疆巩固的需要。

一、上谷、渔阳突骑与光武帝平定河北

王莽败亡，更始帝立。更始政权派遣使者行徇郡国，试图统一天下。自然幽燕地区也不例外，上谷郡是重中之重，这缘于其突出的军事战略地位。当时，上谷太守耿况表面上做了一些应对工作，但并没有响应更始政权。同年十二月，赵缪王子刘林以卜者王郎诈称成帝子刘子舆，遂立王郎为天子，都邯郸，刘林为丞相，分遣将帅，徇略幽州、冀州。结果，"赵国以北，辽东以西，皆从风而靡"[68]。面对这样的形势，对于偏于一隅的上谷郡，如何做出自身的政治选择，随之军事上也就会做出相应的调整和部署。王郎政权亦遣将行徇郡国，其中就派使者前往上谷郡昌平地区，急令太守耿况发兵响应。寇恂与门下掾闵业共劝说耿况曰："邯郸拔起，难可信向。昔王莽时，所难独有刘伯升耳。今闻大司马刘公，伯升母弟，尊贤下士，士多归之，可攀附也。"耿况曰："邯郸方盛，力不能独拒，如何？"寇恂对曰："今上谷完实，控弦万骑，举大郡之资，可以详择去就。恂请东约渔阳，齐心合众，邯郸不足图也"[69]。上谷"控弦万骑"，点明了燕蓟地区的军事实力。如果再与渔阳郡联合，那将是一支绝不可忽视的军事力量。正如耿况之子耿弇所言："我至长安，与国家陈渔阳、上谷兵马之用，还出太原、代郡，反覆数十日，归发突骑以辚乌合之众，如摧枯折腐耳。"[70]

然而，燕蓟地区的军事地位和作用在当时来讲，并非立即就能得到政治家的关注和重用。当耿弇听说光武帝刘秀在卢奴（今河北省定县），乃北上面见刘秀，表达跟随之意。耿弇向护军朱祐请求回上谷发兵，围攻邯郸。光武闻听此言，只是笑曰："小儿曹乃有大意哉！"[71]更始二年（24年）正月，光武帝以王郎新盛，乃北徇蓟。耿弇也随之到达蓟城。光武曾令部下王霸"至市中募人，将以击郎"，结果"市人皆大笑，举手邪揄之"[72]。于是，光武准备南下，召集官员商议。耿弇进言曰："今兵从南来，不可南行。渔阳太守彭宠，公之邑人；上谷太守，即弇父也。发此两郡，控弦万骑，邯郸不足虑也。"光武官属腹心皆不肯，曰："死尚南首，奈何北行入囊中？"光武指弇曰："是我北道主人也"[73]。虽比较看重耿弇，但还没有完全认识到燕蓟地区北部边郡尤其是

上谷与渔阳突骑的军事意义。正赶上广阳王刘嘉之子刘接在蓟城起兵响应王郎政权，造成蓟城一时扰乱，城内皆恐。光武帝不得已逃离蓟城，一举南下。⁷⁴耿弇亦不得已逃往昌平，与其父汇合。

耿氏父子及其部下寇恂等人对历史发展趋势有所认识，逐渐意识到跟随刘秀是正确的选择。耿弇见到耿况后劝说其派遣寇恂东约渔阳，"各发突骑二千匹，步兵千人"。⁷⁵于是，耿况让寇恂前往渔阳，与渔阳太守彭宠共商联军讨伐王郎一事。对于渔阳郡而言，也早已酝酿此行动。渔阳郡大将吴汉素闻光武长者，独欲归心。乃说太守彭宠曰："渔阳、上谷突骑，天下所闻也。君何不合二郡精锐，附刘公击邯郸，此一时之功也。"彭宠当然愿意，而官属皆欲附王郎，彭宠一时下不了决心。吴汉就略施小计，他望见道中有一人似儒生者，派人引进府中，奉上美食佳肴，向其问道。这位儒生言："刘公所过，为郡县所归；邯郸举尊号者，实非刘氏。"吴汉大喜，即"诈为光武书，移檄渔阳，使生赍以诣宠，令具以所闻说之"。于是，彭宠以此力排众议，下令吴汉率渔阳突骑与上谷诸将联合南下，攻击王郎所部。寇恂也立即赶赴昌平，并"袭击邯郸使者，并杀之，夺其军"，遂与耿弇等率上谷突骑南下蓟城，与渔阳军汇合。⁷⁶

上谷与渔阳两支骁勇善战之突骑，一路南下，战绩不断。《续汉书》曰："攻蓟，诛王郎大将赵闳等"。⁷⁷史载，"（耿）弇与景丹、寇恂及渔阳兵合军而南，所过击斩王郎大将、九卿、校尉以下四百余级，得印绶百二十五，节二，斩首三万级，定涿郡、中山、巨鹿、清河、河间凡二十二县，遂及光武于广阿。"当时，光武方攻王郎，传言二郡兵为邯郸来，众皆恐。光武见耿弇等曰："当与渔阳、上谷士大夫共此大功"。⁷⁸乃皆以为偏将军，使还领其兵，耿弇等遂从拔邯郸。光武加封耿况为大将军、兴义侯。《后汉书·景丹传》亦载曰："世祖引见丹等，笑曰：'邯郸将帅数言我发渔阳、上谷兵，吾聊应言然，何意二郡良为吾来！方与士大夫共此功名耳。'拜丹为偏将军，号奉义侯。从击王郎将儿宏等于南䜌，郎兵迎战，汉军退却，丹等纵突骑击，大破之，追奔十余里，死伤者从横。丹还，世祖谓曰：'吾闻突骑天下精兵，今乃见其战，乐可言邪？'遂从征河北。"李贤注引《东观记》曰："上在广阿，闻外有大兵来，上自登城，勒兵在西门楼。上问：'何等兵？'丹等对言：'上谷、渔阳兵。'上曰：'为谁来乎？'对曰：'为刘公。'即请丹入，人人劳勉，恩意甚备。"

两汉之际，幽州突骑异军突起，追随刘秀平王郎、定河北、扫灭群雄、克定天下，作为东汉军队的核心力量，它的兴衰与东汉王朝的军事生命紧密相连。[79]东汉蔡邕曾指出："幽州突骑、冀州强弩，为天下精兵，国家赡仗。四方有事，军师奋攻，未尝不取办于二州也"。[80]

二、平定各部叛乱与东汉政权巩固

更始见刘秀声威大振，君臣疑虑，遂封立刘秀为萧王，同时令刘秀罢兵，与诸将会师于长安。对于幽州地区，"遣苗曾为幽州牧，韦顺为上谷太守"[81]。这是更始在军事上企图削弱或对抗刘秀的崛起，即政权在军事方面的争夺。

在平定各地叛乱中，幽州军队也发挥了重要战斗力。史载，"是时长安政乱，四方背叛"，"各领部曲，众合数百万人，所在寇掠"。光武遣吴汉"北发十郡兵"，而幽州牧苗曾不听从调遣，吴汉遂斩杀之并发其众。[82]《后汉书·吴汉传》又载曰："光武将发幽州兵，……拜（吴）汉大将军，持节北发十郡突骑。更始幽州牧苗曾闻之，阴勒兵，敕诸郡不肯应调。汉乃将二十骑先驰至无终。曾以汉无备，出迎于路，汉即摄兵骑，收曾斩之，而夺其军。北州震骇，城邑莫不望风弭从。遂悉发其兵，引而南，与光武会清阳。"于是，才有"光武击铜马于鄡，吴汉将突骑来会清阳"。这样，幽州这支强悍的军队，就完全归属于光武帝刘秀所控制，对其一统天下发挥了至关重要的作用。

建武元年（25年）春秋，"光武北击尤来、大抢、五幡于元氏，[83]追至右北平，连破之，又战于顺水北，[84]乘胜轻进，反为所败。贼追急，短兵接，光武自投高岸，遇突骑王丰，下马授光武，光武抚其肩而上，顾笑谓耿弇曰：'几为虏嗤。'弇频射却贼，得免。士卒死者数千人，散兵归保范阳。[85]军中不见光武，或云已殁，诸将不知所为。吴汉曰：'卿曹努力！王兄子在南阳，何忧无主？'众恐惧，数日乃定。贼虽战胜，而素慑大威，客主不相知，夜遂引去。大军复进至安次，[86]与战，破之，斩首三千余级。贼入渔阳，乃遣吴汉率耿弇、陈俊、马武等十二将军追战于潞东，[87]及平谷，[88]大破灭之"。[89]又"光武北击群贼，[90]汉常将突骑五千为军锋，数先登陷陈"。[91]《后汉书·陈俊传》亦载曰："（陈俊）从击铜马于清阳，进至蒲阳，拜彊弩将军。与五校战于安次，……五校引退入渔阳，所过虏掠。"《后汉书·耿弇传》对此事记载的更为详细："光武大说，乃拜（耿）弇为大将军，与吴汉北发幽州十郡兵。（耿）弇到上谷，收韦顺、蔡充斩之；（吴）汉亦诛苗曾。于是悉发幽州兵，引而南，从光武击破铜马、高湖、赤眉、青犊，又追尤来、大枪、五幡于元氏。（耿）弇常将精骑为军锋，辄破走之。光武乘胜战顺水上，虏危急，殊死战。时军士疲弊，遂大败奔还，壁范阳，数日乃振，贼亦退去，从追至容城、小广阳、安次，连战破之。[92]光武还蓟，复遣弇与吴汉、景丹、盖延、朱祐、邳肜、耿纯、刘植、岑彭、祭遵、坚镡、王霸、陈俊、马武十三将军，追贼至潞东，及平谷，再战，斩首万三千余级，遂穷追于右北平无终、土垠之间，[93]至俊靡而还。[94]贼散入辽西、辽东，或为乌桓、貊人所钞击，略尽。"《后汉书·贾复传》："（贾复）病寻愈，追及光武于蓟，相见甚欢，大飨士卒，令复居前，击邺贼，破之。"《后汉书·王常传》："又诏（王）常北击河间、渔阳，平诸屯聚。"《后汉书·马武传》："进至安次、小广阳，[95]（马）武常为军锋，力战无前，诸将皆引而随之，故遂破贼，穷追至平谷、浚靡而还。"

建武十六年（40 年），幽州等地一度出现士兵武装暴动等事件，但很快就被平息。《后汉书·光武帝纪下》载曰："郡国大姓及兵长、群盗处处并起，攻劫在所，害杀长吏。郡县追讨，到则解散，去复屯结。青、徐、幽、冀四州尤甚。冬十月，遣使者下郡国，听群盗自相纠擿，五人共斩一人者，除其罪。吏虽逗留回避故纵者，皆勿问，听以禽讨为效。其牧守令长坐界内盗贼而不收捕者，又以畏懦捐城委守者，皆不以为负，但取获贼多少为殿最，唯蔽匿者乃罪之。于是更相追捕，贼并解散。徙其魁帅于它郡，赋田受禀，使安生业。自是牛马放牧，邑门不闭。"

三、渔阳彭宠叛乱与幽州军事的大一统

彭宠，字伯通，南阳宛人也。父亲彭宏，西汉哀帝时为渔阳太守，有威于边。王莽居摄立政后，彭宏遭遇迫害而死。彭宠遂与吴汉一同逃亡到渔阳地区，继承其父职位。更始立，遣使者韩鸿行徇幽州。韩鸿抵达蓟城，见到彭宠，他们都是南阳人，可谓故人相见甚欢，即拜彭宠为偏将军，行渔阳太守事。吴汉为安乐令。安乐县，属渔阳郡，故城在今顺义古城村。光武征定河北，抵达蓟城时，以书面的形式欲招纳彭宠。彭宠见到书信，准备酒肉，前往蓟城觐见光武帝。恰逢王郎在邯郸立政，遣将徇行渔阳、上谷，"急发其兵"。这时，"北州众多疑惑，欲从之"。吴汉劝说彭宠归顺光武帝，正赶上上谷太守耿况也派寇恂前来游说，表达二郡联兵南下归附光武，攻击邯郸王郎的意愿。这样，彭宠才下定决心令上谷长史吴汉率领"步骑三千人"，及"都尉严宣、护军盖延、狐奴令王梁，与上谷军合而南，及光武于广阿。光武承制封宠建忠侯，赐号大将军。遂围邯郸，宠转粮食，前后不绝"。灭了王郎后，光武因追铜马贼而北至蓟城，彭宠正式觐见光武帝。彭

宠"自负其功,意望甚高",但光武帝对其奖赏似乎令他失落,从此"怀不平",埋下了叛乱的种子。光武帝称帝后,吴汉、王梁为彭宠部下大将,竟获得"三公"的封号,而彭宠"独无所加,愈怏怏不得志"。彭宠叹曰:"我功当为王;但尔者,陛下忘我邪?"虽然屡经战乱,幽州、冀州破散不堪,但渔阳地区,缘于丰富的盐铁资源,彭宠"转以贸谷,积珍宝,益富强"。[96]

原幽州牧苗曾被吴汉诛杀后,光武帝拜朱浮为大将军、幽州牧。在任职期间,朱浮"辟召州中名宿涿郡王岑之属,以为从事,及王莽时故吏二千石,皆引置幕府,乃多发诸郡仓谷,禀赡其妻子"。彭宠则认为,"天下未定,师旅方起,不宜多置官属,以损军实,不从其令"。[97]从此,二人矛盾颇多,相互馋陷。建武二年(26年)春,"诏征宠,宠意浮卖己,上疏愿与浮俱征。又与吴汉、盖延等书,盛言浮枉状,固求同征。帝不许,益以自疑。而其妻素刚,不堪抑屈,固劝无受召。宠又与常所亲信吏计议,皆怀怨于浮,莫有劝行者。帝遣宠从弟子后兰卿喻之,宠因留子后兰卿,遂发兵反,拜署将帅,自将二万余人攻朱浮于蓟,分兵徇广阳、上谷、右北平。又自以与耿况俱有重功,而恩赏并薄,数遣使要诱况。况不受,辄斩其使"。[98]

秋,光武帝遣游击将军邓隆援救蓟城。邓隆置军于渔阳郡潞县南(今通州区潞城镇),朱浮率军驻扎在雍奴县。光武帝对这样的军事部署十分恼火,曰:"营相去百里,其势岂可得相及?比若还,北军必败矣。"果如其言,"宠果盛兵临河以拒隆,又别发轻骑三千袭其后,大破隆军。浮远,遂不能救,引而去"。[99]

建武三年(27年)春,彭宠连克右北平、上谷二郡数县。一方面,彭宠遣使以美女织物贿赂匈奴,诱使其助阵攻汉军,单于"使左南将军七八千骑,往来为游兵以助宠";另一方面,他交接南北豪杰,形成庞大的连横气势。[100]同年,涿郡太守张丰亦举兵反,自称无上大将军,与彭宠连兵。[101]史载,"时二郡畔戾,北州忧恐"。[102]很快,彭宠率军攻破蓟城,自立为燕王。[103]朱浮再次上书光武帝,请求发兵援救,并言:"今彭宠反畔,张丰逆节,以为陛下必弃捐它事,以时灭之。既历时月,寂寞无音。从围城而不救,放逆虏而不讨,臣诚惑之。……今秋稼已熟,复为渔阳所掠。张丰狂悖,奸党日增,连年拒守,吏士疲劳"。[104]不久,朱浮所驻军之城,"城中粮尽,人相食"。[105]就在危难之际,上谷太守耿况遣突骑前往救朱浮,朱浮才得以脱险。当他到达良乡,其部下反叛,朱浮"恐不得脱,乃下马刺杀其妻,仅以身免,城降于宠"。[106]

建武四年(28年),祭遵与朱祐及建威大将军耿弇、骁骑将军刘喜率兵攻击张丰。祭遵兵先至，急攻张丰所部，张丰功曹孟厷捆绑张丰来降，张丰所部被平定。[107]祭遵受诏屯兵良乡，准备攻击彭宠。于是，祭遵命令护军傅玄袭击彭宠大将李豪于潞县，大破之，斩首千余级。[108]

建武五年（29 年），燕王彭宠被苍头子密等人杀害于便室中。史载，"五年春，宠斋，独在便室。苍头子密等三人因宠卧寐，共缚著床，告外吏云：'大王斋禁，皆使吏休。'伪称宠命教，收缚奴婢，各置一处。又以宠命呼其妻。妻入，大惊。宠急呼曰：'趣为诸将军办装。'于是两奴将妻入取宝物，留一奴守宠。宠谓守奴曰：'若小儿，我素爱也，今为子密所迫劫耳。解我缚，当以女珠妻汝，家中财物皆与若。'小奴意欲解之，视户外，见子密听其语，遂不敢解。于是收金玉衣物，至宠所装之，被马六匹，使妻缝两缣囊。昏夜后，解宠手，令作记告城门将军云：'今遣子密等至子后兰卿所，速开门出，勿稽留之。'书成，即斩宠及妻头，置囊中，便持记驰出城，因以诣阙"。[109]渔阳郡尚书韩立等人立彭宠之子彭午为燕王，另一子后兰卿为将军。不久，国师韩利遂斩杀彭午，率众降于征虏将军祭遵。[110]这样，祭遵遂"进定其地，"[111]收复了幽州。

第三节　两汉时期匈奴等部族对幽燕地区的军事侵扰

秦汉大一统的建设与发展，离不开边疆地区的巩固与安全防御。两汉时期，以匈奴、鲜卑、乌桓为主的部族，对汉王朝在幽燕地区的国家安全有着不间断的挑战。从时间上来讲，两汉四百余年，汉王朝在幽燕地区与边疆少数民族之间的军事冲突并不占主导地位，民族间的和平发展才是民族关系的主流。

一、匈奴对幽燕地区的军事侵扰

早在战国时期，燕地就已面临匈奴部族的军事威胁，遂筑长城，起障塞，绵延千里，上谷等五边郡的设置，当初也是为了"拒胡"。当时，"冠带战国七，而三国边于匈奴"，《史记索隐》注曰："三国，燕、赵、秦也"。[112]秦始皇统一天下之初，在燕人卢生"亡秦者胡也"的引导下，派遣大将军蒙恬率领三十万大军北击匈奴，一度收复大片疆土，筑城设县徙民守边。

汉高祖建立西汉王朝之初，同样面临解除匈奴部族对国家北部边疆安全威胁的难题。但平城之围的发生，使得汉高祖不得不接受刘敬的提议，与匈奴实行和亲，保障北边的安定。文景时期，这一和亲国策基本延续。不过，匈奴并未完全停止对幽燕地区的军事侵扰。孝文十四年（前165年），"匈奴日以骄，岁入边，杀略人民甚众，云中、辽东最甚，郡万余人"[113]。景帝中二年（前148年）春二月，匈奴入燕。[114]终文景之世，匈奴"时时小入盗边，无大寇"。[115]

武帝时期，随着汉王朝国力增强，经济兴盛，原来的"军事妥协"就要发生改变，由军事防御转变为军事进攻。元光六年（前129年）春，匈奴入上谷，杀略吏民。武帝派遣车骑将军卫青出上谷，大败匈奴。同年秋，匈奴再次侵扰幽州边郡。武帝遣将军韩安国屯兵于渔阳地区。元朔元年（前128年）秋，匈奴入辽西，杀太守；[116]入渔阳、雁门，败都尉，杀略三千余人。武帝派遣将军卫青出雁门，将军李息出代，获首虏数千级。元朔二年（前127年）春，匈奴入上谷、渔阳，杀略吏民千余人。武帝派遣将军卫青、李息出云中，获首虏数千级。元朔五年（前124年）春，大行李息、岸头侯张次公为将军出右北平击匈奴。元朔六年（前123），胡骑万人入上谷，上谷太守侯贤击匈奴。元狩元年（前122年）五月，匈奴入上谷，杀数百人。元狩二年夏，匈奴入雁门，杀略数百人。武帝派遣卫尉张骞、郎中令李广出右北平，李广杀匈奴三千余人，尽亡其军四千人，独身脱还，[117]而张骞贻误战机，被贬为庶人。元狩二年（前121年），博望侯张骞、郎中令李广为将军出右北平击匈奴。元狩三年（前120年）秋，匈奴入右北平、定襄，杀略千余人。元狩四年（前119年），匈奴入右北平，右北平太守路博德击匈奴。同年，悉以李敢等为大校，当裨将，出代、右北平千余里击匈奴。征和二年（前91年）九月，匈奴入上谷、五原，杀略吏民。[118]

宣元时期，本着补偏纠弊之策，改变了武帝征伐的策略，再次修复与匈奴的和亲国策。对于幽燕地区而言，确实这段时期并无匈奴侵扰的发生。宣帝神爵二年（前60年），匈奴单于率十万余骑近塞围猎，欲乘隙入寇边郡。汉遣后将军赵充国率领四万骑屯缘边九郡（五原、朔方、云中、代郡、雁门、定襄、右北平、上谷、渔阳），以备匈奴。匈奴见汉朝有备，不敢入塞，汉亦罢兵。[119]元帝竟宁元年（前33年），汉元帝将后宫良家女王嫱（即王昭君）嫁与呼韩邪单于，呼韩邪单于上书愿保塞上谷以西至敦煌。

西汉末年王莽建立新政之后，为了扬新国之威，始建国二年（10年）冬十二月，派遣众多将领率三十万大军出征匈奴，其中诛貉将军阳俊、讨秽将军严尤出渔阳。[120]这次规模庞大，"莽新即位，怙府库之富欲立威，乃拜十二部将率，发郡国勇士，武库精兵，各有所屯守，转委输于边。议满三十万众，赍三百日粮，同时十道并出，穷追匈奴"。[121]严尤曾劝谏王莽放弃这一出征计划，但莽不听，"以军兴法从事，天下骚动"。正如史书所言，"北边自宣帝以来，数世不见烟火之警，人民炽盛，牛马遍野。及莽扰乱匈奴，与之构难，边民死亡系获，又十二部兵久屯而不出，吏士罢弊，数年之间，北边虚空，野有暴骨矣"[122]。地皇二年（21年），转天下谷币给西河、五原、朔方、渔阳，每一郡以百万数，欲以击匈奴。[123]

东汉光武初，"方平诸夏，外遑外事"，与匈奴"通旧好"。而匈奴数与卢芳侵扰北边。建武九年（33年），遣大司马吴汉击之，无功而返。这时，匈奴转盛，钞暴日增[124]。吴汉回到洛阳，光武帝令朱祐屯常山，王常屯涿郡，侯进屯渔阳。并拜王霸为上谷太守，领屯兵如故，且"捕击胡虏，无拘郡界"[125]。建武十年（34年），王霸与渔阳太守陈䜣率军与吴汉一道，出击匈奴，斩首数百级。建武十二年（36年），王霸与杜茂率人修飞狐道，抵御匈奴。王霸又陈奏可由温水（今北京温榆河）自蓟城地区向军都、居庸等地漕运军粮，以省陆运转输之劳。建武十五年（37年），匈奴寇河东地区，州郡不能禁，于是"渐徙幽、并边人于常山关、居庸关以东，匈奴左部遂复转居塞内"[126]。朝廷患之，"增缘边兵郡数千人，大筑亭侯，修烽火"。建武二十一年（45年），匈奴寇上谷、中山，杀略甚众，北边无复宁岁。[127]建武二十二年，匈奴遣使到渔阳，请和亲。这支匈奴即为之后的南匈奴。明帝永平十六年（73年），遣太仆祭肜等诸将发缘边郡兵，分四道伐北匈奴，其中骑都尉来苗、护乌桓校尉文穆率太原、雁门、代郡、上谷、渔阳、右北平、定襄郡兵及乌桓、鲜卑万一千骑出平城塞，伐北匈奴，无功而还。同年，北匈奴入云中，遂至渔阳，云中太守廉范击破之。[128]和帝章和二年（88年），车骑将军窦宪等人发洛阳宿卫、黎阳营、缘边上谷、渔阳等十二郡兵及羌、胡骑，共击北匈奴，大破之。永和五年（140年）秋，北匈奴东引乌桓，西收羌戎及诸胡等数万人，寇掠并、凉、幽、冀四州。同年冬，遣中郎将张耽将幽州乌桓诸郡营兵，出击北匈奴，战于马邑，斩首三千级，获生口及兵器牛羊甚众。[129]桓帝延熹元年（158年），南匈奴诸部并叛，与乌桓、鲜卑联兵，犯上谷、渔阳等缘边九郡，东汉以张奂为北中郎将，讨平之。延熹九年（166年），南匈奴及乌桓、鲜卑寇缘边九郡。东汉朝廷再次以张奂为北中郎将，督率幽、并、凉三州及度辽、乌桓二营兵，抵御南匈奴等，南匈奴闻张奂至，相率归附。[130]

进入两汉时期，特别是西汉时期，汉匈和战在幽燕地区表现较为突出。从相关文献记述来看，两汉时期匈奴侵扰幽燕地区达 17 次，其中武帝之前 3 次，武帝时期竟达 10 次，东汉时期仅 4 次。武帝时期，主要集中于元光六年（前 129）至元狩四年（前 119）这 10 年间，几乎每年一次，甚至两次（见表一）。这说明，幽燕地区汉匈战争多发生在武帝时期，与整个西汉时期汉匈关系是一致的。从两汉 400 多年的时期看，幽燕地区汉匈关系基本是以和亲为主，战争只是短暂而局部的。

二、鲜卑、乌桓对幽燕地区的军事侵扰

乌桓本是东胡的一支。汉初，匈奴冒顿灭其国，其中一些部族逃亡至一个叫乌桓山的地方，引以为号，故称乌桓。当时还很弱小，不得不臣服于匈奴，贡献不断，还受欺压。武帝时骠骑将军霍去病击破匈奴左地后，遂迁徙乌桓于上谷、渔阳、右北平、辽西、辽东五郡塞外，为汉侦察匈奴动静。同时，设置护乌桓校尉，断绝其与匈奴的交通。这是乌桓部族在幽燕地区表现出与匈奴、鲜卑等部族不同的一个特点，而且这个特征贯穿于乌桓与中原王朝民族交融的始终，尽管偶有侵扰与背弃。

昭帝时，乌桓逐渐强大，为了报匈奴灭其国之仇恨，遂发匈奴单于冢墓，与匈奴发生冲突。这时匈奴还很强盛，乌桓只能节节败退。大将军霍光闻之后，派遣度辽将军范明友率领二万骑兵出辽东攻击匈奴，解除乌桓的危境。而度辽将军范明友却乘机袭击乌桓，引起乌桓族群对幽州的侵扰。宣帝时，"乃稍微保塞降附"。王莽篡位，为了袭击匈奴，统领乌桓、丁令等族骑兵屯代郡，并以这些部族首领妻子作为人质抵押于汉郡县。乌桓因水土不服，要求撤离，但王莽强行遣之，于是乌桓亡畔，抄盗边郡，诸郡尽杀其妻子，"由是结怨于莽"。

光武初，乌桓与匈奴连兵寇边，上谷塞外白山一支乌桓，最为强富。建武二十一年，遣伏波将军马援率领三千骑兵出代郡袭击乌桓，乌桓得知后提前逃走，损失几百人。当马援胜利而归时，乌桓则尾随反击，马援不得不入塞保全，死伤千余匹战马。第二年，匈奴国乱，乌桓乘机击破匈奴。东汉朝廷不得不以重币贿赂乌桓，使其保塞勿扰。建武二十五年，辽西乌桓大人郝旦等近千人降汉而称臣朝贡。这时周边部族纷纷朝贺，络绎不绝。乌桓亦想保卫京师，于是，东汉朝廷封乌桓渠帅为侯王君长者八十一人，"皆居塞内，布于缘边诸郡，令招来种人，给其衣食，遂为汉侦候，助击匈奴、鲜卑"。司徒班彪鉴于乌桓

天性好为寇贼，不能放任其自留，遂上书请复置护乌桓校尉，监督乌桓各部。这样，"复置校尉于上谷宁城，开营府，并领鲜卑，赏赐质子，岁时互市焉"，"及明、章、和三世，皆保塞无事"。[131]

但从安帝开始，各路乌桓频繁侵扰中原内地郡县。其中对幽州侵扰的有：安帝永初三年（109 年）夏，"渔阳乌桓与右北平胡千余寇代郡、上谷"；[132]顺帝延熹九年（166 年）夏，"乌桓复与鲜卑及南匈奴寇缘边九郡"；灵帝初，"乌桓大人上谷有难楼者，众九千余落，辽西有丘力居者，众五千余落，皆自称王；又辽东苏仆延，众千余落，自称峭王；右北平乌延，众八百余落，自称汗鲁王；并勇健而多计策"。灵帝中平四年（187 年），"前中山太守张纯畔，入丘力居众中，自号弥天安定王，遂为诸郡乌桓元帅，寇掠青、徐、幽、冀四州。"中平五年（188 年），"以刘虞为幽州牧，虞购募斩纯首，北州乃定。"

献帝初平中，辽西乌桓丘力居去世，从子蹋顿代立，总摄三郡，号令乌桓众部族听命于他。建安初，冀州牧袁绍与前将军公孙瓒相持不下，蹋顿派遣使者向袁绍表示和亲愿望，并以兵助袁绍击退公孙瓒。之后，广阳人阎柔，"少没乌桓、鲜卑中，为其种人所归信，柔乃因鲜卑众，杀乌桓校尉邢举而代之。"袁绍恩宠于阎柔，使其安定北边。及袁绍儿子袁尚兵败而逃归蹋顿，随之幽州、冀州吏人奔向乌桓者十万余户，袁绍妄图借此来统一中国。这时，曹操平定河北，阎柔率众归附曹操。建安十二年（207 年），曹操自征乌桓，攻破乌桓蹋顿于柳城，并斩之，俘获二十余万人。袁尚与部分乌桓部族逃往辽东，辽东太守公孙康遂斩之，"其余众万余落，悉徙居中国云"。[133]

鲜卑，亦属东胡的一支。汉初，"亦为冒顿所破，远窜辽东塞外，与乌桓相接，未常通中国焉"。光武初，"匈奴强盛，率鲜卑与乌桓寇抄北边，杀略吏人，无有宁岁"。建武二十一年（45 年），"鲜卑与匈奴入辽东，辽东太守祭肜击破之"，二十五年（49 年），"鲜卑始通驿使"。建武三十年（54 年），"鲜卑大人于仇贲、满头等率种人诣阙朝贺，慕义内属"。永平元年，"祭肜复赂偏何击歆志贲，破斩之，于是鲜卑大人皆来归附，并诣辽东受赏赐。"明、章二世，"保塞无事。"和帝永元中，"大将军窦宪遣右校尉耿夔击破匈奴，北单于逃走，鲜卑因此转徙据其地。匈奴余种留者尚有十余万落，皆自号鲜卑，鲜卑由此渐盛。"从此，至东汉末年，鲜卑成为继匈奴之后又一支与北方边郡对抗的部族力量，"兵利马疾，过于匈奴"。[134]鉴于鲜卑所处的地理位置，故在幽燕地区这一舞台上扮演了民族交融的重要角色，主要形式则以侵扰为主（见表一）。

表一　鲜卑在幽燕地区的侵扰

时间	部族	内容	来源	备注
光武建武二十一年（45年）秋	鲜卑	鲜卑寇辽东，辽东太守祭肜大破之	《后汉书》卷一下《光武帝纪下》	
和帝永元九年（97年）八月	鲜卑	辽东鲜卑寇肥如，太守祭参坐沮败，下狱死	《后汉书》卷四《和帝纪》、《后汉书》卷九十《鲜卑传》	
永元十三年（101年）冬十一月	鲜卑	辽东鲜卑寇右北平，遂入渔阳，渔阳太守击破之	《后汉书》卷四《和帝纪》、《后汉书》卷九十《鲜卑传》	
殇帝延平元年（106年）夏四月	鲜卑	鲜卑寇渔阳，渔阳太守张显追击，战没	《后汉书》卷四《和帝殇帝纪》、《后汉书》卷九十《鲜卑传》	
安帝元初二年（115年）	鲜卑	八月，辽西鲜卑围无虑县。九月，又攻扶黎营，杀县令。	《后汉书》卷五《安帝纪》、《后汉书》卷九十《鲜卑传》	无虑，属辽东郡。扶黎，属辽东属国，故城在今营州东南
元初四年（117年）夏四月	鲜卑	鲜卑寇辽西，辽西郡兵与乌桓击破之	《后汉书》卷五《安帝纪》、《后汉书》卷九十《鲜卑传》	
元初五年（118年）冬十月	鲜卑	鲜卑寇上谷，攻居庸关，复发缘边诸郡，黎阳营兵，积射士步骑二万人，屯列冲要	《后汉书》卷五《安帝纪》、《后汉书》卷九十《鲜卑传》	
元初六年（119年）秋	鲜卑	鲜卑入马城塞，杀长吏，及中郎将邓遵发积射士三千人，与辽西、右北平兵马会，出塞追击鲜卑，大破之	《后汉书》卷九十《鲜卑传》	

续表

时间	部族	内容	来源	备注
安帝建光元年（121年）夏四月	鲜卑、秽貊	秽貊复与鲜卑寇辽东，辽东太守蔡讽追击，战殁	《后汉书》卷五《安帝纪》	
建光元年八月	鲜卑	鲜卑寇居庸关，云中太守成严击之，兵败，功曹杨穆以身捍严，与俱战殁。鲜卑于是围乌桓校尉徐常于马城。度辽将军耿夔与幽州刺史庞参发广阳、渔阳、涿郡甲卒，分两道救之	《后汉书》卷五《安帝纪》、《后汉书》卷九十《鲜卑传》	
建光元年冬十一月	鲜卑	鲜卑寇玄菟	《后汉书》卷五《安帝纪》	
延光三年（124年）六月	鲜卑	鲜卑寇玄菟	《后汉书》卷五《安帝纪》	
顺帝永建二年（127年）二月	鲜卑	辽东鲜卑寇辽东、玄菟。护乌桓校尉耿晔率南单于击鲜卑，破之	《后汉书》卷六《孝顺孝冲孝质帝纪》、《后汉书》卷九十《鲜卑传》	
永建三年（128年）九月	鲜卑	鲜卑寇渔阳	《后汉书》卷六《孝顺孝冲孝质帝纪》、《后汉书》卷九十《鲜卑传》	

时间	部族	内容	来源	备注
永建四年（129年）	鲜卑	鲜卑寇渔阳	《后汉书》卷九十《鲜卑传》	
永建六年（131年）秋九月	鲜卑	护乌桓校尉耿晔遣兵击鲜卑，破之	《后汉书》卷六《孝顺孝冲孝质帝纪》	
永建六年冬	鲜卑	渔阳太守又遣乌桓兵击之，斩首人百级，获牛马生口	《后汉书》卷九十《鲜卑传》	
阳嘉元年（132年）秋九月	鲜卑	鲜卑寇辽东	《后汉书》卷六《孝顺孝质帝纪》	
桓帝延熹二年（159年）夏六月	鲜卑	鲜卑寇辽东	《后汉书》卷七《桓帝纪》	
延熹六年（163年）五月	鲜卑	鲜卑寇辽东属国	《后汉书》卷七《桓帝纪》	
延熹九年（166年）六月	鲜卑、乌桓	南匈奴及乌桓、鲜卑寇缘边九郡	《后汉书》卷七《桓帝纪》	
灵帝建宁元年（168年）十二月	鲜卑、貉貊	鲜卑及貉貊寇幽、并二州	《后汉书》卷八《灵帝纪》	《后汉书》卷九十《鲜卑传》载曰："灵帝立，幽、并、凉三州缘边诸郡无岁不被鲜卑寇抄，杀略不可胜数。"

续表

时间	部族	内容	来源	备注
熹平二年（173年）冬十二月	鲜卑	鲜卑寇幽、并二州	《后汉书》卷八《灵帝纪》	
熹平四年（175）五月	鲜卑	鲜卑寇幽州	《后汉书》卷八《灵帝纪》	
熹平五年（176）	鲜卑	鲜卑寇幽州	《后汉书》卷八《灵帝纪》、《后汉书》卷九十《鲜卑传》	
熹平六年（177年）	鲜卑	鲜卑寇辽西	《后汉书》卷八《灵帝纪》	
光和二年（179年）冬十二月	鲜卑	鲜卑寇幽、并二州	《后汉书》卷八《灵帝纪》	
光和三年（180年）冬	鲜卑	鲜卑寇幽、并二州	《后汉书》卷八《灵帝纪》	
光和四年（181年）冬十月	鲜卑	鲜卑寇幽、并二州	《后汉书》卷八《灵帝纪》	
中平二年（185年）十一月	鲜卑	鲜卑寇幽、并二州	《后汉书》卷八《灵帝纪》	
中平三年（186年）十二月	鲜卑	鲜卑寇幽、并二州	《后汉书》卷八《灵帝纪》	

根据上表统计，整个东汉时期，鲜卑侵扰幽燕地区达 31 次，其中东汉初仅 1 次，和帝时期 3 次，安帝 8 次，顺帝 6 次，桓帝 3 次，灵帝达 10 次。与匈奴比较而言，鲜卑对幽燕地区的危害更为突出，相应，幽燕地区与鲜卑的民族交融亦更加广泛而深入。除了侵扰，还有和好下的经济、社会交往。如安帝永初中，"鲜卑大人燕荔阳诣阙朝贺，邓太后赐燕荔阳王印绶，赤车参驾，令止乌桓校尉所居宁城下，通胡市，因筑南北两部质馆。鲜卑邑落百二十部，各遣入质"。永宁元年，"辽西鲜卑大人乌伦、其至鞬率众诣邓遵降，奉贡献"。[135]

三、朝鲜部族与燕地的军事关系

春秋战国时期，燕国就与朝鲜部族产生接触。据文献记载，周室衰微之际，燕国欲东略地，扩展其疆域，而朝鲜由侯国而为王国，想击燕以尊周室，亦欲探寻"挟天子以令诸侯"的霸主梦想。当然，对于双方而言，这都不现实。最后，燕朝双方达成暂时和解，和平共处。直到战国后期，燕将秦开攻击朝鲜西方，取地二千余里，并置吏，筑鄣塞，加以统治管理。秦并天下，朝鲜王否立，略服属秦，属辽东外徼。否死，子准立。二十余年后，正值陈胜、项羽反秦，天下大乱，燕、齐、赵民纷纷避难于朝鲜，朝鲜王将其安置于朝鲜西方一带。

汉初，卢绾为燕王，与朝鲜以浿水为界，及卢绾反汉而亡入匈奴，燕人卫满亦亡入朝鲜，暂居朝鲜西部，朝鲜王准拜其为博士，封地百里，令其守卫西边。而卫满却诱燕、齐、赵之亡入朝鲜者，起兵攻杀王准，自称朝鲜王。

孝惠高后时，使卫满为外臣，属辽东太守直接管辖，主要是团结辽东塞外各族，维护辽东地区边防稳定，同时不得限制朝鲜所属各族觐见汉天子的权利，这其实是一种制衡。这样，东北地区朝鲜各族向汉族为主体的大汉一统迈出了重要的一步。

武帝时期，正值卫满之孙右渠在位时期，独立的倾向明显，表现在大量诱汉亡人，也不朝见汉天子，同时阻拦其他部族入朝。元封二年（前 109 年），汉使涉何前往督察，但朝鲜王右渠仍不奉召行事。涉何一气之下刺杀了朝鲜护送使者，武帝对此加以褒奖，拜涉何为辽东东部都尉。朝鲜王右渠怨恨涉何，遂派兵攻杀涉何。武帝亦募集天下罪人给予还击。这样，汉与朝鲜王国的战争爆发了。经过数次对决，遂定朝鲜，设置真番、临屯、乐浪、玄菟四郡进行统治与管理，[136] "东夷始通上京"。[137] 这是郡县制在东北地区的成功实施，标志着秦汉大一统政治制度和文化在东北地区的进一步延伸与实践。

夫余，在玄菟北千里，"南与高句骊，东与挹娄，西与鲜卑接，北有弱水。地方二千里。本濊地也"。除了安帝永初五年（111 年）与永宁元年（120 年）两次侵扰乐浪、玄菟郡国外，基本上与汉王朝保持一种朝贡亲和关系。

高句丽，"在辽东之东千里，南与朝鲜、濊貊，东与沃沮，北与夫余接。地方二千里"。武帝灭朝鲜，以高句骊为县，归属玄菟郡管理。王莽初，因强行发高句丽兵伐匈奴，导致高句丽"亡出塞为寇盗"，王莽遂派人征伐，结果引起貊人更大规模的反抗、扰边。东汉建武八年（32 年），高句丽遣使朝贡，光武复其王号。建武二十三年（42 年）冬，高句丽一支部落率众万余口臣属乐浪郡。建武二十五年（44 年），高句丽寇右北平、渔阳、上谷、太原，而辽东太守祭肜以恩信招之，形成和亲局面。及高句丽王宫即为时，"数犯边境"。其中，和帝元兴元年（105 年）春，"复入辽东，寇略六县，太守耿夔击破之，斩其渠帅"；安帝元初五年（118 年），"复与濊貊寇玄菟，攻华丽城。"但基本上仍以臣属为主，如安帝永初五年（111 你），"宫遣使贡献，求属玄菟"；王宫死而其子遂成继位后，"还汉生口，诣玄菟降"。遂成死，其子伯固立，"其后濊貊率服，东垂少事"。顺帝阳嘉元年（132 年），"置玄菟郡屯田六部"。质、桓之间，"复犯辽东西安平，杀带方令，掠得乐浪太守妻子"。灵帝建宁二年（169 年），"玄菟太守耿临讨之，斩首数百级，伯固降服，乞属玄菟云"。[138]

朝鲜、高句丽、沃沮、夫余等东夷集团各部族，武帝时就已与中原汉王朝在幽燕地区交往、互通，至东汉末，期间虽有一定规模下的侵扰战争爆发，但多数情况下双方是和平共处的，东夷集团这些部族臣属汉王朝，朝贡觐见天子，推动了秦汉大一统社会秩序和政治制度以及思想文化的建设与发展。

综观上述统计与分析，西汉时期幽燕地区的民族关系主要表现为汉匈关系，且长期处于和亲状态，战争仅集中在武帝时期的某一阶段，互通有无是汉匈关系在此区域的主要存在状态。而到了东汉时期，东北以鲜卑、乌桓、高句丽等部族较为频繁活动在幽燕地区，且贯穿于整个东汉，特别是安帝和灵帝时期。这些部族对幽燕地区的侵扰程度是与其所处地理位置的远近密切相关。鲜卑、乌桓、高句丽等东北部族，基本与幽燕地区相邻，甚至一些直接成为幽燕地区的边塞。

秦汉时期是中国两千年封建制度的形成与发展时期，也是统一的多民族国家形成与发展的重要时期。而幽燕地区这一舞台，成为秦汉时期民族融合与交往的重要地域之一，对整个北京地区的都城文化形成及其特点有着基础性作用。

第四节　刘豫、公孙瓒割据幽州与曹魏统一北方

东汉时期虽曾有诸如彭宠等地方军事力量对抗大一统制度，但二百余年的安定局面，是基本持续的。而东汉末年，随着社会危机的加剧，阶级矛盾尖锐，大一统政权摇摇欲坠，地方军事割据不断产生。缘于幽州地区重要军事地位，地方割据政权在这一舞台上上演大一统皇权的争夺，战争此起彼伏，幽州军事重镇得以形成。

一、黄巾起事与幽燕兵畔

巨鹿张角自称"大贤良师"，"奉事黄老道，畜养弟子，跪拜首过，符水咒说以疗病，病者颇愈，百姓信向之。角因遣弟子八人使于四方，以善道教化天下，转相诳惑。十余年间，众徒数十万，连结郡国，自青、徐、幽、冀、荆、扬、兖、豫八州之人，莫不毕应。遂置三十六方。方犹将军号也。大方万余人，小方六七千，各立渠帅"。[139]《后汉书》志十七《五行五》注引《物理论》曰："黄巾被服纯黄，不将尺兵，肩长衣，翔行舒步，所至郡县无不从，是日天大黄也。"灵帝下令追缴张角，张角"等知事已露，晨夜驰敕诸方，一时俱起。皆著黄巾为标帜，时人谓之'黄巾'，亦名为'蛾贼'。杀人以祠天"，"所在燔烧官府，劫略聚邑，州郡失据，长吏多逃亡。旬日之间，天下响应，京师震动"。[140]

幽州地区自然亦不例外，响应张角起事，传播黄老道，劫掠官府，杀人祠天。正如护军司马傅燮所言"张角起于赵、魏，黄巾乱于六州"。又中郎将张均上书曰："百姓之冤无告诉，因起从角学道，谋议不轨，相聚为贼"。[141]中平元年（184 年）夏四月，"广阳黄巾杀幽州刺史郭勋及太守刘卫"[142]。

在黄巾起义的影响下，幽州一些地方豪族势力进行军事"畔汉"，争夺天下。起初，东汉王朝派遣幽州乌桓突骑前往凉州，镇压当地反叛势力。渔阳人张纯，原为中山相（或曰中山太守），主动请缨，率兵前往。但他的这一请求并没有得到应允，顿生不满。于是，张纯私下结谋故太山太守张举，曰："乌桓数被征发，死亡略尽，今不堪命，皆愿作乱。国家作事如此，汉祚衰亡之征。天下反覆率竖子，故若英雄起，则莫能御。吾今欲率乌桓奉子为君，何如？"张举曰："汉祚终讫，

故当有待之者。吾安可以若是?"张纯答曰:"王者网漏鹿走,则智多者得之,子勿忧也"。[143]《后汉书·刘虞传》与此记载在文字上略有不同:"前中山相张纯私谓前太山太守张举曰:'今乌桓既畔,皆愿为乱,凉州贼起,朝廷不能禁。又洛阳人妻生子两头,此汉祚衰尽,天下有两主之征也。子若与吾共率乌桓之众以起兵,庶几可定大业。'举因然之。"这种以奇异之说来劝谏,在当时实属正常,故这两种记载,都是可信的。这样,张纯与张举遂共率乌桓作乱,史载"故人喜悦归纯,日十余万"。[144]灵帝中平四年(187年),张纯等遂与乌桓大人共联盟,攻略蓟城,燔烧城郭,掳掠百姓,杀护乌桓校尉箕稠、右北平太守刘政、辽东太守阳终等,众至十余万,屯兵肥如。张举自称"天子",张纯自称"弥天将军安定王",移书州郡,云"举当代汉,告天子避位,敕公卿奉迎"。张纯又使乌桓峭王等率步骑五万,入青、冀二州,攻破清河、平原,杀害吏民。[145]

中平五年(188年)九月,朝廷派遣中郎将孟益率骑都尉公孙瓒讨伐渔阳张纯。张纯又率乌桓丘力居等寇渔阳、河间、渤海,入平原,多所杀略。同年十一月,公孙瓒与张纯战于石门,大破之。[146]张纯弃妻儿逃亡塞外。公孙瓒继续深入追击,反被丘力居等围困于辽西管子城,长达二百余日,粮尽食马,马尽煮弩楯,力战不敌。公孙瓒乃与士卒辞诀,各分散还。时多雨雪,队阬死者十五六。乌桓丘力居等军队,亦饥困,只好远走柳城。[147]

朝廷以刘虞威信素著,恩积北方,遂拜其为幽州牧,并配发南匈奴兵,使其率重兵讨伐张纯、张举。史载,"中平六年(189年)三月己丑,光禄刘虞为司马,领幽州牧,击张纯"。[148]刘虞到任后,一方面罢省屯兵,务广恩信,遣使向乌桓峭王等讲明东汉王朝"朝恩宽弘,开许善路"的基本政策;另一方面,派公孙瓒远征张纯,并悬赏缉拿张举、张纯。乌桓丘力居等闻刘虞为幽州牧,大喜,各遣译自归。张举、张纯不得不继续远逃塞外,部下大多降于朝廷。不久,张纯为其门客王政所杀,并把张纯首级献给刘虞,以示归降。灵帝封刘虞为襄贲侯,公孙瓒为都亭侯,共同镇守北边。[149]至此,渔阳张纯、张举的"叛乱"终被平息,但幽州地区的军事争夺却愈演愈烈。

二、刘虞与公孙瓒的军事对抗

幽州牧刘虞,灭了张举等叛乱后,被灵帝拜为太尉、大司马。汉献帝初平元年(190年),准备代替袁隗为太傅,因道路阻隔,帝王之令没有下达幽州。刘虞自身努力经营幽州,民悦年登,诸多避难者百万余口投归刘虞。初平二年（191 年），冀州刺史韩馥、渤海太守袁绍等人积极拥立刘虞为帝，而刘虞厉色叱之曰："今天下崩乱，主上蒙尘。吾被重恩，未能清雪国耻。诸君各据州郡，宜共勠力，尽心王室，而反造逆谋，以相垢误邪！"于是，韩馥等人选派右北平田畴等间行至长安，迎接汉献帝。献帝见到田畴后，非常高兴。当时刘虞的儿子刘和为献帝侍中，因此派他秘密从武关出，通知刘虞派兵迎驾。而当刘和到达南阳时，袁术遂将其扣押，使人报刘虞遣兵俱西。公孙瓒知袁术的通报乃欺诈，欲劝阻刘虞出兵。[150]但刘虞不听。公孙瓒私下劝袁术以刘和为人质，夺刘虞之兵。结果，刘和侥幸逃脱，却又为袁绍所留。公孙瓒因此前屡遭袁绍大败，所以想乘救刘和之机报仇，遂劝说刘虞出兵攻打袁绍。刘虞患其穷兵黩武，故没有同意。公孙瓒更加愤怒，二人矛盾越来越深。公孙瓒在蓟城一隅另筑新城，防备刘虞。刘虞数次请公孙瓒入都府商议政事，而公孙瓒称病不应。刘虞打算密谋讨伐他，经属臣魏攸劝说，才放弃了这一计划。

初平四年（193 年）冬，魏攸去世，刘虞自率诸屯兵众合十万讨伐公孙瓒。将行，从事代郡程绪劝曰："公孙瓒虽有过恶，而罪名未正。明公不先告晓使得改行，而兵起萧墙，非国之利。加胜败难保，不如驻兵，以武临之，瓒必悔祸谢罪，所谓不战而服人者也。"而刘虞以程绪扰乱军心，遂斩之以训士众。并告诫军士曰："无伤余人，杀一伯珪而已。"幽州从事公孙纪，因同姓而得到公孙瓒的厚待。于是，公孙纪夜告公孙瓒。此时，公孙瓒的部曲放散在外，仓卒自惧不免，乃掘东城欲走。刘虞兵不习巷战，又爱人庐舍，急攻围不下。公孙瓒乃简募锐士数百人，因风纵火，直冲突之。刘虞遂大败，与官属北奔居庸县。公孙瓒紧追不舍，很快，居庸城陷，遂执刘虞并妻子还蓟，犹使领州文书。会天子遣使者段训增刘虞封邑，督六州事；拜公孙瓒为前将军，封易侯，假节督幽、并、青、冀。公孙瓒乃诬告刘虞前与袁绍等欲称尊号，遂斩刘虞于蓟市。[151]先坐而咒曰："若虞应为天子者，天当风雨以相救。"时旱执炎盛，遂斩焉。传首京师，故吏尾敦于路劫刘虞首级归葬之。公孙瓒胁迫献帝使者，任其为幽州刺史。

刘虞向以恩厚得众，怀被幽州等北边地区。当其被斩，百姓落泪，莫不痛惜。其子刘和后跟随袁绍，向公孙瓒报杀父之仇。[152]刘虞的一些部下也时刻准备复仇，《（光绪）顺天府志：官师志一·传一》引《魏志八》曰："虞从事渔阳鲜于辅，齐周骑都尉鲜于银等，率州兵欲报瓒。"田畴在归途中闻言刘虞被公孙瓒斩杀，回到蓟城后，谒祭虞墓，陈发章表，哭泣而去。并扫地而盟曰："仇不报，吾不可以立世。"遂入徐无山，营深险平旷而居，躬耕以养父母，百姓归之。

三、公孙瓒与袁绍的军事对峙

早在初平二年（191 年），公孙瓒因出兵扫平进犯渤海的青、徐黄巾军而威名大震，拜奋武将军，封蓟侯。后因从弟公孙越被袁绍部下所杀，遂出军屯磐河，将以报复袁绍。冀州诸城无不望风响应。袁绍惧怕，乃以所佩渤海太守印绶授公孙瓒从弟公孙范，遣之郡，欲以和解。而公孙范遂背着袁绍，率领渤海兵以助公孙瓒。公孙瓒乃自署其将帅为青、冀、兖三州刺史，又悉置郡县守令，与袁绍大战于界桥。

当时，公孙瓒兵三万，列为方阵，分突骑万匹，翼军左右，其锋甚锐。袁绍先令麹义领精兵八百，强弩千张，以为前锋。公孙瓒轻其兵少，纵骑腾之，麹义兵伏楯下，一时同发，公孙瓒大败，斩其所置冀州刺史严钢，获甲首千余级。麹义追至界桥，[153]公孙瓒敛兵还战，麹义复破之，遂到公孙瓒大营，拔其牙门，余众皆走。袁绍在后十数里，闻公孙瓒已破，发鞍息马，唯卫帐下强弩数十张，大戟士百许人。公孙瓒散兵二千余骑卒至，围困袁绍数重，射矢雨下。田丰扶袁绍，使却入空垣。袁绍曰："大丈夫当前斗死，而反逃垣墙间邪？"下令诸弩竞发，多伤公孙瓒卫骑。众不知是袁绍，颇稍引却。正赶上麹义来迎，公孙瓒卫骑乃散退。

初平三年（192 年），公孙瓒又遣兵至龙凑挑战，袁绍复击破之。公孙瓒遂还幽州，不敢复出。初平四年（193 年）初，天子遣太仆赵岐和解关东，使各罢兵。公孙瓒因此以书譬绍曰："……自惟边鄙，得与将军共同斯好，此诚将军之眷，而瓒之愿也。"袁绍于是引军南还。

当公孙瓒破禽刘虞，尽有幽州之地后，他的军事实力猛增，雄踞幽、冀之首。公孙瓒"自以为易地当之，遂徙镇焉。乃盛修营垒，楼观数十，临易河，通辽海"。鲜于辅以燕国阎柔素有恩信，推其为乌桓司马。阎柔招诱胡汉数万人，与公孙瓒所置渔阳太守邹丹战于潞北，斩丹等四千余级。[154]乌桓峭王感刘虞恩德，率种人及鲜卑七千余骑，南迎刘和，与麹义合兵十万，共攻公孙瓒。兴平二年（195 年），破公孙瓒于鲍丘，[155]斩首二万余级。[156]公孙瓒遂保易京，[157]开置屯田，稍得自支。相持岁余，麹义军粮尽，士卒饥困，余众数千人退走。公孙瓒破之，尽得其车重。

建安元年（196 年）八月。是时，州郡各拥强兵，而委输不至，群僚饥乏，尚书郎以下自出采穭，或饥死墙壁间，或为兵士所杀。[158]公孙瓒本人不体恤士众，且睚眦必报，州里善士在其右者，必以法害之。其所宠爱，类多商贩庸儿。公孙瓒疏远宾客，无所亲信，故谋臣猛将，稍有乖散。自此之后，他只是处于防守状态。况且其部下所在侵暴，百姓怨之。于是代郡、广阳、上谷、右北平各杀公孙瓒所置长吏，复与鲜于辅、刘和兵合。

建安三年（198 年），袁绍复大攻公孙瓒。公孙瓒遣子公孙续求救于黑山诸帅，而欲自将突骑直出，傍西山以断袁绍后方。长史关靖谏曰："今将军将士，莫不怀瓦解之心，所以犹能相守者，顾恋其老小，而恃将军为主故耳。坚守旷日，或可使绍自退。若舍之而出，后无镇重，易京之危，可立待也。"公孙瓒乃止。袁绍渐相攻逼，公孙瓒及其部下日趋惊恐，乃退却，筑三重营以自固。

建安四年（199 年）春，黑山贼帅张燕与公孙续率兵十万，三道来救公孙瓒。未及至，公孙瓒乃密使行人赍书告公孙续，起火为应，前后夹击。袁绍得其书，如期举火，公孙瓒以为救兵至，遂出战。袁绍设伏，公孙瓒遂大败，复还保中小城。公孙瓒自计必无全，乃悉缢其姊妹妻子，然后引火自焚。关靖见公孙瓒败，叹恨曰："前若不止将军自行，未必不济。吾闻君子陷人于危，必同其难，岂可以独生乎！"乃策马赴袁绍军而死。[159]

四、幽州军事形势与曹魏统一北方

幽冀地区对于中国北部地区来讲，军事战略地位自不待言。袁绍正是以冀州为中心，试图统一北方，甚至统一天下。袁绍曾曰："吾南据河，北阻燕、代，兼戎狄之众，南向以争天下。"同样，曹操统一北方，幽冀的军事战略意义也非常重要。

渔阳雍奴人田豫谓渔阳太守鲜于辅曰："终能定天下者，必曹氏也，宜速归命，无后祸期。"鲜于辅从其计，将众奉王命。曹操以鲜于辅为建忠将军，督幽州六郡。建安五年（200 年），鲜于辅见曹操于官渡，以为右度辽将军，[160]还镇幽土。[161]建安十年（205 年），三郡乌桓攻鲜于辅于犷平。曹操乃渡潞河救犷平，乌桓奔走出塞。曹操还军官渡，阎柔遣使诣操，操以柔为乌桓校尉。《资治通鉴》卷六十三《汉纪五十五》"建安五年"元胡三省注曰："当是时，幽州为绍所统，与许隔远，而柔、辅已归心于操矣。汉度辽将军，始于范明友；中兴之后，置度辽将军以护南匈奴，屯于西河。今使鲜于辅还镇幽土，故以为右度辽将军。自中国而北，向以西河为左，幽土为右也。"

初，袁绍数遣使召右北平人田畴于无终，又"即授将军印，使安辑所统"，田畴皆拒之。及曹操定冀州，河间邢颙谓田畴曰："黄巾起来，二十余年，海内鼎沸，百姓流离。今闻曹公法令严。民厌乱矣，乱极则平，请以身先。"遂装还乡里。田畴曰："邢颙，天民之先觉者也。"曹操以邢颙为冀州从事，并遣使征召田畴。于是，田畴跟随曹操，北征乌桓，立下了汗马功劳。

刘放字子弃，涿郡人，汉广阳顺王子西乡侯刘宏后也。东汉末年，渔阳王松据其土，刘放前往投靠他。曹操攻克冀州，刘放劝王松曰："往者董卓作逆，英雄并起，阻兵擅命，人自封殖，惟曹公能拔拯危乱，翼戴天子，奉辞伐罪，所向必克。以二袁之强，守则淮南冰消，战则官渡大败；乘胜席卷，将清河朔，威刑既合，大势以见。速至者渐福，后服者先亡，此乃不俟终日驰骛之时也。……将军宜投身委命，厚自结纳。"王松然之。会曹操讨袁谭于南皮，以书招王松。王松举雍奴、泉州、安次以附之。刘放为王松答太祖书，其文甚丽。曹操既善之，又闻其说，由是遂征召流放。建安十年（205年），他与王松俱至。曹操大悦，谓刘放曰："昔班彪依窦融而有河西之功，今一何相似也！"乃以刘放参司空军事。[162]

建安十年（205年）夏四月，黑山贼张燕率其众十余万降，封为列侯。故安赵犊、霍奴等杀幽州刺史、涿郡太守。秋八月，公征之，斩犊等。

初，三郡乌桓趁天下乱，破幽州，略有汉民合十余万户。袁绍皆立其酋豪为单于，以家人子为己女，妻焉。辽西单于蹋顿尤强，为绍所厚，故尚兄弟归之，数入塞为害。公将征之，凿渠，自呼沱入泒水，名平虏渠；又从泃河口凿入潞河，名泉州渠，以通海。[163]

建安十二年（207年）春二月，曹操将北征三郡乌桓。诸将皆曰："袁尚亡虏耳，夷狄贪而无亲，岂能为尚用。今深入征之，刘备必说刘表以袭许，万一为变，事不可悔。"郭嘉曰："公虽威震天下，胡恃其远，必不设备，因其无备，卒破击之，可破灭也。且袁绍有恩于民夷，而尚兄弟生存。今四州之民，徒以威附，德施未加，舍而南征，尚因乌桓之资，招其死主之臣，胡人一动，民夷俱应，以生蹋顿之心，成觊觎之计，恐青、冀非己之有也。表坐谈客耳，自知才不足以御备，重任之则恐不能制，轻任之则备不为用，虽虚国远征，公无忧矣。"操从之。行至易，郭嘉曰："兵贵神速。今千里袭人，辎重多，难以趋利，且彼闻之，必为备；不如留辎重，轻兵兼道以出，掩其不意。"

夏五月，至无终。秋七月，大水，傍海道不通，污滞不通，虏亦遮守蹊要，军不得进。曹操患之，以问田畴。田畴曰："此道，秋夏每常有水，浅不通车马，深不载舟船，为难久矣。旧北平郡治在平冈，道出卢龙，达于柳城；自建武以来，陷坏断绝，垂二百载，而尚有微迳可从。今虏将以大军当由无终，不得进而退，懈弛无备。若嘿回军，从卢龙口越白檀之险，出空虚之地，路近而便，掩其不备，蹋顿可不战而禽也。"曹操曰："善！"乃引军还，而署大木表于水侧路旁曰："方今夏暑，道路不通，且俟秋冬，乃复进军。"乌桓骑见之，诚以为大军去也。曹操令田畴将其众为乡导，上徐无山，堑山堙谷，五百余里，经白檀，历平冈，涉鲜卑庭，东指柳城。未至二百里，乌桓乃知之。袁尚、袁熙与蹋顿及辽西单于楼班、右北平单于能臣抵之等，率领数万骑迎战。八月，曹操登白狼山，二军相遇。曹操车重在后，被甲者少，左右皆惧。曹操登高，望敌阵不整，乃纵兵击之，使张辽为前锋，乌桓众大崩，斩蹋顿及名王已下，胡、汉降者二十余万口。[164]

辽东单于速仆丸及辽西、北平诸豪，弃其种人，与袁尚、袁熙奔辽东。初，辽东太守公孙康恃远不服。及曹操破乌桓，有人劝说曹操遂征之，袁尚兄弟可擒也。曹操曰："吾方使康斩送尚、熙首，不烦兵矣。"九月，曹操引兵自柳城还，公孙康即斩袁尚、袁熙及速仆丸等，传其首。诸将或问："公还而康斩送尚、熙，何也？"曹操答曰："彼素畏尚等，吾急之则并力，缓之则自相图，其势然也。"十一月至易水，代郡乌桓行单于普富卢、上郡乌桓行单于那楼将其名王来贺。[165]这样，曹操就占据了幽冀二州，有为统一北方奠定了军事战略基地的意义和作用。

公孙康去世后，两个儿子公孙晃和公孙渊年幼，故众人拥立其弟公孙恭为辽东太守。魏文帝即位后，拜封公孙恭为车骑将军。太和二年（228 年），公孙渊胁迫侄子让位于他。魏明帝拜公孙渊为扬烈将军、辽东太守和大司马。青龙年间，魏明帝就开始策划收复辽东，表现之一就是任命毌丘俭为幽州刺史，加封度辽将军、护乌桓校尉。景初元年（237 年），毌丘俭率领幽州诸军（包括鲜卑与乌桓士兵）前往襄平，屯军于辽隧，准备攻打公孙渊。双方展开激战，正赶上连雨十日，辽水大涨，朝廷急招毌丘俭率军退还，避免更大伤亡。公孙渊乘胜自立为燕王，拉拢鲜卑，侵扰北方边郡。曹魏加紧命幽州等地造船备战。景初二年，魏明帝派遣太尉司马宣王统领中军四万人，与毌丘俭所率幽州诸军一道，前往辽东，再次征讨公孙渊。魏军三战三捷，斩杀公孙渊父子。这样，辽东、乐浪等地区被收复，曹魏统一了北方。魏明帝遣使者在蓟城犒劳大军，对这些有功之将臣大加赏赐。[166]

第五节 魏晋十六国北朝对幽州的军事争夺

一、魏晋对幽州边地的军事管控

曹魏初年，于蓟城设护乌桓校尉，加强幽州地区军事防御力量。魏文帝初年，首任护乌桓校尉的是渔阳雍奴人田豫。当时，成为幽州边患的主要是鲜卑轲比能诸部，号称"空弦十余万骑"。[167]田豫利用鲜卑内部矛盾，采取分化策略，企图削弱鲜卑势力。太和二年（228年），田豫率军出塞，大败而归，还被围困于马城（今山西朔县）七日，经上谷太守阎志出面，田豫才得以班师回到蓟城。源于此，田豫被幽州刺史王雄弹劾，转任汝南太守，王雄兼任护乌桓校尉。王雄于青龙三年（235年）派人刺杀了轲比能，改立其弟为鲜卑大人，从此轲比能部种族离散，幽州遂得安宁。

边地防务繁重，故必须驻以重兵，边地州刺史或镇将一般皆握有较强的军事力量。为防止边地州郡统帅作乱，曹魏时期规定，凡外边州郡长官均须将长子送到京师邺城居住，即所谓的"任子"、"质子"。这样，边地将吏难以威胁中央政权。同时，朝廷也严禁边郡将吏擅自挑动民族军事冲突。嘉平元年（249年），有一鲜卑将领，率数十骑兵从非官道而进入幽州地区。当时幽州刺史杜恕闻听此事，擅自下令斩杀这一鲜卑头领。同治蓟城的征北将军程喜得知后，上书弹劾杜恕，源于杜恕父亲有功于国而免其为庶人。这样严厉的军事惩罚，也是曹魏时期北边得以安定的重要因素之一。

幽州蓟城是魏晋政权北边的重要军事重镇，这一军事战略地位越来越突出。一方面是加强军事领导力量，在西晋一朝期间，就先后有多位重要将臣任职于幽州地区，掌管军事、政治大权。晋武帝泰始七年（271年），以征东大将军卫瓘为征北大将军、都督幽州诸军事，兼任幽州刺史、护乌桓校尉。[168]太康三年（282年），晋武帝又任命尚书张华都督幽州诸军事，兼任护乌桓校尉和安北将军。晋惠帝元康中，又以唐彬为使持节监幽州诸军事，领护乌桓校尉、右将军。这样做的效果，则是"边境获安，无犬吠之警"。[169]

二、石勒与王浚的军事争夺

王浚字彭祖，十五岁时就拜驸马都尉。后因秉承贾后旨意，谋害太子，而迁宁朔将军、持节都督幽州诸军事。当时，朝野混乱，王浚为自安，结好鲜卑。成都王颖上书请右司马和演代替石堪为幽州刺史，目的是谋杀王浚，兼并其军事力量。一日，和演与王浚同游蓟城南清泉水上，二人各走一道。时值天下暴雨，兵器无法使用，谋杀未果。与和演策划这次谋害事件的乌桓单于，认为天助王浚，于是把此事告诉了王浚。王浚下令与单于围困和演，并斩之，自领幽州，大营器械，召集鲜卑务勿尘，合兵二万人，讨伐成都王颖，一度攻克邺城。

王浚回到蓟城，声势大振。暂居洛阳的晋惠帝，任命王浚为骠骑大将军、都督东夷河北诸军事，领幽州刺史。晋怀帝即位，以王浚为司空，领乌桓校尉。永嘉二年（308年）二月，石勒寇常山，王浚出兵讨伐。永嘉三年九月，石勒又寇常山，王浚派鲜卑务目尘（即务勿尘）率万余骑兵与石勒在封龙山大战，石勒大败而去。永嘉六年（312年），王浚布告天下，称受中诏承制，实施"挟天子以令诸侯"，谋将僭号称帝。

石勒迎合王浚的政治欲望，派人赠送珍宝，推崇王浚为天子，想方设法讨好王浚，目的是迷惑他。王浚很高兴，越加觉得石勒忠诚。当王浚的使者来到襄城时，石勒故意藏匿精兵强将，展示出来的则是老弱病残之军事气象。这样，王浚更加认为石勒不足为惧。但石勒一直在备战，讨伐王浚是必行之事。建兴二年（314年），石勒率领轻骑突袭幽州。当石勒到达易水时，有人告知王浚，让他下令率兵前来援助。王浚怒曰："石公来，正欲奉戴我也，敢言击者斩！"凌晨时分，石勒大军就兵临蓟城。为了避免伏兵，石勒让人驱赶数千头牛羊，先入蓟城。名义上说是给王浚献礼，实际上是想以此填塞蓟城街巷，阻碍王浚所属部队的行动。王浚还沉浸在这位忠诚的崇奉上，静等石勒的到来。其部下多次劝其讨伐，都被回绝。等到石勒入王浚所在殿庭，王浚缓缓走出准备迎之。结果却被石勒部下所俘，并被送往襄城，最终被斩杀。王浚麾下精兵万人，尽被坑杀，焚烧城邑。石勒停留两日，离开蓟城。他让晋尚书刘翰为幽州刺史，驻军于蓟城。[170]

王浚败而亡，原因就是他为政苛暴，属下贪婪，广占民田，下不堪命，众叛亲离。石勒舍人子春就曾曰："幽州自去岁大水，人不粒食，浚积粟百万，不能赡恤，刑政苛酷，赋役殷烦，贼害贤良，诛斥谏士，下不堪命，流叛略尽。鲜卑、乌桓离贰于外，枣嵩、田矫贪暴于内，人情沮扰，甲士羸弊。而浚犹置立台阁，布列百官，自言汉高、魏武不足并也。又幽州谣怪特甚，闻者莫不为之寒心，浚意气自若，曾无惧容，此亡期之至也。"谋臣张宾也进谏曰："彭祖之据幽州，唯仗三部，今皆离叛，还为寇仇，此则外无声援以抗我也。幽州饥俭，人皆蔬食，众叛亲离，甲旅寡弱，此则内无强兵以御我也。若大军在郊，必土崩瓦解。今三方未靖，将军便能悬军千里以征幽州也。轻军往返，不出二旬。……宜应机电发，勿后时也。且刘琨、王浚虽同名晋藩，其实仇敌。若修笺于琨，送质请和，琨必欣于得我，喜于浚灭，终不救浚而袭我也"。[171]

三、段匹磾与刘琨的联盟与争夺

刘琨原为并州刺史，建兴三年（315年）为司空，都督并、冀、幽三州诸军事。建兴四年（316年），刘琨迫于石勒的军事打击，奔向蓟城，依靠幽州刺史段匹磾。史载，"幽州刺史鲜卑段匹磾数遣信要琨，欲与同奖王室。琨由是率众赴之，从飞狐入蓟。匹磾见之，甚相崇重，与琨结婚，约为兄弟"。[172]

段匹磾是鲜卑务勿尘的儿子，务勿尘去世后，就六眷即位。就六眷与其弟匹磾、从弟末波等率五万余骑围攻石勒，却遭到石勒的突袭，末波被生擒。后被石勒放回，并约为父子。段氏鲜卑就回到辽西，较长时间不敢南下。王浚败亡后，段匹磾为幽州刺史。建武元年（317年），刘琨与段匹磾共同讨伐石勒，后因力量薄弱而退。正好就六眷去世，匹磾与刘琨世子刘群奔丧。段匹磾欲借此机会杀其叔和从兄末波而夺其国。末波等人得知这一密谋后，派兵袭击段匹磾。刘群被俘，段匹磾奔还蓟城。末波厚礼刘群，并许诺刘琨为幽州刺史，结盟而攻打段匹磾。结果这一密谋被段匹磾截获。这时，刘琨正驻扎在征北府小城，并不知情。段匹磾害怕刘琨擒拿自己，于是以宴会形式而约刘琨。段匹磾以这份密信而谴责刘琨背信弃义。他对刘琨还是比较敬重，起初并无害意。而其臣下劝其早做决断，以除后患，"吾胡夷耳，所以能服晋人者，畏吾众也。今我骨肉构祸，是其良图之日，若有奉琨以起，吾族尽矣"。太兴元年（318年）五月，刘琨被杀。段匹磾收其部众，盘踞在上谷郡地区，以军都之险而守备，对抗末波。太兴四年（321年）四月，投奔了石勒。后有人谋推匹磾为主，事情泄露，匹磾被杀。而末波自称幽州刺史，屯于辽西，后亡于鲜卑慕容。[173]

四、十六国北朝对幽州地区的军事争夺

咸康四年（338年）二月，石季龙率众征讨辽西段氏鲜卑。最初，石季龙招募精兵三万人准备攻打辽西。鲜卑段辽（末波之后）派人突袭并占领幽州。石季龙一怒之下，统帅舟师十万，步骑十万，征讨段辽。一路人马很快进入蓟城，渔阳、上谷等四十余城投降，段辽北逃。

石季龙紧追不放，在密云山（今内蒙古宁城县西南）大战，获段辽母、妻，斩首三千。[174]段辽不得已投靠慕容皝。后慕容皝为征北大将军、幽州牧。

永和四年（348年）慕容皝去世，子慕容儁嗣位。五年四月，二子慕容儁为幽州牧、燕王。这时石氏赵魏大乱，慕容儁则陈兵二十余万，将图兼并大计。晋穆帝拜慕容儁高官厚禄，领都督河北诸军事、幽冀并平四州牧、燕王等职。永和六年（350年），慕容儁率三军南伐，直奔无终。慕容霸率领精兵二万至三陉，后赵征东将军邓恒惶恐，焚烧仓库，弃城南逃，欲与幽州刺史王午共保蓟城。很快，慕容大军到达无终。幽州刺史王午却弃城而逃，留下一员大将镇守蓟城。慕容儁很快攻陷蓟城，并迁都于此。[175]当时，慕容儁欲坑杀蓟城降卒千余人，被慕容霸劝住，霸曰："赵为暴虐，王兴师伐之，将以拯民于涂炭而抚有中州也；今始得蓟而坑其士卒，恐不可以为王师之先声也"。[176]慕容儁接着攻下范阳地区，悉置幽州郡县守宰。同时，慕容儁让慕舆句留守蓟城，自己率军攻打邓恒。结果失利而退还蓟城。永和七年（351年），燕王慕容儁率兵攻克中山。永和八年（352年），攻打魏主冉闵。燕军很快战胜冉闵，并俘获其至蓟城。慕容儁本要大赦，而冉闵口出狂言，"天下大乱，尔曹夷狄禽兽之类犹称帝，况我中土英雄，何得不称帝邪！"[177]慕容儁一怒之下，严惩并送往龙城，后被燕人斩首。同年十一月，慕容儁称帝，以蓟城为都。直到升平元年（357年）十一月，自蓟迁都于邺。

太和五年（370年）十一月，苻坚攻陷邺城，慕容氏前燕灭亡，苻坚氏前秦建立。苻坚以大将郭庆为持节都督幽州诸军事、幽州刺史、扬武将军，镇守蓟城。[178]太和元年（376年），苻坚平定凉州后，命令安北将军、幽州刺史苻洛为北讨大都督，率幽州兵十万讨伐代王涉翼犍，并追至阴山一带，后代王父子投降。

太元三年（378年），镇守洛阳的北海公苻重谋反。先是苻坚为了巩固自己的地位，把苻洛这一猛将放在边牧，镇守成都。而苻洛是前秦功臣，却遭受如此待遇，心中早已不快。他的谋臣平颜劝其起兵，于是自称大将军，以平颜为辅国将军、幽州刺史，前往鲜卑、乌桓、高句丽等地征兵，但并不理想。苻洛有些惧怕，平颜则继续劝说其起事。平颜曰："尽幽并之兵出自中山、常山，阳平公必郊迎于路，因而执之，进据冀州，总关东之众以图秦雍，可使百姓不觉易主而大业定矣。"苻洛听从，乃率七万精兵起事。苻重率蓟城所有士卒响应苻洛，合兵一处，达十万之众。中山一站，苻洛大败，被送往长安。苻重，一说他被吕光斩杀于幽州，[179]一说他被送往长安，后得以被赦免，太元五年（380 年）三月，符坚以北海公符重为镇北大将军，镇守蓟城。[180]

符坚平定符洛叛乱之后，太元五年八月，分幽州置平州，中书令梁说为安远将军、幽州刺史，镇守蓟城。

太元八年（383 年），鲜卑慕容垂自称大将军、大都督、燕王。太元九年七月，前秦幽州刺史王永、平州刺史符冲帅二州之士卒攻击燕王慕容垂。慕容垂派遣平朔将军平规击王永，王永遣昌黎太守宋敞逆战于范阳，宋敞兵败，平规进据蓟城南部。八月，慕容垂围攻符丕于邺城，同时再次派平规攻打幽州刺史王永，企图占领蓟城。刘库仁自以受符坚爵命，遂派遣妻兄公孙希率三千骑兵，助王永一臂之力。大败平规，坑杀燕军五千余人，乘胜长驱直入。刘库仁闻听胜利夺取蓟城，率上谷、雁门等大军营救符丕，却遭到迁徙于长安的慕容文的突袭，而被斩杀于马厩之中。太元十年（385 年）正月，幽州刺史王永、平州刺史符冲为慕容垂大将平规等所败，乃遣昌黎太守宋敞焚烧蓟城宫室，率众三万逃往壶关。燕秦相持多年，互相攻伐，导致幽州大饥，人相食，社会萧条，燕之军士多饿死，燕王慕容垂下令幽州禁止养蚕，以桑葚为军粮。[181]

太元十年（385 年）七月，建节将军徐岩反叛，驱掠四千余人向北逃往幽州。慕容垂严令平规不要恋战，固守好蓟城即可。但平规违命出战，为徐岩所败。徐岩乘胜进入蓟城，掠夺千余户而去，至令支为据点。十一月，燕王慕容垂以慕容农为使持节都督幽、平二州，北狄诸军事、幽州牧，镇守龙城。太元十一年（386 年），燕王慕容垂称帝，定都中山，是为后燕政权。太元十三年（388 年）三月，慕容垂以太子慕容宝为幽州牧、骠骑大将军。太元十四年，以高阳王隆为都督幽州平州诸军事、征北大将军、幽州牧。同年四月，以长乐公盛驻守蓟城，修缮旧宫。太元十五年（390 年）九月，幽州牧高阳王隆平定了北平人吴柱的叛乱。太元十六年正月，后燕置行台于蓟城，封赏长乐公盛为录行台尚书。

太元二十一年（396 年），慕容垂率军征讨魏陈留公，攻陷所在地平城，准备筑城守备，正赶上疾病发作，只好退还，可惜到了上谷郡沮阳城就去世了。太子宝嗣位。北魏拓跋氏遣军讨伐后燕广宁，上谷太守慕容详弃城而逃。同年八月，北魏道武帝亲率四十五万大军，南出马邑，并从东道袭击幽州，围困蓟城。北魏皇始二年（晋安帝隆安元年，397 年）三月，慕容宝率领家眷和宗族数千骑北逃至蓟城。慕容宝短暂停留后，携带蓟城府库兵器，前往龙城。北魏石河头引兵追之，双方在蓟北二百余里的夏谦泽（今北京市平谷区东北）展开一场生死决战。慕容宝听从清河王会的置之死地而后生的计划，结果魏兵大败。起初，慕容宝闻讯北魏率军前来讨伐，就派慕容会率幽并之众赴中山。随着慕容麟反叛，慕容宝与太子策、大将农、隆等万余骑兵迎慕容会于蓟城，让开封公慕容详守中山。双方在蓟城南部会合后，慕容宝分慕容会所率士卒给慕容农和慕容隆。慕容会对慕容策为太子有意见，而幽州士卒愿意跟随慕容会。一些大臣劝慕容宝杀害慕容会，慕容会听到此消息后，逃往广都，并派精兵二十余人突袭农和隆，慕容隆被杀，慕容农重伤。慕容会又回到慕容宝身边，慕容宝仍想除掉他。最后，慕容会率兵攻打慕容宝。慕容宝率众逃往龙城，慕容会紧追不放。龙一战，慕容会失利，逃亡过程中被慕容详所杀。隆安二年（398年），慕容宝不顾劝阻，南下伐北魏。大臣兰汗奉太子承制，在蓟城迎接慕容宝。慕容宝想北还，慕容盛劝其不要相信兰汗。于是，慕容宝到了蓟城外，转而南下。最终，在龙城慕容宝还是被兰汗所弑，其子慕容盛又斩杀兰汗，摄天子位。之后，后燕不断发生宫廷政变。

从北魏天兴元年（398年），幽州地区时有反抗为寇的，北魏政权均给予平定。同时，北魏还对这一地区进行安抚和治理。随着中后期吏治的腐败，幽州地区又不断爆发反抗运动。其中影响最大的就是杜洛周、韩楼起义。北魏孝明帝孝昌元年（525年）秋八月，柔玄镇人杜洛周率众反于上谷，号年真王，攻没郡县，南下围困燕州。九月，朝廷征召左将军、幽州刺史常景为行台，征虏将军元谭为都督，讨伐杜洛周。常景上书提出，命令幽州诸县士卒全部进入蓟城，并派兵把守各个交通要道。同时，严加训练士兵，加强军事战斗力。此外，他命令元谭占据军都关和卢龙塞这两处非常重要的军事通道，严防死守居庸下口。当然，杜洛周的势力也越来越大，诸多起事者加入，部众达二万余人。孝昌二年（526年）春正月，元谭命令别将崔仲哲等潜伏在军都关，等待敌军进入。结果，崔仲哲战死。杜洛周大举进攻居庸关，内外夹击，元谭腹背受敌，大败。夏四月，朝廷下诏派别将李琚为都督，前往蓟城之北，代替元谭镇守居庸下口，还是败于杜洛周，李琚身亡。杜洛周率兵从南面抄掠蓟城，常景命统军梁仲礼率兵出击，大败之。杜洛周不得不退还上谷。朝廷回复了常景职务，并授平北将军、光禄大夫。秋七月，杜洛周遣其别帅曹纥真寇掠幽州，在蓟城南掠夺人口与谷物。正赶上连雨不断，杜洛周部劳累疲惫。这时，行台常景派都督于荣出击，大破之，斩杀纥真，俘获牛驴二万余头。九月，常景又打败杜洛周部，斩其大将二人，俘获牛驴五千余头。冬十一月，杜洛周攻陷幽州，擒拿刺史王延年和行台常景。

　　武泰元年（528 年）春正月，杜洛周连克定州、瀛洲。二月，杜洛周部为葛荣所并，杜洛周被害。葛荣吞并杜洛周后，势力大盛，号称百万大军。但葛荣滥杀无辜，失去了士卒的支持和信任，很快就被北魏官军击败，葛荣也被俘遇害。北魏孝庄帝永安元年（528 年），葛荣余部韩楼复据幽州而反。九月，大都督侯渊讨伐韩楼于蓟城，韩楼兵败被杀。侯渊跟随尔朱荣讨伐葛荣，战功赫赫。尔朱荣举荐其为骠骑将军、燕州刺史。当韩楼率数万士卒屯据在蓟城时，尔朱荣令侯渊与贺拔胜讨伐他。尔朱荣给侯渊的士卒仅有七百，侯渊遂虚张声势，亲率数百骑兵深入韩楼驻军地，想抓一个战俘询问情况。离蓟城百余里时，正当韩楼部战马驻养地。于是，侯渊潜伏驻地，而后骑着这些战马突袭韩楼，大破之，俘获五千余人。接着，运用离间计大败韩楼。这是历史上以少胜多的一次战役。

　　柱国大将军太原王尔朱荣因率兵平定葛荣而升为大丞相、都督河北畿外诸军事。永安三年（530 年），尔朱荣被诛杀。普泰元年（531 年）春二月，幽州刺史刘灵助起兵于蓟城。三月，定州刺史侯渊斩杀之。

注释：

1　李文信：《中国北部长城沿革考》，《社会科学辑刊》1979 年第 1 期。

2　《史记》卷八十八《蒙恬列传》。

3　王子今：《秦汉长城与北边交通》，《历史研究》1988 年第 6 期。

4　阎忠：《燕北长城考》，《社会科学战线》1995 年第 2 期。

5　11　《史记》卷四十八《陈涉世家》。

6　13　《汉书》卷六十四下《严安传》。

7　蒯通，涿郡范阳人。颜师古注“范阳”曰：“涿郡之县也，旧属燕。通本燕人，后游于齐，故高祖云齐辩士蒯通。”又曰：“本名为彻，其后史家追书为通。”

8　《史记集解》引《汉书》曰“范阳令徐公”。

9　14　《史记》卷八十九《张耳陈馀列传》。

10　《汉书》卷四十五《蒯通传》。

12　《史记》卷十六《秦楚之际月表》：“韩广为赵略地至蓟，自立为燕王始。”

15　《史记》卷十六《秦楚之际月表》、《史记》卷七《项羽本纪》。

16　20　《汉书》卷一上《高帝纪》。

17　《史记正义》：“首音狩，向也。”

18　《史记》卷九十二《淮阴侯列传》。

19　《太平寰宇记》卷六十九《河北道十八·幽州》："韩信徇河北，荼降汉。"

21　《史记》卷八《高祖本纪》。

22　《日下旧闻考》卷二《世纪》："臧荼反，立卢绾为燕王，《史记·高帝本纪》俱作五年十月，《卢绾传》则云七月从击臧荼，八月立为燕王。《纪》、《传》自相抵牾。至《汉书》卢绾之立，《本纪》作五年九月，《异姓诸侯王表》作后九月；而臧荼之反，《表》作四年九月，《纪》作五年七月，亦自互异。再考《史记·月表》云，八月帝自将诛燕，九月虏荼。则臧荼之反应在五年七月，与《汉书·本纪》合。又云，后九月，燕王卢绾始立，与《汉书·表》亦相合，则卢绾之立，应以《月表》为正。"

23　《史记集解》引徐广曰"在燕赵之界"，并案："《汉书音义》曰'地名'"。《史记索隐》引孟康曰："地名，在燕赵之界，其地阙。"

24　《史记正义》：易州易县。

25　《史记索隐》："荼，如字读。易，水名，因以为县，在涿郡。谓破荼军于易水之下，言近水也。"《正义》引《括地志》云："易县故城在幽州归义县东南十五里，燕桓侯所徙都临易是也。"

26　《史记索隐》："小颜以当高祖所行之道。或以驰道为秦之驰道，故《贾山传》云'秦为驰道，东穷燕、齐'也。"

27　《史记正义》引《括地志》云："绛邑城，汉绛县，在绛州曲沃县南二里。或以为秦之旧驰道也。"

28　见王钦若等：《册府元龟》卷三四一《将帅部》，又见《史记》卷六《汉兴以来诸侯王年表》、邓名世：《古今姓氏书辩证》卷一〇。

29　《史记索隐》："谓居家之人，无官职也。"

30　上海古籍出版社 2006 年，第 443 页。

31　王子今：《〈安世房中歌〉"海内有姦，纷乱东北……盖定燕国"解》，见《秦汉研究》第 3 辑，三秦出版社 2009 年。

32　何焯：《义门读书记》卷一五《前汉书·燕王臧荼反》。

33　《汉书》卷四十八《贾谊传》。

34　《史记》卷十六《秦楚之际月表》："（汉五年）后九月，燕王卢绾始，汉太尉。"

35　36　37　53　54　《史记》卷九十三《韩王信卢绾列传》。

38　《史记集解》引徐广曰："在上谷。"《史记索隐》："施，名也。屠，灭之也。"引《地理志》："浑都县属上谷。一云，御史大夫姓施屠，名浑都。"《史记正义》引《括地志》云："幽州昌平县，本汉浑都县。"

39　《史记正义》引《括地志》云"妫州怀戎县东北有马兰溪水"，恐是也。

40　《史记集解》引徐广曰："在上谷。"《史记索隐》按："《地理志》沮阳县属上谷。"《正义》引《括地志》云："上谷郡故城在妫州怀戎县东北百二十里。燕上谷，秦因不改，汉为沮阳县。"

41　《史记正义》："即马邑长城，亦名燕长城。在妫州北，今是。"

42　凌稚隆：《史记评林》引，天津古籍出版社 2002 年。

43　黄震：《黄氏日抄》卷四十六《读史》，台湾商务印书馆 1986 年，第 279 页。

44　茅坤：《史记钞》，四库全书存目丛书史部第 138 册，齐鲁书社 1996 年。

45　《汉书》卷三十四《韩彭英卢吴传》。

46　《汉书》卷三十六《楚元王传》。

47　颜师古注曰："冀得上疾愈自入谢以为己身之幸也。"

48　《汉书》卷一下《高帝纪下》。

49　（英）崔瑞德，（英）鲁惟一编；杨品泉等译：《剑桥中国秦汉史》（中国社会科学出版社 1992 年，第 364 页）一书这样写道："匈奴对汉帝国的威胁是双重的：他们经常侵入中国边境，并且在边境地区的中国人中间，特别是对哪些强有力的地方领袖，散步不和的政治影响。这种政治威胁在叛变问题上表现得最为清楚。在汉朝初期，投向匈奴的中国变节者包括刘信（韩王）、卢绾（燕王）、陈豨（代郡太守）等重要人物。"

50　对此已有一些学者指出，如林幹提出："鞠武劝燕太子丹把秦将樊於期送往匈奴，并提出联合匈奴来谋秦国，如果当时双方不是早有经常的交通，鞠武何能出此计策？"（林幹：《匈奴史》，内蒙古人民出版社 2007 年，第 42 页。）另外，王子今从燕国文化风俗来考察交通条件，他指出："在考察燕人的神仙意识特别是燕昭王见西王母这样的传说主题时，还应当注意燕人交往西北方向民族的文化脚步，注意草原大漠这一同样便于文化交往的'大片无水的海洋'"、"从而认识燕地可以北经草原通路方便地联系西北方向古代部族和部族联盟的交通条件。"（王子今：《汉代燕地的文化坐标》，见《汉代文明国际学术研讨会论文集》，北京燕山出版社 2009 年，第 100 页。）这对我们认识燕匈关系中的"媾合"，很有启示意义。正是有这么便捷的交通，燕国才能更有机会与匈奴联合。

51　崔明德、庄金秋：《对西汉官员投降匈奴问题的初步考察》，《烟台大学学报》2008 年 2 期。

52　《史记》卷六十九《苏秦列传》。

55　汉代世人常言："不北走胡即南走越耳。"（《史记》卷一○○《季布栾布列传》）其实，两汉时期，投降匈奴的诸侯王级别的并不多，而将领官员则为数不少，对此已有学者给予总结与梳理，如崔明德、庄金秋：《对西汉官员投降匈奴问题的初步考察》（《烟台大学学报》2008 年 2 期）、吴明月：《谈西汉时期汉人入居匈奴及其影响》（《内蒙古师大学报》1995 年 4 期）、张元城：《西汉时期汉人流落匈奴及其影响》（《中国边疆史地研究》2000 年 2 期）、王庆宪：《中原人口逃入匈奴及其受到信任使用》（《黑龙江民族丛刊》2006 年 4 期）、王庆宪：《匈奴地区的中原人口及汉匈关系》（《中央民族大学学报》2006 年 6 期）等。

56　《史记》卷五一《楚元王世家》。

57　《史记》卷八十六《刺客荆轲列传》《史记索隐》注曰："《战国策》'購'作'讲'，和也。今读'購'，与'为燕媾'同。媾，合也。《汉》、《史》'媾'、'讲'两字常杂，今言欲北与匈奴连和也。《陈轸传》亦曰'西購于秦'也。"

58　《汉书》卷四十八《贾谊传》。

59　65　67　《汉书》卷六十三《武五子传》。

60　《史记》卷六〇《三王世家》。

61　《史记》卷六〇《三王世家》褚少孙补。

62　如淳曰："诸侯不得治民与职事，是以为诈言受诏，得知职事，发兵为备也。"

63　颜师古注曰："失职，谓当为汉嗣而不被用也。"

64　晋灼曰："以翠羽饰冠也。"颜师古曰："貂羽，以貂尾为冠之羽也。附蝉，为金蝉以附冠前也。凡此旄头先驱，皆天子之制。而貂羽附蝉，又天子侍中之饰，王僭为之。"

66　《汉书》卷七《昭帝纪》载曰："初，桀、安父子与大将军光争权，欲害之，诈使人为燕王旦上书言光罪。时上年十四，觉其诈。"

68　以上参见《后汉书》卷一上《光武帝纪》、《后汉书》卷十二《王昌传》。

69　76　《后汉书》卷十六《寇恂传》。

70　71　73　75　78　81　《后汉书》卷十九《耿弇传》。

72　《后汉书》卷二十《王霸传》。

74　82　89　《后汉书》卷一上《光武帝纪》。

77　《后汉书》卷十八《吴汉传》李贤注引。

79　刘勇：《东汉幽州突骑述略》，《首都师范大学学报》1998 年第 5 期。

80　《蔡中郎集》卷七《幽冀二州刺史久缺疏》，四部备要本。

83　李贤注曰："北平，县，属中山国，今易州永乐县也。臣贤案：《东观记》、《续汉书》并无'右'字，此加'右'，误也。营州西南别有右北平郡故城，非此地。"

84　李贤注曰："郦道元《水经注》云：'徐水经北平县故城北，光武追铜马、五幡破之于顺水，即徐水之别名也。'在今易州。"

85　李贤注曰："县名。《东观记》曰：'上已乘王丰小马先到矣，营门不觉。'在范水之阳，属涿郡，故城在今易州易县东南。"

86　李贤注曰："县名，属渤海郡，今幽州县也，故城在县东。"

87　李贤注曰："潞，县名，属渔阳郡，今幽州县也。有潞水，因以为名。"

88　李贤注曰："平谷，县，属渔阳郡，故城在今潞县北。"

90　《续汉书》曰："从击铜马、重连、高胡，皆破之。"

91　《后汉书》卷十八《吴汉传》。

92　李贤注曰："容城，县名，属涿郡，故城在今易州遒县也。广阳国有广阳县，故曰小广阳，及安次，县名，并在今幽州也。"

93　李贤注曰："无终、土垠并县名，属右北平郡。无终故城在今渔阳县。土垠故城在今平州西南。"

94　李贤注曰："俊靡，县名，属右北平，故城在今渔阳县北。靡音麻。"

95　李贤注曰："即广平亭也，在今幽州范阳县西南，以有广阳国，故谓此亭为小广阳也。"

96　98　99　100　103　109　110　《后汉书》卷十二《彭宠传》。

97　104　105　106　《后汉书》卷三十三《朱浮传》。

101　107　108　111　《后汉书》卷二十《祭遵传》。

102　《后汉书》卷三十三《朱浮传》。

112　《史记》卷一〇〇《匈奴列传》。

113　115　《汉书》卷九十四上《匈奴传》。

114　《汉书》卷五《景帝纪》。

116　《汉书》卷九十四上《匈奴传》对此记载更为详尽，曰："其冬，匈奴数千人盗边，渔阳尤甚。汉使将军韩安国屯渔阳备胡。其明年秋，匈奴二万骑入汉，杀辽西太守，略二千余人。又败渔阳太守军千余人，围将军安国。安国时千余骑亦且尽，会燕救之，至，匈奴乃去，又入雁门杀略千余人。于是汉使将军卫青将三万骑出雁门，李息出代郡，击胡，得首虏数千。……于是汉遂取河南地，筑朔方，复缮故秦时蒙恬所为塞，因河为固。汉亦弃上谷之斗辟县造阳地以予胡。是岁，元朔二年也。"《史记》卷一百八《韩长孺列传》又载曰："卫尉安国为材官将军，屯于渔阳。安国捕生虏，言匈奴远去。即上书方田作时，请且罢军屯。罢军屯月余，匈奴大入上谷、渔阳。安国壁乃有七百余人，出与战，不胜，复入壁。匈奴虏略千余人及畜产而去。天子闻之，怒，使使责让安国。徙安国益东，屯右北平。是时，匈奴虏言当入东方。……（安国）意忽忽不乐，数月，病呕血死。"

117　李广为高级军事将领，以力战为名。早在景帝之初，就任上谷太守。武帝立，召拜李广为右北平太守。匈奴号其曰"汉之飞将军"，数年不敢入右北平。（《史记》卷一〇九《李将军列传》）

118　以上参见《史记》卷一一一《卫将军骠骑列传》、《史记·匈奴列传》、《史记》卷二十《建元以来侯者年表》、《史记》卷二十二《汉兴以来将相名臣年表》、《汉书》卷六《武帝纪》、《汉书》卷五十五《卫青霍去病传》。

119　《汉书》卷六十九《赵充国传》。

120　123　《汉书》卷九十九中《王莽传》。

121　122　《汉书》卷九十四下《匈奴传》。

124　127　128　129　《后汉书》卷八十九《南匈奴传》。

125　《后汉书》卷二十《王霸传》。王霸担任上谷太守二十余年，与匈奴乌桓大小数十百战。他颇识边事，多次上书言和亲之策。后南单于、乌桓降服，北边无事。

126　《后汉书》卷一下《光武帝纪》载曰："十五年二月，徙雁门、代郡、上谷三郡民，置常山关、居庸关以东。十二月，卢芳自匈奴入居高柳。"建武二十六年，缘于南单于奉蕃称臣，于是云中、五原、朔方、北地、定襄、雁门、上谷、代八郡民归于本土，并遣使者督促对当地城郭的修补。

130　《后汉书》卷七《桓帝纪》。

131　期间仍有战争发生，《后汉书》卷九十《鲜卑传》载曰："建武三十年，……时渔阳赤山乌桓歆志贲等数寇上谷。"

132　而《后汉书》卷五《安帝纪》则载曰："永初三年，……六月，乌桓寇

71

代郡、上谷、涿郡。"

133　以上均见《后汉书》卷九十《乌桓传》。此外，还可参见《后汉书》卷一下《光武帝纪》、卷五《安帝纪》、卷六《顺帝纪》、卷九《献帝纪》。

134　以上均见《后汉书》卷九十《鲜卑传》。

135　《后汉书》卷九十《鲜卑传》。

136　《史记》卷一百《匈奴列传》为元狩元年，而《史记·卫将军骠骑列传》则为元狩二年，《汉书·卫青霍去病传》为元狩三年夏。

136　《史记》卷一一五《朝鲜列传》，《三国志》卷三十《魏书·乌桓鲜卑东夷传》引《魏略》。

137　138　《后汉书》卷八十五《东夷列传》。

139　140　《后汉书》卷七十一《皇甫嵩传》。

141　143　144　148　149　《后汉纪》卷二十四《孝灵皇帝纪》。

142　《后汉书》卷八《灵帝纪》。

145　《后汉书》卷七十三《刘虞传》、《后汉书》卷八《灵帝纪》。

146　《后汉书》卷七十三《公孙瓒传》。关于石门，李贤注曰："时乌桓反叛，与贼张纯等攻蓟中，故瓒追击之。石门，山名也，在今营州西南。"

147　159　《后汉书》卷七十三《公孙瓒传》。

150　《后汉纪》卷二十七《孝献皇帝纪》："（献）帝思东归，使侍中刘和出关诣其父太傅刘虞，令将兵来迎，道经南阳，袁术利虞为援，质刘和不遣，许以兵至俱西。命刘和为书与虞，虞得书，遣数千骑诣术。公孙瓒知术有异志，不欲遣，乃止虞，虞不从。瓒惧术闻而怨之，亦遣其从弟越将千骑诣术以自结，阴教术执和夺其兵，由是虞、瓒有隙。"

151　《资治通鉴》卷六十，献帝初平四年："故常山相孙瑾、掾张逸、张瓒等相与就虞，骂瓒极口，然后同死。"《日下旧闻考》卷一百五十七《杂缀》引《汉末英雄记》。

152　《后汉书》卷七十三《刘虞传》。

153　《九州春秋》曰："还屯广宗界桥。"今贝州宗城县东有古界城，此城近枯漳水，则界桥盖当在此之侧也。

154　《资治通鉴》卷六十三，胡三省注曰："（鲜于）辅遂领渔阳太守。"

155　《后汉书》卷七十三《刘虞传》注：鲍丘，水名也，又名路水，在幽州渔阳县。

156　《水经注》卷十四《鲍丘水》："鲍丘水又西南流，公孙瓒既害刘虞，乌桓思刘氏之德，迎其子和，合众十万，破瓒于是水之上，斩首一万。"

157　李贤注曰："公孙瓒频失利，乃临易河筑京以自固，故号易京。其城三重，周回六里。今内城中有土京，在幽州归义县南。"

158　《后汉书》卷九《献帝纪》。

160　《资治通鉴》胡注云："度辽将军，屯于西河为左，幽土为右也。"

161　（光绪）《顺天府志：官师志一·传一》。

162　《三国志》卷十四《魏书·刘放传》。

163　165　《三国志》卷一《魏书·武帝纪》。

164　《资治通鉴》卷六十五《献帝纪》。

166　参见《三国志》卷三《魏书·明帝纪》、《三国志》卷八《魏书·公孙度传》、《三国志》卷二十八《魏书·毌丘俭传》、《晋书》卷一《宣帝纪》等。

167　《三国志》卷三十《魏书·鲜卑传》。

168　《晋书》卷三《武帝纪》。

169　《晋书》卷四十二《唐彬传》。

170　以上参见《晋书》卷五《孝怀帝纪》、《孝愍帝纪》，《晋书》卷三十九《王沈传附王浚传》，《晋书》卷一百四《石勒载记上》等。

171　《晋书》卷一百四《石勒载记上》。

172　《晋书》卷六十二《刘琨传》。

173　参见《晋书》卷六十三《段匹磾传》。

174　《晋书》卷一百〇六《石季龙载记上》。

175　《晋书》卷一百一十《慕容儁载记》。

176　177　《资治通鉴》卷九十八《晋纪二十·穆帝永和六年》。

178　179　《晋书》卷一百一十三《苻坚载记上》。

180　《资治通鉴》卷一百〇四《晋纪二十六·孝武帝太元三年，太元五年》。

181　《资治通鉴》卷一百〇六《晋纪二十八·孝武帝太元十年》。

第三章　隋唐五代

隋唐时期，中国历史再一次实现了全国性大一统。幽州军事重镇的建设，对于隋唐东北地区统治影响深远。同时，幽州军事重镇地位的形成也经历了一个较为复杂的演变过程。

第一节　隋代幽州军事战争与防御

一、隋初幽州军事形势

幽州作为隋代东北重要边镇，扼险据要，在地理位置上邻近东北诸少数民族与突厥，所谓"内跨中原，外控朔漠"，故而抵挡外敌入侵有地利之便。突厥因征服了西域以及东北的诸多民族成为漠北草原霸主，频频发动对隋的进攻，隋时幽州屡遭侵袭，东北边境受到严重威胁。

1. 突厥势力范围

突厥部落，最初臣服于柔然，到木杆可汗统治之时，建立了一个地域极为辽阔的游牧汗国。木杆可汗"西破蠕蠕、嚈哒，东走契丹，北并契骨，威服塞外诸国。其地东自辽海（今辽河上游）以西，西至西海（今里海）万余里，南自沙漠，北至北海（今贝加尔湖）五六千里，皆属焉"。[1]通过不断的对外武力征服与扩张，突厥汗国不仅控制了西域众多的国家与部落，而且征服了分布在隋王朝东北部的契丹、奚族等族。突厥汗国凭借军事手段征服广大的地域，然后通过纳贡、贸易甚至掠夺归附于它的民族来获取经济利益。尤其经济文化更为先进的中原之国，更是他们攫取利益的重要目标。

　　木杆可汗之后，其弟佗钵可汗立，因仗"其国富强，有凌轹中夏志"[2]。此时北周与北齐交争，突厥的向背对两国存亡有关键影响，都竭力与其通好，"谓虏意轻重，国逐安危，非徒并有大敌之忧，思减一边之防。竭生民之力，供其来往，倾府库之财，弃于沙漠，华夏之地，实为劳扰"[3]。佗钵可汗因而对部下扬言："但使我在南两个儿孝顺，何忧无物耶？"[4]显而易见，突厥凭借自身的军事优势而临驾于中原之国之上，而且利用中原之国的矛盾以获取更多利益。尽管北周通过尽力争取突厥为并吞了北齐创造了条件，但突厥并未对中原王朝的统一表现出完全的支持。相反为了掠取利益，突厥还往往联合支持其他势力，阻挠中原的统一。这一点在北周武帝至隋初北方统一基本完成之后，表现得十分明显。突厥面对隋王朝的统一趋势，加紧了军事上的进攻，而作为边境要镇的幽州，其抗御突厥的军事作用是不言而喻的。

　　突厥经常以幽州为突破口攻入河北内地，对隋东北边境造成严重危害。这一方面是因为当时突厥势力强大，对隋东北边境的奚族以及契丹、室韦等民族都可以发号施令，使这些民族胁从于突厥。另外幽州外围的营州被北齐遗民高保宁所占据，也向突厥寻求支持，发动对隋的进攻。东北的高丽也一向注重向东北地区扩张势力，因而也与奚、契丹、室韦以及突厥互通往来。由于突厥的影响几乎遍及了当时整个东北亚区域，往往联合或扶持这些民族势力进攻隋的东部边境。所以突厥除从离王帐最近的并州发动进攻之外，又以其势力包围的幽州作为一个便利的入侵突破口。

　　隋开皇元年，突厥佗钵可汗死，摄图继位（沙钵略可汗），但由于汗位承继的矛盾，导致了五可汗并立的局面，这使得沙钵略的统治尤为不稳固。沙钵略新立，力图通过对外的征战转移国内矛盾争斗。加以隋王朝的强硬态度，也大大影响了突厥以往从中原王朝所得的利益。因此在开皇元年（581年）十二月，沙钵略就借口杨坚篡周自立纠合高保宁发动了对隋的进攻："隋主既立，待突厥礼薄，突厥大怨。千金公主伤其宗祀覆没，日夜言于沙钵略，请为周室复雠。沙钵略谓其臣曰：'我，周之亲也。今隋公自立而不能制，复何面目见可贺敦乎！'乃与故齐营州刺史高宝（保）宁合兵为寇"[5]。这次联合入侵攻进了隋扼险据要的临渝关，次年五月，高保宁再次联兵突厥，攻入幽州属郡平州，"五月，己未，高宝宁引突厥寇隋平州，突厥悉发五可汗控弦之士四十万入长城"[6]。突厥骑兵席卷而南，对隋王朝的振动可谓不轻，幽州对突厥的防御也就迫在眉睫。

2. 隋文帝时期幽州对突厥的反击

隋禅代北周，对隋帝杨坚而言，中国内地历经三百多年的战乱与分裂，北方虽已基本统一，尚有江南的陈朝存在。通过篡夺建立的政权，还存在着诸多难题。但随着建立统一政权步伐的前进，隋文帝决意要摆脱突厥的威胁。开皇三年为大举攻伐突厥而颁布诏书清楚地昭示杨坚对突厥的立场："朕受天明命，子育万方，愍臣下之劳，除既往之弊。以为厚敛兆庶，多惠豺狼，未尝感恩，资而为贼，违天地之意，非帝王之道。节之以礼，不为虚费，省徭薄赋，国用有余。因入贼之物，加赐将士，息道路之民，务于耕织。清边制胜，成策在心。凶丑愚暗，未知深旨，将大定之日，比战国之时，乘昔世之骄，结今时之恨。近者尽其巢窟，俱犯北边，朕分置军旅，所在邀截，望其深入，一举灭之"。[7]

为了抗击突厥的进攻，隋文帝杨坚在建国之初便加紧修筑军事设施，在边境屯驻重兵，又对幽州的郡县作了省并调整，便于总管对辖区内的军事调度。

幽州在抗御突厥的压力下，在文帝驾崩之时，幽州兵力已经十分强大，所以"汉王谅之作乱也，炀帝将发幽州兵以讨之。时窦抗为幽州总管，帝恐其有二心"，于是遣李子雄代窦抗，"发幽州兵步骑三万，自井陉以讨谅。时谅遣大将军刘建略地燕、赵，正攻井陉，相遇于抱犊山下，力战，破之"。[9]经文帝时期对幽州军事防御的一番建设，幽州兵力成为精锐之师，不仅有对外防御的作用，也是平定内乱的可靠武力。

在文帝建国之初，以当时突厥的势力，隋王朝无法直接以军事抗衡。于是利用突厥内部矛盾成为隋王朝挫败突厥的上策，隋文帝采用长孙晟"离强合弱"、"远交近攻"之计，遣使联合西部突厥达头可汗，同时拉拢东部的处罗侯，"授晟车骑将军，出黄龙道，赍币赐奚、霫、契丹等，遣为向导，得至处罗侯所，深布心腹，诱令内附"。[10]在分化之计实行之后，隋王朝从北方的并州和东北的幽州配合出击，发动了立国以来对突厥最大规模的反击战争。

开皇三年四月，隋文帝下诏出击突厥，"于是命卫王爽等为行军元帅，分八道出塞击之。爽督总管李充等四将出朔州道，己卯，与沙钵略可汗遇于白道……大破之。沙钵略弃所服金甲，潜草中而遁。其军中无食，粉骨为粮，加以疾疫，死者甚众。幽州总管阴寿帅步骑十万出卢龙塞，击高宝宁。宝宁求救于突厥，突厥方御隋师，不能救。庚辰，宝宁弃城奔碛北，和龙诸县悉平。寿设重赏以购宝宁，又遣人离其腹心；宝宁奔契丹，为其麾下所杀"。[11]此次战役朔州道军大破突厥，是隋王朝利用突厥内部矛盾而施行离间战略所产生的效果。随后突厥内部开始了互相征战，导致了突厥的衰落，并最终向隋王朝臣服。[12]

在隋建国之初，隋朝所面临的最大的威胁是来自于突厥，还有营州高保宁势力以及东北的契丹、奚等少数民族也威胁幽州的安全，迫使隋王朝增强幽州的军事防御功能，以便能有效打击少数民族的入侵。在当时条件下，幽州是作为抗击少数民族防御的第一道防线而建设的。突厥因遭遇隋反击以及内部矛盾激化而衰落，这使得东北诸族转而内附于隋王朝，[13]所以幽州对突厥势力打击的作用还是影响深远的。尤其在幽州总管阴寿剿灭营州高保宁势力后，营州被纳入隋统治之下，[14]于是隋以营州总管府镇抚东北诸族，对东北诸族的侵入发挥了一定的缓冲作用，[15]缓解了幽州防御的压力。由此隋东北边境的军事防御线向外推进至营州，形成了营州、幽州纵深的防御体系。

二、隋炀帝时期的幽州军事

在开皇三年出击突厥之后，隋文帝并没有再对境外进行开拓，原因在于突厥败落之后，北边的边患已不是最为突出的问题，国内的统一巩固成为中心任务。但是在突厥衰落的同时，高丽对隋东北边境又有入侵之举，契丹解除了突厥的威逼之后也开始威胁东北边境。幽州本为高齐旧地，北周灭高齐不过短短四年便为隋所取代，所以对河北的巩固也是隋王朝一直注重的问题。幽州"东滨海，南控三齐，北届沙漠"，"执长策以扼九州之吭背"，[16]对防御外患，控制河北都有重要的军事意义。所以炀帝继位后，为进一步稳定统一的局面，注重对南北、东西之间的沟通。修筑大运河，以通南北，开通榆林到幽州的驰道，构建一条西北、东北互相配合的防线。

1. 高丽对东北边境的威胁

在开皇三年的大举反击后，突厥营州高保宁被剿灭，隋王朝掌控了营州，形成了防御东北边境更为有利的环境。但是高丽对隋王朝的统一与发展不无顾忌。高丽到北朝末期，国土东至新罗，西北渡辽水至营州，南至百济，北至靺鞨。限于半岛上可拓展的空间有限，转向中原开拓疆土，自立国以来一直积极寻求向东北地区的发展，因此也就与中原王朝之间不断发生冲突。

高丽势力在东北诸族中有很大影响，契丹族"复为突厥所逼，又以万家寄于高丽"。[17]靺鞨族与高丽邻接，关系也十分密切，"勿吉国在高句丽北，一曰靺鞨。邑落各自有长，不相总一。其人劲悍，于东夷最强，言语独异。常轻豆莫娄等国，诸国亦患之……其部类凡有七种：其一号粟末部，与高丽接，胜兵数千，多骁武，每寇高丽……其七白山部，在粟末东南。胜兵并不过三千"。[18]白山部与粟末部均与高丽接壤，粟末部兵力强大，与高丽屡相冲突，主要原因不外乎高丽的对外兼并影响了粟末部的利益。而白山部力量相对弱小，素附于高丽。[19]在高丽的影响下，隋时期靺鞨成为高丽对外征战的前驱，开皇十八年，（高句丽王）元率靺鞨之众万余骑寇辽西，营州总管韦冲击走之。[20]乃至唐太宗时期白山靺鞨仍从高丽与唐为敌，"白山本臣高丽。帝（太宗）伐高丽，其北部反，与高丽合。高惠真等率众援安市，每战，靺鞨常居前。帝破安市，执惠真，收靺鞨兵三千余，悉坑之"。[21]

高丽曾先后藩属于北朝诸政权，遣使朝贡，受北朝赐封，"隋文帝受禅，汤（阳）复遣使诣阙，进授大将军改封高丽王。自是，岁遣使朝贡不绝"。[22]但是这种外交上的往来并不能遏止高丽对辽西的觊觎之心。在隋王朝统一北方后，高丽与远在江南的陈王朝积极往来，而且在隋灭陈之后，高丽王对隋的态度也有了变化，"开皇初，频有使人朝。及平陈之后，汤大惧，治兵积谷，为守拒之策"。[23]为了军事上的准备，高丽屡屡从隋边境招诱人马。在开皇十七年，文帝在降高丽玺书大加谴责："王既人臣，须同朕德，而乃驱逼靺鞨，固禁契丹……太府工人，其数不少，王必须之，自可闻奏。昔年潜行财货，利动小人，私将弩手，逃窜下国。岂非修理兵器，意欲不臧，恐有外闻，故为盗窃？时命使者，抚慰王藩，本欲问彼人情，教彼政术。王乃坐之空馆，严加防守，使其闭目塞耳，永无闻见。有何阴恶，弗欲人知，禁制官司，畏其访察？又数遣马骑，杀害边人，屡驰奸谋，动作邪说，心在不宾……王专怀不信，恆自猜疑，常遣使人，密觇消息"。[24]高丽与隋的关系日趋紧张，对隋渐渐构成大患。高丽王虽然表面表示畏服，但不时对隋王朝的态度进行试探，开皇十八年高丽王元率靺鞨寇辽西，"高祖闻而大怒，命汉王谅为元帅，总水陆讨之，下诏黜其爵位。时馈运不继，六军乏食，师出临渝关，复遇疾疫，王师不振。及次辽水，元亦惶惧，遣使谢罪，上表称'辽东粪土臣元'云云。上于是罢兵，待之如初，元亦岁遣朝贡"。[25]纵观高丽与在隋建国以来的行动，可以看出高丽并不安于现状，尤其隋统一全国并恢复对营州的统治之后，对高丽的对外拓展形成障碍，高丽开始积极地采取种种措施，企图与隋对抗。

高丽对东北的进逼与拓展的趋势，日渐引起隋王朝统治者的警惕，文帝时期仍限于边疆防御未得到良好的巩固，经济实力也十分有限，对高丽不得不加以优容。开皇末年，北境的威胁得到了缓解，隋王朝进而把注意力转移到东北，"开皇之末，国家殷盛，朝野皆以高丽为意"。[26]

东北边境除了有高丽的威胁之外，还有新兴契丹的侵扰。东突厥的衰落为契丹兴盛提供了可乘之机。开皇前期，契丹摆脱对高丽的依附地位，"契丹别部出伏等背高丽，率众内附"。[27]开皇四年（585年），"沙钵略可汗既为达头可汗所困，又畏契丹，遣使告急于隋，请将部落渡漠南，寄居白川道"。[28]开皇六年（587年），契丹"又与突厥相侵"，开皇末，"其别部四千余家背突厥来降"。[29]不仅如此，契丹还对隋营州发起进攻，隋炀帝大业元年（605年），"契丹寇营州，诏通事谒者韦云起护突厥兵讨之，启民可汗发骑二万，受其处分……尽获其男女四万口，杀其男子，以女子及畜产之半赐突厥，余皆收之以归"。[30]

2. 幽州在军事防御上的重要性

营州为幽州外围，对防御东北诸族起到了很大的作用，但是从整体上而言，营州主要是镇抚作用，防御主要是依靠蕃族的力量，如击走契丹主力便是突厥军队。幽州在隋初担任主要的防御任务，是在地形上扼险据要，而营州华夷参杂，在地理上无险可据。幽州是防止东北诸族入侵内地的主要屏障，所以幽州的防御作用也是营州无法替代的。

炀帝对幽州的重视也与安定河北高齐旧地大有关系。北周并吞北齐不过四年之后，就被隋所取代。从北周时期起的分裂情绪并没有消失。[31]对山东的控制一直是北周以来就特别关注的问题，[32]尤其是幽州卢昌期响应高绍义的起义，突出表现了高齐旧地分裂因素造成的威胁。

而潜在的分裂因素在条件许可的情况下就会浮现。隋文帝以汉王杨谅为并州总管，领有大部分高齐旧地，"汉王谅有宠于高祖，为并州总管，自山以东，至于沧海，南距黄河，五十二州皆隶焉；特许以便宜从事，不拘律令"。仁寿四年（604年）杨广即位，杨谅即欲据高齐旧地自立，八月杨谅起兵，"从谅反者凡十九州。王頍说谅曰：'王所部将吏，家属尽在关西，若用此等，则宜长驱深入，直据京都，所谓疾雷不及掩耳；若但欲割据旧齐之地（胡注：南距大河，北尽燕、代，皆高齐之地也），宜任东人。'谅不能决，乃兼用二策，唱言杨素反，将诛之"。[33]杨谅反叛从者甚众，说明河北的分裂因素较浓，杨谅在决策上的犹豫不决也正是根源于旧齐之地根深蒂固的地域观念。由于有地域意识，叛军据旧齐之地是易如反掌的事情，但割据称王，就脱离了杨谅所依据的关陇贵族。于是杨谅兵分四路，一路直指燕、赵，欲乘河北所固有的分化观念谋得半壁江山，另外又怀有进据长安的幻想，遣兵直捣关中。

炀帝即位以后，所面临的国内外环境较文帝之时有所变化。在隋初因为突厥以及营州高保宁和东北诸族势力的猛烈进攻，幽州成为隋东北防御的军事重点。随着东突厥的衰落和归附，北边的军事防御压力有所缓解，但是随之而起的高丽和契丹等族又迫使隋王朝进一步营建东北的边防守御体系。幽州居于河北一端，具备对内对外制约的优良条件，所以成为东北防御体系中一道必不可少的防线。炀帝对国家整个防御体系的经营必然以幽州作为重点之一。

3. 隋炀帝对幽州防御的经营

大业三年（607 年）隋炀帝展开一系列行动来稳固国家统一的局面，加强对外防御体系的建设。首先炀帝在河北巡省，继而营建一系列以加强经济交流和军事联系为目的工程建设。在巡视河北之后，炀帝出巡塞外，为了促进幽州与并州的联系，"发河北十余郡丁男凿太行山，达于并州，以通驰道"，[34]修建了以涿郡为中心东西南北纵横的驰道：东西走向的驰道自榆林北境，东达于蓟，达三千里。即东自柳城，经北平郡、渔阳郡、涿郡，再西到马邑郡。南北走向的驰道自河内郡经魏郡、博陵郡，至涿郡。大业四年正月，"诏发河北诸郡男女百余万开永济渠，引沁水，南达于河，北通涿郡"。[35]永济河贯穿了河北平原，而河北平原在隋朝是重要农业区，因此永济河开通的初衷与其他运河河段一样，是为了沟通富庶地区而修建的工程。[36]在涿郡与洛阳之间的运河开通之后，炀帝于大业七年（611 年）二月为了出征高丽，从江都巡行涿郡以进一步安定山东，"二月乙亥，上自江都御龙舟入通济渠，遂幸于涿郡。壬午，诏曰：'……高丽高元，亏失籓礼，将欲问罪辽左，恢宣胜略。虽怀伐国，仍事省方。今往涿郡，巡抚民俗。其河北诸郡及山西、山东年九十以上者，版授太守；八十者，授县令……夏四月庚午，至涿郡之临朔宫"。[37]

涿郡居于边陲，通过炀帝的这两项巨大工程，从水陆两道连通洛阳、并州、关中以至江淮，在地理上具备了沟通地域之间联系，促进经济流通以及军事控制的条件。显然涿郡与内地沟通对国家统一和控制地方有重要的意义。"李密逼东都，中原骚动，诏世雄率幽、蓟精兵将击之"。[38]幽州南下赵定，西出井陉攻并州，地理位置险要，诚如北宋富弼所言："河北一路，为天下根本。燕蓟之地，有松亭关、古北口、居庸关，此中原险要，所恃以隔绝匈奴者也。吕氏中曰：燕、蓟不收，则河北不固；河北不固，则河南不可高枕而卧".[39]由于幽州在河北的重要地理位置，炀帝十分注重对涿郡的军事经营，视其为对内外军事防御的重点。

幽燕之地的军事力量不仅可以制约河北，还可以保障东北边境的安全。炀帝即位之初以国内统一和构建全国对外防御体系为要务，两大目标同时并举而又相辅相成。即位以后不仅要防御西北、北边的土谷浑和突厥，还有兼顾辽东半岛高丽对东北边境的进逼。所以炀帝时期所构筑的对外防御体系包括从西到东整体防御的建设。

因为北边民族势力的影响，涿郡的军事防御与西北、北边的防御沟通显得十分必要。大业三年开通的驰道形成了涿郡到并州乃至到洛阳的交通网络。以涿郡的军事作用和地位而言，配合北边防御也是隋时期边疆防御体系的重要策略。"大业四年，燕、代沿边诸郡旱。时发卒百余万筑长城。帝亲巡塞表"[40]。

炀帝时期涿郡在东北主要是防范高丽的入侵，另外契丹、靺鞨等族也对其造成了威胁。炀帝大业三年五月驾临塞北，正值高丽使者出使突厥，"先是，高丽私通使启民所，启民推诚奉国，不敢隐境外之交。是日，将高丽使人见"，高丽此举研究者均认为勾结突厥而抗隋的表现，所以炀帝为警惕高丽的野心，"敕令牛弘宣旨谓之曰：'朕以启民诚心奉国，故亲至其所。明年当往涿郡。尔还日，语高丽王知，宜早来朝，勿自疑惧。存育之礼，当同于启民。如或不朝，必将启民巡行彼土。'"[41]结果"高元不用命，始建征辽之策"。[42]实际上，高丽沟通周边民族，分庭抗礼的趋势在所难免，所以炀帝不得不将征辽事宜提上日程，同时对高丽发动征讨也是继承开皇末年的对外策略。

自炀帝大业四年起，幽州成为征伐高丽的基地，"炀帝将有事于辽东，以涿郡为冲要"，[43]在涿郡构建了一系列军事工程。除沟通西北的驰道和防御北边的长城之外，沟通涿郡的运河工程也十分浩大，"将兴辽东之役，自洛口开渠，达于涿郡，以通运漕。（阎）毗督其役。明年，兼领右翊卫长史，营建临朔宫"。[44]涿郡段运河的开凿目的是多方面的，不仅是为了将河北、山东的粮食转输到洛口仓和黎阳仓，[45]同时也为涿郡对外军事防御的经营作准备，解决了南北经济的沟通才能解决辽东之役的军需供应。[46]

从大业三年开始，在幽州开展各项军事工程修筑的同时，也在兵马方面进一步加强了部署，"六年，将征高丽，有司奏兵马已多损耗。诏又课天下富人，量其赀产，出钱市武马，填元数。限令取足。复点兵具器仗，皆令精新，滥恶则使人便斩。于是马匹至十万。七年冬，大会涿郡。分江淮南兵，配骁卫大将军来护儿，别以舟师济沧海，舳舻数百里。并载军粮，期与大兵会平壤"。[47]

炀帝伐辽东失败而招致天下大乱，但是经过文帝以来对涿郡的军事经营，幽州不仅拥有重兵、军备充足，而且在炀帝构筑的大量军事设施的辅助下，涿郡对外对内的军事功能的发挥都颇见成效，为隋末御边以及征讨叛乱作出了一定贡献。大业九年征高丽不果，又逢杨玄感作乱"于时突厥颇为寇盗，缘边诸郡多苦之，诏（薛）世雄发十二郡士马，巡塞而还……仍领涿郡留守"。[48]从实际上的效果来看，因为涿郡的军事上的巩固，在炀帝大业年间，突厥罕有进寇涿郡之举，多将注意力对准西北和北边的朔州、并州一带，尤其在隋末也是以扶植西北和北边的割据势力为主。直到唐初西北和北边的割据政权被李唐渐渐平定，突厥才转向支持河北的窦建德、高开道和刘黑闼。在镇压内部的义军叛乱中，涿郡是朝廷十分依赖的军事力量，李密攻东都之际，炀帝遣涿郡留守薛世雄率幽、蓟精兵进击。[49]在隋末动乱之际，河北、山东义军风起云涌，涿郡凭其军事上的优势得以保全，"明年，帝复击高丽，以本官为涿郡留守。于时盗贼蜂起，（阴）世师逐捕之，往往克捷"。[50]涿郡在动荡之际得以存守，关键在于它的军事建设的稳固，最终因其驻将罗艺的归顺才使李唐王朝能顺利平定河北。

继南北朝分裂之后统一的隋王朝，面临强邻突厥以及高丽和东北民族的侵扰，故以增进各地域之间的连通、建设国家稳固的边防体系、保障国家安全为炀帝时期的首要任务。涿郡以驰道沟通北边、西北的军事重镇，以运河连通河北富庶之地，从而在地理上具备优厚的条件控御内外，成为北方的军事重镇。

第二节　唐前期的幽州军事

一、太宗时期幽州外围军事防御的开拓

隋末唐初，突厥势力乘乱侵扰隋唐边境，甚至支持各种割据势力加入混战。突厥进攻最为频繁的是从北部边境的并州一带，直指关中；其次是以东北边境的幽州作为突破口；乘中原混乱之际，幽州东北诸族也频频入侵。

武德三年（620 年）十一月，梁师都说服突厥处罗可汗联兵从并州以及幽州大举入侵，"及刘武周之败，师都大将张举、刘旻来降，师都大惧，遣其尚书陆季览说处罗可汗曰：'比者中原丧乱，分为数国，

势均力弱，所以北附突厥。今武周既灭，唐国益大，师都甘从亡破，亦恐次及可汗。愿可汗行魏孝文之事，遣兵南侵，师都请为乡导。'处罗从之。谋令莫贺咄设入自原州，泥步设与师都入自延州，处罗入自并州，突利可汗与奚、霫、契丹、靺鞨入自幽州，合于窦建德，经滏口道来会于晋、绛。兵临发，遇处罗死，乃止"。[51]唐大为恐慌，使太常卿郑元璹使突厥，不久处罗可汗病卒。唐高祖礼如始毕可汗之丧，幽州之围方告解除。

突厥另外支持在渔阳、北平一带的高开道侵扰幽州。[52]高开道局限于东北边郡，前进受到幽州总管的阻挠，因此夺取幽州为其拓展势力的必经之地。"幽州大饥，高开道许以粟赈之。李艺遣老弱诣开道就食，开道皆厚遇之。艺喜，于是发民三千人，车数百乘，驴马千余匹，往受粟。开道悉留之，告绝于艺。复称燕王，北连突厥，南与刘黑闼相结，引兵攻易州，不克，大掠而去。又遣其将谢稜诈降于艺，请兵授接，艺出兵应之。将至怀戎，稜袭击破之。开道与突厥连兵数入为寇，恒、定、幽、易咸被其患"。[53]乘突厥大肆进攻之际，东北诸族也纷纷入侵幽州之境。武德五年（622年）十月，"契丹寇北平"。[54]突厥的进攻日益猛烈之时，连幽州外围营州也为少数民族所侵夺，"（武德四年六月）庚子，营州人石世则执其总管晋文衍，叛附于靺鞨"。[55]

武德年间，唐王朝将主要精力放在对内割据势力的讨平和巩固政权稳定方面，对突厥主要以防御为主。这一时期，基于隋以来的军事防御基础，幽州的对外防御处于比较孤立的状态，主要由幽州总管府独立抵挡少数民族的入侵压力。

要抵御幽州的少数民族入侵，最主要的是打击突厥势力，提高唐王朝的威势。经过太宗筹划准备，乘突厥内忧外患之际，[56]太宗以东路幽州、营州与西北军队夹击突厥。贞观三年十一月庚申，以"并州都督李世勣为通漠道行军总管，华州刺史柴绍为金河道行军总管，任城郡王道宗为大同道行军总管，幽州都督卫孝节为恒安道行军总管，营州都督薛万淑为畅武道行军总管，以伐突厥"。[57]至贞观四年四月，突厥颉利可汗被俘，东突厥灭亡。

为保障幽州防御，太宗招纳依附突厥属部，增强幽州外围的保护。"贞观二年，摩会来降。突厥颉利可汗不欲外夷与唐合，乃请以梁师都易契丹。"太宗曰："契丹、突厥不同类，今已降我，尚可索邪？师都，唐编户，盗我州部，突厥辄为助，我将禽之，谊不可易降者。明年，摩会复入朝，赐鼓纛，由是有常贡"。[58]因为突厥的薛延陀、回纥等属部的叛乱，突厥势力受到很大影响。贞观三年又有大批东北民族叛离突厥来降，"初，突厥突利可汗建牙直幽州之北，主东偏，奚、霫等数十部多叛突厥来降"。[59]随即靺鞨也遣使入贡，太宗说："靺鞨远来，盖突厥已服之故也。"[60]突利可汗因为与颉利可汗不和，在唐军大举攻伐之际，率所部来奔，这使突厥在幽州一带的势力几乎完全倒向唐王朝。幽州本为突厥东路进攻的入口，其属部降服唐王朝，使幽州外围防御进一步增强。

在突厥败亡之后，太宗对东北的防御大力向外推进，注重在幽州外围营州设置羁縻州府，以大量降服的蕃族作为藩屏势力，"是岁（贞观三年），中国人归自塞外及开四夷为州县者百二十余万人"。[61]这些降户包括从西到东薛延陀、回纥、突厥以及契丹等东北民族。鉴于以往少数民族屡为寇患之事实，往往盛则来寇，衰则远遁，中原王朝始终无法从根本上消除外患。故以太宗最后采纳温彦博的建议，幽州之外设置了大量羁縻州府。[62]作为王朝抵御外敌的第一道藩屏，东北诸族内附部落大多安置在幽州邻境的营州，"突厥既亡，营州都督薛万淑遣契丹酋长贪没折说谕东北诸夷，奚、霫、室韦等十余部皆内附"。[63]贞观末年，契丹、奚族遭高丽侵扰，酋长率部族内附，"十一月，庚子，契丹帅窟哥、奚帅可度者并帅所部内属。以契丹部为松漠府，以窟哥为都督；又以其别帅达稽等部为峭落等九州，各以其辱纥主为刺史。以奚部为饶乐府，以可度者为都督；又以其别帅阿会等部为弱水等五州，亦各以其辱纥主为刺史。辛丑，置东夷校尉官于营州"。[64]营州都督府与东北诸族羁縻州府一起构成了幽州的外围防线。

但是仅以营州作为幽州防御的外围，还不足以保证东北边境的安全。在太宗时期，从西北到东北，设置羁縻州府、都护府的目的旨在加强对边疆秩序的整理，消除与少数民族的战争。而在东北诸族归顺之后，太宗对整个东北的防线进行稳固，但对辽东半岛的高丽等国要建立一种安定的藩属关系，以图国家疆域与少数民族防御形成一个层次分明的体系。这样中原州郡不仅能够远离少数民族的侵扰，夷夏也能各得其所，于是太宗时期也有承续隋对高丽征讨的意图。

太宗贞观之际将主要注意力仍着重在西北、北边，而东北防御体系的建立延迟至贞观末年才开始实施。贞观十七年，高丽盖苏文弑君自立，朝中以此为由出兵讨伐，"上曰：'盖苏文弑其君而专国政，诚不可忍。以今日兵力，取之不难，但不欲劳百姓，吾欲且使契丹、靺鞨扰之，何如？'长孙无忌曰：'盖苏文自知罪大，畏大国之讨，必严设守备，陛下少为之隐忍，彼得以自安，必更骄惰，愈肆其恶，然后讨之，未晚也。'上曰：'善！'戊辰，诏以高丽王藏为上柱国、辽东郡王、高丽王，遣使持节册命"。[65]虽然朝中屡有征讨高丽的议论，但是讨伐高丽的进程仍然没有大规模的实施。贞观十八年，太宗将征高丽，此前于七月"下诏遣营州都督张俭等帅幽、营二都督兵及契丹、奚、靺鞨先击辽东以观其势"。[66]经半年准备之后，"（十二月）甲寅，诏诸军及新罗、百济、奚、契丹分道击高丽"。[67]因为北边不宁，朝中对太宗亲征持有异议，[68]而且贞观十九年太宗征辽时因薛延陀乘机攻突厥，使太宗对高丽的攻取有了后顾之忧。[69]在西北威胁未得到解除的情况下，贞观二十一年，太宗不得不放弃了以平高丽为目标的东北防线的经营，"上将复伐高丽，朝议以为：'高丽依山为城，攻之不可猝拔。……今若数遣偏师，更迭扰其疆场，使彼疲于奔命，释耒入堡，数年之间，千里萧条，则人心自离，鸭绿之北，可不战而取矣。'上从之"。[70]由于薛延陀以及吐蕃的兴起，给西北的边防带来了很大的压力，唐太宗对高丽仅以幽营两都督府以及归附蕃族部落之兵力作了保护性的反击。

太宗贞观四年以后，唐东北边境的军事防御形势发生新的变化，幽州的防御功能退居次要地位。因为营州在外围对契丹、奚等蕃族起到了监管、镇抚的作用。突厥灭亡后，东北诸族势力刚刚脱离突厥的控制，势力较为分散，一时之间还没有力量对幽州构成威胁。在太宗新的边疆防御思想的规划下，也就导致了幽州军事防御地位的相应改变。幽州的军事防御色彩便被淡化，退居为与边镇营州相接的内地州郡。

二、高宗武后时期幽州防御形势的转变

至高宗时期，高丽开始了对外攻势，唐王朝不得不以高丽作为征讨对象，维护东北的安定，进一步完成了太宗以来对东北军事防御体系的构想。而武后时期，突厥默啜复兴，引起契丹、奚两大蕃族的叛乱，进而导致整个河北的恐慌。幽州首当其冲，唐王朝对幽州的军事防御亟须加强。

1. 幽州外围防御体系的确立

高宗永徽年间，高丽盖苏文东结靺鞨，南连百济，开始兼并新罗。永徽五年，"高丽遣其将安固将高丽、靺鞨兵击契丹；松漠都督李窟哥御之，大败高丽于新城"。[71]六年，"高丽与百济、靺鞨连兵，侵新罗北境，取三十三城；新罗王春秋遣使求援"。[72]高丽大有与唐王朝分庭抗礼，在东亚边缘形成一小霸主之势。唐帝国幅员广大，周边民族势力连环消长，互相牵制。所以为了国防长久之计，高宗不得不继承太宗

遗志，平定高丽百济，建设东北的防线，终于在总章元年（666 年）平定高丽，采用羁縻体制和移民等手段，加强对辽东的管控，[73]实现了幽州外层防御体系的构建。

高宗时终于完成太宗在东北的防御体系，羁縻州府的都督、刺史由各族酋领担任，而且贡赋版籍不上中央，使他们仍然拥有相当大的独立性。所以一旦羁縻州府的上层首领不服从中央，就有可能导致这种羁縻体制的颠覆失效。太宗在营州设都督府羁縻，作为捍御幽州的藩屏，征高丽时，这些蕃族曾参与过战争。[74]但值高宗开始征讨辽东时，发生了契丹和奚族的叛乱，"戊辰，以定襄都督阿史德枢宾、左武候将军延陀梯真、居延州都督李合珠并为冷岍道行军总管，各将所部兵以讨叛奚，仍命尚书右丞崔余庆充使总护三部兵，奚寻遣使降。更以枢宾等为沙砖道行军总管，以讨契丹，擒契丹松漠都督阿卜固送东都"。[75]这次叛乱很可能是与唐和高丽的战争有关，但也暴露了羁縻州府体制的不稳定性。在唐王朝国力强大或蕃族势力弱小之时，易于维持边境的稳定和为国家提供军事支持。不过，一旦唐王朝有了内政和外交上的事端之际，就容易导致羁縻州府的民族动荡。

2. 游牧民族兴起与幽州防御地位的变化

经历太宗、高宗两朝建立起来的东北防御体系，因其内部固有的脆弱性，在武后时期出现了严重危机。幽州接连遭到突厥以及东北蕃族的侵犯。垂拱三年（987 年）二月"丙辰，突厥寇昌平，黑齿常之击之"。[76]延载元年（694 年）腊月"室韦反，命右鹰扬卫大将军李多祚击破之"。[77]最为严重的是契丹的叛乱，不仅使唐丧失了对营州的羁縻统治，而且契丹的侵扰深入到赵定，使整个河北震恐。万岁通天元年（696 年）五月"窟哥曾孙松漠都督李尽忠与其妻兄归诚州刺史孙万荣杀都督赵文翙，举兵反，陷营州，自号可汗。命左鹰扬将军曹仁师、右金吾将军张玄遇、右武威大将军李多祚、司农少卿麻仁节等二十八将讨之。遇贼于西硖石、黄麞谷，官军败绩，玄遇、仁节没于贼。李尽忠死，孙万荣代领其众，攻陷冀州，刺史陆宝积死之。又陷瀛州属县。又遣夏官尚书、凤阁鸾台三品王孝杰与苏宏晖率兵十八万与孙万荣战于东硖石谷，唐兵大败，孝杰没于阵，宏晖弃甲而遁。又命河内王武懿宗为大总管，右肃正御史大夫娄师德为副，沙咤忠义为前军，率兵二十万以讨之。万荣为其家奴所杀，其党遂溃"。[78]

为平定契丹、奚族，唐王朝征集数十万大军进讨均以失败而告终。神功元年六月，在突厥默啜和奚兵叛离的情况下，契丹才被剿灭，[79]契丹残余以及奚、霫部落降于突厥。于是突厥以幽州为途径寇河北，妫、檀、赵、定、恒、易均受荼毒。默啜的势力也达到了鼎盛，"默啜还漠北，拥兵四十万，据地万里，西北诸夷皆附之，甚有轻中国之心"。[80]

在契丹叛乱事件后，唐王朝失去了对营州的控制，不得不将大量归附部落内迁幽州，[81]东北的战略防线收缩，内移于幽州，幽州转变成防御外线。实际上幽州并不具备转变为军事防御重镇所需要的条件，因为征讨契丹主要依靠朝廷征集行军，而非幽州本身的军事武装。防御契丹的最大问题在于武后时期行军讨伐契丹没有成效，而且行军是临时性的，单以幽州都督府的武备力量显然还不具备对抗突厥默啜和契丹、奚等族。[82]

幽州防御兵力薄弱的情形，由多方面的原因所造成。自唐初以来，唐王朝有意识地控制过于膨胀的地方势力，对地方的军事力量加以限制。幽州总管李艺在唐初以其地归国，助唐王朝平定山东功不可没。不过幽州邻接塞外，所属的河北区域人口稠密，农业发达。而且山东一带屡是用兵之地，隋末唐初的山东割据势力引起了唐王朝的高度戒备。所以幽州在隋朝时期具备的军事色彩便被唐中央有意识的淡化，从幽州行政制度的变迁就可以窥知这一点：《旧唐书·地理志》卷39载略："（唐高祖）武德元年，改为幽州总管府。管幽、易、平、檀、燕、北燕、营、辽等八州。六年，改总管为大总管，管三十九州。七年，改为大都督府，九年，改大都督为都督，管幽、易、景、瀛、东盐、沧、蒲、蠡、北义、燕、营、辽、平、檀、玄、北燕等十七州。（贞观）八年，都督幽、易、燕、北燕、平、檀六州。开元十三年，升为大都督府"。

总管、都督职位是从魏晋南北朝以来以军事为目的设置。武德元年罗艺以幽州降唐，直到武德六年河北义军完全被镇压，罗艺归朝。为稳定长期战乱后的局面，幽州升为大总管府，位于五大总管府之列。从武德九年开始，幽州大都督府改为都督府，都督的实际职任权力却在下降，逐渐名望化，多由长史代职其任。为了增强地方对中央的向心力，唐中央往往以宗室王出任地方官，[83]如此一来，亲王威望崇高，但无实权可以割据地方，而地方官员又无名望，并在一定程度上受到亲王的制约。幽州都督亦是如此，平时多以宗室亲王遥领，如贞观十年间，鲁王灵夔任幽州都督，[84]此外高宗太子李贤、玄宗子鄂王涓均曾为幽州都督。[85]只有在军事需要的情况下，才以大将出任幽州都督之位，如贞观三年以卫孝节为幽州都督伐突厥，十八年以张士贵为幽州都督伐辽东。

自高宗调露年间（679年），突厥复兴，北边的防御形势变得十分严峻。因为突厥再兴，又再度影响了幽州的军事防御。武后执政初，开始加强对幽州军事力量的布置，在幽州管内诸州置军，"经略军，置在范阳城内，延载元年置"。[86] 清夷军，"妫川郡城内，垂拱中刺史郑崇古奏置，管兵万人，马三百匹"。[87] 虽然唐王朝对幽州的军事开始有所建设，但是远远不能抵御抗击突厥的需要。

契丹叛乱以后，幽州军事设置进行了调整，开始在当地设置常备军。圣历二年（699 年），"河南、北置武骑团以备突厥"。[88] 又"檀州密云郡，有威武军，万岁通天元年置，管兵万人，马三百匹"。[89] 幽州等州郡兵力以及河北几州兵力专委以防御，进一步增强以幽州为中心的军事防御功能，"夏，四月，以幽州刺史张仁愿专知幽、平、妫、檀防御……以拒突厥"。[90] 都督也出现了长期驻守的现象，"幽州大都督薛讷镇幽州二十余年，吏民安之。未尝举兵出塞，虏亦不敢犯"。[91]

武后时期，唐王朝在东北的防御体系遭到破坏，幽州的军事防御地位再度上升。但是幽州的军事防御能力却不能有效阻止突厥和契丹、奚等少数民族的入侵。幽州军事防御的改变，最关键的是提供一支能驻守幽州的军队，在幽州作长期的防守。尽管高宗武后之际开始为防御北边而在幽州增置军队，但是西北吐蕃、北边突厥的强盛使唐王朝的边境防御一时应接不暇，对幽州军事防御力量薄弱的情状也没有立竿见影的方式来解决。增强幽州对外族的防御涉及到唐王朝固有军事制度多方面的变革，这一过程已经从武后执政时期开始进行，经睿宗、玄宗朝的进一步革新，确立了与唐初格局迥异的边防守御模式。

三、幽州节度使制与幽州军事防御

（一）玄宗开元年间幽州防御格局的转变

1. 玄宗开元初期幽州对外防御的劣势

自武后以来，朝廷采取了一定的措施来增强幽州军事防御，但到玄宗即位之际，幽州的军事力量仍比较薄弱。睿宗景云元年（710 年）十二月，"奚、霫犯塞，掠渔阳、雍奴，出卢龙塞而去。幽州都督薛讷追击之，弗克"。[92] 又在睿宗先天元年六月，"幽州大都督孙佺与奚酋李大酺战于冷陉，全军覆没"。[93] 十一月"乙酉，奚、契丹二万骑寇渔阳，幽州都督宋璟闭城不出，虏大掠而去"。[94] 幽州对东北蕃族的反击屡遭不利，主要因为幽州的军队数量有限，和突厥以及两蕃军队相比，力量不占优势。况且突厥和两蕃以骑兵为主，更加对唐军不利。另外突厥、契丹有地理上的优势，唐军远道出击，兵甲辎重周转不便，处于被动从当时的周边环境来说，西北的吐蕃和北边的突厥牵制了唐王朝更多的注意力，"朝廷方多故，不暇讨"，[95]一时无暇对东北的蕃族采取大的军事行动。

2. 兵制变化与幽州军事防御

开元二年西北和北边的形势稍有所好转，[96]玄宗因此想要复置营州，重建东北防御的外围。五月，"诏（薛讷）与左监门将军杜宾客、定州刺史崔宣道等率众二万，[97]出檀州道以讨契丹等。杜宾客以为时属炎暑，将士负戈甲，赍资粮，深入寇境，恐难为制胜。中书令姚元崇亦以为然。讷独曰：'夏月草茂，羔犊生息之际，不费粮储，亦可渐进。一举振国威灵，不可失也。'时议咸以为不便。玄宗方欲威服四夷，特令讷同紫微黄门三品，总兵击奚、契丹，议者乃息。六月，师至滦河，遇贼，时既蒸暑，诸将失计会，尽为契丹等所覆"。[98]玄宗要夺取营州的意图并没有实现，于是加强对幽州东面平州的防守，因平州卢龙险关是契丹突入幽州的重要通道，开元二年"置幽州节度诸州军管内经略、镇守大使，领幽、易、平、檀、妫、燕六州，治幽州。置营平镇守，治平州"。[99]

在少数民族势力强大的压力下，唐玄宗时期一改前朝以行军出击的方式，幽州防御采取守势，需要长期驻扎的职业军队来增强战斗力。玄宗先天元年八月，在河北诸州置渤海、恒阳、怀柔等军，屯兵五万。[100]而在景云元年（710 年）以幽州镇守、经略节度大使薛讷为左武卫大将军兼幽州都督，薛讷的结衔有镇守使，且镇守幽州二十年，这也反映了幽州的防御开始向驻军方式转化。[101]开元八年八月诏曰："敕幽州刺史邵宠于幽、易州选二万灼然骁勇者充幽州经略军健儿，不得杂使，租庸调资课并放免。"从兵源上来说，招募的兵丁多为幽州管内丁壮，他们熟悉地理环境，对保卫本地乡土的热情也较高，更易于相互适应配合作战。

唐前期对外征战是以府兵为主力的行军发挥作用的，但是由于府兵制本身性质，府兵战斗力逐渐衰退。在贞观后期为了维护边境的安全，太宗不得不另辟兵源，大量使用蕃将蕃兵。在击败东突厥颉利可汗之后，唐太宗招纳了大量蕃族。在大规模使用蕃将蕃兵之后，府兵在武装部队中的数量虽多，但是因战斗力不强而地位大为降低。[102]太宗时期由大量内附蕃族所设置的羁縻州府，为唐王朝提供了具有战斗力的队伍。在孙万荣、李尽忠之叛后，营州的大量羁縻州府内迁幽州，而大量的羁縻州府以及蕃将蕃兵对朝廷来说也是一种潜在威胁。开元四年默啜死后，突厥和契丹、奚族均内附，"并州长史王晙上言：'此属徒以其国丧乱，故相帅来降；若彼安宁，必复叛去。今置之河曲，此属桀黠，实难制御，往往不受军州约束，兴兵剽掠；闻其逃者已多与虏问往来，通传委曲。乃是畜养此属使为间谍，日月滋久，奸诈愈深，窥伺边隙，将成大患。虏骑南牧，必为内应，来逼军州，表里受敌，虽有韩、彭，不能取胜矣。愿以秋、冬之交，大集兵众，谕以利害，给其资粮，徙之内地。二十年外，渐变旧俗，皆成劲兵；虽一时暂劳，然永久安靖。……以臣愚虑，徙之内地，上也；多屯士马，大为之备，华、夷相参，人劳费广，次也；正如今日，下也'"。[103]王晙所言，指出了羁縻州府体制的不稳定性所导致的降户反复无常、危害边境之祸。同样营州羁縻州府也有同样的问题存在，如武后时期契丹的叛降主要由突厥的影响之下而发生。随后将大多数羁縻州府内迁青、徐等州，神龙间还迁幽州，幽州聚集了大量蕃族。

为了增强幽州防御军的战斗力，同时控制内迁的羁縻州府部落兵，自高宗武后时期以来就开始采取蕃汉军队混杂驻守的方式来加强防范。幽州也实行镇抚制度，这种"宿重兵以镇之"的镇抚制度主要是为了消除羁縻州府控制过于松弛的弊端，在边境驻守军队，蕃汉混杂，吸纳蕃将蕃兵到驻军中，增强部队的战斗力。另外，镇抚制度也是节度使制得以确立的一个重要因素。

3. 幽州节镇与其他节镇的军事配合

玄宗时期，因为唐王朝的边疆防御区域的辽阔，亟需通过各节度防御区域之间相互配合，形成唐王朝整体防御体系，以增强国家的防御能力。幽州主要防御东北的契丹、奚等民族，而北边的突厥对契丹、奚等东北民族一直有深远的影响，所以幽州配合北边并州的军事防御也有积极意义。早在武后长安二年（702 年）就开始采取幽州、并州配合防守的方式，"明年，（突厥）寇盐、夏，掠羊马十万，攻石岭，遂围并州。以雍州长史薛季昶为持节山东防御大使，节度沧、瀛、幽、易、恒、定、妫、檀、平等九州之军，以瀛州都督张仁亶统诸州及清夷、障塞军之兵，与季昶掎角"。[104]开元三年四月的《命薛讷等讨吐蕃诏》曰："朔方军垒，接太原之备胡；右地城池，控张掖之遮虏……右羽林军大将军上柱国河东郡开国公薛讷、左卫大将军上柱国太原郡开国公郭虔瓘等……讷可持节充凉州镇军大总管，赤水建康河源及缘边州军并受节度，仍与郭虔瓘、张知运、杜宾客相知，共为表里，夙设方略。虔瓘可持节充朔州镇大总管，和戎大武及并州以北缘边州军并受节度，仍与张知运、甄道一相知，共为掎角，勿失权宜。讷便特于凉州住，凉州都督杨执一为副大总管；虔瓘于并州住，并州长史王晙为副大总管。宜排比兵马，精加教练，幽州有事，即令虔瓘将和戎兵马，从常山土门与甄道一计会，共讨凶逆"。[105]

另外以幽州配合朔方防御西北，也是唐王朝所推行的整体防御策略的表现。前引"讨吐蕃诏"虽然名义上防御吐蕃，实际上要求屯军之间相互配合，为加强屯军间的配合而作的一次军事调整，即防御吐蕃的河西、朔方、河东与防御东北契丹的幽州相互配合。同样《令河西陇右等处防边诏》也反映了唐王朝边防防御体系的整体性配合策略："今年十月，东幸雒京，西北二边，倍宜严警。其河西、陇右、朔方、太原、幽州、平卢诸节度，咸宜裹粮坐甲，秣马厉兵，明教队伍，远为侦候"。[106]玄宗东幸洛阳，长安必然空虚，所以特诏加强西北的警戒，保卫关中安全，而幽州、平卢也同样要求警备，无疑是出于整体配合战略的需要。

开元之际所建立的诸节镇确立了唐王朝的边地防御体系，不仅明确各节镇的主要防御对象，而且强调了各节镇间的配合关系。天宝四载、五载安禄山筑华武城时，即奏请河东王忠嗣助役，天宝十一载安禄山讨击契丹之时，又奏请朔方节度副使阿布思配合。[107]幽州节度使镇守东北，虽然兵力雄厚，但是契丹、奚族一直是唐王朝未能彻底消除的边患，所以幽州往往通过与其他边镇的配合来增强战斗力。

4. 玄宗时期幽州对两蕃的防御

由于唐王朝的总体边防战略需要，在西北突厥、吐蕃势力的影响之下，玄宗朝对东北边疆的防御作了进一步的调整。一方面唐玄宗锐意经营西北，以图加强对西域的控制，威胁突厥，[108]从而改善幽州的防御紧迫状况。另一方面对幽州的边防采取以守御为主，进攻为辅，并运用招抚和亲等手段来维持幽州的防御和安定。

开元四年突厥默啜败亡，[109]随后失去突厥依靠的契丹与奚族降服，"辛未，契丹李失活、奚李大酺帅所部来降。制以失活为松漠郡王、行左金吾大将军兼松漠都督，因其八部落酋长，拜为刺史；又以将军薛泰督军镇抚之。大酺为饶乐郡王、行右金吾大将军兼饶乐都督。失活，尽忠之从父弟也"。[110]突厥的败亡带来了东北边境的暂时安定，开元五年玄宗乘势恢复营州，"初，营州都督府治柳城，扼制奚、契丹。武后时，赵文翙失两藩情，攻残其府，更治东渔阳城。玄宗时，奚、契丹款附，帝欲复治故城，宋璟固争不可，独（宋）庆礼执处其利，乃诏与太子詹事姜师度、左骁卫将军邵宏等为使，筑裁三旬毕。俄兼营州都督，开屯田八十余所，追拔渔阳、淄青没户还旧田宅，又集商胡立邸肆。不数年，仓廥充，居人藩辑"。[111]并且在"营州置平卢军使"，又于开元七年"升平卢军使为平卢军节度，经略河北支度、管内诸蕃及营田等使，兼领安东都护及营、辽、燕三州"。[112]唐王朝再度加强了对幽州外围的军事防御，使幽州防御的压力有所减轻，有效防止了两蕃势力攻入幽州内地。

开元前期玄宗对两蕃以招抚为主要手段，"（开元五年三月）丁巳，以辛景初女封为固安县主，妻于奚首领饶乐郡王大酺"。"十一月己亥，契丹首领松漠郡王李失活来朝，以宗女为永乐公主以妻之"。[113]实际上因为西北防御的压力，幽州的军事防御也尚在进一步的增建中，唐王朝无力控制契丹与奚族之内政，两族基本处于自治状态。其部落内部的政治变动，往往影响到了与唐王朝的关系以及东北边疆的安危。开元年间，两蕃一直处于反复叛降的状态中，虽然唐王朝力图在契丹中扶立忠于唐王朝的势力来控制局势，但是事与愿违。"初，契丹王李邵固遣可突干入贡，同平章事李元纮不礼焉。左丞相张说谓人曰：'奚、契丹必叛。可突干狡而很，专其国政久矣，人心附之。今失其心，必不来矣。'己酉，可突干弑邵固，帅其国人并胁奚众叛降突厥"。唐王朝于是"制幽州长史赵含章讨之，又命中书舍人裴宽、给事中薛侃等于关内、河东、河南、北分道募勇士。六月，丙子，以单于大都护忠王浚领河北道行军元帅，以御史大夫李朝隐、京兆尹裴伷先副之，帅十八总管以讨奚、契丹"。[114]此次征讨，仅有幽州的兵力投入，[115]说明当时幽州兵力还不足以发动大规模反击，而且从整个国家防御来看，唐王朝也无余力调配军队支持幽州边镇对两蕃的征讨。

开元十八年，唐王朝对西北吐蕃已经取得优势，[116]转而开始对契丹、奚两蕃采取积极的攻势。可突干叛乱后，开元二十年"春，正月，乙卯，以朔方节度副大使信安王祎为河东、河北行军副大总管，将兵击奚、契丹；壬申，以户部侍郎裴耀卿为副总管……信安王祎帅裴耀卿及幽州节度使赵含章分道击奚、契丹，含章与虏遇，虏望风遁去……己巳，祎等大破奚、契丹，俘斩甚众，可突干帅麾下远遁，余党潜窜山谷。奚酋李诗琐高帅五千余帐来降。祎引兵还。赐李诗爵归义王，充归义州都督，徙其部落置幽州境内"。[117]因为西北边防的缓解，唐王朝得以对契丹与奚族实行彻底有力的打击，奚族内附，契丹受到了重创。

开元二十年，玄宗扩大幽州节度管辖内诸军调度，"幽州节度增领卫、相、洺、贝、冀、魏、深、赵、恒、定、邢、德、博、棣、营、郑（莫）十六州及安东都护府"。[118]这样使幽州在军事防御上的地位彻底转变，将防御两蕃的任务完全由幽州节度承担。同年九月渤海犯边，唐王朝以幽州兵以及幽州节度统辖下的新罗兵予以反击，"武艺遣大将张文休率海贼攻登州，帝驰遣门艺发幽州兵击之。使太仆卿金思兰使新罗，督兵攻其南"。[119]开元后期幽州节镇对外开始采取积极的攻势。张守珪任幽州节度期间，幽州节度对两蕃的打击颇见成效，"幽州节度使张守珪斩契丹王屈烈及可突干，传首。时可突干连年为边患，赵含章、薛楚玉皆不能讨。守珪到官，屡击破之"。[120]由此玄宗对张守珪宠任有加。

玄宗开元后期以来，契丹、奚、突厥、室韦等族始终为患，穷则归唐，强则叛之，不得不迫使唐王朝采用重兵防守的方式来维护边境安全。开元末期唐王朝的积极进攻策略，扭转了自武后以来东北防御的劣势。不仅契丹、奚族再未侵入幽州，而且多数情况下与唐王朝保持一定友好关系，"契丹在开元、天宝间，使朝献者无虑二十。故事，以范阳节度为押奚、契丹使，自至德后，藩镇擅地务自安，鄣戍斥候益谨，不生事于边；奚、契丹亦鲜入寇，岁选酋豪数十人长安朝会，每引见，赐予有秩，其下率数百皆驻馆幽州。至德、宝应时再朝献，大历中十三，贞元间三，元和中七，大和、开成间凡四。然天子恶其外附回鹘，不复官爵渠长。会昌二年，回鹘破，契丹酋屈戍始复内附，拜云麾将军、守右武卫将军。于是幽州节度使张仲武为易回鹘所与旧印，赐唐新印，曰'奉国契丹之印'"。[121]

综上所述，从太宗时期起，东北的边疆防御是以营州为外围，设置大量的羁縻部落作为藩屏，幽州转变成内州。在武后时期，突厥默啜重新兴起，由于幽州的军事力量部署不足，在营州契丹叛乱发生之后，导致唐东北边境的局势动荡，整个河北的安全都受到了影响。这一事件暴露了幽州防御薄弱的弊端，为了有效抗击东北蕃族以及突厥对幽州的侵犯，睿宗和玄宗时期，进一步对幽州的防御策略加以调整，设立了节度使制，形成了与唐初迥然不同的军事防御策略和方式。这种军事防御策略的变化，使唐王朝由临时性的行军出征制向长期驻守制转化，使将习于兵，兵习于将，增强了军队的战斗力。而且为了对因契丹叛乱而内迁的羁縻州府进行控制，采用长期屯驻兵加以镇守，以期同化和融合，提高军队的作战力。[122]因此演变形成的节度使制度，成为玄宗时期边境守御的新军事体制。幽州节度节镇的军事发展经历了一段较长的时期，直到开元后期，幽州节度管辖州郡才大量增加，不断取得对契丹、奚族的胜利。而节镇拥有重兵的情形历时久而弥重，朝廷渐不能制。天宝之际，蕃将安禄山借幽州雄厚兵力发动了叛乱，揭开唐王朝走向衰落的序幕。

（二）幽州军事与安史之乱

1. 节度使职权扩大与安禄山势力扩张

安禄山最初受到节度使张守珪的重用，对契丹的作战颇著功绩，又善于钻营，"平卢兵马使安禄山，倾巧，善事人，人多誉之。上左右至平卢者，禄山皆厚赂之，由是上益以为贤。御史中丞张利贞为河北采访使，至平卢。禄山曲事利贞，乃至左右皆有赂。利贞入奏，盛称禄山之美。八月，乙未，以禄山为营州都督，充平卢军使，两蕃、勃海、黑水四府经略使"。[123]安禄山同样采用巴结的手段获得幽州节度使之位，"三月，己巳，以平卢节度使安禄山兼范阳节度使；以范阳节度使裴宽为户部尚书。礼部尚书席建侯为河北黜陟使，称禄山公直；李林甫、裴宽皆顺旨称其美。三人皆上所信任，由是禄山之宠益固不摇矣"。[124]天宝三载安禄山接替裴宽为范阳节度之后，一方面通过与朝官的勾结，获得玄宗的格外信任，另一方面，安禄山的得势还受到其他多种因素的影响。

历来学者多认为安禄山据幽州发动叛乱，是因为安氏受到玄宗宠信，能够长期屯驻幽州，培植了私人势力，从而具备了发动叛乱的种种有利条件，节度使制是安史之乱的根源。安禄山受张守珪提拔，直到叛乱之前，兼统幽州、平卢、河东节度，任职长达十二年之久。而安禄山势力的坐大，不仅与当时边疆防御形势有关，而且与朝中对边帅的控制以及朝中的政治斗争有关。

幽州作为边防重镇，从武后时期军事地位日渐受到重视，其军事力量也渐渐加强。开元二年幽州节度使开始节度管内诸军，因为战事的需要其权任不断扩大，成为雄兵屯集的东北大镇，"范阳节度临制奚、契丹，统经略、威武、清夷、静塞、恒阳、北平、高阳、唐兴、横海九军，屯幽、蓟、妫、檀、易、恒、定、莫、沧九州之境，[125]治幽州，兵九万一千四百人。（胡注：经略军在幽州城内，兵三万人。威武军在檀州城内，兵万人。清夷军在妫州城内，兵万人。静塞军在蓟州城内，兵万六千人。恒阳军在恒州城东，兵六千五百人。北平军在定州城西，兵六千人。高阳军在易州城内，兵六千人。唐兴军在莫州城内，兵六千人。横海军在沧州城内，兵六千人。景云元年，以瀛州鄚县置鄚州。）平卢节度镇抚室韦、靺鞨，统平卢、卢龙二军，榆关守捉，安东都护府，屯营、平二州之境，治营州，兵三万七千五百人（胡注：平卢军在营州城内，兵万六千人。卢龙军在平州城内，兵万人。榆关守捉在营州城西四百八十里，兵三千人。安东都护府在营州东二百里，兵八千五百人）"。[126]幽州与平卢为负责东北防御的两大节度，兵力多于其他西北及北边各节镇。[127]但在三个大的区域兵力中，幽州节度在数量上并没有特别优势。[128]

幽州节度职权不断扩大，从玄宗开元末年朝廷对幽州防御开始重视以来，幽州节度使的权任便开始扩大，节度使兼领支度、营田、观察等使。张守珪"（开元）二十一年，转幽州长史、兼御史中丞、营州都督、河北节度副大使，俄又加河北采访处置使"。[129]天宝元年，裴宽替任王斛斯为幽州节度使，幽州节度使的权力更趋扩大，"天宝元年十月，除裴宽为范阳节度使，经略河北支度营田、河北海运使，后遂为定额"。[130]安禄山在在十三载正月后"又请为闲厩、陇右群牧等都使"，这正是安禄山利用节度使职权的不断扩大而充实自己的实力。

节镇之间互相兼统以加强军事上的调度，提高作战的效率是当时惯常出现的方法。安禄山兼统幽州与平卢，这种情况在其他节镇不罕见，按惯例节度使之任本为四年一替换，[131]从王永兴的研究来看，唯有幽州节镇节度使久任最为特殊。张守珪任职幽州长达七年之久，开元二十六年张守珪因隐瞒军情、贿赂宦官牛仙童而得罪贬官，如果不是因为东窗事发，以玄宗对其宠任来看，继续任职也并非不可能。玄宗以控制两蕃来抵制突厥，特别关注东北的稳定，而且节帅久任更熟悉敌情，可以增强幽州防御的有效性。[132]由此幽州节帅只要能有效控制东北民族势力，就给予特殊宠任，出现了久任不易的情况。安禄山身为胡人，不仅在平卢胡汉混杂区域熟悉边情，而且其胡人出身的背景，也有利于对蕃族的安抚，对安禄山的重视正是出于安抚政策的需要。

幽州对外防御力量的增强中，内迁营州羁縻州府蕃兵被唐王朝征发任用的情形十分普遍，尤其玄宗朝府兵颓败，以募兵方式组建边军的情况下，吸收善战的蕃兵可以扩大兵源。况且蕃兵本身为部落兵，内迁之后以从军为职业是理所当然之事，《册府元龟》卷124《帝王部·修武备》载："（开元）八年八月诏：宜差使于两京及诸州且拣取十万人，务求灼然骁勇，不须限以蕃汉，皆放蕃役差科，唯令围（团）伍教练。"到天宝年间在幽州的防御军中，已经有了相当大的一批蕃将蕃兵势力。而蕃将势力在张守珪任节度使之际就有越主帅权而行事之迹象，"裨将赵堪、白真陀罗等强使平卢军使乌知义度湟水邀叛奚，且蹂其稼，知义辞不往，真陀罗矫诏胁之。知义与虏斗，不胜，还，守珪匿其败，但上克获状。事颇泄，帝遣谒者牛仙童按实，守珪逼真陀罗自杀，厚赂使者，还奏如状"。[133]其中白真陀罗当为蕃将，他以裨将之身份而胁迫平卢军使，事后张守珪出于迫不得已而除之，可见当时的蕃将已经难以控制。蕃将多因其部落势力而横行，如"北平军使乌承恩恃以蕃酋与中贵通，恣求货贿"。[134]张守珪后替任的三任节度均不久任，很可能是因为与蕃将关系难以调和造成的。如裴宽在任时"夷夏感悦"，入朝后"有河北将士入奏，盛言宽在范阳能政，塞上思之，玄宗嗟赏久之"。而后被安禄山所代，显然非其不称职之故，河北将士当不是指蕃将而言。从安禄山接任后收买笼络大批胡将的做法来看，裴宽被安禄山所代替很有可能是因为不能控制当地蕃将势力的缘故。

玄宗对禄山特别宠信的原因，陈寅恪先生曾分析：河朔地区在武后至玄宗开元年间已经胡化，居住于这一区域的是东北及西北的诸胡种，于是"唐代中央政府若欲羁縻统治而求一武力与权术兼具之人才，为此复杂胡族方隅之主将，则拓羯与突厥合种之安禄山者，实为适应当时环境之唯一上选也。玄宗以东北诸镇付之禄山，虽尚有他故，而禄山之种性与河朔之情势要必为其主因"。[135]据陈先生论述，的确朝廷任用安禄山这样背景的人物与当时这一地区的情况密切相关，但是幽州任节度使的人员中，汉人任节度的居绝大多数，只有安禄山一人为胡人，[136]所以安禄山得宠是受多种因素的影响。

2. 政治斗争与安禄山权势的扩大

玄宗设立了节度使制以保卫边疆安全，但是节度使拥兵自重也引起了朝廷的顾虑。诸节度中尤以西北节镇兵精马强，"西北边数十州多宿重兵，地租营田皆不能赡"，[137]而且由于府兵制的驰坏引起内地与边镇兵势消长的悬殊，"猛将精兵，皆聚于西北边，中国无武备矣"。[138]西北之朔方、陇右、河西、河东四大节度，负责防御吐蕃、突厥，拱卫京师，故而兵力雄厚，尤其是开元之际抗击吐蕃的入侵，朝廷更加重视了对西北边防的经营。

天宝五载，李林甫开始借太子事件打击陇右、河西节度使皇甫惟明和朔方、河东节度使王忠嗣。忠王于开元二十六年六月被立为太子，屡遭李林甫构造事端的威胁，不免引起冲突，"皇甫惟明尝为忠王友，时破吐蕃，入献捷，见林甫专权，意颇不平。时因见上，乘间微劝上去林甫。林甫知之，使杨慎矜密伺其所为。会正月望夜，太子出游，与（韦）坚相见，坚又与惟明会于景龙观道士之室。慎矜发其事，以为坚戚里，不应与边将狎昵。林甫因奏坚与惟明结谋，欲共立太子。坚、惟明下狱，林甫使慎矜与御史中丞王鉷、京兆府法曹吉温共鞫之。上亦疑坚与惟明有谋而不显其罪，癸酉，下制，责坚以干进不已，贬缙云太守；惟明以离间君臣，贬播川太守；仍别下制戒百官"。[139]皇甫惟明身为边将，最易引起玄宗的警惕，故而轻易便遭杀身之祸。[140]

接着李林甫又借故进一步打击西北节度王忠嗣。王忠嗣自开元二十八年代牛仙客为朔方、河东节度使，天宝五载继皇甫惟明领陇右、河西，"忠嗣杖四节，控制万里，天下劲兵重镇，皆在掌握"。[141]王忠嗣兼统四镇仅仅四个月就因李林甫之故而被罢，"李林甫以王忠嗣功名日盛，恐其入相，忌之。安禄山潜蓄异志，托以御寇，筑雄武城，大贮兵器，请忠嗣助役，因欲留其兵。忠嗣先期而往，不见禄山而还，数上言禄山必反；林甫益恶之。夏，四月，忠嗣固辞兼河东、朔方节度；许之"。[142]六载十月王忠嗣又因牵涉到太子事而被罢职，"上欲使王忠嗣攻吐蕃石堡城，忠嗣上言：'石堡险固，吐蕃举国守之。今顿兵其下，非杀数万人不能克。臣恐所得不如所亡，不如且厉兵秣马，俟其有衅，然后取之。'上意不快。将军董延光自请将兵取石堡城，上命忠嗣分兵助之……延光过期不克，言忠嗣沮挠军计，上怒。李林甫因使济阳别驾魏林告'忠嗣尝自言我幼养宫中，与忠王相爱狎'，欲拥兵以尊奉太子。敕征忠嗣入朝，委三司鞫之"。[143]王忠嗣因不从玄宗之命而得罪，继以李林甫使人构陷，于是被解职。[144]表面上李林甫为危害太子而指使人诬告王忠嗣，致使王忠嗣被贬斥，但实际上玄宗对王忠嗣勾结太子之事颇为在意，因为王忠嗣掌控边镇多年，声威卓著，足以威胁朝廷。玄宗因此借故罢免王忠嗣的节度使职，以部将分别领之，天宝六载"十一月，辛卯，以（哥舒）翰判西平太守，充陇右节度使；以朔方节度使安思顺判武威郡事，充河西节度使"。[145]皇甫惟明与王忠嗣均为防御西北边疆的得力大将，均因无名之罪而遭致迫害，尤其皇甫惟明由此致死，而王忠嗣因部将救护而得幸免。[146]这归根到底是朝廷借太子事件来打击西北节帅所致。西北以及北边节镇对唐王朝格外重要，而朝廷对西北，北边节镇控制也特别在意，常以亲王、宰相遥领，也使节帅之间互相制约。[147]

为了控制西北以及北边节镇的势力，朝廷还通过加强东北节镇力量来维持整体力量上的平衡。所以安禄山能久任幽州节度，一方面是借助李林甫的提携，另一方面也和当时朝廷对边镇力量整体上的维系和制衡政策有关。

首先，安禄山与李林甫的关系。安禄山于天宝三载得任平卢节度使兼领范阳节度使，最初就攀结李林甫以求仕进。天宝六载以后安禄山势力明显上升，甚至在天宝七载"六月庚子，赐安禄山铁券"，[148]玄宗对安禄山的宠任一下子超出了常态。当时朔方、河西哥舒翰、高仙芝等破吐蕃也未受此礼遇。史家曾将安禄山之得势归结为李林甫欲杜绝大臣出将入相，于是援引蕃将为边镇节帅，"林甫疾儒臣以方略积边劳，且大任，欲杜其本，以久己权，即说帝曰：'以陛下雄材，国家富强，而夷狄未灭者，繇文吏为将，惮矢石，不身先。不如用蕃将，彼生而雄，养马上，长行阵，天性然也。若陛下感而用之，使必死，夷狄不足图也。'帝然之，因以安思顺代林甫领节度，而擢安禄山、高仙芝、哥舒翰等专为大将。林甫利其虏也，无入相之资，故禄山得专三道劲兵，处十四年不徙，天子安林甫策，不疑也，卒称兵荡覆天下，王室遂微"。[149]当时以蕃人或寒族出任节帅的并非禄山一人，如哥舒翰、安思顺等，但不及安禄山权势之盛。

朝廷对西北节镇的控制是通过以节帅之间互相制约来实现的。安禄山日益得宠与此有关。在王忠嗣遭贬黜之后，"上闻哥舒翰名，召见华清宫，与语，悦之。十一月，辛卯，以（哥舒）翰判西平太守，充陇右节度使；以朔方节度使安思顺判武威郡事，充河西节度使"。[150]哥舒翰与安思顺以及安禄山关系均不好，"翰素与安禄山、安思顺不平，帝每欲和解之。会三人俱来朝，帝使骠骑大将军高力士宴城东，翰等皆集。诏尚食生击鹿，取血瀹肠为热洛河以赐之。翰母，于阗王女也。禄山谓翰曰：'我父胡，母突厥；公父突厥，母胡。族类本同，安得不亲爱？'翰曰：'谚言狐向窟嗥，不祥，以忘本也。兄既见爱，敢不尽心。'禄山以翰讥其胡，怒骂曰：'突厥敢尔！'翰欲应之，力士目翰，翰托醉去"。[151]哥舒翰与安思顺也是水火不容，在安禄山叛乱后，"翰之守潼关也，主天下兵权，肆志报怨，诬奏户部尚书安思顺与禄山潜通，伪令人为禄山遗思顺书，于关门擒之以献。其年三月，思顺及弟太仆卿元贞坐诛，徙其家属于岭外，天下冤之"。[152]正因为哥舒翰与安氏是为不同种族，所以相互之间敌视，唐朝廷也以此使其相互制约。

安禄山与结为兄弟的朔方节度使安思顺也不睦，陈寅恪先生认为：玄宗虽然极为宠任安禄山，但也兼用安思顺，委以劲兵，盖所以防制安禄山，维持均势。[153]天宝十载，安禄山势力开始膨胀，"安禄山求兼河东节度。二月，丙辰，以河东节度使韩休琳为左羽林将军，以禄山代之"。[154]此时安禄山已经兼领三镇，安禄山对河东的兼领，是因为西北的节度与他存在制约关系。天宝十载正月，支持安思顺的李林甫遥领朔方节度，[155]此时安禄山与李林甫渐不相容，而杨国忠与李林甫为敌，[156]于是与安禄山相结，"安禄山屡诱奚、契丹，为设会，饮以莨菪酒，醉而坑之，动数千人，函其酋长之首以献，前后数四。至是请入朝，上命有司先为起第于昭应。禄山至戏水，杨钊兄弟姊妹皆往迎之，冠盖蔽野；上自幸望春宫以待之"。[157]既然安李相忌，所以安禄山加紧通过杨氏兄妹的关系来扩张自己的势力。朔方是王朝防御重心所在，所以不得不委以重兵，但是出于安全的顾虑，朝廷十分重视对朔方的控制，以宰相遥领的同时，又以其他方镇加以制约。

安禄山兼河东节度之后开始图谋兼并朔方势力，"（天宝十一载）三月，安禄山发蕃、汉步骑二十万击契丹，欲以雪去秋之耻。初，突厥阿布思来降，上厚礼之，赐姓名李献忠，累迁朔方节度副使，赐爵奉信王。献忠有才略，不为安禄山下，禄山恨之；至是，奏请献忠帅同罗数万骑，与俱击契丹。献忠恐为禄山所害，白留后张暐，请奏留不行，暐不许。献忠乃帅所部大掠仓库，叛归漠北，禄山遂顿兵不进"。[158]李献忠叛逃事件表明了天宝末年边境防御中节帅之间存在着隔阂和制约，同时也说明在这种情况下，节帅的专制性和独立性越来越强，以致唐王朝难以控制。

李林甫在安禄山势力进逼下，不得不让出节度使之位，"初，李林甫以陈希烈易制，引为相，政事常随林甫左右，晚节遂与林甫为敌，林甫惧。会李献忠叛，林甫乃请解朔方节制，且荐河西节度使安思顺自代；庚子，以思顺为朔方节度使"。[159]安思顺能兼领朔方节度使，其中的关键是因为他与安禄山的关系并不密切，所以李林甫在失宠之际仍举荐安思顺。天宝末年，安思顺向朝廷报告安禄山的谋反之举，"始，安思顺度禄山必反，尝为帝言，得不坐"。[160]

天宝十载之际，朝中政治斗争进一步助长了安禄山势力的扩张。最初宰相李林甫有意引安禄山为势力，进行权势斗争。李林甫对安禄山的提携，是为了排挤西北节帅，巩固自己地位。皇甫惟明对李林甫专权不满，天宝六年王忠嗣奏告安禄山依靠李林甫有谋反之意。两人同是西北边镇节度使，手握重兵，所以引起李林甫忧惧愤恨。自天宝六载开始，安禄山地位迅速提高，也是李林甫用来压制西北皇甫惟明、王忠嗣旧将的结果。其实李林甫与安禄山只不过是互相利用的关系，李林甫既给安禄山予援引，又对其进行一定的限制，[161]安李关系恶化，李林甫死后，"国忠素衔林甫，及未葬，阴讽禄山暴其短。禄山使阿布思降将入朝，告林甫与思约为父子，有异谋"。[162]安禄山势力坐大，与杨国忠也不可避免地产生交恶，"安禄山以李林甫狡猾逾己，故畏服之。及杨国忠为相，禄山视之蔑如也，由是有隙。国忠屡言禄山有反状，上不听"。[163]

在多种因素的交互作用下，安禄山势力坐大，"养同罗、奚、契丹降者八千余人，谓之'曳落河'。曳落河者，胡言壮士也。及家僮百余人，皆骁勇善战，一可当百。又畜战马数万匹，多聚兵仗，分遣商胡诣诸道贩鬻，岁输珍货数百万。私作绯紫袍、鱼袋、以百万计"。[164]在天宝十载以后，安禄山对叛乱作了一系列准备。十二载，兼并突厥部落，壮大兵力。[165]十三载"又请为闲厩、陇右群牧等都使，奏吉温为武部侍郎、兼中丞，为其副，又请知总监事。既为闲厩、群牧等使，上筋脚马，皆阴选择之，夺得楼烦监牧及夺张文俨马牧"。[166]又大肆收买将领，"安禄山奏：'臣所部将士讨奚、契丹、九姓、同罗等，勋效甚多，乞不拘常格，超资加赏，仍好写告身付臣军授之。'于是除将军者五百余人，中郎将者二千余人。禄山欲反，故先以此收众心也"。[167]对外安禄山则加紧攻击奚、契丹，以解除后顾之忧。[168]

在安禄山为叛乱作种种准备之际，玄宗并非不能察知安禄山之野心，但是由于天宝以来对蕃将的擢任，使得蕃兵蕃将逐渐渐成为国家依赖的军事力量，在此情况下，玄宗也无力回天，只能优容隐忍，"上尝谓高力士曰：'朕今老矣，朝事付之宰相，边事付之诸将，夫复何忧！'力士对曰：'臣闻云南数丧师，又边将拥兵太盛，陛下将何以制之！臣恐一旦祸发，不可复救，何谓无忧也！'上曰：'卿勿言，朕徐思之'"。[169]玄宗并非完全不知安禄山所作所为的危害，但是安禄山交结权佞，大兵在握，以三镇势力作乱，后果难料。尤为严重的是关中空虚，西北屯兵，也是大批胡将掌兵，是天宝后期以节镇互相牵制的结果。所以玄宗只能沿袭前策，对西北胡将也给予优待作为消极防范，尽力防止事态恶化。[170]在安禄山大兵在握的情况下，玄宗为了不激化事态，只能对安禄山顺从。[171]但是同年十月，安禄山仍起兵范阳，揭开了唐王朝走向衰落的序幕。

第三节　唐后期的幽州军事

一、安史之乱后幽州藩镇概况

安史之乱后，大批安史降将纷纷裂土割据，占地称雄，而朝廷无力制约，于是形成了一批不服从唐中央调遣的跋扈藩镇，河朔藩镇是其中的代表。"安、史乱天下，至肃宗大难略平，君臣皆幸安，故瓜分河北地，付授叛将，护养孽萌，以成祸根。乱人乘之，遂擅署吏，以赋税自私，不朝献于廷。效战国，肱髀相依，以土地传子孙，胁百姓，加锯其颈，利怵逆污，遂使其人自视犹羌狄然。一寇死，一贼生，讫唐亡百余年，卒不为王土"。代宗广德元年（763年）前后，将开元二十年幽州节度所领幽、易、平、檀、妫、燕、蓟、沧、卫、相、洺、贝、冀、魏、深、赵、恒、定、邢、德、博、棣、营、莫诸州及顺化、归顺二郡分隶于幽州卢龙、成德、魏博、相卫（昭义）等节度使辖下。

宝应元年，"范阳节度使复为幽州节度使，及平卢陷又兼卢龙节度使。"经分割析离，幽州、卢龙节度使李怀仙据有幽、涿、蓟、瀛、莫、檀、妫、营、平九州。[172]成德节度使张忠志（赐名李宝臣），"（宝应元年）置成德军节度使，领恒、定、易、赵、深五州，治恒州"。广德元年"成德军节度增领冀州"。[173]萧嵩为相卫（昭义军）节度使，"（代宗广德元年）置相卫节度使，治相州……号相卫六州节度使"。[174]"大历元年，相卫六州节度赐号昭义军节度，后田承嗣盗取相、卫、洺、贝四州，所存者二州"。[175]田承嗣为魏博节度使，"（代宗广德元年）置魏博等州防御使，领魏、博、贝、瀛、沧五州，治魏州。是年升为节度使，增领德州"。[176]大历十一年，田承嗣兼并昭义军领州，"魏博节度增领卫、相、洺、贝四州"。[177]

幽州为肇乱之源，至代宗广德元年史朝义兵败被杀，安史之乱才甫告平定。驻守幽州的李怀仙因诛杀史朝义有功，被授予幽州卢龙节度使之职，"李怀仙，柳城胡也。世事契丹，守营州。善骑射，智数敏给。禄山之反，以为裨将。史思明盗河南，留次子朝清守幽州，以阿史那玉、高如震辅之。朝义杀立，移檄诛朝清。二将乱，朝义以怀仙为幽州节度使，督兵驰入……朝义败，将趋范阳。中人骆奉先间遣镌说，怀仙遂降，使其将李抱忠以兵三千戍范阳。朝义至，抱忠闭关不内，乃缢死，斩其首，因奉先以献。仆固怀恩即表怀仙为幽州卢龙节度使，迁检校兵部尚书，王武威郡"。

幽州卢龙藩镇　所辖之地尽为边郡，北屆大漠，东北邻契丹、奚两蕃，东南向西则与淄青平卢、成德、河东节度毗邻。当成德、魏博叛逆之际，幽州卢龙藩镇唯有通过太原来沟通朝廷，与成德、魏博则因利益异同而时有分合。

幽州卢龙藩镇仍担负防御两蕃的任务，营州失陷后，将防御线内撤至幽州东部的平州，置卢龙留后以守渝关之险，阻止两蕃的内侵。幽州与卢龙节度的兼领是源于安史乱前幽、营节度之间相互配合的惯例。卢龙节度的前身平卢节度是幽州节度防御两蕃的外围，按《唐方镇年表》卷4《幽州》载："幽州卢龙节度支度营田观察押奚契丹两蕃经略卢龙军等使、兼幽州大都督府长史，领幽、蓟、营、涿、平、檀、妫、瀛、莫九州。"由于军事防御的需要，幽州节度与平卢节度在统辖上一直没有完全分割开来。平卢节度始设于开元七年（719年），"平卢节度使镇抚室韦，靺鞨、统平卢卢龙二军、榆（渝）关守捉、安东都护府，屯营、平二州之境，治营州，兵三万七千五百人"。开元年间，契丹奚族屡叛，可突干反，"营府震恐，许钦澹移军西入渝关"，营州不保。唐王朝凭借平州渝关之险才能防护蕃族侵入幽州。幽州节度的主要任务是防御两蕃，既然两蕃势力内逼平州，于是在开元十九年（731 年）以幽州节度兼领平卢节度。薛嵩"父楚玉，为范阳（幽州）、平卢节度使"，此后幽州节度使张守珪、王斛斯都曾兼领过平卢节度使。天宝三载（744 年），安禄山以平卢节度使兼领范阳节度使，两节度的兼领成为定制。唐后期原幽州节镇一分为三，幽州卢龙藩镇所领之地多是边州，为了能保证两蕃不侵入幽州藩镇内地，尤其需要加强平州的守卫，在当地设卢龙留后正是出于这方面的考虑。唐后期幽州节度常从名称上与卢龙节度互代，是因为平州（卢龙留后）有重要军事意义的缘故。

二、幽州藩镇的叛乱战争

纵观唐朝后期藩镇与中央的关系，都是以其实力大小作为决定对中央的顺逆的基础。在唯武力为据的前提下，藩镇为了能维护专擅之局面，竭力扩充武力。王寿南先生认为：当藩镇有强大武力之后，如果藩镇个人有更大之权力与野心，或有利于违抗中央之环境，则必然表现出其跋扈叛逆之态度。[178] 河北三镇"相与根据蟠结"，相互呼应，造成跋扈之有利环境。其他跋扈叛逆之藩镇如梁崇义、李希烈、卢从史、李纳、李师古、李师道等莫不与河北三镇相勾结，以利用此一有利环境。杜牧曾感叹道："自河以北，蟠城数百，角奔为寇，伺吾人憔悴，天时不利，则将与其朋伍骇乱吾民于掌股之上"。[179]

幽州藩镇居于河朔藩镇最外围，和成德、魏博相比，在跋扈叛逆的行动中表现出更多的被动性，往往是由于藩帅个人的野心以及在邻藩的叛逆活动鼓动下，加入叛乱的，不同于成德、魏博藩镇出于利害关系主动挑起动乱。幽州藩镇在叛逆上表现得较为被动，也就是说对唐王朝表现出更多的依顺性。从实际情况来看，幽州藩镇与中央王朝的对抗，最明显的表现是建中四年的朱滔之乱和穆宗长庆初年的朱克融之乱。

幽州藩镇参与的两次重大叛乱，首谋以成德、魏博、淄青藩镇为先，幽州随后被卷入。建中二年，因魏博田悦与淄青李正己为成德李惟岳请命而酿成藩镇之乱，"春，正月，戊辰，成德节度使李宝臣薨……初，宝臣与李正己、田承嗣、梁崇义相结，期以土地传之子孙。故承嗣之死，宝臣力为之请于朝，使以节授田悦；代宗从之……至是悦屡为惟岳请继袭，上欲革前弊，不许……悦乃与李正己各遣使诣惟岳，潜谋勒兵拒命"。[180] 八月，平卢节度使李正己死，其子李纳欲邀求旌节，于是三镇相结，共抗朝廷，"时平卢节度使李正己已薨，子纳秘之，擅领军务。悦求救于纳及李惟岳，纳遣大将卫俊将兵万人，惟岳遣兵三千人救之。悦收合散卒，得二万余人，军于洹水；淄青军其东，成德军其西，首尾相应"。[181]

幽州藩镇已于大历八年表示效顺朝廷，朱泚入朝，以朱滔为留后掌幽州军务。在成德、魏博、淄青叛乱时，幽州积极参与平叛，"范阳节度使朱滔将讨李惟岳，军于莫州。张孝忠将精兵八千守易州，滔遣判官蔡雄说孝忠曰：'……使君诚能首举易州以归朝廷，则破惟岳之功自使君始，此转祸为福之也。'……孝忠德滔，为子茂和娶滔女，深相结"。[182]

在河北三镇互相敌对的情况下，幽州藩镇采取向朝廷归顺的姿态。但是朱滔并无诚心归顺唐王朝的意图，只不过要借助朝廷的威望来维持对幽州的统治，一旦其他两镇以保全其利益为条件鼓动叛乱，朱滔就会弃朝廷而不顾。在平魏博的时候，因为有成德内讧以及幽州藩镇的参与，所以战局不到半年就基本稳定了。因朝廷未能满足王武俊与朱滔等人的利益，田悦就轻松策反了他们，"遣判官王侑、许士则使于北军，说朱滔曰：'……是国家无信于天下也。且今上英武独断，有秦皇、汉武之才，诛夷豪杰，欲扫除河朔，不令子孙嗣袭。……如马燧、抱真等破魏博后，朝廷必以儒德大臣以镇之，则燕、赵之危可翘足而待也。若魏博全，则燕、赵无患，田尚书必以死报恩义……今司徒声振宇宙，雄略命世，救邻之急，非徒立义，且有利也。尚书以贝州奉司徒，命某送孔目，惟司徒熟计之。'滔既有贰于国，欣然从之。乃命判官王郅与许士则同往恒州说王武俊，仍许还武俊深州。武俊大喜，即令判官王巨源报滔，仍知深州事"。[183]河朔三镇联合导致朝廷师久无功，李抱真遣贾林说王武俊与朱滔反戈，从此朱滔败归幽州，随后病死，涿州刺史刘怦继掌节帅之位。

宪宗元和年间以后，河北藩镇粗告平定。幽州刘总入朝，但是接任的张弘靖控抚失当，幽州发生了兵乱逐帅之事。穆宗长庆元年（821年）七月朱克融乘机窃位，"俄幽州乱，囚弘靖。时克融父洄，号有智谲，以疾废卧家，众往请为帅。洄辞老且病，因推克融领军务。诏以刘悟为节度使驰往，俄而瀛、冀皆附克融，悟不得入。克融纵兵掠易州，败两县；寇蔚州，易州刺史柳公济战白石岭，斩三千级；转寇定州，节度使陈楚破其兵二万。会镇州反，杀田弘正，议者谓二贼均逆，而克融全弘靖不敢害，可悉兵先诛赵，赦燕。朝廷度幽蓟未可复取，乃拜克融检校左散骑常侍，为幽州卢龙节度使"。[184]朱克融得节度位并不是本人预谋兵乱，而是成德王廷凑煽动军乱杀田弘正自称留后，联合魏博史宪诚迫使朝廷授其三镇节钺的，"故虽以诸道十五万之众，裴度元臣宿望，乌重胤、李光颜皆当时名将，讨幽、镇万余之众，屯守逾年，竟无成功，财竭力尽……史宪诚既逼杀田布，朝廷不能讨，遂并朱克融、王庭凑以节钺授之。由是再失河朔，讫于唐亡，不能复取。朱克融既得旌节，乃出张弘靖及卢士玫"。[185]

幽州藩镇虽加入了这两次叛乱，但实际上节帅没有有预谋地首先挑起事端，只不过是在大形势下卷入其中。尤其经过长庆元年朱克融之乱后，唐王朝继续对幽州藩镇进行控制，但只是维持幽州藩镇与中央表面上的稳定关系。

三、幽州藩镇讨叛及对外防御

幽州藩镇虽被列入河北跋扈藩镇之列，但幽州节帅向朝廷表示忠顺的人数较其他两镇为多。代宗大历八年（773 年）朱泚、朱滔兄弟曾率先向唐中央表示归顺，其他节帅如刘济、刘总、李载义、张仲武、张允伸，均有为唐王朝代叛御边的行为，大多服从唐王朝之调遣。[186]

自朱滔败归幽州之后，刘怦父子三代保有节度使之位，成为幽州藩镇最为平稳的阶段，所以在三镇中也最为恭顺。刘济继任节度使，在德宪两朝都以效顺的姿态事奉朝廷，"贞元中，朝廷优容藩镇方甚，两河擅自继袭者，尤骄蹇不奉法。惟济最务恭顺，朝献相继，德宗亦以恩礼接之。寻加同中书门下平章事。顺宗即位，再迁检校司徒。元和初，加兼侍中。及诏讨王承宗，诸军未进，济独率先前军击破之，生擒三百余人，斩首千余级，献逆将于阙，优诏褒之"。[187]宪宗元和年间平定藩镇，幽州不仅没有助纣为虐，而且保持较好的合作态度，对唐中央平叛助益甚多。此外，刘济也在对外防御上发挥了良好作用，《全唐文》卷505《故幽州卢龙军节度副大使知节度事管内支度营田观察处置押奚契丹两蕃经略卢龙军等使开府仪同三司检校司徒兼中书令幽州大都督府长史上柱国彭城郡王赠太师刘公墓志铭》："贞元初，乌桓诱北方之戎，幸吾阻击，大耷边鄙。公先计后战，陈兵于郊，乃遣单车使者，诱掖教告。繇是诸戎，皆为公用，干不庭方，厥献茂焉。明年，鲜卑墨乙之犯古渔阳，其后啜利寇右北平，公分命左右军，异道并出……抵青都山下，捕斩首虏以万级，获橐驼马牛羊以万数。十九年，林胡率诸部杂种，浸淫于澶蓟之北，公亲统革车，会九国室韦之师以讨焉。饮马滦河之上，扬旌冷陉之北，戎王弃其国遁去。公署南部落刺史为王而还，登山斫石，著北伐铭以见志。自太行以东，怀和四邻，或归其天伦，或复其地理。"墓志纵多溢美之词，在中原多故的情况下，外族的侵犯往往是最为频繁的，[188]刘济不得不花费大量兵力捍御边疆。

张仲武任幽州节度使期间与北边配合，防御回鹘，《全唐文》卷700《赐黠戛斯书》："比闻回鹘深意，常欲投窜安西，待至今秋，朕当令幽州、太原、振武、天德缘边四镇要路出兵……各令邀截，便可枭擒。"

张允伸为军中推举为留后，"卢龙节度使周綝薨，军中表请以押牙兼马步都知兵马使张允伸为留后。九月，丁酉，从之"。[189]张允伸在镇时间长达二十三年，一直保持恭顺态度，"（咸通）十年，徐人作乱，请以弟允皋领兵伐叛，懿宗不允。进助军米五十万石，盐二万石。诏嘉之，赐以锦彩、玉带、金银器等……允伸领镇凡二十三年，克勤克俭，比岁丰登。边鄙无虞，军民用乂。至今谈者美之"。[199]

幽州藩镇对朝廷虽然有叛逆的举动，但是仅以朱滔、朱克融表现最为明显。其他节度使对中央虽然不是十分效顺，但基本上未与中央公然决裂。综而观之，幽州藩镇对唐王朝叛逆性与依顺性的关系受到多个方面的影响。

首先，幽州藩帅个人态度在很大程度上决定了幽州藩镇对中央的向背。一般而言，一旦主帅有效顺中央的愿望，而且举措得当，则与中央能保持良好关系。反之则会乘乱起事，甘居跋扈之列。幽州藩镇节帅效顺人数在河北三镇居首，有朱泚、刘总自请入朝，两次由朝廷从中央派遣节度（王缙、张弘靖），其他如刘济、李载义、张仲武、张允伸都多所建功。

其次，除开节帅本身的因素，幽州藩镇与中央的关系受到了幽州藩镇本身政治、经济、军事地理环境的影响。幽州藩镇居于河朔藩镇最北端，白居易论河北诸镇地位时，首推魏博，而以燕赵居其次："魏于山东最重，于河南亦最重。何者？魏在山东，以其能遮赵也，既不可越魏以取赵，固不可越赵以取燕，是燕、赵常重于魏，魏常操燕、赵之性命也。故魏在山东最重"。[200]

因为魏博靠近东都，对唐王朝构成的威胁最大，代宗时对魏博极为宽宥，以公主下嫁，"（田承嗣）既得志，即计户口，重赋敛，厉兵缮甲，使老弱耕，壮者在军，不数年，有众十万。又择骁秀强力者万人，号牙兵，自署置官吏，图版税入，皆私有之。又求兼宰相，代宗以寇乱甫平，多所含宥，因就加同中书门下平章事，封雁门郡王，宠其军曰天雄，以魏州为大都督府，即授长史，诏子华尚永乐公主，冀结其心"。[201]贞元元年，田承嗣第六子田绪又尚嘉诚公主，"贞元元年，以嘉诚公主降绪，拜驸马都尉"。[202]

成德藩镇则积极联合魏博与淄青藩镇来维护其地位，"镇冀自李宝臣已来，虽惟岳、承宗继叛，而犹亲邻畏法，期自新之路"。[203]成德藩镇厚结邻藩，如"宝臣弟宝正娶田承嗣女"，[204]"惟诚者，惟岳之庶兄也，谦厚好书，得众心，其母妹为李正己子妇"。成德居于幽州、青齐、魏博昭义之间，邻藩有所举动，成德则随之而发，以求自固。宪宗元和四年，田季安闻吐突承璀将兵讨王承宗，聚其徒曰："师不跨河二十五年矣，今一旦越魏伐赵，赵虏，魏亦虏矣，计为之奈何？"其将有超伍而言者，曰："愿借骑五千，以除君忧！"季安大呼曰："壮哉！兵决出，格沮者斩！"[205]朝廷鉴于成德藩镇地处河朔藩镇之间，牵连广漫，不得不加以优宠。如王武俊子、王廷凑子均尚公主，"士平，以父（王武俊）勋补原王府咨议。贞元二年，选尚义阳公主，加秘书少监同正、附马都尉"。[206]"（王廷凑）子元逵，为镇州右司马，兼都知兵马使。廷凑卒，三军推主军事，请命于朝……元逵素怀忠顺，顿革父风。及领藩垣，颇输诚款，岁时贡奉，结辙于途，文宗嘉之。开成二年，诏以寿安公主出降，加驸马都尉"。[207]

在三镇之中唯有幽州未有尚主之例，而成德、魏博藩镇尚主之情形十分相似，都是在跋扈情况下朝廷为了安抚而以公主出降，明显地表示了朝廷对二镇的笼络。幽州藩镇所受待遇与另两镇不同，显然与它对朝廷的关系密切与否相关。

再次，虽然河北三镇有互相勾结的一面，但是其中内部的矛盾也是不容置疑的事实。[208]三镇之中，成德更倾向于与淄青、平卢、魏博藩镇勾结，而幽州藩镇与魏博、成德藩镇关系较为疏远。

德宗建中二年（781年）成德李惟岳欲结田悦、李正己抗命，"前定州刺史谷从政，惟岳之舅也……从政往见憔岳曰：'……相公与幽州有隙，朱滔兄弟常切齿于我，今天子必以为将。滔与吾击柝相闻，计其闻命疾驱，若虎狼之得兽也，何以当之'"！[209]元和二年，"秋、八月，刘济、王士真、张茂昭争私隙，迭相表请加罪。戊寅，以给事中房式为幽州、成德、义武宣慰使，和解之"。[210]元和四年刘济欲讨王承宗而对，"济合诸将言曰：'天子知我怨赵，今命我伐之，赵亦必大备我。伐与不伐孰利'"？部将谭忠为刘济剖析燕与赵以及昭义的关系道："卢从史外亲燕，内实忌之；外绝赵，内实与之。"既然燕赵不和，幽州为朝廷效力才能获得利益，故而谭忠劝说刘济讨伐王承宗："燕、赵为怨，天下无不知。今天子伐赵，君坐全燕之甲，一人未济易水，此正使潞人以燕卖恩于赵，败忠于上，两皆售也。是燕贮忠义之心，卒染私赵之口，不见德于赵人，恶声徒嘈嘈于天下耳。惟君熟思之！"济曰："吾知之矣。"乃下令军中曰："五日毕出，后者醢以徇！"元和十年，幽州受到成德侵犯，"王承宗纵兵四掠，幽、沧、定三镇皆苦之，争上表请讨承宗"。[211]幽州藩镇与邻镇成德向来交恶，一旦时机有利，就会打击对方。所以在邻藩对幽州形成威胁的时候，往往幽州藩镇会依靠于朝廷的支援，通过效忠朝廷得到一线支持形成对邻藩的威慑，维护自己的利益。如朱滔劝兄入朝时说道："天下诸侯未有朝者，先至，可以得天子意，子孙安矣"。[212]大历八年（773年），朱滔率精兵五千助朝廷防秋，九年朱泚自请入朝，首开藩镇入朝之例。幽州藩镇与其他藩镇关系疏远，也就不得不对朝廷产生更多的依附性。而唐中央一直顾忌三镇根据蟠结，所以幽州藩镇表示效顺自然能得到中央的赏识，这样有助于幽州藩镇获得朝廷的支持来和邻藩相抗衡。

复次，幽州藩镇辖有九州，其中营、平、蓟、檀、幽、妫地接北疆回鹘，东北接两蕃，所以防御外族入侵也是一项繁重的任务。由于外患的压力，幽州藩镇也要在一定程度上依靠朝廷的支持，所以对朝廷也就不得不表现出恭顺的态度。刘济任幽州节度使时，"奚数侵边，（刘）济击走之，穷追千余里，至青都山，斩首二万级。其后又掠檀、蓟北鄙，济率军会室韦，破之"。武宗时期，北方有回鹘为患，幽州的防御也需要太原等各路兵马的配合，"黠戛斯使云：'今冬必欲就黑车子收回纥可汗余烬，切望国家兵马应接。'黠戛斯使回日，已赐敕书，许令幽州、太原、天德、振武，各於路邀截出兵"。[213]在北边诸节度的配合下，"会回鹘特勒那颉啜拥赤心部七千帐逼渔阳，仲武使其弟仲至与别将游奉寰等率锐兵三万破之，获马、牛、橐它、旗纛不胜计，遣吏献状，进检校兵部尚书"。[214]虽然幽州藩镇对外防御取得了很大功效，但是这也使得幽州藩镇把更多精力用于对外的军事防御，因此少有余力去参与对抗中央的藩镇叛乱。

最后，唐王朝对政局的把握和对藩镇控制的手腕与力度，也影响了幽州藩镇对唐中央的顺逆。安史乱后，唐王朝的藩镇政策不断变化，对幽州藩镇产生了不同的影响。

肃代两朝历安史之乱后，为尽早结束战乱动荡的局面，对藩镇采取纵容姑息的政策，"自兵兴以来，方镇武臣多跋扈，凡有所求，朝廷常委曲从之"。[215]肃宗至德元载（756年）七月在灵武即位，以朔方军为主力并请回纥助兵讨叛，历时半年，安禄山虽被其子安庆绪所杀，但是叛军仍据有河北，南攻江淮，处于困兽犹斗的状态。肃宗急于收复两京，放弃了李泌先捣叛军老巢范阳的计划，使叛军仍以范阳为根据地，以河北为战场，与朝廷对抗，战局僵持不下。在叛军横肆之际，朝廷内部宦官程元振、鱼朝恩干政，引起将帅离心，加之西北吐蕃和回纥的边患，为了尽早结束战争，代宗于广德元年（763年）"以史朝义降将薛嵩为相、卫、邢、洺、贝、磁六州节度使，田承嗣为魏、博、德、沧、瀛五州都防御使，李怀仙仍故地为幽州、卢龙节度使。时河北诸州皆已降，嵩等迎仆固怀恩，拜于马首，乞行间自效；怀恩亦恐贼平宠衰，故奏留嵩等及李宝臣分帅河北，自为党援。朝廷亦厌苦兵革，敬冀无事，因而授之"。[216]幽州藩镇在李怀仙统治之下，治兵完城，拥兵自重，贡赋不入朝廷，几乎为半独立状态。

历经肃宗时期的平叛，代宗对藩镇一味宽纵，唯恐引起动荡。大历年间幽州两次兵乱，朝廷不敢加一兵一卒。大历二年（768年）六月朱希彩杀李怀仙，朝廷遣王缙为卢龙节度使，以朱希彩为留后，七月，"王缙如幽州，希彩盛兵严备以逆之。缙晏然而行，希彩迎谒甚恭。缙度终不可制，劳军，旬余日而还"。[217]在朝廷无力制置的情况下，朱希彩"骜恣不轨，人不堪"[218]，不久就为孔目官李瑗所杀，军中推主朱泚为留后。经历安史叛乱之后，肃、代宗对安史降将割地置官，使得朝廷威权日削，幽州藩镇势力愈加强大，"山东虽外臣顺，实傲肆不廷"。[219]

德宗在即位初年，有扫平藩镇之志，但是由于措施失当，导致了朱泚叛乱。建中元年（780年）正月魏博田悦为成德李惟岳请继袭，与李正己连兵拒命，德宗决意讨叛。幽州节度使朱滔与诸军讨伐，进展颇为顺利，李惟岳被部将王武俊所杀，田悦，李纳势力穷蹙。但在建中三年（782年）田悦说朱滔、王武俊复叛，导致德宗出奔奉天。遭此变乱之后，德宗也对讨伐藩镇失去了信心，"上还自兴元，虽一州一镇有兵者，皆务姑息"。[220]由于中央的姑息，使得藩镇更为嚣张跋扈，正如《新唐书·藩镇传》序杜牧所言："大历、贞元之间，有城数十，千百卒夫，则朝廷贷以法，故于是阔视大言，自树一家，破制削法，角为尊奢。天子不问，有司不呵；王侯通爵，越録受之；觐聘不来，几杖扶之；逆息肕胤，皇子嫔之。地益广，兵益强，僭拟益甚，侈心益昌。土田名器，分划大尽，而贼夫贪心，未及畔岸，淫名越号，走兵四略，以饱其志"。[221]兴元元年（784年）五月，唐在吐蕃协助下，叛乱始平，朱滔逃归幽州。幽州藩镇在叛乱中又被成德、魏博出卖，损失惨重，相互关系更加恶化，幽州藩镇更加居于劣势。叛乱之后，开始了刘氏父子三代执政时期，在德宗的优容政策下，幽州藩镇父子传代成为了惯例，使得幽州的地方化更趋于定势。但是经历建中年间的打击，幽州藩镇也安守东北，不敢再生事端。贞元十年（794年）三月，刘济与兄刘滩不和，刘滩率所部归京师，幽州藩镇依旧维持了与朝廷表面的臣服关系。

经历肃代以来的姑息，宪宗力图改变藩镇跋扈的局面，以振作朝廷威势。在君臣筹划下对藩镇一一制裁，大有中兴之望。在朝中大臣建议之下，宪宗先扫清西川、浙西，元和七年魏博田弘正归顺，于是元和十年（814年）讨淮西吴元与成德王承宗。为防止幽州藩镇卷入，宪宗没有征调幽州兵参战，而刘济、刘总父子为自全之计，主动出兵，"承宗再拒命，总遣兵取武强，按军两端，以私馈赉。宪宗知之，外示崇宠，进同中书门下平章事。及吴元济、李师道平，承宗忧死，田弘正入镇州，总失支助，大恐，谋自安。又数见父兄为祟……因上疏愿奉朝请，且欲割所治为三；以幽、涿、营为一府，请张弘靖治之；瀛、莫为一府，卢士玫治之；平、蓟、妫、檀为一府，薛平治之。尽籍宿将荐诸朝"。[222]元和十三年，在宪宗君臣的励精图治之下，河北三镇一时穷窘。幽州节度使刘总也是独木难支，不得不分割幽州之地，举家入朝。

虽然宪宗平定藩镇粗告成功，但是继以穆宗、敬宗两朝对藩镇处置失当，致使朝廷再失河朔。穆宗长庆元年五月刘总入朝之后，以张弘靖出任幽州节度使，因张弘靖镇抚不力，幽州兵乱之后朱克融自为节度使，朝廷从此转入了对幽州藩镇的消极干预，而且对河北藩镇的动向格外慎重。太和五年幽州军乱，在牛僧孺的建议下，朝廷采取置身事外的态度，"（太和）五年正月，幽州军乱，逐其帅李载义。文宗以载义输忠于国，遽闻失帅，骇然，急召宰臣谓之曰：'范阳之变奈何？'僧孺对曰：'此不足烦圣虑。且范阳得失，不系国家休戚，自安、史已来，翻覆如此。前时刘总以土地归国，朝廷耗费百万，终不得范阳尺帛斗粟入于天府，寻复为梗。至今志诚，亦由前载义也，但因而抚之，俾扞奚、契丹不令入寇，朝廷所赖也。假以节旄，必自陈力，不足以逆顺治之。'帝曰：'吾初不祥，思卿言是也。'即日命中使宣慰"。[223]虽然幽州节度使李载义在宝历二年（826年）取代朱延嗣后对朝廷表示效顺，但是幽州藩镇处于河朔跋扈藩镇的外围，对朝廷安全并无直接影响，所以文宗时期对幽州采取较为放任的态度。

综上所述，安史之乱后的割据形势，幽州地位受到周边藩镇的很大影响。它作为分裂割据的藩镇，往往与临近强藩巨镇互相勾结，连兵对抗朝廷，保护自己的私利。但是在唐王朝对藩镇有一定优势的时候，又相应地表现出妥协和顺从，不敢彻底与中央决裂。另外由于幽州地处唐王朝最东北边境，对外有契丹、奚族以及回鹘的侵袭，对内有相邻强藩的威胁，从而使得幽州藩镇对唐王朝的背顺上受到更多的外部影响，也对唐中央表现出更多的依赖性。

第四节　唐末五代时期的幽州军事

黄巢之乱，给日薄西山的唐王朝以致命一击。而由于战乱引起藩镇之间的兼并，朝廷也无力干涉，"时藩镇相攻者，朝廷不复为之辨曲直。由是互相吞噬，惟力是视，皆无所禀畏矣"。[224]形成了以宣武、河东、淮南、淮西等几大藩镇为主的割据局面。其中两河强藩巨镇河东李克用与宣武朱全忠的势力最大，诸多藩镇因利益取向而与这两大藩镇结成了错综复杂的利益关系。原本在唐后期势力强大的河朔藩镇在唐末政局陵替之际，却在政治上无所表现，尤其是魏博与成德藩镇依附于大镇之支持维持旧日势力范围，仅有幽州藩镇在唐末及朱梁时期采取一定积极攻势来夺取霸主的地位。

一、唐末五代幽州藩镇的对外攻略

唐末五代藩镇兼并时期，幽州藩镇卷入了对土地的争夺。从李匡威、李匡筹兄弟到刘仁恭、刘守光父子都有对外兼并的野心。但是同当时的强藩河东、宣武两大藩镇相比，幽州藩镇的对外攻略并没有顺利实现，兼并的范围被迫局限于周边的藩镇，而且在对外兼并的过程中受到河东、朱梁以及魏博、成德的坚决抵制。由于实力上的限制，使得幽州对河北的扩张没有取得显著的成效，最终走向了衰落。

幽州藩镇在唐末五代的动荡中，首先的目标是抗衡河东，并在利害相关的条件下，寻求邻藩或强藩的支持和帮助。河东的李克用势力强劲，对河北、关中的藩镇构成直接的威胁，所以幽州藩镇欲图扩张就必然会导致与河东的冲突。李可举是联合邻近藩镇的赫连铎、王镕对河东采取行动，"中和末，以太原李克用兵势方盛，与定州王处存密相缔结。可举虑其窥伺山东，终为己患，遂遣使构云中赫连铎乘其背，则与镇州合谋举兵，兼言易、定是燕、赵之余，云得其地则正其疆理而分之"。[225]继李可举之后，李匡威"素称豪爽，属遇乱离，缮甲燕蓟，有吞四海之志"，[226]多次联合据云中的郝连铎、河北诸镇以及朱全忠进攻河东，"赫连铎、李匡威表请讨李克用。朱全忠亦上言：'克用终为国患，今因其败，臣请帅汴、滑、孟三军，与河北三镇共除之。

乞朝廷命大臣为统帅。'……浚欲倚外势以挤杨复恭，乃曰："先帝再幸山南，沙陀所为也。臣常虑其与河朔相表里，致朝廷不能制。今两河藩镇共请讨之，此千载一时。但乞陛下付臣兵柄，旬月可平。失今不取，后悔无及。'……五月，诏削夺克用官爵、属籍，以浚为河东行营都招讨制置宣慰使，京兆尹孙揆副之，以镇国节度使韩建为都虞候兼供军粮料使，以朱全忠为南面招讨使，王镕为东面招讨使，李匡威为北面招讨使，赫连铎副之"。[227]

幽州藩镇虽然有积极进取河东的意图，但由于实力不足，每每倚它镇之联合而行动，在一定程度上抵御了河东李克用对河北的攻势，"赫连铎据云中，屡引匡威与河东争云、代，交兵积年。景福初，镇州王镕诱河东将李存孝。克用怒，加兵讨之。时镕童幼，求援于燕；匡威亲率军应之。二年春，河东复出师井陉，再乞师，匡威来援"。[228]在李匡威援助之下，李克用一时难以在河北取得有利地位，"李克用引兵围邢州，王镕遣牙将王藏海致书解之，克用怒，斩藏海，进兵击镕，……甲午，李匡威引兵救镕，败河东兵于元氏，克用引还邢州。镕犒匡威于藁城，辇金帛二十万以酬之"。[229]

从僖宗乾符年间李克用父子据代州向河北进取就一直遭到幽州藩镇为首势力的对抗，但到景福二年李匡威被其弟李匡筹所逐，幽州藩镇对河东的抗击形势开始转变。尤其是刘仁恭叛归河东，使得李克用如虎添翼，"幽州将刘仁恭将兵戍蔚州，过期未代，士卒思归。会李匡筹立，戍卒奉仁恭为帅，还攻幽州，至居庸关，为府兵所败。仁恭奔河东，李克用厚待之"。[230]在刘仁恭的协助下，李克用顺利攻克幽州，"刘仁恭数因盖寓献策于李克用，愿得兵万人取幽州。克用方攻邢州，分兵数千，欲纳仁恭于幽州，不克。李匡筹益骄，数侵河东之境。克用怒，十一月，大举兵攻匡筹，拨武州，进围新州"。[231]昭宗乾宁元年十二月李克用击败李匡筹，以幽州为巡属，"春，正月，辛酉，幽州军民数万以麾盖歌鼓迎李克用入府舍；克用命李存审、刘仁恭将兵略定巡属（幽、涿、莫、妫、檀、蓟、顺、营、平、新武等州）"。[232]

李克用以平服幽州之后，幽州开始纳入刘仁恭统治之下，"李克用表刘仁恭为卢龙留后，留兵戍之；壬子，还晋阳。妫州人高思继兄弟，在武干，为燕人所服，克用皆以为都将，分掌幽州兵；部下士卒，皆山北之豪也，仁恭惮之。久之，河东兵戍幽州者暴横，思继兄弟以法裁之，所诛杀甚多。克用怒，以让仁恭，仁恭诉称高氏兄弟所为，克用俱杀之。仁恭欲收燕人心，复引其诸子置帐下，厚抚之"。[233]事实上刘仁恭与河东维持了一段表面上的依附关系，"初，李克用取幽州，表刘仁恭为节度使，留戍兵及腹心将十人典其机要，租赋供军之外，悉输晋阳。及上幸华州，克用征兵于仁恭，又遣成德节度使王镕、义武节度使王郜书，欲与之共定关中，奉天子还长安。仁恭辞以契丹入寇，须兵扦御，请俟虏退，然后承命。克用屡趣之，使者相继，数月，兵不出。克用移书责之，仁恭抵书于地，慢骂，囚其使者，欲杀河东戍将，戍将遁逃获免。克用大怒，八月，自将击仁恭"。[234]李克用此次进攻失败，直到梁均王成化三年其子李存勖攻下幽州。

刘仁恭与虽然与河东决裂，但是与李匡威不同的是并没有联合河朔其他藩镇展开对强藩之进攻，而是积极对河北藩镇进行兼并，"义昌节度使卢彦威，性残虐，又不礼于邻道。与卢龙节度使刘仁恭争盐利，仁恭遣其子守文将兵袭沧州，彦威弃城，挈家奔魏州。罗弘信不纳，乃奔汴州。仁恭遂取沧、景、德三州，以守文为义昌留后。仁恭兵势益盛，自谓得天助，有并吞河朔之志，为守文请旌节，朝廷未许。会中使至范阳，仁恭语之曰：'旌节吾自有之，但欲得长安本色耳，何为累章见拒，为吾言之！'其悖慢如此"。[235]昭宗光化元年（898 年）三月攻下沧、景、德三州，刘仁恭进一步攻取魏博，昭宗光化二年（899 年）正月，"刘仁恭发幽、沧等十二州兵十万，欲兼河朔。攻贝州，拔之，城中万余户，尽屠之，投尸清水。由是诸城各坚守不下。仁恭进攻魏州，营于城北。魏博节度使罗绍威求救于朱全忠。……汴、魏之人长驱追之，至临清，拥其众入永济渠，杀溺不可胜纪。镇人亦出兵邀击于东境，自魏至沧五百里间，僵尸相枕。仁恭自是不振，而全忠益横矣"。[236]

刘仁恭进攻魏博遭到镇州王镕以及朱全忠的阻挠，朱全忠为保有河北对抗河东，加紧对河北诸镇的进攻。昭宗光化三年使王镕服从，"镕以其子节度副使昭祚及大将子弟为质，以文缯二十万犒军。全忠引还，以女妻昭祚"。[237]接着遣大将张存敬会合魏博攻刘仁恭，攻下瀛、景、莫三州，随后又下易、定二州，"由是河北诸镇皆服于全忠（胡注：史言河北诸镇皆羁服于全忠，全忠不能并有其地）"。[238]幽州藩镇在河北的扩张遭遇到朱全忠的强有力压制，但是和魏博、镇冀不同的是刘仁恭仍保持了很大的独立性，天祐三年，朱全忠欲定河北而再次对幽、沧进攻，"朱全忠以幽、沧相首尾为魏患，欲先取沧州……九月，辛亥朔，朱全忠自白马渡河，丁卯，至沧州，军于长芦，沧人不出。……时汴军筑垒围沧州，鸟鼠不能通。仁恭畏其强，不敢战。……刘仁恭求救于河东，前后百余辈。……李克用与将佐谋召幽州兵与攻潞州，曰：'于彼可以解围，于我可以拓境。'乃许仁恭和，召其兵。仁恭遣都指挥使李溥将兵三万诣晋阳，克用遣其将周德威、李嗣昭将兵与之共攻潞州"。[239]

刘仁恭对魏博、镇冀以及易定的吞并因为河东、朱梁的干预而难以取得成功。在刘守光取代其父为幽州节度使后，仍以称霸河北为主要目标。梁太祖开平四年，为防止赵与晋勾结，梁遣将攻镇、定，王镕被迫求助晋、燕，"镕使者至幽州，燕王守光方猎，幕僚孙鹤驰诣野谓守光曰：'赵人来乞师，此天欲成王之功业也。'守光曰：'何故？'对曰：'比常患其与朱温胶固。温之志非尽吞河朔不已，今彼自为仇敌，王若与之并力破梁，则镇、定皆敛衽而朝燕矣。王不早出师，但恐晋人先我矣。'守光曰：'王镕数负约，今使之与梁自相弊，吾可以坐承其利，又何救焉！'赵使者交错于路，守光竟不为出兵"。[240]刘守光企图坐收渔人之利，号令河北的野心日炽，"卢龙、义昌节度使兼中书令燕王守光既克沧州，自谓得天助，淫虐滋甚。每刑人，必置诸铁笼，以火逼之；又为铁刷刷人面。闻梁兵败于柏乡，使人谓赵王镕及王处直曰：'闻二镇与晋王破梁兵，举军南下，仆亦有精骑三万，欲自将之为诸公启行。然四镇连兵，必有盟主，仆若至彼，何以处之？'镕患之，遣使告于晋王，晋王笑曰：'赵人告急，守光不能出一卒以救之；及吾成功，乃复欲以兵威离间二镇，愚莫甚焉'"！[241]在梁太祖乾化元年，刘守光谋求称帝，"燕王守光尝衣赭袍，顾谓将吏曰：'今天下大乱，英雄角逐，吾兵强地险，亦欲自帝，何如？'……又使人讽镇、定，求尊己为尚父，赵王镕以告晋王。晋王怒，欲伐之，诸将皆曰：'是为恶极矣，行当族灭，不若阳为推尊以稔之。'乃与镕及义武王处直、昭义李嗣昭、振武周德威、天德宋瑶六节度使共奉册推守光为尚书令、尚父。守不寤，以为六镇实畏己，益骄，乃具表其状曰：'晋王等推臣，臣荷陛下厚恩，未之敢受。窃思其宜，不若陛下授臣河北都统，则并、镇不足平矣。'上亦知其狂愚，乃以守光为河北道采访使，遣阁门使王瞳、受旨史彦群册命之。……守光命僚属草尚父、采访使受册仪。乙卯，僚属取唐册太尉仪献之，守光视之，问何得无郊天、改元之事，对曰：'尚父虽贵，人臣也，安有郊天、改元者乎？'守光怒，投之于地，曰：'我地方二千里，带甲三十万，直作河北天子，谁能禁我！尚父何足为哉！'命趣具即帝位之仪，械系瞳、彦群及诸道使者于狱，既而皆释之"。[242]七月，刘守光称帝，国号为燕。

称帝之后，刘守光企图进吞河北进一步拓展势力。因当时魏博、镇定势力已经开始衰弱，成为强藩的附属，尤其是魏博罗绍威借朱全忠之手剪除牙兵而导致其势力衰微，"朱全忠克相州。时魏之乱兵散据贝、博、澶、相、卫州及魏之诸县，全忠分命诸将攻讨，至是悉平之，引兵南还。全忠留魏半岁，罗绍威供亿，所杀牛羊豕近七十万，资粮称是，所赂遗又近百万，比去，蓄积为之一空"。[243]罗绍威死后，梁太祖遣大将屯守魏州，魏博藩镇完全丧失了其独立性。镇定节度王镕则在河东、朱梁、幽沧节度之间往来依附，最后在朱梁和幽州的威胁下，王镕与晋结成了联盟。如此一来，刘守光对河北的侵吞招致了更多的压力。

梁太祖乾化元年，河东李存勖急攻河朔，镇守潞州的梁军大败，扭转了河东在河北的败局。为进一步解除河朔藩镇对河东的威胁，当时晋诸将以为："云、代与燕接境，彼若扰我城戍，动摇人情，吾千里出征，缓急难应，此亦腹心之患也。不若先取守光，然后可以专意南讨"。[244]乾化元年（911年）二月李存勖决定亲自攻拔幽州，消除幽州对河东北面的威胁。三年（912年）十二月，"晋王督诸军四面攻城，克之，擒刘仁恭及其妻妾，守光帅妻子亡去。癸亥，晋王入幽州"。[245]自此，幽州入于晋的控制之下，成为抵御契丹进攻的军事要镇，直至石敬瑭割幽云十六州与契丹，幽州沦为契丹统治之下。

二、幽州藩镇衰落的原因

幽州藩镇的对外扩张并没有取得成效，首先和幽州藩镇本身的实力强弱有很大关系。从幽州实力上来说，尽管李匡威恃"燕、蓟劲兵处，轩然有雄天下之意"，[246]刘守光天祐末年"尽率部内丁夫为军伍，耳黥其面"，[247]扫地为兵，自诩"地方千里，带甲三十万"，在刘仁恭父子统治时期据有幽、涿、瀛、莫、沧、景、德、妫、檀、蓟、顺、营、平、新、武等州，在河北诸镇中地域最为广阔。但是幽州藩镇地处北边，历来藩镇节帅替代频繁，州镇分散，对政权的掌握不如魏镇牢固，如王镕"累世镇成德，得赵人心"。[248]魏博"地广兵强"而"朝廷不能制"，尤其"魏兵皆父子相承数拜年，族姻磐接"，"军府强盛"。[249]而且刘仁恭依附李克用得节度使之位，在内政上骄暴，人心不稳，如妫州高思继兄弟，"为燕人所服，克用皆以为都将，分掌幽州兵；部下士卒，皆山北之豪也，仁恭惮之"。[250]经济上也受之制约，李克用以卢龙为巡属，"租赋供军之外，悉输晋阳"。[251]为了聚敛，"悉敛境内钱，瘗于山巅；令民间用堇泥为钱。又禁江南茶商无得入境，自采山中草木为茶，鬻之"。[252]刘守光夺其父之位后，旧部离散，"仁恭将佐及左右，凡守光素所恶者皆杀之。银胡（革录）都指挥使王思同帅部兵三千，山后八安巡检使李承约帅部兵二千奔河东，守光弟守奇奔契丹，未几，亦奔河东"。[253]其兄刘守文守沧景攻刘守光，"力大发兵，以重赂招契丹、吐谷浑之众，合四万屯蓟州"。[254]幽州藩镇的情形正如孙鹤所言："公私困竭，太原窥吾西，契丹伺吾北"。[255]以此实力称霸河朔确有困难。

其次，幽州藩镇没有采取政治上的策略，缺乏政治上的号召力，与周边藩镇之间往往以利害关系而结盟，难以形成牢固而统一的战斗力队伍。幽州藩镇的李可举、李匡威在兼并过程中，主要是联合云州的赫连铎对抗河东，这种联合关系显然是因为幽州无法单独与河东抗衡有关，同时也因种种利害关系的影响不能与其他藩镇形成有效的联盟。就河北的镇定、魏博两镇来说，也不愿看到幽州藩镇的强大，更希望维持割据分裂的局面以保持势力的均衡。昭宗大顺元年（890 年）四月，李匡威联合赫连铎上表请讨伐李克用，朝廷中以张浚为统帅征讨河东，结果张浚兵败，"朝廷震恐，全忠方连兵徐、郓，虽遣将攻泽州而身不至。行营乃求兵粮于镇、魏，镇、魏倚河东为扦蔽，皆不出兵；惟华、邠、凤翔、鄜、夏之兵会之。兵未交而孙揆被擒，幽、云俱败"。[256]在利害关系的影响下，幽州藩镇联合他镇对河东的进攻屡屡失败，无法取得与河东抗衡的机会。不仅如此，幽州藩镇的兼并还遭到河东、宣武的多次打击，河东兵屡破李匡威之兵，昭宗乾宁元年（894 年）十二月在刘仁恭配合下攻入幽州。昭宗光化元年（898 年）正月刘仁恭向魏博进逼，遭朱全忠大将张存敬重创，被迫求救于李克用，最终不得不向朱全忠表示恭顺。

再次，幽州地处边陲，很难与其他藩镇争锋。幽州藩镇地处东北边陲，一方面在自然经济条件下没有特别的优势；另一方面幽州处在大藩镇的包围之下，既不同于河东以扶奖王室为名义与关中藩镇联兵抗敌，也没有像朱梁一样稳定河北，快速兼并淮西、淮南、淄青等要地，然后挟天子令诸侯，取得了政治上的优势。而幽州藩镇为扩大势力的兼并战争却直接危害了邻藩大镇的利益，所以遇到了重重阻力，不断损兵折将，在政治上难以取得成效。

复次，幽州藩镇还担负着防御契丹的任务，这在一定程度上对其兼并扩张也产生不利影响。自唐末以来契丹南进，为患日深。"乘中原多故，北边无备，遂蚕食诸郡，达靼、奚、室韦之属，咸被驱役，族帐寖盛，有时入寇"。[257]契丹为获取支持也与中原势力联合，梁太祖开平元年（907 年）遣使与梁通好。刘仁恭镇守幽州时期对契丹防御十分有力，"卢龙节度使刘仁恭习知契丹情伪，常选将练兵，乘秋深入，逾摘星岭击之，契丹畏之。每霜降，仁恭辄遣人焚塞下野草，契丹马多饥死，常以良马赂仁恭买牧地。契丹王邪律阿保机遣其妻兄述律阿钵将万骑寇渝关，仁恭遣其子守光戍平州，守光伪与之和，设幄犒飨于城外，酒酣，伏兵执之以入。虏众大哭，契丹以重赂请于仁恭，然后归之"。[258]故而契丹以为梁势力强盛，进一步在开平二年请求梁册命，寻求与河东、幽州对抗的支持。乾化元年，刘守光囚禁梁册命使称帝，"受册之日，契丹陷平州，燕人惊扰"。[259]

隋唐五代时期幽州的主要作用在于它军事功能的发挥，而幽州在这一时期的军事地位又有一定的升降。这种地位变化是由于中央王朝的防御策略以及外族关系所决定的。

注释：

1　《通典》卷一百九十七《边防十三·北狄四·突厥上》。

2　《周书》卷五十《突厥传》。

3　6　8　《隋书》卷八十四《北狄·突厥传》。

4　《周书》卷五十《异域下·突厥传》。

5　《资治通鉴》卷一百七十五"太建十三年十二月"条，高宝宁同高保宁。

7　《资治通鉴》卷一百七十五"陈宣帝太建十四年五月"条。

9　《隋书》卷五十一《长孙览传附炽弟晟传》。

10　王仲荦：《北周地理志·下》卷十"河北下幽州"条："于翼传云幽州总管督幽定七州者，盖幽定恒南营安平北燕七州也。"

11　《隋书》卷七十《李子雄传》。

12　《隋书》卷五十一《长孙览传附长孙晟传》。

13　《资治通鉴》卷一百七十五"长城公上至德元年四月"条。

14　参见吴玉贵：《突厥汗国与隋唐关系》，中国社会科学出版社1998年。

15　《隋书》卷三十七《李穆传弗李崇传》："突厥犯塞，（李）崇辄破之。奚、霫、契丹等慑其威略，争来内附。"

16　《隋书》卷三十《地理中》："辽西郡旧置营州，开皇初置总管府。"按《隋书》卷一《高祖纪上》："（开皇三年四月）庚辰，行军总管阴寿破高宝宁于黄龙"，在"（五月）丙寅，赦黄龙死罪已下"，大概在赦宥之际，就已经开始设置营州总管了。最早见于《隋书》的营州总管为韦艺，《隋书》卷47《韦世康传附韦艺传》："（高祖受禅）岁余，拜齐州刺史……在职数年，迁营州总管。"

17　《隋书》卷四十七《韦冲传》："寻拜营州总管。冲容貌都雅，宽厚得众心。怀抚靺鞨、契丹，皆能致其死力。奚、霫畏惧，朝贡相续。高丽尝入寇，冲率兵击走之。"

18　《读史方舆纪要》卷十一《直隶》。

19　《北史》卷九十四《契丹传》。

20　《北史》卷九十四《勿吉传》。

21　《旧唐书》卷一百九十九下《北狄·靺鞨传》。

22　《隋书》卷八十一《高丽传》。

23　《新唐书》卷二百一十九《北狄·黑水靺鞨传》。

24　《北史》卷九十四《高丽传》。

25　26　27　《隋书》卷八十一《高丽传》。

28　《隋书》卷一百七十五《儒林传·刘炫传》。

29　31　《隋书》卷八十四《北狄·契丹传》。

30　《资治通鉴》卷一百七十六"长城公至德三年七月"条。

32　《资治通鉴》卷一百八十"炀帝大业元年八月"条。

33　E·G·Pulleyblank：The Background of the Rebellion of An Lu_ Shan，Oxford Uniersity Press ，1966，P77.

34　《周书》卷六《武帝纪下》：建德六年二月平齐，"乃于河阳、幽、青、南兖、豫、徐、北朔、定并置总管府，相、并二总管各置宫及六府官。"《周书》卷七《宣帝纪》：大象元年二月，"并移相州六府于洛阳，称东京六府。"又诏曰："洛阳旧都，今既修复，凡是元迁之户，并听还洛州。此外诸民欲往者，亦任其意。河阳、幽、相、豫、亳、青、徐七总管，受东京六府处分。"北周以洛阳为中心，加强对高齐旧地的控制。

35　《资治通鉴》卷一百八十"文帝仁寿四年八月"条。

36　38　40　《隋书》卷三《炀帝纪上》。

37　《资治通鉴》卷一百八十"炀帝大业三年五月"条。

39　史念海：《开皇天宝之间黄河流域及其附近地区农业的发展》，《唐代历史地理研究》，社会科学出版社1998年。

41　《资治通鉴》卷一百八十"文帝仁寿四年"条。

42　52　53　《隋书》卷六十五《薛世雄传》。

43　《读史方舆纪要》卷十《直隶一》。

44　《隋书》卷二十四《五行志》。

46　《隋书》卷六十七《裴矩传》。

47　《隋书》卷七十三《郭绚传》。

48　《隋书》卷六十八《阎毗传》。

49　史念海：《开皇天宝之间黄河流域及其附近地区农业的发展》，《唐代历史地理研究》，社会科学出版社1998年。

50　《资治通鉴》卷一百八十一"炀帝大业七年二月"条："诏总征天下之兵，无问远近，俱会于涿。又发江淮以南水手一万人，弩手三万人，岭南排镩手三万人，于是四远奔赴如流。五月，敕河南、淮南、江南造戎车五万乘送高阳，供载衣甲幔幕，令兵士自挽之，发河南、北民夫以供军须。秋，七月，发江、淮以南民夫及船运黎阳及洛口诸仓米至涿郡。"

51　《隋书》卷二十四《食货志》。

54　《隋书》卷三十九《阴寿附阴世师传》。

55　《旧唐书》卷五十六《梁师都传》。

56　《旧唐书》卷五十五《高开道传》："北掠城镇，临渝至于怀远，皆破之，悉有其众。武德元年，隋将李景守北平郡，开道引兵围之，连年不能克。景自度不能支，拔城而去。开道又取其地，进陷渔阳郡，有马数千匹，众且万人，自立为燕王，都于渔阳。"

57　《隋书》卷三十《地理中》渔阳郡条："有长城。有燕山、无终山。有洵河、如河、庚水、灅水、滥水。有海。"北平郡条："有长城。有关官。有临渝宫。有覆舟山。有碣石。有玄水、卢水、温水、闾水、龙鲜水、巨梁水。有海。"

58　《资治通鉴》卷一百八十九"高祖武德四年十一月"条。

59　《资治通鉴》卷一百九十"高祖武德五年十月"条。

60　《新唐书》卷二百一十九《北狄·奚传》。

61　《新唐书》卷一《高祖纪》。

62　不仅在李艺在任时捍御突厥有功，王君廓和幽州长史王诜都曾击走突厥和奚兵。《旧唐书》卷九十二《王君廓传》："晋爵彭国公，镇幽州。击突厥，俘斩二千，获马五千匹。入朝，帝赐所乘马，令自廷中乘以出，谓侍臣曰：'昔蔺相如叱秦王，目眦皆烈。君廓往击建德，李遇之，至发愤大呼，鼻耳皆流血，其勇何特古人哉！朕当不以例赏。'乃赐锦袍金带，还幽州。"

63　《新唐书》卷二百一十五上《突厥上》："帝曰：'突厥盛夏而霜，五日并出，三月连明，赤气满野，彼见灾而不务德，不畏天也。迁徙无常，六畜多死，不用地也。俗死则焚，今葬皆起墓，背父祖命，谩鬼神也。与突利不睦，内相攻残，不和于亲也。有是四者，将亡矣，当为公等取之，安在筑障塞乎？'"

64　《新唐书》卷二《太宗纪》。

65　《新唐书》卷二百一十五上《突厥上》。

66　《资治通鉴》卷一百九十二"太宗贞观二年三月"条。

67　《资治通鉴》卷一百九十三"贞观三年十二月"条。

68　《新唐书》卷二《太宗纪》。

69　《旧唐书》卷六十一《温彦博传》。

70　《旧唐书》卷一百九十四上《突厥传》："于朔方之地，自幽州至灵州置顺、祐、化、长四州都督府。"

71　《资治通鉴》卷一百九十三"太宗贞观四年七月"条。

72　《资治通鉴》卷一百九十九"太宗贞观二十二年十一月"条。

73　《太平寰宇记》卷七十一《北蕃风俗记》。

74　《资治通鉴》卷一百九十一"唐高祖武德四年三月"条。

75　《资治通鉴》卷一百九十二"唐高祖武德六年五月"条。

76　《旧唐书》卷一百九十九上《东夷·高丽传》。

77　《资治通鉴》卷一百九十七"太宗贞观十七年六月"条。

78　《资治通鉴》卷一百九十七"太宗贞观十八年七月"条。

79　《资治通鉴》卷一百九十七"太宗贞观十八年十二月"条。

80　《资治通鉴》卷一百九十七"太宗贞观十八年十二月"条：群臣皆以为："陛下方远征辽左，而置突厥于河南，距京师不远，岂得不为后虑！愿留镇洛阳，遣诸将东征。"

81　《资治通鉴》卷一百九十八"太宗贞观十九年十一月"条："上之征高丽也，使右领军大将军执失思力将突厥屯夏州之北，以备薛延陀。薛延陀多弥可汗既立，以上出征未还，引兵寇河南。"

82　《资治通鉴》卷一百九十八"太宗贞观二十一年二月"条。

83　王德权在《从"汉县"到"唐县"——三至八世纪河北县治体系的考察》（荣新江主编：《唐研究》第五卷，北京大学出版社2000年，第164页）一文中认为，唐贞观之际，河北北部、中部北段出现较明显的增置倾向，表明边陲地带县数增加，与唐前期河北开发的局势相同。

84　《资治通鉴》卷一百九十九"高宗永徽五年闰四月"条。

85　《资治通鉴》卷一百九十九"高宗永徽六年正月"条。

86　《旧唐书》卷一百九十九下《东夷·高丽传》："高丽国旧分为五部，有城百七十六，户六十九万七千；乃分其地置都督府九、州四十一、县一百，又置安东都护府以统之。擢其酋渠有功者授都督、刺史及县令，与华人参理百姓。乃遣左武卫将军薛仁贵总兵镇之，其后颇有逃散。"

87　《新唐书》卷二百一十九《北狄·契丹传》："帝伐高丽，悉发酋长与奚首领从军。帝还，过营州，尽召其长窟哥及老人，差赐缯采，以窟哥为左武卫将军。"同书同卷《奚传》："帝伐高丽，大酋苏支从战有功。"同书同卷《新罗传》：显庆六年"乃以其地分置熊津、马韩、东明等五都督府，各统州县，立其酋渠为都督、刺史及县令。命右卫郎将王文度为熊津都督，总兵以镇之。"

88　《资治通鉴》卷二百"高宗显庆五年正月"条。

89　《新唐书》卷四《则天皇后纪》。

90　《资治通鉴》卷二百四"则天后延载元年正月"条。

91　《通典》卷二百《边防十六·契丹》。

92　《资治通鉴》卷二百六"则天后神功元年五月"条："（孙万荣）引精兵寇幽州。恐突厥默啜袭其后，遣五人至黑沙，语默啜曰：'我已破王孝杰百万之人，唐人破胆，请可汗乘胜共取幽州。'三人先至，默啜喜，赐以绯袍。二人后至，默啜怒其稽缓，将杀之，二人曰：'请一言而死。'默啜问其故，二人以契丹之情告。默啜乃杀前三人而赐二人绯，使为乡导，发兵取契丹新城，杀所获凉州都督许钦明以祭天；围新城三日，克之，尽俘以归。使乙冤羽驰报万荣。时万荣方与唐兵相持，军中闻之，恟惧。奚人叛万荣，神兵道总管杨玄基击其前，奚兵击其后，获其将何阿小。万荣军大溃，帅轻骑数千东走。前军总管张九节遣兵邀之于道，万荣穷蹙，与其奴逃至潞水东，息于林下，叹曰：'今欲归唐，罪已大。归突厥亦死，归新罗亦死。将安之乎！'奴斩其首以降，枭之四方馆门。"

93　《资治通鉴》卷二百六"则天后圣历元年九月"条引《统纪》云："河北积年丰熟，人畜被野，斩啜虏赵、定、恒、易等州财帛亿万，子女羊马而去。河朔诸州怖其兵威，不敢追蹑。"

94　参见附表。

95　岑仲勉在《唐史余渖》（上海古籍出版社1979年，第353页）中认为，幽州有折冲府十七，合妫、平、檀、蓟四州设折冲府不过五、六。按平均一千人算，不过二万多人。加以武后初年在幽州管内所置经略、清夷两军总数四万人。但是以幽州所管内边州数量分布，以上兵力难以供机动征调之用。

96 《旧唐书》卷八十《褚遂良传》："时皇子年幼者多任都督、刺史，遂良上疏曰：'昔两汉以郡国理人，除郡以外，分立诸子。割土分疆，杂用周制。皇唐州县，祖依秦法。皇子幼年，或授刺史，陛下岂不以王之骨肉，镇扞四方？此之造制，道高前烈。如臣愚见，有小未尽……陛下儿子内年齿尚幼、未堪临人者，且留京师，教以经学。一则畏天之威，不敢犯禁；二则观见朝仪，自然成立。因此积习，自知为人。审堪临州，然后遣出……'太宗深纳之。"

97 《全唐文》卷六《荆王元景等子孙代袭刺史诏》，台湾大化书局 1987 年影印版，第 26 页。

98 《旧唐书》卷四《高宗纪》："以雍州牧、幽州都督、沛王贤为扬州都督、左武候大将军，牧如故。"《旧唐书》卷八《玄宗纪》：开元十五年以"鄂王涓为幽州都督、河北节度大使。"

99 《资治通鉴》卷二百二"高宗调露元年六月"条："十月，单于大都护府突厥阿史德温傅、奉职二部俱反，立阿史那泥熟匐为可汗，二十四州酋长皆叛应之，众数十万。遣鸿胪卿单于大都护府长史萧嗣业、右领军卫将军花大智、右千牛卫将军李景嘉等将兵讨之。……为虏所败，死者不可胜数。"

100 《资治通鉴》卷二百二"高宗调露元年十一月"条。

101 《唐会要》卷七十八节度使门（每使管内军附）。

102 《通典》卷一百七十二《州郡二》。

103 《资治通鉴》卷二百六"则天后圣历二年正月"条。

104 《新唐书》卷三十九《地理志》河北道。

105 《资治通鉴》卷二百七"则天后长安二年三月"条。

106 《资治通鉴》卷二百一十"玄宗先天元年二月"条。

107 《资治通鉴》卷二百一十"唐睿宗景云元年十二月"条。

108 《资治通鉴》卷二百一十"睿宗先天元年六月"条。

109 《资治通鉴》卷二百一十"玄宗先天元年十一月"条。

110 《新唐书》卷二百一十九《北狄·奚传》。

111 《资治通鉴》卷二百一十一"玄宗开元二年"载："四月辛巳，突厥可汗默啜复遣使请婚"。"（五月）丙寅，吐蕃使其宰相尚钦藏来献盟书。"

112 《资治通鉴》卷二百一十一"玄宗开元二年五月"条。

113 《新唐书》卷一百一十一《薛讷传》与此同，而《资治通鉴》卷二百一十一"玄宗开元二年五月"载出征数目则达六万："薛讷与左监门卫将军杜宾客、定州刺史崔宣道等将兵六万出檀州击契丹。"

114 《旧唐书》卷九十三《薛讷传》。

115 《新唐书》卷六十六《方镇年表三》幽州条。

116 《资治通鉴》卷二百一十"唐玄宗先天元年八月"条。

117 《册府元龟》卷一百二十四"修武备"："比来缘边镇军，每年更代，兵不识将，将不识兵，岂有缘路疲人，盖是以卒与敌……先以侧近兵人充，并精加简择……专令教练，不得辄有役使。"

118 王永兴：《唐代前期军事史略论稿》，昆仑出版社 2003 年，第 58 页。

119　《资治通鉴》卷二百一十一"玄宗开元四年七月"条。

120　《新唐书》卷二百一十五上《突厥传》。

121　《全唐文》卷二十六《命薛讷等讨吐蕃诏》，台湾大化书局 1987 年影印版，130 页。

122　《全唐文》卷二十六《令河西陇右等处防边诏》，台湾大化书局 1987 年影印版，141 页。

123　《安禄山事迹》卷上："（天宝）十一载三月，禄山引蕃奚步骑二十万直入契丹，以报去秋之役。朔方节度副使奉信王阿布思率同罗数万以会之，布思与禄山不协，遂拥众归汉北。"

124　《资治通鉴》卷二百一十一"玄宗开元三年七月"条："丁酉，以左羽林大将军郭虔瓘兼安西大都护、四镇经略大使。虔瓘请募关中兵万人诣安西讨击，皆给递驮及熟食；敕许之。"

125　《资治通鉴》卷二百一十一"玄宗开元四年七月"条。

126　《通典》卷一百九十八《边防十四·北狄五·突厥中》："四年，突厥又北讨九姓拔曳固，战于独乐河，拔曳固大败，默啜负胜轻归，而不设备，遇拔曳固迸卒颉质略于柳林中，突出击默啜，斩之，便与入蕃使郝灵全传默啜首至京师。"

127　《新唐书》卷一百三十《宋庆礼传》。

128　《新唐书》卷六十六《方镇三·幽州》。

129　《旧唐书》卷八《玄宗纪上》。

130　《资治通鉴》卷二百一十三"玄宗开元十八年五月"条。

131　《旧唐书》卷一百九十九下《北狄·契丹传》："十八年，可突干杀邵固，率部落并胁奚众降于突厥，东华公主走投平卢军。于是诏中书舍人袭宽、给事中薛侃等于京城及关内、河东、河南、河北分道募壮勇之士，以忠王浚为河北道行军元帅以讨之，师竟不行。"《新唐书》卷二百一十九《北狄·契丹传》："幽州长史赵含章发清夷军讨破之，众稍自归。"也不记以忠王出征事。

132　《旧唐书》卷一百九十六上《吐蕃上》："十七年，朔方大总管信安王祎又率兵赴陇右，拔其石堡城，斩首四百余级，生擒二百余口，遂于石堡城置振武军，仍献其俘囚于太庙。于是吐蕃频遣使请和，忠王友皇甫惟明因奏事面陈通和之便……惟明曰：'……今河西、陇右，百姓疲竭，事皆由此。若陛下遣使往视金城公主，因与赞普面约通和，令其稽颡称臣，永息边境，此永代安人之道也。'上然其言，因令惟明及内侍张元方充使往问吐蕃。惟明、元方既至吐蕃，既见赞普及公主，具宣上意。赞普等欣然请和，尽出贞观以来前后敕书以示惟明等，令其重臣名悉猎随惟明等入朝。"

133　《资治通鉴》卷二百一十三"玄宗开元二十年正月"条。

134　《新唐书》卷六十六《方镇年表三·幽州》。

135　《新唐书》卷二百一十九《北狄·渤海靺鞨传》。

136　《资治通鉴》卷二百一十四"玄宗开元二十二年十二月"条。

137　《旧唐书》卷一〇三《张守珪传》。

138　《新唐书》卷二百一十九《契丹传》。

139 《新唐书》卷一百一十五《狄仁杰传》狄仁杰上言："贞观中，克平九姓，册拜李思摩为可汗，使统诸部，夷狄叛则伐，降则抚，得推亡固存之义，无远戍劳人之役。今阿史那斛瑟罗，皆阴山贵种，代雄沙漠，若委之四镇，以统诸蕃，建为可汗，遣御寇患，则国家有继绝之美，无转输之苦。损四镇，肥中国，罢安东，实辽西，省军费于远方，并甲兵于要塞，恒、代之镇重，而边州之备丰矣。且王者外宁，容有内危。陛下姑敕边兵谨守备，以逸待劳，则战士力倍；以主御客，则我得其便；坚壁清野，寇无所得。自然深入有颠踬之虑，浅入无虏获之益。不数年，二虏不讨而服矣。"狄仁杰针对当时西北、北边突厥。吐蕃之祸而出此策，实际上是玄宗以后实行节度使制，屯驻军队杂以蕃将蕃兵，将外族武力加以吸收，一方面是对外族期以同化之功效，一方面是借助其武力御边。

140 《资治通鉴》卷二百一十四"唐玄宗开元二十九年九月"条。

141 《资治通鉴》卷二百一十五"唐玄宗天宝三载三月"条。

142 《新唐书》卷六十六《方镇表三》幽州条：开元二年，玄宗"置幽州节度诸州军管内经略、镇守大使，领幽、易、平、檀、妫、燕六州，治幽州。置营平镇守，治平州。"开元十八年，"幽州节度增领蓟、沧二州。"开元二十年，"幽州节度增领卫、相、洺、贝、冀、魏、深、赵、恒、定、邢、德、博、棣、营、郑（莫）十六州及安东都护府。"天宝元年，"更幽州节度使为范阳节度使，增领归顺、归德二郡。"按《旧唐书》卷三十九《地理志》"归顺州为开元四年所置，安置契丹松漠府弹汗州部落。归德郡本旧燕州，领辽西县，寄治于营州，武德六年内迁幽州城内。归德郡安置黑水粟末突地稽部落。"则幽州节度除上述九州有大量诸军外，其他辖州是供节度使作军需调度之用。

143 《资治通鉴》卷二百一十五"唐玄宗天宝元年正月"条。

144 王永兴在《唐前期军事史略论稿》一书中认为，开元、天宝之际边境军事防御格局，西北防御主要由河西、安西、北庭三节度担负，北边由朔方、河东两节度担负，幽州与平卢则构成东北的防线。

145 《资治通鉴》卷二百一十五"唐玄宗天宝元年正月"条：安西节度统兵二万四千，北庭节度统兵二万，河西节度统兵七万三千，河东节度统兵五万五千，朔方节度统兵五万四千，陇右节度统兵七万五千，剑南节度统兵三万九百，岭南五府经略统兵一万五千四百。西北、北边诸节度多兼统，且大多节镇辖州、军均集中而数目较少。

146 《旧唐书》卷一百三《张守珪传》。

147 《唐会要》卷七十八《诸使中·节度使》。

148 《旧唐书》卷四十二《职官二》载："凡诸军镇，使、副使已上，皆四年一替"。

149 如薛讷、薛楚玉兄弟长期在幽州守御。

150 《新唐书》卷一百三十三《张守珪传》。

151 《旧唐书》卷一百《裴宽传》。

152 陈寅恪：《唐代政治史述论稿》上篇，上海古籍出版社1982年，第47页。

153　据王寿南表，除赵含章、王斛斯两任情况不明外，其余均为汉人。

154　《资治通鉴》卷二百一十四"玄宗开元二十五年七月"条。

155　《资治通鉴》卷二百一十六"玄宗天宝八载五月"条。

156　《资治通鉴》卷二百一十五"玄宗天宝五载正月"条。

157　《旧唐书》卷一百五《韦坚传》："寻发使杀（皇甫）惟明于黔中，籍其资财。"

158　《资治通鉴》卷二百一十五"玄宗天宝四载二月"条。

159　《资治通鉴》卷二百一十五"玄宗天宝六载正月"条。

160　《资治通鉴》卷二百一十五"玄宗天宝六载十月"条。

161　《旧唐书》卷一百六《李林甫传》。

162　《资治通鉴》卷二百一十五"玄宗天宝六载十一月"条。

163　《旧唐书》卷一百四《哥舒翰传》："其冬，玄宗在华清宫，王忠嗣被劾。敕召翰至，与语悦之，遂以为鸿胪卿，兼西平郡太守，摄御史中丞，代忠嗣为陇右节度支度营田副大使，知节度事。仍极言救忠嗣，上起入禁中，翰叩头随之而前，言词慷慨，声泪俱下，帝感而宽之，贬忠嗣为汉阳太守，朝廷义而壮之。"

164　《旧唐书》卷一百三《王忠嗣传》："二十一年再转左领军卫郎将、河西讨击副使、左威卫将军、赐紫金鱼袋、清源男，兼检校代州都督。尝短皇甫惟明义弟王昱，憾焉，遂为所陷，贬东阳府左果毅。"王忠嗣与皇甫惟明为西北节度使，彼此不和有利于朝廷的控制。

165　《资治通鉴》卷二百一十六"玄宗天宝七载六月"条。

166　《新唐书》卷二百二十三《李林甫传》。

167　《资治通鉴》卷二百一十五"天宝六载十一月"条。

168　《新唐书》卷一百三十五《哥舒翰传》。

169　《旧唐书》卷一百四《哥舒翰传》。

170　参见陈寅恪：《书杜少陵哀王孙诗后》，《金明馆丛稿二编》，三联出版社2001年。

171　《资治通鉴》卷二百一十六"玄宗天宝十载二月"条。

172　《资治通鉴》卷二百一十六"天宝十载正月"条："正月丁酉，命李林甫遥领朔方节度使，以户部侍郎暐知留后事。"

173　《新唐书》卷二百二十三上《李林甫传》："（李）林甫薄国忠材屑，无所畏，又以贵妃故善之。及是权益盛，贵震天下，始交恶若仇敌。"

174　《资治通鉴》卷二百一十六"玄宗天宝九载八月"条。

175　《资治通鉴》卷二百一十六"玄宗天宝十一载三月"条。

176　《资治通鉴》卷二百一十六"玄宗天宝十一载三月"条。

177　《新唐书》卷一百三十五《哥舒翰传》。

178　《旧唐书·吉温传》："（李）林甫虽倚以爪牙，温又见安禄山受主恩，……常谓禄山曰：'李右相虽观察人事，亲于三兄（案指禄山），必不以兄为宰相。温虽被驱使，必不超擢。若三兄奏温为相，即奏兄堪大任，挤出林甫，是两人必为相矣。'禄山悦之。"

179 《旧唐书》卷二百二十三上《李林甫传》。

180 《资治通鉴》卷二百一十六"玄宗天宝十二载五月"条。

181 《资治通鉴》卷二百一十六"玄宗天宝十载五月"条。

182 《资治通鉴》卷二百一十六"玄宗天宝十二载五月"条："阿布思为回纥所破，安禄山诱其部落而降之，由是禄山精兵，天下莫及。"

183 《旧唐书》卷二百上《安禄山传》。

184 《资治通鉴》卷二百一十七"玄宗天宝十三载正月"条。

185 《新唐书》卷五《玄宗纪》："十四载三月壬午，安禄山及契丹战于潢水，败之。"

186 《资治通鉴》卷二百一十七"玄宗天宝十三载六月"条。

187 《资治通鉴》卷二百一十七"玄宗天宝十三载正月"条："哥舒翰亦为其部将论功，敕以陇右十将、特进、火拔州都督、燕山郡王火拔归仁为骠骑大将军，河源军使王思礼加特进，临洮太守成如璆、讨击副使范阳鲁炅、皋兰府都督浑惟明并加云麾将军，陇右讨击副使郭英乂为左羽林将军。"

188 《资治通鉴》卷二百一十七"玄宗天宝十四载二月"条："国忠见素言于上曰：'臣有策可坐消禄山之谋。今若除禄山平章事，召诣阙，以贾循为范阳节度使，吕知诲为平卢节度使，杨光翙为河东节度使，则势自分矣。'上从之。已草制，上留不发，更遣中使辅璆琳以珍果赐禄山，潜察其变。璆琳受禄山厚赂，还，盛言禄山竭忠奉国，无有心。上谓国忠等曰：'禄山，朕推心待之，必无异志。东北二虏，藉其镇遏。朕自保之，卿等勿忧也！'事遂寝。"

189 《新唐书》卷六十六《方镇年表三·幽州》。

190 《新唐书》卷六十六《方镇年表三·成德》。

191 194 《新唐书》卷六十六《方镇年表三·泽潞沁》。

192 193 《新唐书》卷六十六《方镇年表三·魏博》。

195 王寿南：《唐代藩镇与中央关系之研究》，台湾大化书局1978年，第146页。

196 《新唐书》卷二百一十《藩镇魏博传序》。

197 《资治通鉴》卷二百二十六"德宗建中二年正月"条。

198 《资治通鉴》卷二百二十七"德宗建中二年八月"条。

199 《资治通鉴》卷二百二十七"德宗建中二年八月"条。

200 《旧唐书》卷一百四十一《田悦传》。

201 《新唐书》卷二百一十二《藩镇卢龙·朱克融传》。

202 《资治通鉴》卷二百四十二"穆宗长庆二年正月"条。

203 魏博仅有田弘正、田布父子，成德有王士真、王元逵、王景崇三任节度对中央恭顺。

204 《旧唐书》卷一百四十三《刘怦传附刘济传》。

205 《旧唐书》卷一百九十九下《北狄·契丹传》："贞元四年，与奚众同寇我振武，大掠人畜而去。"同书同卷《奚传》："贞元四年七月，奚及室韦寇振武。十一年四月，幽州奏却奚六万余众。元和元年，其王饶乐府都督、袭归诚王梅落来朝，加检校司空，放还蕃。三年，以奚首领索低为右武威卫将军同正，充檀、苏两州游奕兵马使，仍赐姓李氏。"以上史料基本与墓志相应证。

206　《资治通鉴》卷二百四十九"宣宗大中四年八月"条

207　《旧唐书》卷一百八十《张允伸传》。

208　《全唐文》卷七百五十四杜牧《罪言》，台湾大化书局1987年影印版，3509页。

209　《新唐书》卷二百一十《藩镇魏博·田承嗣传》。

210　《新唐书》卷二百一十《藩镇魏博·田绪传》。

211　《旧唐书》卷一百四十二《王廷凑传》。

212　《旧唐书》卷一百四十二《李宝臣传》。

213　《资治通鉴》卷二百三十八"宪宗元和四年十一月"条。

214　《旧唐书》卷一百四十二《王武俊附士平传》。

215　《旧唐书》卷一百四十二《王廷凑传附王元逵传》。

216　《资治通鉴》卷二百三十七"宪宗元和二年十二月"条。

217　《资治通鉴》卷二百三十八"宪宗元和四年七月"条，李绛论河北三镇关系之复杂性，以为"群臣见陛下西取蜀，东取吴，易于反掌，故诡谀躁竞之人争献策画，劝开河北，不为国家深谋远虑，陛下亦以前日成功之易而信其言。臣等夙夜思之，河北之势与二方异。何则？西川、浙西皆非反侧之地，其四邻皆国家臂指之臣。刘辟、李锜独生狂谋，其下皆莫之与，辟、锜徒以货财啖之，大军一临，则焕然离耳。故臣等当时亦劝陛下诛之，以其万全故也。成德则不然，内则胶固岁深，外则蔓连势广，其将士百姓怀其累代煦妪之恩，不知君臣逆顺之理，谕之不从，威之不服，将为朝廷羞。又，邻道平居或相猜恨，及闻代易，必合为一心，盖各为子孙之谋，亦虑他日及此故也。"

218　《资治通鉴》卷二百二十六"德宗建中二年正月"条。

219　《资治通鉴》卷二百三十七"宪宗元和二年八月"条。

220　《资治通鉴》卷二百三十九"宪宗元和十年十一月"条。

221　《新唐书》卷二百一十二《朱滔传》。

222　238　《全唐文》卷七百二《巡边使刘濛状》，台湾大化书局1987年影印版，第3326页。

223　228　《新唐书》卷二百一十二《藩镇卢龙·张仲武传》。

224　《资治通鉴》卷二百二十五"代宗大历十年八月"条。

225　《资治通鉴》卷二百二十二"代宗广德元年闰正月"条。

226　《资治通鉴》卷二百二十四"代宗大历二年六月"条。

227　《新唐书》卷二百一十二《李怀仙传》。

229　《资治通鉴》卷二百三十五"德宗贞元十五年十二月"条。

230　《新唐书》卷二百一十《藩镇魏博传序》。

231　《资治通鉴》卷二百三十七"宪宗元和元年正月"条。

232　《资治通鉴》卷二百三十七"宪宗元和四年四月"条。

233　《新唐书》卷二百一十二《藩镇卢龙·刘总传》。

234 《资治通鉴》卷二百四十三"文宗大和元年五月"条。

235 《资治通鉴》卷二百四十三"文宗大和六年十一月"条。

236 《旧唐书》卷一百七十二《牛僧孺传》。

237 《资治通鉴》卷二百四十六"武宗会昌元年八月"条。

239 《资治通鉴》卷二百五十五"僖宗中和四年七月"条。

240 《旧唐书》卷一百八十《李可举传》。

241 243 《旧唐书》卷一百八十《李匡威传》。

242 《资治通鉴》卷二百五十八"昭宗大顺元年四月"条。

244 《资治通鉴》卷二百五十九"昭宗景福二年二月"条。

245 《资治通鉴》卷二百五十九"昭宗景福二年四月"条。

246 《资治通鉴》卷二百五十九"昭宗乾宁元年十月"条。

247 《资治通鉴》卷二百六十"昭宗乾宁二年正月"条。

248 《资治通鉴》卷二百六十"昭宗乾宁二年二月"条。

249 《资治通鉴》卷二百六十一"昭宗乾宁四年七月"条。

250 《资治通鉴》卷二百六十一"昭宗光化元年三月"条。

251 《资治通鉴》卷二百六十一"昭宗光化二年正月"条。

252 《资治通鉴》卷二百六十二"昭宗光化三年八月"条。

253 《资治通鉴》卷二百六十二"昭宗光化三年八月"条。

254 《资治通鉴》卷二百六十五"昭宣帝天祐三年八月"条。

255 《资治通鉴》卷二百六十七"梁太祖开平四年十一月"条。

256 《资治通鉴》卷二百六十七"梁太祖乾化元年二月"条。

257 《资治通鉴》卷二百六十八"梁太祖乾化元年四月"条。

258 《资治通鉴》卷二百六十五"昭宣帝天祐三年七月"条。

259 《资治通鉴》卷二百六十七"梁太祖乾化元年二月"条。

260 《资治通鉴》卷二百六十八"梁太祖乾化三年十二月"条。

261 《新唐书》卷二百一十二《藩镇卢龙·李匡威传》。

262 《旧五代史》卷六十七《赵凤传》。

263 《资治通鉴》卷二百七十一"均王贞明六年"条。

264 《资治通鉴》卷二百六十九"均王贞明元年三月"条。

265 《资治通鉴》卷二百六十"昭宗乾宁二年二月"条。

266 《资治通鉴》卷二百六十一"昭宗乾宁四年七月"条。

267 《资治通鉴》卷二百六十六"太祖开平元年三月"条。

268 《资治通鉴》卷二百六十六"太祖开平元年三月"条。

269 《资治通鉴》卷二百六十七"梁太祖开平三年五月"条。

270 《资治通鉴》卷二百六十八"梁太祖乾化元年四月"条。

271 《资治通鉴》卷二百五十八"昭宗大顺元年十月"条。

272 《旧五代史》卷一百三十七《契丹传》。

273 《资治通鉴》卷二百六十四"昭宗天复三年十二月"条。

274 《资治通鉴》卷二百六十八"梁太祖乾化元年七月"条。

第四章　辽金

在北京历史上影响巨大的两个部族契丹和女真，它们所建立的辽和金两个北方政权，与五代十国和宋所形成的某种政治格局与军事对峙形态，在中国古代史上具有不可忽略的历史地位和社会影响，尤其对于我们探讨北京古都的历史地位及作用，意义甚为突出。

缘于燕京地区的特殊地理形势及相应的区位优势，其一度成为宋辽金争夺的焦点。在对峙征战与和平相处期间，燕京地区在经济发展、社会进步以及民族融合等方面，亦有一定的成就，为北京都城文化形成及发展起到了推动作用。

第一节　宋、辽关于燕京地区的军事争夺

契丹建立政权后，对幽州地区展开了一系列军事争夺。特别是北宋时期，宋辽对燕京地区的军事战争，影响和推动了北京都城文化的形成。一方面，北宋始终没有放弃对幽燕的收复，另一方面，辽对幽燕地区的军事防御不断增强，双方在战争与和议的双轮驱动下生存与发展。

一、契丹与后梁等对幽州的军事角逐

契丹对幽燕地区早已虎视眈眈，与后梁、后唐、后晋、后汉、后周争夺幽州的军事控制权，双方多次在幽州地区展开激战。913 年，李存勖攻占幽州城，命令大将周德威镇守幽州城。917 年二月，新州军士

发动叛乱，首领卢文进率众投奔契丹。三月，卢文进引领契丹进攻新州，周德威率军反击，阿保机率三十万大军救援。缘于力量悬殊，周德威只好退回幽州。契丹乘胜围困幽州。卢文进招诱幽州亡命之人教契丹制造飞梯、冲车等攻城之具，且凿地道，起土山，准备四面攻城。城中晋军也只能随机以应之，保全军民为首要任务。上下恐惧，守将周德威上书请求救援。帝忧形于色，召诸将商议。诸将咸言，"敌势不能持久，野无所掠，食尽自还，然后踵而击之。"李嗣源则曰："德威尽忠于家国，孤城被攻，危亡在即，不宜更待敌衰，愿假臣突骑五千为前锋以援之。"李存审也请求火速发兵，解除幽州城困境。一旦犹豫不决，恐怕幽州城内部发生动乱。阎宝认为，应当搜选锐兵，控制山险，强弓劲弩设伏待之。李存勖曰："吾有三将，无复忧矣。"于是派遣李嗣源、阎宝、李存审率领步骑七万，前往救援。李嗣源率师至涞水，阎宝率师夜过祁沟。周德威遣人告李嗣源曰："契丹三十万，马牛不知其数。近日，所食羊马过半。巴坚责让卢文进，深悔其来。契丹胜兵，散布射猎。巴坚帐前不满万人，宜夜出奇兵，掩其不备。"双方会于易州，易州东北至幽州二百二十里。李存审则认为，双方力量悬殊，契丹人多且以骑兵为主，而后梁军队人少且以步兵为主，如果双方在平原相遇，那么契丹万骑将会对后梁大军给予毁灭性打击。李嗣源也认为，契丹军队没有辎重，轻装上阵，而后梁军队远途跋涉，携带必要的粮食，若平原相遇，一旦后梁的粮食被抢，则会不战自溃。他建议，走山路，潜行至幽州城，与城中军队里应外合，一举歼灭围困幽州的契丹军队。如果行进途中遇到契丹军，则可据险而战。于是，后梁大军从易州北上，穿越大房岭（即今北京房山一带），循着山涧，继续东行。李嗣源与养子从珂率领三千骑兵为前锋，距幽州六十里与契丹军相遇。契丹军惊恐，挟晋王翼而随之。契丹行山上，晋兵行涧下。至谷口，双方展开激战。李嗣源父子力战乃得进至山口。契丹以万骑准备伏击。李嗣源以百余骑先进，脱下盔甲，扬鞭胡语，谓契丹曰："汝无故犯我疆场，晋王命我将百万众直抵西楼，灭汝种族。"西楼为辽上京的标志性建筑。李嗣源跃马扬鞭，急速冲入契丹军队中，斩契丹酋长一人。但只有契丹兵退却，晋兵才能冲出山口。李存审命步兵伐木为鹿角，人持一枝，形成一个寨。契丹骑兵环寨而过，寨中发万弩射之。契丹人马死伤无数。晋兵将至幽州，契丹列阵待之。李存审步兵悄然来到契丹军政后方，命令大家原地待命，让弱卒抱柴燃火，顿时烟尘蔽天。契丹估算不出晋兵到底有多少，只是击鼓合战。李存审乘势发起攻击，契丹大败，余众沿着古北口逃去。所委弃的车帐、铠仗、羊马，漫山遍野。晋兵追之，俘斩万计。李嗣源等进入幽州城，周德威高兴的与他握手，喜极而泣。

契丹围困幽州的失败，让耶律阿保机认识到夺取幽州城的艰巨性，遂从正面攻城略地转变为夺取幽州军事屏障进而孤立幽州城的战略。于是，他任命卢文进为幽州留后和卢龙节度使，不断侵扰幽州外围，杀掠吏民。

923 年，明宗李嗣源即位，派赵德钧镇守幽州，防御力量大为加强。936 年，河东节度使石敬瑭举兵反唐，并采取"称臣契丹事主"的策略，得到契丹的援助，灭了后唐，建立后晋政权。为了酬谢契丹，石敬瑭将幽州、蓟州、瀛州、莫州、涿州、檀州、顺州、新州、妫州、儒州、武州、云州、应州、寰州、朔州、蔚州即所谓"燕云十六州（或幽蓟十六州）"割让给契丹。

在辽前期，燕云十六州的"割让"，可谓一件政治、军事大事。对中原王朝而言，燕云十六州的得失关系到社稷安危。其中的幽、蓟、瀛、莫、涿、檀、顺七州在太行山北支的东南，称为"山前"，其余九州在山的西北，称为"山后"。历史上长城自居庸关以东向西南分出一支，绵亘于太行山脊，到朔州以西复与长城相合，即所谓的内长城。中原失"山后"，犹有内长城的雁门关寨可守，失"山前"则河北藩篱尽撤，契丹的骑兵就可沿着幽蓟以南的坦荡平原直冲河朔。石敬瑭割让十六州，将北边险要之地拱手让与契丹，造成契丹统治者南扰的有利条件，从此中原王朝在与契丹的战争中处于无险可守的被动地位。梁襄在金世宗大定年间对此曾有所评论，他说："燕都地处雄要，北倚山险，南压区夏，若坐堂皇，俯视庭宇，本地所生，人马勇劲，亡辽虽小，止以得燕故能控制南北，坐致宋币。……居庸、古北、松亭、榆林等关，东西千里，山峻相连，近在都歌，易于据守……"。[1] 又由于本地区是一个先进的农业区，它的农业、手工业和其他文化活动都比契丹本部地区发达。因此契丹人对这一地区给予了足够的重视，改幽州为南京，升为陪都。正如有学者指出的，"一些强大的王朝如汉唐，其所以能够同草原民族一争雄长，一是以长城天险为依托，阻御草原民族牧骑南下，以保障中原地区的安全；二是据有一片草原，繁衍马匹，编组为骑兵，主动出击，以机动对机动，以能够支持长期战争的民力为基础，终于战胜对手，成为国势强大之王朝。宋代立国不仅没有像汉唐那样具备上述两个条件，而且长城天险又被契丹占有，国都汴京立处平野，直接暴露在契丹牧骑威胁之下"。[2]

942 年，石敬瑭去世，其侄石重贵即位。赵德钧之子赵延寿被契丹俘获后，被任命为卢龙节度使，镇守幽州。赵延寿欲取代石重贵，多次劝说耶律德光攻打后晋。943 年十二月，耶律德光亲至南京，集结军队五万人，以赵延寿为先锋，南下伐晋。战败而退还幽州。944 年十二月，耶律德光再次率军南下伐晋，同样失败而归。同时，石重贵开始执行收复幽燕计划，征集兵员，亲自出征。很快，晋军北上到达满城一带。此时，闻听耶律德光率军八万南下。石重贵大为恐惧，率军南撤。经过反复决战，辽军失败。后来，后晋又以招安赵延寿为策略，举兵北伐，收复燕云地区。这次明确提出了"先取瀛、莫，安定关南；次复幽燕，荡平塞北"的作战计划。结果，还是北伐失败，后晋也随之灭亡。

947 年，耶律德光即位，建国号为大辽，不久就病死。其侄即位，是为辽世宗。951 年，辽世宗被部将所杀，辽穆宗即位。契丹从此进入衰落时期，对中原地区由战略进攻转为战略防御。954 年，后周世宗即位，制定北伐计划。959 年二月，周世宗宣布亲征幽燕。很快，瓦桥关以南均被后周占领。此时南京留守萧思温，他是一个非将帅才的皇亲国戚，听到后周军队连克三关，逼近幽州，遂上书请求救援。辽穆宗不以为然，"三关本汉地，今以还汉，何失之有"？后在连连告急的情况下，辽穆宗才不得不前往南京督战。后周在是否乘胜北伐上，也有分歧。多数人认为，"取燕南之地，此不世之功"，但担心辽骑兵迅速南下，主张停止进攻，回师朝廷。周世宗力排众议，决定继续北上。就在形成断汉北援，两路大军齐头并进的大好形势下，周世宗突发疾病，周军不得不退却回朝。这时，辽穆宗才到南京，见周兵退走，并没有收复三关，次月也打道回府。《资治通鉴》卷二百九十四《后周纪五》载曰："诸将于行宫，议取幽州。诸将以为，陛下离京四十二日，兵不血刃，取燕南之地，此不世之功也。今虏骑皆聚幽州之北，未宜深入。上不悦。是日，趣先锋都指挥使刘重进先发据固安。上自至安阳水，命作桥。会日暮，还宿瓦桥。是日，上不豫而止。契丹主遣使者日驰七百里诣晋阳，命北汉主发兵挠周边。闻上南归，乃罢兵。"周世宗北伐，是中原王朝第一次有组织有计划有准备的收复幽燕的军事行动，虽取得了重大成果，但收复幽燕并未成功。

二、北宋收复幽燕与宋辽军事对峙

北宋建立初期，从太祖开始，就致力于燕云地区的收复，特别是燕京城的收复。对中原来说，失去云朔固然是很大的损失，但尚有雁门关和内长城一线可守；而幽燕在敌国之手，华北平原门户洞开，契丹随时可渡拒马河驱动大批军马南下。[3]宋与辽的和与战，在很大程度上都与燕京地区密切相关，甚至他们争夺的直接目标就是燕京的管辖权与经营权。

1. 高梁河之战

960 年，北宋王朝建立，中原逐步走向统一，经济稳定发展，辽宋关系曾一度非常有利于中原。宋初十几年中，宋朝基本执行的是先南后北的统一方针，并未对辽主动出击。史载："上自即位，数出微行，或过功臣之家，不可测。赵普每退朝，不敢脱衣服。一夕大雪，普谓上不复出矣。久之，闻叩门声异甚，亟出。则上立雪中。普惶恐迎拜。上曰：'已约吾弟矣。'已而，开封尹光义至。即普堂设金姻地坐，炽炭烧肉，普妻行酒，以嫂呼之。普从容问曰：'夜久寒甚，陛下何以出？'上曰：'吾睡不能著，一榻之外，皆他人家也。故来见卿！'普曰：'陛下小天下耶？南征北伐，今其时也，愿闻成算所向。'上曰：'吾欲收太原。'普嘿然良久，曰：'非臣所知也。'上问其故。普曰：'太原当西北二边，使一举而下，则边患我独当之，何不姑留，以除削平诸国，彼弹丸黑子之地将何所逃？'上笑曰：'吾意正尔，姑试卿耳！'"[4]但收复幽燕地区，宋朝却在积极准备着。史载："太祖一日召赵韩王于别殿，左右无一人，出取幽燕图示之。赵熟视久之，曰：'此必曹翰所为。'帝曰：'何以知之？'曰：'非翰不能也。'帝曰：'何如？'赵曰：'翰必克之，须世世得曹翰守之乃可。'帝不语，携图而入，不复言幽燕之讨"。[5]宋乾德元年（963 年），龙捷军校王明献阵图请讨幽州，太祖虽未即可出兵，但对其大为嘉奖。宋太祖还比较注意搜集幽燕图籍和情报，关注幽燕地区的变化，常与臣下讨论北伐方略。宋太祖对幽燕地区并非一味地采取攻略方针，他曾设想以"赎买"的方式解决。宋太祖把攻略江南地区所获得的财富，单独储藏，曰封椿库。对这一经济行为，他是这么解释的："石晋割幽燕以赂契丹，使一方独限外境，朕甚悯之。欲俟斯库所畜满三百万，遣使谋于彼，倘肯以地归于我，则以此酬之；不然，朕当散府财募勇士以图攻取也"。[6]同时，加强边境建设。建隆二年（961 年）宋太祖曾下令沿边诸州禁止盗马扰民活动。

虽然双方基本处于对峙状态，但一些小的军事冲突时有发生。如辽应历十年（宋建隆元年，960 年）四月，辽燕京部队南侵棣州，宋将何继筠破之，追辽兵直至固安，获马四百匹。辽应历十五年（宋乾德三年，965 年）十一月，辽掠夺宋居民，宋太祖令监军李谦率兵入辽境，俘获燕京南部人口，待辽放还宋民，宋亦纵燕民还辽境。次年正月，辽又侵易州，宋命监军任德义击之。开宝二年（969年），宋太祖攻打北汉，契丹欲入石门增援，结果大败。由于辽穆宗的统治昏暗残暴，燕京不少官员降宋。如辽应历十一年，解利降宋。应历十三年，燕京岐沟关使柴庭翰降宋。十六年，辽南京地区横海军节度使桑进兴降宋。这种局面一直延续到辽景宗初。

辽景宗为辽世宗次子，性格懦弱，但其皇后萧绰（小字燕燕，即承天后）是一位有气魄、有智慧的政治家。辽景宗初年，为平定叛乱，治理内政，一时也无暇对外用兵。而宋朝方面，在统一南方过程中消耗很大，当时也无力北伐，这样辽宋双方都需要一段和平发展的时期。于是出现了南北议和活动。辽保宁六年（宋开宝七年，974年），辽命涿州刺史耶律琮以书遗宋知雄州孙全兴，以求通好。宋太祖令孙全兴全部答应。翌年，辽派使臣聘宋，议和正式形成。这就是所谓的"开宝议和"。有的史书记载，先是宋遣使入辽以求和好。无论怎样，这都是双方主动和议的表现。

开宝议和只带来辽宋短暂的和平相处和社会发展，宋太宗继位后，一举灭了北汉，统一了中原地区，进而开始收复燕云地区。于是辽宋之间爆发了高梁河之战。

宋太宗即位后，计划先灭北汉，然后收复幽燕。宋太平兴国四年（辽保宁十一年，979年），宋太宗亲率大军一举攻下太原城，北汉灭亡，至此，北宋统一了中原地区。灭亡北汉后，宋太宗又亲率诸军沿太行山东麓北上，企图乘胜收复幽燕。

史载，"初攻围太原累月，馈饷且尽，军士罢乏。会刘继元降，人人有希赏意。而上将遂伐契丹，取幽蓟。诸将皆不愿行，然无敢言者。殿前都虞候崔翰独奏曰：'此一事不容再举，乘此破竹之势取之甚易，时不可失也。'上悦，即命枢密使曹彬议调发屯兵"。[7]这说明，当时是否北伐是有不同意见的，多数将士认为不可行，原因是统一南方和征讨北汉使得经费紧张，士兵疲惫，但他们碍于皇帝的权力，而不敢明言。像崔翰这样少数的将臣则认为，不如乘势出击，一举收复幽燕地区。这样的争议，还有其他文献给予记录。如"富郑公言太宗既下并州，欲乘胜收复蓟门，咨于众。参知政事赵昌言对曰：'自此取幽州，如热鏊翻饼耳。'殿前都指挥使呼延赞曰：'此鏊难翻。'"[8]

宋太宗在诸将默认和少数战将极力主战下，遂决定北伐，收复幽燕，并进行了一系列军事准备。979年六月十三日，大军从镇州出发，直指辽南京。六月十九日，大军到达金台顿（今河北易县西南），已入辽统治境内。募集当地向导百日，并派东西班指挥使孔守正等先攻歧沟关。孔守正亲至关中，说服关使刘禹投降。随后，大军进驻歧沟关。宋太宗接受刘禹投降，并留千人镇守歧沟关。六月二十一日，宋军抵达涿州，判官刘厚德举城投降。六月二十二日，宋军到达盐沟顿（今北京良乡南）。六月二十三日，宋军抵达幽州城南，宋太宗驻跸宝光寺。宋军昼夜行军，快速进至南京城下。

对于宋军的这一北伐，辽军早已得知。自宋发动进攻太原的军事行动后，辽景宗即于是年三月"诏北院大王（耶律）奚底、乙室王撒合等以兵戍燕"。《辽史·景宗纪》载曰："宋主来侵。丁卯，北院大王奚底、统军使萧讨古、乙室王撒合击之，战于沙河，失利。"《辽史·萧讨古传》曰："乾亨初，宋侵燕。讨古与北院大王奚底拒之，不克，军溃。讨古等不敢复战，退屯清河。"这里的沙河是位于涿州附近的拒马河或涞水，而不是指北京城北的沙河。[9]这样，耶律沙所领的辽军退至幽州一线，加强了幽州外围的防御。加上稍后进入幽州城的耶律学古援军，辽集结在幽州城内外的军队也不下五六万人。

宋军击败了幽州外围的辽军，立即将幽州团团包围。六月二十五日，宋太宗下令攻幽州，攻城的部署是：定国军节度使宋握攻南面，尚食使侯昭愿副之；河阳节度使崔彦进北面，内供奉官江守钧副之；彰信军节度使刘遇东面，仪驾副使王宾副之；定武军节度使孟元翁西面，闲底副使张守明副之；宋太宗于围城期间，亲自到城北、城西隅督战进攻。据《宋史·宋握传》载："又从征幽州，诏混与尚食使虞昭愿领兵万余，攻城南面。"依此估计，四面攻城宋军当在五万上下。但攻城的重点，在幽州城北、城西，特别是城北城西的外线，尚有耶律沙等的辽军，宋军在这两面投入的军队，必然多于城东城南两面，而且也可能选派一支劲旅戍备外围的辽军，以利于攻城。这样估计，城北、城西军队多增一倍，为两万余，另有一支对西对北的警戒部队两万多，加上护卫宋太宗的军队，约为十二、三万人，总之，宋军投入的总兵力不超过十五万人。[10]

尽管宋太宗一再亲临城下督战，又增添了攻城的八百门炮器。攻城用的云梯、洞子，宋军都曾使用。所谓"洞子"，是"攻城者以牛革蒙木上，士率蒙之而进"[11]的一种攻城器械。赵延进在进攻幽州时，被任命为攻城八作壕寨使，曾负责制造"洞子"和"炮具八百"，得到宋太宗的奖励。[12]但一直到七月六日，幽州城仍是屡攻不破，宋军的士气日益低落。

在此危急情况下，权知南京留守事韩德让（后易名耶律隆运）同辽援军、权南京马步军都指使耶律学古和知三司事刘弘等"日夜登城""随宜备御""安人心，捍城池"，固守待援。在宋军攻城期间，原派去支援北汉的辽南院大王耶律斜轸带兵在宋军侧后实施骚扰袭击，并以此为幽州城内的声援，鼓舞守城部队的士气。辽御盏郎君耶律学古也带兵穴地进入城内，和原守城官吏将领一起，"以计安反侧，随宜备御，昼夜不少懈"，使宋军无隙可击。宋军围困幽州的消息迅速传到辽廷，六月三十日，辽景宗向已在河北的军队将领下达了行动命令，又命令舍利郎君耶律休哥带兵十万急援，并代替奚底为北院大王，统一指挥援燕部队。七月六日，对宋辽都具有决定意义的高梁河战役正式打响。史载，"秋七月癸未，（耶律）沙等及宋兵战于高梁河，少却；休哥、斜轸横击，大败之"。[13]又，"乾亨元年……南京被围。帝命休哥代奚底，将五院军往救。遇大敌于高梁河，与耶律斜珍分左右翼，击败之。追杀三十余里，斩首万余级"。[14]

开战之初，在高梁河与宋军对阵的是原援汉的辽南府宰相耶律沙的军队，在援兵尚未到达前便与宋军交战，虽然战况不利而逐渐后退，仍坚持着等待援兵的出现。战至傍晚，耶律休哥带领的先头部队急驰赶到，便与耶律斜轸分左右翼向宋军横击，幽州城内的辽军及时开城列阵，鸣鼓助威，以为后应。至此，宋军的斗志已彻底瓦解，大败而逃，被"追杀三十余里，斩首万余级"。第二天，惨败的宋军，继续溃逃，太宗被辽骑兵追至涿州，"窃乘驴车遁去"，差一点成了辽军的俘虏。太宗败逃中，大腿还中两箭，箭疮以后年年发作，最后因此夺去他的生命。《辽史·景宗纪》载曰："宋主仅以身免，至涿州，窃乘驴车遁去。甲申，击宋余军，所杀甚重，获兵、器甲、符印、粮馈、货币不可胜计。"宋人王铚《默记》亦载曰："太宗自燕京城下军溃，敌人追之仅得脱。凡行在服御宝器尽为所夺，从人宫殡尽陷没。股上中两箭，岁岁必发，其弃天下竟以箭疮发。"

宋军高梁河之战失败的原因并非偶然，有学者归纳为五条：一是战略上的轻敌思想，二是军纪不肃，三是战术错误，四是人心不稳，五是辽景宗务行宽政，任人不疑，任用了耶律休哥、耶律斜轸、耶律沙等将领，所以能战胜宋军。[15]还有人提出，宋太宗最大的失误，还在于战略上的另外两方面：首先，宋太宗不应轻易放弃和否定太祖对幽燕的战略决策；其次，由于太宗过分从个人政治角度考虑战争问题，以巩固自己的皇位，根本就没有把幽燕和北汉作为一个战略整体来权衡。[16]宋史大家漆侠先生从宋、辽双方深入分析了高梁河之战，有些认识是学术界的共识，不过从战略与战术两个层面强调，则是漆先生的卓识之一。[17]其实，早在明代，就有人对宋太宗的这一战略失误有所认识。陈邦瞻说，"宋之受制夷狄，由失燕蓟；其不能取燕蓟，失在先下太原。昔王朴与周世宗谋取天下，欲先定南方，次及燕，最后乃及太原。盖燕定则太原直中兔耳，将安往哉！……太宗一日忘其本谋，急于伐汉，尽锐坚城之下，仅能克之。师已老矣，复议攻燕，所谓强弩之末，势不能穿鲁缟。一败而没世不振，再举再失利，皆由太宗不知天下之大势，倒行求前，以致颠踬也"。[18] 更为糟糕的是，高梁河之战中，宋军内部还发生了兵变。史载，"既迎大驾至幽州城下，四面攻城，而我军以平晋不赏，又使之平幽，遂军变，太宗与所亲厚夜遁"。[19] 又"魏王德昭，太祖之长子。从太宗征幽州，军中夜惊，不知上所在，众议有谋立者，会知上处乃止。上微闻，衔之，不言"。[20]

表面看来，这场战役的规模比起此后雍熙三年（986 年）的战役为小，因此有人认为，这"在我国古代历史上并不是十分重要的问题，所以人们很少论及"。[21] 实际上，这场战役虽然没有使宋辽双方军事力量产生根本性的变化，但却是后来雍熙北伐失败的一个直接原因，它在很大程度上使北宋政权自太祖以来收复燕云的意图变为不可能。因此，高梁河之战是宋辽双方至关重要的一场战役，也是宋辽关系的一个重要转折点。[22]

2. 雍熙北伐

高梁河之战失败后，尽管宋太宗暂时修养安兵，但仍没有放弃对幽燕地区的收复。宋雍熙三年（辽统和四年，986 年），宋朝开始第二次北伐，即历史上著名的雍熙北伐。

为了北伐顺利，宋太宗还积极疏通河北河道，以便沟通漕运。太平兴国五年（980 年），在命曹翰修固雄、霸等地沿边城池的同时，开始由雄州向南疏通运河至莫州，称为南河，以通河北漕运。为筑大堤，征调劳力数万，并深入燕京境内。第二年，又遣使修河道，抵于辽境。再于清苑（今保定）西北开徐河、鸡矩河，向东通白河。这些河道漕运的开通，对于燕京地区的经济发展具有非常重要的作用。约在 984 年，宋知雄州贺令图与其父贺怀浦向宋太宗上奏，称："虏主（指辽圣宗耶律隆绪）年幼，国事决于其母，其大将韩德让宠幸用事，请乘其衅，以取幽蓟"。[23] 主少、母后专政是事实，但契丹国势不仅没有丝毫削弱，反而有所加强。从这一基本点来看，贺令图等的情报在根本上是不真实的。而宋太宗便是以这个无知作为根据，作出第二次北伐的战略决策。如果说，宋太宗第一次北伐的战略决策是仓促、草率的，而这一次战略决策则是盲目、无知的，因而也是更加危险的。[24]

这次北伐，宋朝共集结兵力三十万，且宋太宗对战争作了统一部署，具体是：东路军由立过很多战功的曹彬总领，自河北中部直接北上，从正面攻打燕京。这一路又分为两支，一支由曹彬本人统领，自保州（今河北保定）趋涿州，然后逾大房山沿山路接近燕京；另一支由米信为主将，出雄州（今河北雄县）涉拒马河而北，正面逼近燕京。这两支部队大约十万人左右，是此次北伐的主力。中路军，由田重进统领，自定州（今河北定县）出飞狐口（今河北蔚县黑石岭），攻打军都山以西的山后诸州，以便切断云朔方面与燕京的联系，进而孤立燕京。西路军由潘美（即"杨家将"所说的潘仁美）为主帅，杨业为副将，出雁门关，攻打山西北部云州（今山西大同）、应州（今山西应县）、朔州（今山西朔县）诸州，扰敌后方，分散辽兵对燕京的注意力，并切断来自大同方面的援军。宋太宗分兵三路的作战意图，"但令诸将先趋云应，卿（曹彬）以十余万众，声言取幽州，且持重缓行，毋得贪利以要敌。敌闻之，必萃劲兵于幽州，兵既聚，则不暇为援于山后矣"！[25]是年正月，中路、东路军出发。三月，宋朝对辽的战争全面打响。

按照宋太宗的作战部署，以曹彬的主力吸引住辽国兵力，使其集结于幽州，无暇西顾，使潘美、杨业的西路军顺利攻占代北诸州。在攻占代北诸州、军都山山后平定之后，西、中路军与东路汇合，共同进攻幽州。但宋太宗的这个战略设想，注定只能是一厢情愿。辽国统帅始终把南京即幽州作为战略重点，从而制订了重点防御、伺机反击的作战方针，以打破宋太宗的作战意图。自是年三月，耶律休哥奏报宋军三路进攻代北燕山要地的军情之后，辽国统帅却作了军事部署，"分遣使者征诸部兵益休哥以击之，复遣东京留守耶律抹只以大军继进"，接着又"趣诏东征兵马以为应援"，用来加强南京辽军的力量；派兵"守平州之海岸"，以防备宋自水上进攻，以策幽州东路之安全；"以枢密使耶律斜轸为山西兵马都统，以北院宣徽使蒲领为南征都统，以副于越休哥"，即是以耶律休哥、耶律斜轸全面抗击宋军；萧太后、辽圣宗于三月间即驻兵驼罗口，发号施令，调遣诸军。

不说辽朝将帅不会坐以待毙，就连宋军自身也会出现行动不协调或战略起变化。一开始，宋军进展迅速。西路军一举夺下朔州、应州、云州等诸州之大半。中路军下飞狐口，继而进驻蔚州。东路军很快进军涿州。但曹彬率领的东路军，因西、中两路军不断传来捷报，立功邀赏的心理和部下的鼓动，违背了原先的战略部署，擅自攻打涿州，遭遇辽兵的顽强抵抗，被迫退兵。但没过几日，曹彬还是不能节制，再次进军涿州，虽然这次暂时取得了胜利，但实力消耗很大。随着辽朝大批军队的增援，曹彬令部队二次撤兵。五月三日，辽兵追至歧沟关，两军接战，宋师大败，死者数万。由于东路军的失败，使辽朝重新调整军事布局，加强云朔兵力援助。宋太宗急命潘美、杨业撤回西线军。杨业护送云朔各州百姓内迁，人员繁杂，步履艰难。为保存实力，杨业欲避辽军主力而徐退。遭到东路军监军王侁的妒忌和诬告，说其怯懦。杨业被激，铤而走险，孤军深入，约潘美于朔州南陈家谷口接应。王侁却撤军而去，杨业遇到辽伏兵，率部决战，最后中箭被擒，拒绝饮食，三日而死。杨业之死，对于辽朝来讲，大为庆幸。因为对辽作战中，杨业名震契丹，被誉为杨无敌。不过，杨业英勇不屈的气节却深得辽朝人所敬仰，当辽宋和好后，辽朝特意在宋使经常通过的古北口外修了一座"杨令公祠"以示纪念。宋朝第二次北伐就这样失败了。

高梁河之战和雍熙北伐两次失利，宋丧失了战争进攻的主动权，陷入消极防御、被动挨打的局面。辽方虽然在战略上取得成功，但胜利的取得并不轻松。《辽史·耶律休哥传》后论曰："宋乘下太原之锐，以师围燕，继遣曹彬、杨继业等分道来伐。是两役也，辽亦岌岌乎殆哉！"

3. 辽南京留守与澶渊之盟

契丹占领幽燕后，幽燕地区的汉族人民也进行了反抗，最初甚至欲将契丹驱逐出燕京。为了稳定局势，契丹立即委派汉人降将赵思温出面镇守南京。没过多久，赵思温被调离。契丹继派赵德钧之子赵延寿重返幽州进行管理。赵氏父子原为后唐的重臣，曾镇守幽州，集聚了大量财富。幽州归属契丹后，赵氏父子也降辽，但并未受到重用。后来辽太宗耶律德光还是启用赵延寿，任其为南京留守，并封其为燕王，总领山南之事。会同元年，契丹又晋升其为枢密使兼政事令。1959 年，北京考古工作者在南苑洋桥村发现了赵德钧及其妻种氏的合葬墓，就很豪华。契丹利用赵延寿想代替石敬瑭而做后晋皇帝的欲望，一举剪灭后晋，而赵延寿的皇帝梦随之也就破灭了。赵延寿死后，辽朝即以契丹人、中台省右相耶律牒蜡为南京留守，封燕王。

辽世宗稍稍稳定内部之后，便以耶律牒蜡为先锋，开始对中原用兵，想重新夺回中原大地。但在南伐过程中，发生了耶律察割刺杀辽世宗的叛乱，而南京留守耶律牒蜡参与其中。辽世宗被刺杀后，耶律璟即位，是为辽穆宗。这是一位昏庸残暴的皇帝，主张安守草原，尽情享乐，激起辽朝内部贵族对其不满，社会矛盾加剧。此次叛乱之后，南京的形势也开始走向混乱。穆宗即位的第二年（952 年），便发生了燕京节度使萧海真与汉族官员李瀚谋奔后周的事件。从此，辽穆宗不敢再派强将驻守燕京，而只以亲信为燕帅。这样，燕京的力量进一步削弱，由军事进攻转为军事防御。此次事件后，穆宗派萧思温为南京留守。但他无勇又无谋，对南京局势无法掌控。叛辽投周现象非常严重，这些人不仅有州县官员，也有军士；既有汉人，也有契丹人、奚人等。这样一来，不利于燕京军事力量加强和经济发展，反而使南京进入中衰时期。

北宋建立后，亦致力于收复幽燕的计划。这时，辽南京留守是汉人高勋。他好结交权贵，是个有政治野心的人。他虽在任长达二十余年，但基本无所作为。辽景宗即位后，他又投景宗之好，被封为秦王。但因其参与暗杀萧思温，遂被诛灭。保宁四年（972年）、五年（973年），景宗连续两次至南京巡视，并以南京人室昉为南京留守。当朝廷内部稳定后，萧太后正式任命耶律休哥为南京留守。

耶律休哥去世后，南京留守由圣宗之弟耶律隆庆担任。此人好战而不善战，他在任期间，改变了耶律休哥结好临边的政策，时常骚扰宋朝边境，这样对南京稳定也造成了不好的影响。辽统和二十二年（宋景德元年，1004年）九月，辽军自南京出发，对宋发动了一次规模庞大的进攻。其目的，一是想用战争与和谈压迫宋朝，以扭转燕京威势不足的局面；二是为了掠夺财富，缓解辽朝自身的经济困境。这次大战，辽朝投入三十万人马，皇太后、皇帝、丞相亲临前线指挥作战，似乎要与宋决一死战。实际上，辽只是想通过军事威势，争得宋辽经济关系和政治关系的主动权。由于宋朝河北将领大都采取闭城自保的方针，造成防御上的漏洞，使辽兵乘隙而入，直抵澶渊。当然，辽兵也遭到部分宋军的一度抵抗，刚抵澶渊，大将萧达凛就中箭身亡。其实，对于双方，并没有真正的得利。宋无心恋战，辽亦见进攻无大前途，于是双方表现出媾和的意图。经过多次和谈，最后达成协议，这就是历史上有名的"澶渊之盟"。盟约要求，双方罢兵，复通友好，今后互不侵犯；宋朝每年向辽纳"岁币"，银十万两，绢二十万匹；双方皆不招降纳叛，维护边境安定。

盟约的建立，结束了自宋朝建国以来双方敌对的局面，形成此后一百多年的辽宋和平相处，这对南北经济发展、社会稳定都提供了十分有利的环境。辽南京正是在此以后进入了一个大发展时期。

辽太平十一年（1031年），辽圣宗去世，其子耶律宗真即位，是为辽兴宗。从此，辽朝进入了朝廷内部政治斗争的激烈时期，这直接影响到南京。南京地区自景宗、圣宗时即形成许多豪门大族，其中既有契丹贵族，又有汉族大地主。当朝廷政治斗争激烈时，他们彼此之间的明争暗斗也表面化、常态化了。如曾任南京留守的耶律重元叛乱，虽没有发生在南京，但与南京有很大关系。诸多交织的矛盾使得燕京在辽朝中后期，进入多事之秋，尽管社会经济在继续发展，但仍受到一定的阻碍，并逐渐表现出衰落的迹象。

耶律重元叛乱平定后，辽道宗加强了对南京的控制，守旧派官员被大量调离幽燕，革新派在燕京的力量加强了。其中，最著名的是耶律仁先和耶律义先兄弟。耶律仁先三次任职南京留守，对南京的稳定和发展作出了贡献。在任期间，他对幽燕汉民采取了比较宽松的安抚政策，提倡种稻，下令减免租税，采取了一些缓和阶级矛盾的措施，对宋采取比较友好的政策。耶律义先为仁先之弟，兴宗末年，任南京统军使，民得休息。

虽有耶律仁先等贤臣的尽职尽责，但还是无法挽救南京衰落的趋势。道宗朝，燕京地区天灾人祸不断。随着金朝的建立，燕京成为宋金争夺的焦点。

4. 耶律淳自立于燕

天辅六年（辽保大二年，1122年），金军夺取中京、西京（今山西大同）等地。天祚帝连连败北，逃入夹山（今内蒙古萨拉齐西北），已失去了号令全国的能力。辽天祚帝出逃后，留守南京的是其叔父耶律淳。耶律淳的父亲和鲁斡与辽道宗系同母兄弟。道宗时期，和鲁斡曾被封为南京留守、天下兵马大元帅。天祚即位后，耶律淳袭父继续为南京留守。女真起兵抗辽后，辽朝耶律章奴曾一度想拥立耶律淳为帝，但遭到耶律淳的反对，并斩劝谏者之首献予天祚帝，深受天祚帝的信任和宠幸。于是，耶律淳又被赠封为秦晋国王，拜都元帅，特别是赋予他很大的军事自主权。这样，耶律淳招募了一支由燕云地区壮丁组成的并完全归他指挥的嫡系军队。但南京真正有实力的军事力量，还属所谓的"怨军"。

早在天辅元年时，辽为了抗击金军西进，招募饥民两万多人，其目的是使这些辽东人抱怨女真，因此被称为"怨军"。史载："辽人始以征伐女真，为女真所败，多杀其父兄，乃立是军，使之抱怨女真，故谓之怨军"。[26]首领是渤海铁州（今辽宁盖县东北）人郭药师。

由于宋金对辽形成夹攻局势，辽帝又出逃在外，这样燕京地区政治局势混乱、复杂。以李处温为首的地方实力派，似乎对整个形势有所认识，觉得回到大宋天下是有希望的。于是，他们就开始了一系列谋划行动。首先，于保大二年（天辅六年，1122年）三月，外借助郭药师的怨军，内联合耶律大石、左企弓等贵族士人，拥立耶律淳为天锡皇帝，降天祚为湘阴王，这就是历史上短命的北辽政权。当然，耶律淳能够自立于燕，也与当时各种形势有关，同时符合当时燕京地区人们的愿望。史载："淳守燕十二年，得人心，号燕王，又谓九大王，又谓罩湘大王。在府番汉百官诸军并僧道父老数万人劝进，遂即位于燕，号天锡皇帝，改保大二年为建福元年，改怨军为常胜军"。[27]

其次，李处温在内外严峻形势下，积极推进北辽降宋的进程。虽然北辽在抵御宋军上取得了一定的胜利与主动（如辽保大二年五月，宋军两路进攻南京，均被北辽军所败），但它面临着宋、金以及远逃在外的天祚帝势力的多重威胁。这时，宋朝又传递出了招降信号。李处温本来早有南奔之意，于是他诱导耶律淳降宋。这位懦弱而无能的皇帝，痛哭流涕地说出了这样一番话："朕以眇躬，荷祖宗之灵，获承大位，本与卿等求保宗庙。女真人骑复据西京，未闻归国。今者大宋重兵临境，与大金夹攻，朕观人事天时，不敢当宝位，欲称藩南朝，与卿等同保血属，未审如何？"[28]李处温一听这话，表面上跟着落泪，内心却窃喜。于是，他立即派使节与宋和谈。

但以萧幹和耶律大石为首的军事实力派，却反对北辽降宋。这样，就形成了两股力量的交争。而作为帝王的耶律淳，却无力协调，做不出实质性决策。同年六月，他就抑郁而死。其妻德妃萧氏在萧幹等人拥护下立为皇太后，主持朝政。而李处温却加紧降宋，私通童贯，欲挟萧后纳土降宋。同时，他又北通于金，作为内应。很快，这一阴谋败露，李处温被迫自杀。

驻守在涿州（今属河北）的常胜军，其首领郭药师，一看燕京的北辽政权即将灭亡，遂以涿、易两州归降宋朝。萧太后在试图借助金或宋的援助而无望的情况下，出逃投奔天祚帝，却被天祚帝杀害。之后，尽管有萧幹自立为帝的政权，但这个政权只存在八个月。而走投无路的天祚帝，虽然随萧后一起归顺他的还有耶律大石，这似乎给了他一丝收复燕云的"希望"，但自傲而无力的他，于保大五年（1125年）二月，在应州（今山西应县）被金兵俘获，辽朝灭亡。

第二节　宋、金关于燕京地区的军事争夺

金朝是从辽朝境内生长出来的新政权，它由女真族建立。女真族兴起于东北松花江流域，在完颜阿骨打的率领下于1115年起兵反抗辽朝统治，阿骨打自称帝，建国号金，定都会宁（今黑龙江阿城南）。由

于辽朝统治的腐朽衰弱，新兴的金政权势若破竹，1125年灭辽朝，后又继续向南扩张，迅速进入中原地区，并于1127年灭北宋，迫使宋室南迁，即为南宋。此后金与南宋以秦岭、淮河一线为界，形成南北对峙的局面。1153年，海陵王完颜亮将金朝都城从上京（今黑龙江阿城）南迁至燕京（今北京），名为中都，取其居"五京"之中之意。金朝的宗室贵族、猛安谋克等政治核心也一并迁移至此，在职官礼乐、军事防御、行政建置、文化教育、社会习俗等方面进行了一系列汉化改革，促进了本地区经济文化的发展与南北方各民族间的交流融合，使之成为北半个中国的政治文化中心。

一、宋金"海上之盟"与燕云交割

澶渊之盟后，宋辽和好百余年。但这种和好是建立在一份和议之上的，且这一和议是特殊形势下的产物，是不对等的。对于宋来讲，他是要每年向辽交纳岁币，并承认辽对燕云十六州的统治权，以此来换得北部边疆安定。这对宋朝君臣来讲是一种"国耻"。随着辽朝自身危机的加深和东北兴起的女真对其的严重威胁，这时的宋朝君臣，再也不能坐以待毙了。他们再次萌生了"收复"燕云的伟大计划。而这次不同以往的一点是，宋朝政府不是单独抗辽而夺取燕云地区，而是欲借助对辽也怀着刻骨怨恨的金作为盟友，执行"收复"计划。

政和元年（辽天庆元年，1111年），宋朝使臣出使辽国，名义上遵循和议而进行友好往来，实际上是在探察北方局势。就在使臣童贯等人返宋途经燕京时，燕人马值的出现，点燃了北宋政府的"收复"计划。

马值，燕京涿县人，世代为燕京大族。当辽朝日益腐败，天祚帝昏庸无道，马值就萌生了回归大宋的想法，他曾"与燕中豪士刘范、李奭及族兄柔吉三人结义同心，欲拔幽蓟归朝"[29]。这当然是他们在积极寻求既得利益的一种保护。当他听说宋使臣童贯驻扎在卢沟河时，觉得这是一次往日梦想实现的大好时机。于是，他想方设法见到童贯，说自己有灭燕之策。童贯与他一交谈，很是欣赏，把他带到了东京汴梁，并改其名为李良嗣。

李良嗣在童贯的暗中帮助下得以献计于宋徽宗。他说："女真恨辽人切骨，而天祚荒淫失道，本朝若遣使自登莱涉海，结好女真，与之相约攻辽，其国可图也。"当时宋朝有些群臣并不赞成所谓的"收复"计划。而宋徽宗觉得有道理，遂亲自召见他，想听一听具体建议。他再次说道："辽国必亡，陛下念旧民遭涂炭之苦，复中国往昔之疆，代天谴责，以治伐乱，王师一出，必壶浆来迎，万一女真得志，先发制人，后发制于人，事不侔矣。"宋徽宗觉得这正合自己的想法，非常高兴，赐他姓赵氏，即赵良嗣，并封为秘书丞。宋朝图燕之议自此而展开。赵良嗣后被誉为"平燕首谋之人"。但他最终却因反对宋朝接纳张觉，被人告以破坏宋辽百年之好、引发金朝侵逼，而被处死。[30]

可以说，赵良嗣归宋及其平燕之策，对北宋末年的政治走势有着重大意义。他重新点燃了北宋收复燕云故土的希望与热情，揭开了北宋实施联金复燕策略的序幕。[31]

虽有赵良嗣"复燕"之策，但宋朝政府还不敢轻易执行这项计划。为了进一步了解北方局势，特别是女真人抗辽情况，宋朝多次派遣使者与金接触，传递结好之意。政和八年（金天辅二年，1118 年），宋徽宗再次派武义大夫马政出使金朝，正式与金相约夹攻辽朝。马政等提出，"克辽之后，五代时陷入契丹汉地，愿界下邑"[32]。这是说，在宋金联合灭辽后，由宋朝收回五代时被契丹掠取的汉地，至于这些汉地，具体指哪些地区，当时并没有认真探讨。金太祖对马政所提的这一要求，没有疑义，只是说了一句："所请之地，今当与宋夹攻，得者有之"。[33]这次往来，虽然标志着宋金迈出了实质性接触的关键一步，但双方并没有正式签约。

宣和二年（金天辅四年，1120 年）春二月，赵良嗣再次出使金朝，这次双方终于达成了一份协定。这就是所谓的"海上之盟"。海上之盟是宋金官方第一次以书面形式签订盟约，它标志着宋金正式结成同盟。按照盟约规定，双方应合力灭辽，不得单方与契丹讲和，这一点是当时双方特别强调的。

至于盟约的具体内容，特别是关于领土分割的规定方面，史学界存在争议。以往较流行的说法是，这次宋金正式盟约规定灭辽之后，燕云诸州归宋。由于金攻占辽南京后，经过多次磋商，金最终答应给宋的只是燕京及其六州土地，显然这是一种违约。但有学者通过大量文献考察，提出宋金原来订约时，金人并未许诺云州一带土地，金人下燕之后，不与宋朝云州一带土地，不属于背盟违约问题。[34]笔者同意这一分析。同时我们也要注意，宋金盟约的签订是一个动态的过程，随之协议内容也是变动的。或许最初，宋朝流露出来的领土分割，只求燕京一带，因为他们对金的认识和了解并不深，不断在试探对方的深浅。但随着形势的推进与变化，宋朝政府可能提出了更多的领土要求，这也无可厚非。所以，在最后解决领土交涉时，赵良嗣不断向金太祖解释和说明："燕京一带旧汉地汉州，则并西京是也"，他一再强调"平、营本燕京地，自是属燕京地分"[35]。同样，金朝这一方，缘于对大宋王朝的惧怕与依赖，开始时对领土分割并不在意，"对于占领汉地，金太祖不大感兴趣"[36]，对赵良嗣所言的"得者有之"也显得很洒脱。但当金太祖阿骨打对宋徽宗及其带领下的君臣与军队了解多了之后，越来越有信心靠自己的实力能完成灭辽而取得帝王尊荣时，他对与宋的领土分割就非常关注，重新审视最初盟约，把重点放在了宋徽宗御笔所书写的"致议约之意，大抵以燕京一带，本是旧汉地，欲相约夹攻契丹，使女真取中京，本朝取燕京一带"[37]这一份协议约定上。所以他们始终认为盟约只规定灭辽后，金人归还的仅为燕京一带。实际上，双方都在寻找有利于自己的盟约内容。

宋徽宗不是不知道辽南京、西京和平州各为一路而误书，而是当时侥幸心理的一种表达。即使宋徽宗不闻北方政事，而作为辽朝大臣的赵良嗣不可能不了解。其实，他们都心知肚明。只不过，在最终交涉中，都想多争取一些领土而已。双方也不存在违约与否的问题，因为这份协议，仅是宋金双方相互利用的一份不稳定协议，对宋而言，风险更大。当时宋朝一些大臣对其已有所认识，如"恐异时唇亡齿寒"、[38]"引强悍之女真以为邻域，……臣恐中国之祸未有宁息之期也"。[39]

宣和四年（天辅六年，1122年）三月，金又遣使与宋会商攻辽事宜。之后，宋朝命童贯为河北、河东路宣抚使，屯兵于边，以便做好与金夹攻辽之准备。同年冬，童贯派郭药师等人率领宋军袭击南京，很快就攻至燕京城下。但这批军队，毫无纪律，有的临阵脱逃。最后，童贯不能占领燕京，慌忙之中遣使入金，想让金接应攻辽。

宋朝此次收复燕京的失败，让金朝君臣看到宋的无力与腐败，觉得这支盟军靠不住，还不如自己前往灭辽。宣和四年（天辅六年，1122年）年末，金太祖率大军抵达居庸关，对燕京发动攻击，并一举占领了辽南京。当时，"燕人乃备仪物以迎之。其始至于燕之大内也，阿骨打与其臣数人皆握拳坐于殿之户限上，受燕人之降。且尚询黄盖有若干柄，意欲与其群臣皆张之，中国传以为笑"。[40]正是这种质朴的帝王作风以及所体现出来的原始平等意识，才能取得这样的胜利。

既然燕京已被攻陷，那么燕京交割问题就摆上日程了。宣和五年（金天辅七年，1123年）正月，宋遣赵良嗣入金，与金太祖商讨燕云交割问题。但金提出种种理由，最终只答应以原辽南京所属的蓟、景、檀、顺、涿、易六州与宋，而宋所要求的平州（今河北卢龙）、营州（今河北昌黎）、滦州（今河北滦县）三州，金认为其不在协议范围之内而拒绝给予。而且，金还以退还燕地导致税收减少为由，在宋过去交纳给辽的岁币上，又增加了一笔巨额补偿。

当初，金朝就连燕京一带也不愿意按约给宋朝。之所以不按规定出牌，一方面是缘于金朝在宋攻燕失败的情况下而独立取得，另一方面，也是更为重要的是金人进入燕京后，在辽降臣的引导下，逐渐对燕京这块土地价值有所认识，不会轻易送给他人。降臣左企弓曾劝金太祖言："君王莫听捐燕议，一寸山河一寸金"。[41]然而，当时的局势，宋这一同盟对金还是有存在意义的。于是，在宋朝君臣的努力下，以增加更多条件换取了燕京。但宋仅得一座空城而已，"燕之金帛、子女、职官、民户为金人席卷而东，朝廷捐岁币数百万，所得空城而已"。[42]尽管如此，北宋王朝却沉浸在一片"胜利"喜悦之中，大加褒奖谋燕之人。

宣和五年（金天辅七年，1123年）八月，金太祖阿骨打在回上京的途中去世。其弟吴乞买被拥立为帝，是为金太宗。这也是一位与其兄长一样具有大志向、大抱负以及非凡智慧才能的一位北方民族统治者。

二、张觉纳土归宋与宋金冲突

耶律淳去世后，辽兴军（平州军号）节度副使张觉认为辽亡已指日可待，为了给自己留出路，他加紧招买兵马。在宋金夹攻辽时，他趁乱在平州（今河北卢龙一带）称雄割据，独霸一方。

金朝眼看平州这一战略要地失去，当然不能漠然视之。起初，金朝希望以和平方式解决平州问题。天辅七年（宣和五年，1123年），金任命张觉为临海军节度使、知平州。但张觉称霸野心早已定之，他不愿意归附金朝。张觉一方面应付金朝使者的劝降，让金朝觉其不会叛金；同时加紧备战。

金太祖占领燕京，在让给宋之前，他把燕京城的人员和物资掠而归朝。起初，金太祖想派兵护送，以便保证安全。而左企弓认为，"如此，是促之乱也"[43]。于是，由左企弓陪送前往金朝都城。就在到达平州地界，这些背井离乡的燕京民众，特别是有钱有身份的达官贵人，私下向张觉哭诉说："宰相左企弓不谋守燕，使吾民流离，无所安集。公今临巨镇，握强兵，尽忠于辽，必能使我复归乡土，人心亦惟公是望"。[44]面对这样的场面，张觉也很悲痛，当然做什么样的选择，也很艰难。在部下劝说下，他错误地估计了形势，认为辽复兴还是有可能的。于是，张觉就杀了左企弓等人，公开表明自己要举复兴大辽之旗帜，带这些燕人回归燕京，随时恭迎天祚帝驾临。

宋朝本想通过海上之盟得到平州，但事与愿违。张觉的这一行动，宋朝统治者觉得这倒是宋取得平州的一个契机。同时，一些降宋的亡辽官员也积极推动促成这一行动。燕人李安弼和辽南京三司使高党皆曾为金人俘虏，后被张觉释放。他们希望张觉附宋而抗金，这样对于他们自身就安全了。李安弼前往平州私见张觉，劝其尽快降宋。在得到张觉的授命后，他又偕高党前往燕山府说服王安中："平州自古形胜之区，地方数百里，带甲十余万，觉文武全才，若为我所用，必能屏翰王室。苟为不然，彼西迎天祚，北通萧幹，将为吾肘腋患矣"。[45]王安中深知其中道理，向朝廷奏报，请求招降，还令李安弼与高党二人去汴京当面向徽宗游说。徽宗当时还是有些犹豫，如果招降张觉，这就意味着违背宋金盟约，从而影响到宋金关系。但张觉在他人的诱导下，不断发出信号，请求内附。

宋朝一些大臣也积极怂恿宋徽宗接纳张觉归附之请求。而赵良嗣却不同意这样做，他认为如此将会招来女真之铁骑。但宋徽宗根本听不见这一劝谏。赵良嗣也正是由于这一反对意见，得罪了高官大人，埋下了他被杀的隐患。宋徽宗派人告知燕山府事詹度，令其尽快办理张觉归附宋朝事宜。宣和五年（金天辅七年，1123 年）六月，张觉正式纳土归宋。

金太祖闻听此事，十分恼火。他们多次想方设法不让平州这一战略要地落入宋朝手中，而张觉的降宋，岂能让金人坐视不理。他们决定对这个所谓"叛逆者"进行严惩。金太祖诏喻平州官吏，发出即将要攻打平州的信号。而张觉率领五万精兵准备与金兵决战。起初，金兵大败张觉。之后，张觉又大败金兵。宋朝为了嘉奖张觉，建平州为泰宁军，封张觉为节度使，令其世袭平州。就在张觉高兴地接受宋朝犒赏时，金朝大将斡离不乘其不备，将其击溃。张觉连夜逃到燕山府，易名为"赵秀才"，躲入郭药师的常胜军中。

张觉逃离平州之后，金遣使诏喻平州官吏与军民投降，但遭到了抵抗。金人一看这样下去也不是办法，于是他们就施压于宋朝，指责宋违背盟约，藏匿叛贼张觉，令将其交出。王安中找来一个貌似张觉的替代，没想到一眼就被认出来。金人更加恼火，扬言要进攻燕山府。于是，宋朝不得已令王安中缢杀张觉，将其头颅交与金人。这再次暴露了宋朝的无能与软弱。

三、郭药师降金与金灭北宋

通过宋廷将张觉杀死而交与金人这件事，常胜军首领郭药师看清了宋朝对那些投诚者并不具有庇护的实力，也令燕之降将为此伤痛落泪。"若来索药师，当奈何？"[46]郭药师这样的自问，预示着他要为自己着想了。

宋得到燕京后，以王安中为知燕山府，詹度、郭药师同知。但郭药师与詹度矛盾很深，相互争权夺利。宋朝廷为了息事宁人，命詹度与河间蔡靖调换职位。蔡靖到了燕山府，与王安中一起安抚郭药师，朝廷对郭药师也是有求必应。但即使这样，郭药师也没有松懈备战，他一方面讨好宋朝部分权贵，让他们在徽宗面前美言，另一方面加紧扩充军备，招兵买马。常胜军号称三十万，且一身辽兵装束。这引起宋朝一些大臣的忧虑。但此时的徽宗却对郭药师宠爱有加，一度拜郭药师为太尉，当然真实目的就是想对其加以控制。郭药师也深知其中缘由，不上徽宗的这一"当"。无奈之下，徽宗派童贯前往燕山，暗中监察郭药师的动向。童贯妄自尊大，郭药师对其顶礼膜拜，"太师，父也，药师唯拜我父，焉知其他？"[47]受到这么尊贵礼遇的童贯，当然在徽宗面前盛赞郭药师，说只要此人在燕山，金人必定不能南下。其实，郭药师还积极与金交通。

种种形势已说明，宋朝不堪一击，金朝占有绝对优势。于是，天会三年（宣和七年，1125 年）冬十月，金太宗下令全线出击伐宋，以粘罕（宗翰）为左副元帅，斡离不（宗望）为南京路都统，分别统率大军从西京（云中）及南京（平州）出发。由于宋朝毫无防备，还沉浸在与金和谈的梦想之中，很快太原就被粘罕大军包围了。

十二月，金兵已南下攻破檀、蓟，逼近燕山府。这时，宋徽宗才感到问题的严重性，但为时已晚。蔡靖忙遣郭药师等人前往抵抗。但当蔡靖进入郭药师大帐，却被拿下，监禁起来。接着，金人斡离不来到易州郊外，郭药师亲自迎接。这已标示他降金了。但宋徽宗却没有公开这一事件，还召集大臣商议封郭药师为燕王，割地与之，令其守卫燕山。这些仅是徒劳而已。

郭药师叛降，也与常胜军来源息息相关。常胜军中多数士兵来自辽水，降宋之后，他们始终想回到自己家乡，因此并不拼死抵抗金兵，反而欲借助金兵入燕而被遣返回乡里。所以，他们是支持郭药师降金的。

金兵迅速南下，逼近宋都汴京。面对突如其来的金兵兵临城下，宋徽宗慌乱一团，急忙欲禅让皇位给太子桓，自己出逃。但这一想法遭到一些大臣反对，不得已，宋徽宗只能做出坚守的样子。但最终，宋徽宗还是把帝位让给了太子，自己退居龙德宫。宋朝立即告知金朝，说新皇帝即位，欲与金和议。当时，统帅斡离不（宗望）想就此罢兵归朝，然而郭药师却坚决认为，金兵应趁机继续南下。靖康元年（金天会四年，1126年）初，宋徽宗逃向东南，即位的宋钦宗本也想跟着逃走，但在抗战派人士李纲劝谏下，不得已留下抵抗金兵。

当金军进抵汴京城下时，宋朝廷内主战与主和两派争论不休。但汴京城也不是那么容易就能攻取的，所以对于金军来讲，和议也不是不可能的。但金人提出的条件非常苛刻，如"须犒师之物金五百万两，银五千万两，绢彩各一百万匹，马驼骡驴之属各以万计，尊其国主为伯父，凡燕云之人在汉者悉归之。割太原、中山、河间三镇之地，又以亲王宰相为质，乃退师"。[48]

其实，金人的这些"狂妄"条件，只不过是一种军事上的诡诈。但宋钦宗却忙于与金议和，甘愿接受金人的这些苛刻条件。靖康元年（金天会四年，1126年）二月，宋许诺割地议和。斡离不得到钦宗求和诏书后，赶紧班师回朝。

金军北返，汴京围困等于解除。当时有大臣向钦宗建议，金人还会南下的，我们应该做好应战准备。可是这位宋朝帝王一心只想求和，还一度解除了主战派的兵权。

没过多久，金军再次南下，仍以粘罕与斡离不为两路元帅。靖康元年（金天会四年，1126年）九月，粘罕攻克太原，斡离不攻下真定。两路金军继续向汴京进发。十一月，两路金军再次直抵汴京城下。这次对于宋朝就不是那么幸运了，很快汴京城被金军攻占。靖康二年（天会五年，1127年）正月，徽、钦二帝当了俘虏。三月七日，立张邦昌为帝，国号楚。北宋灭亡。四月一日，金军撤出汴京，押解宋二帝及宗室、百官千余人回朝。汴京城内金银、绢帛、书籍、宝物和皇宫玺印、珍玩等等全部被金军洗劫一空。五月，康王赵构在应天重建宋政权，史称南宋。

第三节 军事制度与都城文化

战争是一把双刃剑，带来残酷现实的一面，同时也在另一层面起着某种作用。对于宋、辽、金争夺幽燕地区的军事战争来讲，它在一定程度上也推动着北京都城文化的形成。

一、燕京地区军事制度

辽以幽州为南京，不仅是将其作为陪都，它还起着统领整个幽燕地区的作用。南京原称幽都府，辽圣宗开泰元年（1012 年）改为析津府，并改蓟北县为析津县，幽都县为宛平县。

统辖幽燕地区之后，辽朝对其实行因俗而治的政策。为了减少汉族人民的抵抗心理，辽朝对幽燕地区原有的政策、制度、生产与生活方式基本保留不变。"以国制治契丹，以汉制待汉人"，这是辽朝的基本政策，即因俗而治。中央分设北面官和南面官两大系统，北面官治理宫帐、部族和属国之政，其官吏一律用契丹贵族；南面官是辽朝治理汉族州县、管理租赋、治安、军事的机构，一般由汉人担任，也杂以契丹，但着汉服。

南京设有留守司，管理南京军政，留守是南京的最高行政长官，下设南京三司使司。与三司使司并行的有虞候司，皇帝巡幸至燕京，负责巡逻、警卫。有巡警院，负责城内治安。最高军事官为南京统军使，下属有马步兵指挥使。以上这些都属于京官。南京地方有析津府尹，一般由南京留守兼任。至于各州县，一如中原制度。南京军事机构很多，设有都元帅府，又设南京兵马都总管府。随着形势发展，契丹统治者对汉人直接控制辽南京的军事权力不得不格外小心，虽仍采取以汉制汉的策略，但多以契丹人为正留守，控制军权，而以汉人为副留守，管理行政和经济。

灭辽之初，金就想在燕云地区推行猛安谋克制度。这种北方民族原始的行政制度，必然与先进的地区载体发生冲突。因此，金太祖阿骨打于天辅六年（1122 年）攻克燕京后，在接受左企弓、虞仲文等奉表投降的同时，也保留了辽朝原有的行政机构，后来即在此基础上在广宁（今河北昌黎）设枢密院。而金朝廷仍采用的是金人诸勃极烈辅政，并未建立汉官制度，这种状况一直持续到金熙宗即位初期。史载："初，太祖定燕京，始用汉官宰相赏左企弓等，置中书省、枢密院于广宁府，而朝廷宰相自用女直官号"。[49]

天会二年（1124 年），金军攻下平州后，宗望就不再在这一地区推行猛安谋克制度，而是继续维持当地的汉官制度进行统治。《金史·百官志》载曰："汉官之制，自平州人不乐为猛安谋克之官，始置长吏以下。"《金史·兵志》亦载曰："诸部降人但置长吏，以下从汉官之号。"后来攻占燕京，仍然推行这一制度。《金史·韩企先传》又载曰："太宗初年，无所改更。及张敦固伏诛，移置中书、枢密于平州，蔡靖以燕山降，移置燕京，凡汉地选授调发租税皆承制行之。故自时立爱、刘彦宗及企先辈，官为宰相，其职大抵如此。"

最初，因金朝廷并无相应的机构，故设在燕云地区的知枢密院使，只是协助金军统帅处理新附州县民众事务而已。史载曰："（刘彦宗）同中书门下平章事，知枢密院事，加侍中，佐宗望军。宗望奏，方图攻取，凡州县之事委彦宗裁决之"。[50]随着形势的发展，燕京枢密院管辖的不仅是当地的民政，还包括军事要务。《金史·时立爱传》载曰："及宗望再取燕山，立爱诣幕府上谒，拜同中书门下平章事，任其子姪数人。立爱从宗望军数年，谋画居多，封陈国公。表求解机务，不从。"这也显示出，宗望的燕京枢密院，确为具有相当独立性的小朝廷。

既然东路军统帅宗望建立了枢密院管辖燕京地区，突显出一定的特权；那么作为西路军统帅的宗翰当然也不示弱。就在燕京枢密院事刘彦宗去世后，宗翰就并枢密院于云中，以韩企先为相，与时立爱共同管理。史载："领燕京枢密院事刘彦宗以病死，（粘罕）并枢密院于云中，除云中留守韩企先为相，同时立爱主之"。[51]这样，也就有了东西两个枢密院之设，"东路之军斡离不（宗望）主之，西路之军粘罕（宗翰）主之，金人呼作东军、西军。东路斡离不建枢密院于燕山，以刘彦宗主院事，西路粘罕建枢密院于云中，以时立爱主院事，呼东朝廷、西朝廷"。[52]

金朝在燕京等地设立的枢密院制度，仅为金朝一个地区性行政机构，并不属于中央行政系统。因此，它与辽朝南北面官下的南北枢密院制度是有区别的。[53]但这两个枢密院的设立，都是以他们手中的军权为基础的，因此这一行政机构又有着非常大的自主权。

当金太祖在世时，这两个小朝廷都可以不待奏请皇帝而自行除授官吏。早在天会二年二月丁未，"命宗望，凡南京留守及诸阙员，可选勋贤有人望者就注拟之，具姓名官阶以闻"。[54]这是朝廷明确表示对南京地区的一切事物不加干预。

金太宗即位之初，曾一度中止粘罕（宗翰）在云中的西朝廷行使这种独立权，但他不服，并当面要求太宗对他和斡离不（宗望）应一视同仁，授予同等权力。太宗只好满足他的要求，下诏曰："一用先皇帝燕京所降诏敕从事，卿等度其勤力而迁授之"。[55]天会二年（1124 年）二月，金太宗诏喻南京官僚"小大之事，必关白军帅，无得专达朝廷"。[56]这里所说的朝廷，是指金朝中央政权会宁府。天会五年（1127年）六月，斡离不病故，第二年十月刘彦宗也去世了。这时，粘罕趁机扩张自己的势力，他将燕京的枢密院合并于云中，以韩企先、时立爱等为腹心，"时国事大小，罕皆总之，虽卿相拜其前，而罕不为礼。太宗朝，罕之专权，主不能令，至于命相亦取决焉"。[57]粘罕一人独掌东西两路，并且间接控制着伪齐，势力日益膨胀，甚至超越朝廷。在这种情况下，粘罕就成了金朝实行中央集权的一大障碍。

天会十三年（1135年）正月，金太宗病逝。完颜亶即位，是为金熙宗。想继承、推行金太宗改行汉官制度、实行中央集权的事业，金熙宗面临的难题就是粘罕、希尹等这些主控着汉地的军事统帅们。虽然经过太宗、熙宗对他们兵权的削弱甚至剥夺，但他们在汉地的影响仍然存在，势必成为行政制度改革的重要障碍。

天会十五年（1137年），粘罕的一位亲信高庆裔因罪而入狱。粘罕为了挽救这位得力干将，曾上书金熙宗，请求以自己的官爵换取对高庆裔的赦免。然而，金熙宗不仅没有同意他的这一请求，反而以谋反罪名将其打入牢狱。没过多久，粘罕就死于狱中。

在除掉粘罕的同时，金熙宗还废除了刘豫的伪齐政权。接着，金熙宗又铲除了宗室贵族宗盘（金太宗之子）与掌握军政大权的挞懒。这样，金熙宗开始了新一轮的政治改革，金代改革官制、推行汉官制度也就进入了一个新的阶段。

天会十五年（1137年），置行台尚书省于汴京。天眷元年（1138年），金将河南地予宋，故先后又将行台尚书省北移至燕京等地。但北移后的行台，已经不再具有原来中原人自治的性质了。天眷二年（1139年），金又决定不再以河南地归宋，于是又将行台迁回汴京。《金史·百官志》："行台之制。熙宗天会十五年，罢刘豫，置行台尚书省于汴。天眷元年，以河南地与宋，遂改燕京枢密院为行台尚书省。天眷二年，复移置于汴京。"又诏曰："诸州郡军旅之事决于帅府，民讼钱谷，行台尚书省治之"。[58]当时，完颜宗弼（金兀术）领行台尚书省，并兼都元帅。这样，燕京以内直至黄河流域广大地区的军事、行政大权都统归于金兀术一人掌管。除掉了粘罕，如今又出现了一个小朝廷统治者兀术。即使这样，金熙宗还是能按照自己的意愿处理朝政，推进改革。

与太宗不同的是，金熙宗不再推行辽制，而是起用降金的宋臣，以唐宋制度为模式，为金创立一种新的汉官制度。关于对他的评价，有的认为："在他执政期间所发生的外交和军事事件中，他从未起过主要作用，所有军国大政，他都委以宗室大臣，在这位继承人身上，缺少从太祖和太宗身上所体现出来的强烈的领袖气质"。[59]而有的则认为："金熙宗在金朝历史上是一个划时代的人物，其地位犹如辽朝历史上的辽世宗。辽世宗实行中央集权，初步奠定了有辽一代的制度，金熙宗金朝历史上的地位，亦大体如此"。[60]其实，这两种意见说的是一个问题的两个方面。对于军事与外交开拓来说，金熙宗确实不如前两任帝王的英明、果断与睿智，但在推进金朝政治制度改革方面，金熙宗则又起了非常重要的作用。可以说，他为之后的海陵王完颜亮加强中央集权制度建设和迁都燕京奠定了基础。

二、辽南京与金中都构建的军事战略意义

幽燕地区自秦汉以来就成为东北一军事重镇，有着非常重要的战略地位。燕云地区的居庸关、古北口、松亭关、榆关等，无一不是重要的军事关隘。顾祖禹在《金国节要》中对五关形势有如下的描述："燕山之地，易州西北乃金坡关，昌平之西乃居庸关，顺州（今顺义县）之北乃古北口，景州东北（遵化县）乃松亭关，平州之东乃渝关，……自雄州东至渝关，并无保障，沃野千里，北限大山，重冈复岭中，五关惟居庸、渝关可通饷馈，松亭、金坡、古北止通人马，不可行车。其山之南，则五谷良材良木无所不有，出关未数里，则地皆卤瘠，盖天设之险。宋若尽得诸关，则燕山一路可保也"。[61] 这既是中原王朝北方国家安全的屏障，"若得诸关，则燕山之地可得"[62]；又是北方少数民族入主中原的前沿阵地与战略基地，"乃天造地设以分番汉之限，一夫守之，可以当百"[63]。

幽燕地区不仅地势险要，而且还土地肥沃，物产丰富，成为北方中原王朝与少数民族供养的基地。辽国"既得燕、代，益富饶矣"[64]。由于长期民族融合，特别是受到北方少数民族风习的熏染，燕云地区民风逐渐形成一种尚武的社会风习，进而成为一支重要的军事力量。史载："幽州在渤、碣之间，并州北有代、朔，营州东暨辽海。其地负山带海，其民执干戈，奋武卫，风气刚劲，自古为用武之地"。[65] 幽燕地区先进的中原文化，对于北方少数民族崛起与发展也是非常重要的。契丹建辽及辽朝的发展，大量重用燕地汉人是其中一个很重要的因素，"盖北朝（辽）雄盛过古者，缘得燕地汉人"[66]。

地理位置的战略意义，彪悍尚武的风习，丰富的物产资源，这些突出优势，使幽燕地区成为宋辽金之间争夺焦点。无论其倒向哪一方，都会极大改变三方之间的力量对比。而后晋石敬瑭割让燕云十六州予契丹，就造成了南北军事形势的显著变化，这对中原王朝而言，大为不利。之后崛起的女真人也认识到幽燕地区的重要战略地位及其经济、文化价值，亦成为他们选择都城的重要依据之一，"燕都地处雄要，北倚山岭，南压区夏，若坐堂隍，俯视庭宇。本地所生，人马勇劲。亡辽虽小，止以得燕故能控制南北，坐致宋币。燕盖京都之首选也"。[67]

正是由于燕云地区的战略地位，所以自北宋建立以来，就始终在关注并不断执行"收复"计划。宋太祖欲通过积攒钱财、和平赎买的形式解决北部边境问题；宋太宗还一度北伐，企图一举收复幽州；甚至在宋辽和平相处的时期，北宋政府也没有放弃收复幽州的打算。尽管这些"企图"均以失败告终，但"收复"这一国土意识、民族意识从未间断过。这样，我们就容易理解宋徽宗为何那么热衷执行他的"收复"计划。当时，"北宋朝野对于燕云十六州的恢复一事的关心，可说已到了着魔的程度"。[68]辽朝的腐败、女真人的兴起并积极抗辽，这些只不过是宋朝再次执行"收复"计划的助推剂。

同时，我们还要注意这样一个历史现象，即幽州特别是燕京地区民众的民族意识问题。因为，这对宋金之战产生了十分重要的影响。[69]

幽州汉民在五代割让给辽国之初，还是比较倾向于中原内地的。宋太宗北伐时，"太宗皇帝平晋阳，知燕民之徯后也，亲御六军，傅于城下。燕民惊喜，谋欲劫守将出城而降。太宗皇帝以燕城大而不坚，易克难守，炎暑方炽，士卒暴露且久，遂班师矣。城中父老闻车驾之还也，抚其子叹息曰：'尔不得为汉民，命也'"。[70]苏轼对此也曾有记载："幽州士民，谋欲执其帅以城降者，闻乘舆之还，无不泣下。且胡人以为诸郡之民，非其族类，故厚敛而虐使之，则其思内附之心，岂待深计哉！"[71]甚至真宗时期，这种回归之民族意识仍然存在，"近有边民旧为虏所掠者，逃归至燕，民为敛资给导，以入汉界，因谓曰：'汝归矣，他年南朝官家来收幽州，慎无杀吾汉儿也。'其燕、蓟民心向化如此"。[72]

随着入辽后长期生活及社会变化，燕云地区的民族意识越来越淡薄。到宋徽宗"收复"燕云之时，"燕人本无思汉心"已成事实。宣和四年，宋昭上书徽宗就指出："或则又谓山后之民皆有思汉之心，或欲归顺，此尤妄诞之易见者。不惟北虏为备日久，山后之民，往往徙居漠北。又自唐末至于今，数百年间，子孙无虑，已易数世，今则尽为蕃种，岂复九州中国旧民哉？"[73]就连降宋的郭药师亦表现出辽国臣民的情结，"（徽宗）又令取天祚以绝燕人之望，（郭药师）变色而言曰：'天祚，臣故主也，国破出走，臣是以降。陛下使臣毕命他所，不敢辞，若使反故主，非所以事陛下，愿以付他人'"。郭药师回到燕京后，"专制一路，增募兵号三十万，而不改左衽"，仍保持辽国的装饰。[74]民族认同心理上的缺乏，使幽州地区汉民对于北宋收复幽州的举动，持消极甚至抵制的态度。[75]在宋金争夺燕云过程中，燕云人民没有明显的趋向性，他们更关心的是自己的利益。[76]这也就不难解释为何燕云地区频频发生张觉、郭药师等"临阵倒戈"现象，一度降宋，一度又降金。

宋金燕云交涉是整个争夺的核心与实质性内容，但最终宋朝不仅没有实现自己的"收复"梦想，而且随之被驱赶于东南一隅，北宋王朝灭亡了。燕云争夺及交涉的失败，其中缘由，离不开北宋王朝的腐败，积贫积弱的社会现状，军事策略的连连失利，等等因素。[77]

我们谈燕云争夺的影响，不能不提它与北宋灭亡的关系。清代王夫之曾言："通女真之与不通，等也；援辽之与夹攻，等也"、"夹攻也，援辽也，静镇也，三者俱无以自全"。[78]这导出了北宋灭亡是历史发展的必然。如说宋"复燕"计划出台及其失败，推动其速亡，这一点也是成立的。同时，燕云争夺，一方面给北方地区和中原地区带来了灾难；而另一方面，随着大量燕地汉人北迁，促进了我国历史上又一次民族大融合；北宋灭亡，南宋建立，大量汉人南迁，最终导致我国历史上经济重心南移，对于江南开发与发展是有一定推动作用的。

三、宋辽金军事战争与燕京地区社会生活

当然，即使在宋对辽的征战中，宋朝本身在客观上对辽南京发展也起了一定作用。如，统和七年三月，宋朝竟有进士十七人挈家眷投奔南京。辽朝对他们重新加以考核，优秀者补国学官，其余授县主簿、县尉。早在辽景宗时就出现过宋朝军民主动奔辽南京，但像这样成批文人学士举家北迁入南京，还属首次。对于在与宋战争中俘获的人口，辽朝也给以土地、耕牛和种子，令其在南京附近垦田、生活。这对于南京荒地的开发，社会经济的发展，无疑是有积极作用的。宋朝为了有效地防御辽朝南下，在河北一带广开方田，蓄水种稻，史称塘泊政策。这对北方地区的农业生产发展也是有促进作用的，"民赖其利"。从大的方面看，这一措施也在相当程度上改善了幽燕地区的自然生态环境。[79]

对于燕京地区来讲，由于辽朝着力的经营，使之在征战环境下还是取得了一些成绩。辽南京留守制度对幽燕地区的社会发展亦有一定推动作用。如留守室昉与韩德让等人同心辅政，法度修明。他在燕京时，行善政，受到燕京百姓的好评。辽保宁六年（宋开宝七年，974年），辽宋双方签订和议，史称开宝议和。这使得南京得到了短暂的安定，对于恢复当地经济创造了条件。

萧太后摄政期间，任用汉人韩德让。韩德让原为南京留守韩匡嗣之子，韩氏本幽燕大族，韩德让又是一位杰出的政治家。韩德让曾主张限制燕京贵族特权，禁止其鱼肉百姓，减轻对汉民的刑法，削减租

税，平抑商贾。这些政策对南京地区经济发展起了推动作用，促成此后数十年南京最兴旺的时期。当朝廷内部稳定后，萧太后正式任命耶律休哥为南京留守，全面治理南京。

宋雍熙北伐的失败，使它从进攻转入防御。而辽朝方面，则因燕京保卫战两次重大胜利，从战略防御开始转入战略进攻。这样，就可以稳定南部边境，使南京进入一段相对安定的发展期。在以后的几年中，辽朝基本停止了对宋的主动进攻，南京留守耶律休哥全力整顿燕京内务，重视农业生产，减免各种赋税，促进经济发展，同时进行了初步的文化建设。

耶律休哥在任期间，首先，调整了契丹和汉人的民族关系，比如在南京地区一律以汉法量刑，契丹人亦不例外。其次，劝课农桑，立更休之法，减轻农民差役负担，奖励和恢复农业生产，又对孤寡老弱加以救济。再次，注意与宋朝边民尽量保持友好关系，如宋民有牛羊跑至辽境，要主动送还。这样，一定程度上，既改善了南京地区的民族关系，又稳定了社会、发展了经济，自此燕民绝少南逃，加强了燕京汉人对辽朝的认同。

澶渊之盟后，宋辽双方确实都遵守了盟约的基本规定，长期保持友好关系，这对南北经济发展、社会稳定都提供了十分有利的环境。辽南京正是在此以后进入了一个大发展的时期，这不能不说是议和带来的积极效果。辽统和二十六年（1008年）正月，燕京地区因遭旱灾，要求到宋朝境内购买种子，得到宋朝的许可，这就保证了燕京农业生产的正常发展。宋朝还严令禁止沿边安抚使收受燕京商人的贿赂，亦不得恐吓索财。宋还要求边地百姓，遵守贸易规定，到指定榷场进行合法贸易。据史书记载，当时宋辽边境贸易是比较繁荣的。宋真宗大中祥符三年（1010年），真宗下诏令雄州出仓米二万石，贱价出售于燕京灾民，幽燕百姓大受其益。辽圣宗朝对南京地区的农业，采取了一系列奖励政策。开泰三年（1014年），增设南京转运使。开泰八年（1019年），南京发官廪使卖身为奴的农民按佣工赎身。由于这一系列措施，到圣宗太平年间，燕京地区出现了空前的经济繁荣。太平五年（1025年），辽圣宗至燕京，适逢幽燕地区大丰收，百姓争献土产，夜间燕京城内灯火通明，一片盛世繁荣景象。在此期间，辽朝还在南京设立太学，并扩大了太学的活动场所，在南京举试，选拔人才。著名的房山刻经活动就是在这一时期开始的。

澶渊之盟的历史作用，对于燕京地区来讲，更表现在燕京城市功能的转变。虽辽朝升幽州为南京，为陪都之一，但由于中原对其并未放弃争夺，故燕京长期处于宋辽征战的前沿。它的城市职能主要还是军事战略功能。澶渊之盟所带来长期的和平相处局面，使得这一城市职能发生了变化，更多呈现出政治、经济、文化的功能。

第一，在经济方面，盟约签订之前，燕京地区因军事征战之干扰，其农业生产不仅不能正常地发展，而且造成自身物资的贫乏。盟约签订之后，一是辽可从宋获得数目不小的一批岁币，这些岁币都在燕京交割，这无疑对燕京的经济发展是一种刺激与援助。二是和平局面的形成，使得南北经济贸易正常化。盟约签订的第二年，宋朝下令雄、霸等州开置榷场，恢复沿边贸易。自然，南北物资流入燕京地区，使这个地区从军事前沿阵地很快转变为经济中心和财富集结地。辽南京的许多经济机构是在宋辽和好以后才开始设置的。

第二，在文化和政治方面，辽朝在和平局面下才得以在南京设立太学，举行考试，选拔人才。房山石经就是在这一时期开始印刻的。盟约之前，辽朝帝后到南京活动多半是为了军事指挥，而盟约之后，燕京不仅是辽与宋进行政治交往的主要地点，也是与西夏进行政治交往的重要地点。史书关于辽兴宗朝、道宗朝帝王到燕京处理国事的记载颇多，就反映了这一事实。从大的角度来说，燕京的这种发展与转变，为它以后成为国家都城奠定了基础。

第三，盟约之后，燕京长期成为宋辽双方进行经济、文化交流的中心。澶渊之盟后的第二年起，宋、辽使节往来不绝。燕京是辽朝接待宋使的重要地点。为此，燕京当局特于统和二十六年（1008 年）在拒马河北岸设立亭舍，以候宋使。宋朝学史沈文通等至燕京，辽朝效法中原，排仪仗队相迎。宋朝的使节不仅带来了友好交往，更重要的是为燕京地区传播了中原的文化和技术。当然，宋朝的使节也从辽朝学到了不少东西，更进一步了解了北边地区的地理、风土人情等。

第四，盟约之后，辽朝内部汉化进程加快。中原地区文化的输入和传播，促使契丹人自觉或不自觉地接受一些中原的经济、文化各种制度。辽圣宗喜读《贞观政要》等中原史学典籍，还将白居易部分诗集译成契丹文。他积极倡导学习中原文化，开展学唐比宋。辽中京的建设就是仿效幽州城所建，从设计到施工，均出于幽燕匠人之手。其他诸如科举制度、郡县制度、户籍制度等，都离不开燕京对其的影响。

自金朝占领燕云地区，至海陵王迁都南京之前，在燕京地区也并非战争充斥整个历史过程。近来有学者指出，宋金关系并不是以战争为主，而和平相处才是其主流。[80]其实，燕京在这一时期，民族融合下的文化发展，也是一项重要内容，值得我们去关注。

这个时期女真民族对中原汉文化的态度表现为排拒和吸收两个方面。一方面金朝占领燕云地区后，女真文化与中原文化发生了激烈的碰撞，形成一定程度的对立现象。另一方面，女真统治者摄取中原文化，吸纳原辽、宋文人参与政治，文学领域具有明显的"借才异代"特色。[81]

起初，缘于女真人不懂汉语，在处理民族事务中往往陷入被动局面。太宗时期曾任燕京留守的女真贵族银术就是一个典型代表。他因不懂汉语，不熟悉汉地文化，故在处理当地事务时，不可避免地出现了诸多问题，引发各类社会矛盾。宗翰还曾在燕京地区推行汉人女真化政策，实行"薙发易服"，即要求燕云地区汉人要与女真人一样"削去头发，短巾、左衽"，而女真人却"禁民汉服"。这一政策，遂遭到了燕云地区汉人的激烈反抗。

随着形势的推进，女真统治者也逐渐认识到单靠强力推行女真化政策，不利于对汉地占领区的统治和管理。于是，他们不断尝试吸收大量汉人为其政权服务。这些汉人主要来源于三个方面：一部分是燕京原籍者，一部分是宋朝使者被扣留于当地者，还有一部分是通过金朝在燕京地区实行科举考试而录得者。他们对金初燕京地区文化发展，起了非常重要的推动作用。

注释：

1 《金史》卷九十六《梁襄传》。

2 10 17 漆侠：《宋太宗第一次伐辽：高粱河之战》，《河北大学学报》1991 年第 3 期。

3 曹子西主编：《北京通史》第 3 卷，中国书店 1994 年，第 105 页。

4 宋李焘：《续资治通鉴长编》卷九"开宝元年七月丙午纪事"。

5 王巩：《随手杂录》，文渊阁四库全书。

6 陈邦瞻：《宋史纪事本末》卷一《太祖代周》，中华书局 1917 年。

7 《续资治通鉴长编》卷二十《太宗》。

8 汪士禛：《池北偶谈》卷二十三《鳌字撏字》，中华书局 1982 年。

9 参见于光度：《宋辽高粱河战役及其战场》，《北京文物与考古》第 1 辑，北京燕山出版社 1983 年。

11 《宋史》卷二百六十《李汉琼传》。

12 《宋史》卷二百七十一《赵延进传》。

13 《辽史》卷九《景宗纪》下。

14 《辽史》卷八十三《耶律休哥传》。

15 张其凡：《从高粱河之败到雍熙北伐》，《华南师范大学学报》1983 年第

3 期。

16　22　王晓波：《宋太宗对辽战略的失误——评宋辽高梁河战役》，《四川大学学报》1999 年第 2 期。

18　《宋史纪事本末》卷十二《平北汉》载陈邦瞻言。

19　王铚：《默记》卷上。

20　司马光：《涑水记闻》卷二，中华书局 1989 年。

21　见张义忱：《论宋辽高梁河之战》，《沈阳师范学院学报》1988 年第 3 期。

23　《宋会要辑稿·蕃夷》、《续资治通鉴长编》卷二十七"雍熙三年正月"。

24　漆侠：《宋太宗雍熙北伐》，《河北学刊》1992 年第 2 期。

25　《续资治通鉴长编》卷二十七"雍熙三年夏四月"。

26　《三朝北盟会编》政宣上帙七。

27　《三朝北盟会编》政宣上帙五。

28　《三朝北盟会编》政宣上帙六。

29　30　《宋史》卷四百七十二《赵良嗣传》。

31　狄宁：《宋金燕云交涉研究》，西北师范大学历史系，硕士学位论文，2009 年。

32　33　《金史》卷二《太祖纪》。

34　赵永春先生多次撰文对这一问题进行考察，得出了这样的结论。详见赵永春：《关于宋金"海上之盟"的几个史实问题》，《北方文物》1985 年第 2 期；赵永春、厉永平：《宋金"海上之盟"期间的领土交涉一以赵良嗣〈燕云奉使录〉的记载为中心》，《北华大学学报》2005 年第 6 期。

35　《三朝北盟会编》政宣上帙四引赵良嗣《燕云奉使录》。

36　外山军治：《金朝史研究》，黑龙江朝鲜民族出版社 1988 年，第 12 页。

37　《三朝北盟会编》政宣上帙四引赵良嗣《燕云奉使录》。

38　《宋史》卷三五《郑居中传》。

39　《宋史》卷三七一《宇文虚中传》。

40　《三朝北盟会编》政宣上帙一二引《北征纪实》。

41　《金史》卷七十五《左企弓传》。

42　陈均《九朝编年备要》卷二十九，四库全书本。

43　《金史》卷七十五《左企弓传》。

44　《辽史》卷二十九《天祚皇帝本纪》。

45　《宋史》卷四百七十二《张觉传》。

46　47　74　《宋史》卷四百七十二《赵良嗣传附郭药师传》。

48　汪藻原《靖康要录》卷一，四川大学出版社，2008 年。

49　《金史》卷七十八《韩企先传》。

50　《金史》卷七十八《刘彦宗传》。

51　《三朝北盟会编》炎兴下帙三二。

52　《三朝北盟会编》政宣上帙二四。

53　李锡厚、白滨：《辽金西夏史》，上海人民出版社 2003 年，第 173 页。

54 《金史》卷三《太宗纪》。

55 《金史》卷七十四《宗翰传》。

56 《金史》卷三《太宗本纪》。

57 《大金国志》卷二十七《粘罕传》。

58 《金史》卷七十七《宗弼传》。

59 （德）傅海波，（英）崔瑞德编：《剑桥中国辽西夏金元史》，中国社会科学出版社1998年，第273页。

60 李锡厚、白滨：《辽金西夏史》，上海人民出版社2003年，第194页。

61 《读史方舆纪要》卷十一。

62 63 《大金国志》卷二《太祖武元皇帝下》。

64 《辽史》卷四十八《百官志四》。

65 《辽史》卷三十七《地理志一》。

66 《三朝北盟会编》政宣上帙四。

67 《金史》卷九十六《梁襄传》。

68 陶晋生：《宋辽关系史研究》，台湾联经出版事业公司1984年，第102页。

69 刘文建：《试论宋金之战中的"燕云因素"》（《东北史地》2006年第4期）、曾谦《幽州的取得与北宋的灭亡》（《江汉论坛》2013年第1期）等文，对此都有所关注与分析。

70 路振：《乘轺录》，中华书局1991年。

71 茅坤：《唐宋八大家文钞》卷一百三十八《东坡文钞二十二·苏氏父子之论敌情一一深中》。

72 路振：《乘轺录》。

73 《三朝北盟会编》政宣上帙八。

75 曾谦：《幽州的取得与北宋的灭亡》，《江汉论坛》2013年第1期。

76 刘文建：《试论宋金之战中的"燕云因素"》，《东北史地》2006年第4期。

77 宋馥香：《金朝争夺燕云地区的策略探析》（《北方文物》2001年第1期）、曾谦《幽州的取得与北宋的灭亡》（《江汉论坛》2013年第1期）、狄宁《宋金燕云交涉研究》（西北师范大学历史系，硕士学位论文，2009年）等文，对此均有所分析。

78 王夫之：《宋论·徽宗》，中华书局2011年。

79 曹子西主编：《北京通史》第3卷，中国书店1994年，第135页。

80 参见赵永春：《论宋金关系的主流》（《蒙自师范高等专科学校学报》2001年第1期）、《关于宋金关系的几个问题》（《黑龙江民族丛刊》2001年第1期）以及《金宋关系史研究》（吉林教育出版社1999年）等论著。

81 参见王万志：《金代区域文化研究》，吉林大学，博士学位论文，2009年。

第五章　元代

　　元朝在中国历史上是一个存在时间比较短暂的朝代，但是，却创造了一个辉煌的时代，它的产生和发展，对整个世界的历史进程都产生了巨大影响，迅速建立横跨亚欧大陆的庞大帝国，迅速完成中国的统一大业，这些政绩的取得，都是依托着强大的军事力量。而有效的军事组织、杰出的军事战略、勇猛的作战风格，都是创造这段历史的坚实基础。

　　北京在元代的这段历史时期中占有十分重要的地位。首先是这里所具有的重要战略地位，成为刚刚崛起的蒙古国进占中原地区的首要攻击目标。在占据这里之后，又成为向中原其他地区进一步扩张的大本营，以及占据中原地区之后的统治中心。其次，当元朝在完成统一中国大业的过程中，这里又逐渐形成为全国的政治和文化中心，以及连接农耕区域与游牧区域的重要枢纽。

　　在元朝建立后的近百年时间里，作为政治中心，许多重要的政治活动都是在这里进行的，许多重大的军事行动都是在这里决策的，而在蒙古统治阶层发生矛盾冲突时，许多重大的政治和军事事件也是在这里爆发的。因此，元代的大都城又是全国的军事中心。在这里驻扎着大量的军队，有着比较完善的军事防卫体系，以确保蒙古帝王们的安全。当农民起义的浪潮一波高于一波，不断冲击着元朝的腐朽统治时，蒙古帝王被迫逃回到大草原上去，同时也就结束了在中原地区的统治。

第一节　大都地区发生的重大军事事件

从蒙古国建立，到元朝灭亡，大都地区曾经发生过多次重大的军事事件，最初是蒙古军队在攻伐金朝的战争中，双方围绕金中都城展开了激烈的攻防战，结果是金朝统治者采取逃跑政策，将都城南迁到汴京（今河南开封），试图依仗黄河天险抵抗蒙古国的进攻。但随着金中都的陷落，中原地区迅速丢失，最终导致了蒙、宋联手攻灭金朝的结局。

蒙古国占有中原地区的同时，一方面是蒙古向外扩张的趋势并没有中止，而是不断加剧。另一方面，则是蒙古统治集团内部矛盾不断激化。灭金战争后拖雷的暴毙是第一次矛盾的解决，元宪宗的即位成为第二次矛盾解决的标识，而元宪宗死后忽必烈与阿里不哥对皇位的争夺则是矛盾第三次爆发的表现。忽必烈依托上都与大都（时称燕京）的支持而战胜阿里不哥，解决了第三次矛盾。

此后，由于蒙古贵族之间的矛盾并没有彻底解决，于是又相继发生了元成宗死后元大都的宫廷政变、元英宗时的"南坡之变"，以及泰定帝死后的"两都之战"。后来还导致了元顺帝时帝党与后党之间的军事对抗。不久，元朝统治就在不断的激烈"内耗"和农民起义军的多次打击下而垮台。纵观这一个半世纪的历史，政治斗争和军事冲突一直贯穿其间，很少中断。

一、蒙古军队攻占金中都

元太祖铁木真在建立蒙古国的同时，一直关注着金朝政局的发展变化。因为金朝虽然开始由盛转衰，但是整体国力及军力都是不容忽视的。太祖五年（1210 年），金朝使者来到大草原上，宣布金朝有新皇帝即位，"帝问金使曰：'新君为谁？'金使曰：'卫王也。'帝遽南面唾曰：'我谓中原皇帝是天上人做，此等庸懦亦为之耶？何以拜为！'即乘马北去"。[1]因为在两年前卫绍王曾经出使大草原，元太祖铁木真与他有过接触，了解到他的昏庸怯懦，于是开始着手进攻金朝。

元太祖六年（1211 年）春，元太祖正式发动伐金战役。是时，金朝已经感觉到了蒙古军队的威胁，故而在野狐岭一带布防了重兵。《元史·太祖纪》称：是年"秋七月，命遮别攻乌沙堡及乌月营，拔之。八月，帝及金师战于宣平之会河川，败之。九月，拔德兴府，居庸关守将遁去。遮别遂入关，抵中都"。该书又称：翌年春，"帝破昌、桓、抚等州。金将纥石烈九斤等率兵三十万来援，帝与战于獾儿觜，大败之。秋，围西京。金元帅左都监奥屯襄率师来援，帝遣兵诱至密谷口，逆击之，尽殪。复攻西京，帝中流矢，遂撤围"。[2]这里的记载有个问题，元太祖率军在第一次进攻金朝的时候，八月尚为主帅，九月却没有了消息。而第二次进攻金朝，则是在"獾儿觜"展开激战，九月却"中流矢"而撤围回师了。

同样记载这一事件的《元圣武亲征录》则把这两年的事情都记在了元太祖六年，称："上之将发抚州也，金人以招讨九斤、监军万奴等领大军设备于野狐岭，又以参政胡沙率军为后继。契丹军师谋谓九斤曰'闻彼新破抚州，以所获物分赐军中，马牧于野。出不虞之际，宜速骑以掩之也。'九斤曰：'此危道也，不若马步俱进，为计万全。'上闻金马至，进拒獾儿唉嘴。……遂与九斤战，大败之，其人马蹂躏，死者不可胜计。因胜彼，复破胡沙军于会河堡，金人精锐，尽没于此。"文中的"会河堡"就是《元史》中的"会河川"。文中的"獾儿唉嘴"，就是《元史》中的"獾儿觜"。应然说，元太祖六年的这次战争，是蒙、金双方力量转换的关键一战。而元太祖铁木真应该是在进攻德兴府的时候被流矢射中，没有继续南伐，而遣大将遮别（又作"哲别"或"者别"）进攻居庸关，直至金中都城下。

对于这场战争，宋人也十分关注，作了相应的记载："秋七月十八日丁酉夜，鞑靼猝至，与金人战于灰河，凡三日，胜负未分。忒没贞选精骑三千驰突之，金军乱，忒没贞自以大军乘之。允济急命西京留守纥石烈执中领大兵迎敌于大胜甸，执中者，老将也，知兵善战。自允济之立，心常不服，至是，不肯力战，其下观望，遂大败。执中以百骑奔还，允济怒罢之。鞑兵至翠屏口，金又大败。九月十四日，攻奉圣州，后二日破之，进军野狐岭。允济再遣兵迎敌，以车为阵，兵又大败。十月，鞑兵至晋山县，距燕京百八十里"。[3]文中的"灰河"即元人笔下的"会河堡"或"会河川"。文中的"忒没贞"，即元太祖铁木真。

这两篇重要的文献（即《元圣武亲征录》和《建炎以来朝野杂记》）都没有记载元太祖七年有大规模激战。由此可见，《元史·太祖纪》是把这一重要战役分别记载为两年的事情。因为元太祖意外受伤，使得大将遮别在进到金中都城下时，没有再发动攻城战役，而不得不回师大草原了。如果元太祖没有受伤，他不会不到金中都城下来看一看。

蒙古军队的第二次大规模伐金战争是在两年以后了。这次战争大致经历了三个阶段。第一个阶段是从大草原上向金中都城的进攻。在这个阶段中的重点是如何攻克长城险隘居庸关。第二个阶段是蒙古军队兵分三路向中原地区发动大规模的掠夺。第三个阶段是合兵金中都城下，迫使金朝帝王求和，而后退兵回到大草原上去。如果说蒙古军队在两年前的伐金战争中消灭了金军主力是最大收获，那么这次的伐金最大收获，就是迫使金朝帝王放弃中都城，而南逃到汴京（今河南开封）。

元太祖八年（1213年）七月，蒙古军队倾巢而出，由太祖铁木真亲自率领，向中原地区发动进攻。史称："秋七月，克宣德府。遂攻德兴府，皇子拖雷、驸马赤驹先登，拔之。帝进至怀来，及金行省完颜纲、元帅高琪战，败之。追至北口，金兵保居庸"。[4]因为这时的金军精锐主力已经丧失殆尽，只得固守居庸关，利用天险来阻挡蒙古军队的进攻。

对此，太祖铁木真没有对居庸关发动强攻，"诏可忒、薄刹守之，遂趋涿鹿。金西京留守忽沙虎遁去。帝出紫荆关，败金师于五回岭，拔涿、易二州。契丹讹鲁不儿等献北口，遮别遂取居庸，与可忒、薄刹会"。[5]在这里，铁木真表现出了高超的军事指挥技巧，采用迂回战术，避开防守严密的居庸关，西绕防守薄弱的紫荆关，进入长城以内，然后从金军背后发动进攻，内外夹击，顺利攻占了居庸关。

关于蒙古军队攻占居庸关的战斗，还有另外一种说法："金人恃居庸之塞，冶铁锢关门，布铁蒺藜百余里，守以精锐。札八儿既还报，太祖遂进师，距关百里不能前，召札八儿问计。对曰：'从此而北黑树林中有间道，骑行可一人。臣向尝过之。若勒兵衔枚以出，终夕可至。'太祖乃令札八儿轻骑前导。日暮入谷，黎明，诸军已在平地，疾趋南口，金鼓之声若自天下，金人犹睡未知也。比惊起，已莫能支吾，锋镝所及，流血被野。关既破，中都大震"。[6]这种说法与《元史·太祖纪》和其他多种元代文献的记载皆有差异，应该是不可信的。

第一个阶段的战斗取得胜利后，蒙古大军来到金中都城下。面对防守严密的中都城，铁木真也没有采用强攻的办法，而是分兵中原各地，在没有防备的地方大肆抢掠。"是秋，分兵三道：命皇子术赤、察合台、窝阔台为右军，循太行而南，取保、遂、安肃、安定、邢、洺、磁、相、卫、辉、怀、孟，掠泽、潞、辽、沁、平阳、太原、吉、隰，拔汾、石、岚、忻、代、武等州而还；皇弟哈撒儿及斡陈那颜、拙赤䚟薄刹为左军，遵海而东，取蓟州、平、滦、辽西诸郡而还；帝与皇子拖雷为中军，取雄、霸、莫、安、河间、沧、景、献、深、祁、蠡、冀、恩、濮、开、滑、博、济、泰安、济南、滨、棣、益都、淄、潍、登、莱、沂等郡。……是岁，河北郡县尽拔，唯中都、通、顺、真定、清、沃、大名、东平、德、邳、海州十一城不下"。[7]

文中的"河北郡县"，是指黄河以北的大片区域，包括辽西、山东、河北、河南、山西等地。这第二个阶段的战斗使得蒙古军队获得了大量中原地区的财富。然后三路回师，齐集金中都城下。这时进攻金朝的蒙古军队已经离开大草原有半年多的时间，又掠获了大量财富，显然，战斗力有了极大削弱，在这种情况下要强攻金中都城，是非常愚蠢的做法。

元太祖铁木真再次表现出卓越军事家的素质，与金朝统治者议和，在取得更多经济利益的情况下安全退回大草原。史称："九年甲戌春三月，驻跸中都北郊。诸将请乘胜破燕，帝不从。乃遣使谕金主曰：'汝山东、河北郡县悉为我有，汝所守惟燕京耳。天既弱汝，我复迫汝于险，天其谓我何。我今还军，汝不能犒师以弭我诸将之怒耶？'金主遂遣使求和，奉卫绍王女岐国公主及金帛、童男女五百、马三千以献，仍遣其丞相完颜福兴送帝出居庸"。[8]这第三个阶段的做法，表现出铁木真不仅是一位卓越的军事家，也是一位杰出的政治家。

金宣宗在蒙古军队撤退之后，很快就逃离中都城，南下汴京。这个做法，则充分显示了金朝统治者的愚蠢和怯懦，并为蒙古军队攻占金中都城提供了便利。此后，元太祖铁木真就派出一部分蒙古军队和中原投降的军队困守金中都，消灭前来救援中都的金朝军队。再次避免了强行攻打城池的伤亡。经过一年的围困，到元太祖十年（1215年）五月，驻守金中都的大臣完颜福兴自杀，大将抹捻尽忠"弃城走"，蒙古军队遂攻占了金中都城。第三个阶段的战斗到此结束。

纵观蒙古军队攻占金中都的全过程，可以看出，以元太祖铁木真为统帅的蒙古军队，在战争中采用的皆是避敌之长、攻敌之短的战法。蒙古军队的优势是善于野战，而不善于攻坚战。如果遇到防备严密的城市，也必是把敌军引诱出城，加以歼灭；或者是把城市围困起来，消灭援军，迫使弹尽粮绝的防守军队投降。这种战法，可以在尽量少损失自己兵力的同时尽量多的消灭敌人。当然，在当时许多金人和宋人著述中都记载有金军与蒙军激战的情况。其实双方最激烈的战斗不是在攻防时发生的，而是在蒙军进攻金军的野战中（如野狐岭战役、居庸关南战役等）出现的。蒙军充分发挥了野战的优势，才能够取得胜利。而在对城市的攻防战中，蒙军是没有优势可言的。对于这一点，元太祖铁木真比任何人都清楚。

二、忽必烈与阿里不哥的争斗

元太祖铁木真死后，在皇位继承问题上出现矛盾。窝阔台即位，是为元太宗，而实权掌握在幼弟拖雷手中。及窝阔台死后，其子贵由即位，是为元定宗。而当贵由死后，皇位回到拖雷之子蒙哥手中，是为元宪宗。皇位的争夺暂告一段落。元宪宗蒙哥即位后，曾命皇四弟忽必烈主持中原地区的政务，皇幼弟阿里不哥驻守都城和林。忽必烈在主持中原地区政务的时候，任用汉族大臣及儒士们参与政务，推行"汉法"，遭到一些蒙古贵族的忌恨，对元宪宗进"谗言"，陷害忽必烈，几乎使得蒙哥与忽必烈之间的矛盾激化。后在儒士们帮助下，忽必烈得以化解矛盾，转危为安。

元宪宗蒙哥在即位后的最重要目标之一，就是攻灭南宋，这个目标自蒙、宋联兵攻灭金朝以后就成为蒙古统治者的主要目标。因为在蒙、宋之间有天堑长江的阻隔，蒙古骑兵的优势始终无法发挥，宋军虽然陆战很弱，但是水师却较强，正好可以扬长避短，保持了双方在军事上的平衡。元宪宗蒙哥在伐宋战争中仍然采用擅长的迂回包抄战术，想绕过长江天险，攻灭南宋。

为此，他在即位后不久，就命皇弟忽必烈率大军从青藏高原南下，一路攻打到云南，希望从云南向江南各地发动进攻，对南宋形成南、北夹击的攻势。但是，当忽必烈攻到云南之后，发现从这里进入江南各地也很困难，只得回师大草原。蒙哥的这次包抄战术虽然失败了，但是并不死心，又想从蜀中进军，绕过长江天险，实现灭宋的目标。这一次，他是率军亲征。

元宪宗蒙哥在率军进攻蜀中的同时，为了减少宋军的抵抗力量，于是派忽必烈率领另外一支军队进攻长江上的重镇鄂州（今湖北武汉），以吸引宋军主力，同时命幼弟阿里不哥镇守都城和林，称为"监国"，处理日常政务。元宪宗的计划是比较周全的，但是，他忽略了一点，蜀中的山川险恶绝不逊色于长江天险，同样使得纵横天下的蒙古骑兵无法发挥优势。而作为蒙古国最高统治者的元宪宗身临险地，一旦出现危险，是得不偿失的。这是当时忽必烈手下谋臣郝经对局势的判断。

果然，事实不幸被郝经言中。虽然忽必烈进攻鄂州吸引了大量宋军主力，但是元宪宗在蜀中仍然陷于苦战之中，宋军据守的坚固山城给蒙古军队的强攻带来了极大的麻烦，而元宪宗也在进攻蜀中钓鱼城的时候，被宋军的石炮击成重伤，不治身亡。蒙哥的突然阵亡，使蒙古国失去了最高统帅，而蒙哥在死前，又没有预先安排好接班人，于是就导致了蒙古国皇位的争夺战。当时，最有希望夺得皇权的，一位是忽必烈，另一位则是阿里不哥。而这兄弟二人，在蒙哥生前就有着很深的矛盾，在蒙哥死后，这种矛盾终于爆发了。

忽必烈与阿里不哥两人各有各的优势。忽必烈争战在外，率领着一支很有战斗力的军队，又得到中原地区大量军民的支持，还有一批蒙古贵族的支持，地位举足轻重。阿里不哥则坐镇都城，有元宪宗蒙哥的谋臣辅佐，又有"监国"的特殊政治地位，当然，也有一批蒙古贵族的支持。而当时大的政治环境对忽必烈是不利的，其一，蒙古皇位的确定必须经过贵族大会（即"忽里台"大会）来最后表决，这个大会通常是在都城召开。阿里不哥这时镇守都城，以逸待劳，而忽必烈却要从长江边上万里跋涉，赶回都城。其二，蒙古民族的财产继承习俗是幼子继承家产，其他长子出外另立门户。换言之，在蒙古贵族的习惯上是认为阿里不哥更应该继承皇位。

忽必烈不愧是一位杰出的政治家。他在很短的时间里就作出了明智的决断。在听到蒙哥死讯之后，迅速与南宋议和，率领大军赶回燕京，以做好与幼弟阿里不哥争夺皇位的各项准备。然后，赶到新建不久的藩府开平府，并在这里召开贵族大会，举行了登基大典。史载，"中统元年春三月戊辰朔，车驾至开平。亲王合丹、阿只吉率西道诸王，塔察儿、也先哥、忽剌忽儿、爪都率东道诸王，皆来会，与诸大臣劝进。帝三让，诸王大臣固请。辛卯，帝即皇帝位"。[9]同年四月，又向天下颁布了即位《诏书》，进一步阐述了自己当皇帝的合法性。

忽必烈的一系列政治和军事举措，显然给阿里不哥一个措手不及的打击。不久，阿里不哥在另外一批蒙古贵族的支持下，也宣布继承皇位，史称"阿里不哥僭号于和林城西按坦河"。两个皇帝的同时出现，是不能并立的，而究竟谁更"合法"，是讲不清楚道理的，只能在军事上一争高下，俗语所谓"胜者王侯败者贼"，就是指这种情况。而忽必烈与阿里不哥的对抗，又直接关系到整个蒙古国今后发展的历史大趋势。

凡是较大规模的军事对抗，都不仅仅是战场上的拼杀能够决定胜负的，忽必烈与阿里不哥之间的军事对抗也是如此。元宪宗刚刚死去，阿里不哥为争夺皇权，立即派出亲信阿蓝答儿和脱里赤等人到中原地区征调兵力，没有成功。此后不久，忽必烈与阿里不哥分裂的形势已经明朗，忽必烈因为主持中原地区政务，开始在这里积蓄力量，准备在战场上一决胜负，而阿里不哥则在草原上调集军队，双方的厮杀不可避免。

忽必烈首先建立中央政府，即中书省，任命大臣王文统、张文谦等主持中央政务。又派出得力大臣廉希宪、商挺、赵良弼、张启元等奔赴陕西、四川等地，以稳定当地政局，预防阿里不哥从西北入侵。然后，立十路宣抚司，巩固地方政权的统治。在稳定政局的同时，忽必烈又征调中原地区的军队，运送大量粮食、战袄、羊皮衣裤靴帽等战备物资，并设置了通报军情的驿站。

中统元年（1260年）九月，阿里不哥的亲信阿蓝答儿等人果然率先向西北发动进攻，"是月，阿蓝答儿率兵至西凉府，与浑都海军合，诏诸王合丹、合必赤与总帅汪良臣等率师讨之。丙戌，大败其军于姑臧，斩阿蓝答儿及浑都海，西土悉平"。[10]此后不久，忽必烈率大军直捣和林城，阿里不哥因为准备不足，逃往谦谦州，并遣使诈降。这第一个回合的较量，忽必烈取得胜利。

翌年秋，阿里不哥率军复至和林城，战败守将，占据和林，然后率军大举南下。忽必烈闻讯率军出征，双方会战于昔木土脑儿之地，"十一月壬戌，大兵与阿里不哥遇于昔木土脑儿之地，诸王合丹等斩其将合丹火儿赤及其兵三千人，塔察儿与合必赤等复分兵奋击，大破之，追北五十余里。帝亲率诸军以蹑其后，其部将阿脱等降，阿里不哥北遁"。[11]这是第二个回合的较量，忽必烈再次取得胜利。

中统五年（1264年）七月，阿里不哥已经无法继续与忽必烈对抗，遂率众投降。这次忽必烈与阿里不哥之间的军事对抗的战场虽然不在燕京地区，但是，一方面，燕京及其周边地区为这次军事对抗提供了大量的军队和军用物资，保证了这场战争的最后胜利。另一方面，战争的结果导致了蒙古国旧都城和林的都城地位被取消，而燕京城则成为元朝新的统治中心，从燕京提升为中都，再提升为大都。这个结果顺应了历史发展的大趋势。

三、元代中期的两都之战

因为元朝统治者对于皇位的继承制度一直也没能确立，也就使得众多蒙古贵族多次为争夺皇位发生冲突，有些冲突表现为宫廷政变，有些冲突则表现为军事争夺。元世祖忽必烈在通过与亲兄弟阿里不哥的军事冲突夺得皇位之后，并没有把继承制度确立起来，因而引发此后的多次政治冲突，甚至战争。

忽必烈在生前曾立嫡长子真金为皇太子，但是，真金比忽必烈死得早，故而在忽必烈死后，皇孙铁穆耳在一部分大臣的拥立下继承了皇位，是为元成宗。及元成宗死后无子，蒙古贵族之间又开始争夺皇位，由此在元大都爆发了一次宫廷政变。政变的结果，是元成宗皇后准备拥立的安西王阿难答被杀，朝中大臣哈剌哈孙迎立忽必烈之孙爱育黎拔力八达（即元仁宗）夺得皇权。但是，爱育黎拔力八达的长兄海山率漠北重兵南下大都，继承了皇位，是为元武宗，并立爱育黎拔力八达为皇太子。

兄弟双方约定，元武宗死后，由他弟弟爱育黎拔力八达继承皇位。而爱育黎拔力八达死后，皇位再传回给元武宗之子。及元武宗死后，爱育黎拔力八达即位，为元仁宗。他在即位后没有遵照兄弟约定，不立元武宗之子和世㻋为皇太子，而是立自己的儿子硕德八剌为皇太子。同时，把和世㻋派往云南。和世㻋在前往云南的半路上逃往西北大草原。及元仁宗死后，硕德八剌即位，为元英宗。在位仅三年，即被弑身亡。蒙古贵族又联系镇守漠北的也孙铁木耳率军南下，继承皇位，是为泰定帝。

泰定帝在位五年，在去上都度夏时病故。于是，元武宗的旧臣们又把元武宗的二子图帖睦尔迎到大都城，继承皇位。而泰定帝的部下则在元上都拥立泰定帝幼子阿速吉八为帝，元朝再次出现两个皇帝并立的状况。一个在元大都，另一个在元上都，形成两都之间的军事对抗，史称"两都之战"。

致和元年（1329年），"七月庚午，泰定皇帝崩于上都。倒剌沙及梁王王禅、辽王脱脱因结党害政，人皆不平。时燕铁木儿实掌大都枢密符印，谋于西安王阿剌忒纳失里，阴结勇士，以图举义"。[12]八月初，燕铁木儿在大都发动宫廷政变，把泰定帝的亲信乌伯都剌、伯颜察儿、朵朵、王士熙、脱脱、吴秉道、铁木哥、丘世杰、脱欢等人全都逮捕入狱，然后，派人出迎图帖睦尔前来大都。

这时的大都一方，又得到湖广行省、河南行省等地的元武宗旧部下的大力支持，而随同泰定帝前往上都度夏的一些元武宗旧部下也从上都逃回大都城，这些力量联合在一起，共同组成了对抗元上都的势力。不久，图帖睦尔来到大都，而元上都的军队在得到大都发生宫廷政变的消息之后，也派出军队向大都方面发动进攻。史载，"上都梁王王禅、右丞相塔失铁木儿、太尉不花、平章政事买闾、御史大夫纽泽等兵次榆林"。[13]榆林在今延庆境内，距大都城已经很近了，这支由梁王王禅率领的军队，应该是上都势力的主力军。双方的军事对抗迫在眉睫。

同年九月一日，燕铁木儿率大军驻于居庸关，并派其弟撒敦出兵向驻扎在榆林的上都军马发动进攻，把他们击败。此后不久，上都军队再次发动进攻，先后攻破碑楼口和居庸关，进至大口（今昌平境内），对大都城造成威胁。与此同时，另一支拥护上都势力的军队在宗王也先帖木儿、大臣秃满迭儿等人的率领下从大都城的东面发动进攻，已经攻占京东的军事要塞迁民镇，并向蓟州挺进。

燕铁木儿立即率领大军迎战上都主力梁王王禅的军队，"燕铁木儿与王禅前军战于榆河，败之，追奔红桥北。其枢密副使阿剌帖木儿、指挥使忽都帖木儿以兵会王禅，复来战，又败之。我师据红桥。"随后"燕铁木儿与上都军大战白浮之野，燕铁木儿手刃七人于阵，败之。脱脱木儿与辽东军战蓟州之檀子山。壬午，大雾，王禅等遁昆山州。……王禅收集散亡，复来战。我师列阵白浮之西，敌不敢犯。至夜，撒敦、脱脱木儿前后夹攻，败走之，追及于昌平北，斩首数千级，降者万余人"。[14] 这一支上都军队主力被彻底击败，主帅王禅只人逃回元上都。这场战斗，应该是决定大都还是上都取胜的关键战斗。榆河、红桥、白浮之野，都在今昌平境内。

上都的第二支军队在进入大都地区之后，与大都城的守军先后在蓟州东面的流沙河、两家店及蓟州城南经过几次激战。因为大都军队的主力在燕铁木儿的率领下正与梁王王禅的主力交战，故而使东面的防御比较薄弱，辽东军队逐渐逼近京城。九月底，"秃满迭儿及诸王也先帖木儿军陷通州，将袭京师"。十月初，燕铁木儿率军东进，"日将昏，至通州，乘其初至击之，敌军狼狈走渡潞河。庚寅，夹河而军。敌列植黍秸，衣以毡衣，然火为疑兵，夜遁。辛卯，率师渡河追之"。[15] 暂时缓解了东面的压力。

这时，第三支上都军队经由紫荆关攻入，直取良乡，前锋部队已经来到大都城南，形势再度危急："忽剌台游兵进逼南城，令京城居民户出壮丁一人，持兵仗从军士乘城。仍于诸门列瓮贮水，以防火"。"脱脱木儿、章吉与也先捏合击敌军于良乡南，转战至卢沟桥，忽剌台被创，据桥而宿。乙未，燕铁木儿率军循北山而西，趣良乡。诸将时与忽剌台、阿剌帖木儿等战于卢沟桥，声言燕铁木儿大军至，敌兵皆遁"。[16] 经过这场战斗，基本解除了上都军队从西面南来的进攻威胁。

在此前后，曾经从迁民镇进攻大都城的上都军队又从京城东北方的古北口攻入，燕铁木儿得报，立即率军迎战。"撒敦遣报秃满迭儿军复入古北口，燕铁木儿遂以师赴之，战于檀州南野，败之。东路蒙古万户哈剌那怀率麾下万人降，余兵东溃，秃满迭儿走还辽东。获忽剌台、阿剌帖木儿、安童、朵罗台、塔海等戮之"。[17] 经此一战，元上都的军队主力被消灭，残余势力也大多逃离京城。

在元大都与元上都之间的军事对抗中，元大都一方得到中原地区的大力支持。在这期间，史称："募勇士从军。遣使分行河间、保定、真定及河南等路括民马。征鄢陵县河西军赴阙。""调河南蒙古军老幼五万人，增守京师。募丁壮守直沽。调临清万户府运粮军三千五百并御河分守，山东丁壮万人守御益都、般阳诸处海港。居庸关垒石以为固"。[18]等等。这些军事和经济上的支持是决定双方胜负的一个关键因素。

就在上都军队倾巢而出向大都发动进攻的时候，拥护元大都的一支军队向元上都发动进攻。因为元上都的军队都在攻打大都城，故而造成元上都的空虚。"齐王月鲁帖木儿、东路蒙西元帅不花帖木儿等以兵围上都，倒剌沙等奉皇帝宝出降，梁王王禅遁，辽王脱脱为齐王月鲁帖木儿所杀，遂收上都诸王符印"。此后不久，"帝（即元文宗）御兴圣殿，齐王月鲁帖木儿、诸王别思帖木儿、阿儿哈失里、那海罕及东路蒙古元帅不花帖木儿等奉上皇帝宝。倒剌沙等从至京师，下之狱"。[19]这场大都城与上都城之间的殊死搏斗终于结束了，元武宗之子重新夺回皇权。

这场元大都与元上都之间的战争不仅给两都地区造成了极大危害，而且在全国范围内也造成极大影响。泰定帝一派的蒙古贵族在各地起兵，纷纷支持元上都一方；而元武宗的部下们也在各地起兵支持元大都一方，形成各地一片乱战。及两都之战的结果显示出来，遂使大局倒向元文宗一边。十一月初，元文宗向全国发布诏书称："诸王王禅及秃满迭儿、阿剌不花、秃坚等兵败而逃，有能擒获之者，授五品官。同党之人，若能去逆效顺，擒王禅等来归者，免本罪，依上授官。家奴获之者，得备宿卫。敢有隐匿者，事觉，与犯人同罪"。[20]这已经是在做善后工作了。

"两都之战"虽然结束了，但是，皇位继承问题却没有得到解决。元文宗是元武宗次子，表示要把皇位让给大哥和世㻋，并且不远万里把和世㻋从西北接回，即位称帝，即元明宗。而元明宗即位不久又被毒死，元文宗重新登上皇帝宝座。及元文宗死后，皇后却没有让元文宗的儿子继承皇位，反而先后让元明宗的次子懿璘质班（即元宁宗）和长子妥欢帖睦尔（即元顺帝）继承皇位。元顺帝成为元朝的最后一位皇帝。元朝国祚较短，是与皇位继承制度混乱有直接关系。

四、红巾军的北伐战役

元朝末年，政治日益腐败，百姓生活愈加困苦，再加上连年的自然灾害，使得人民的反抗越来越多，规模越来越大，遂成燎原之势。史称："当是时，元政不纲，盗贼四起。刘福通奉韩山童假宋后起颍，徐寿辉僭帝号起蕲，李二、彭大、赵均用起徐，众各数万，并置将帅，杀吏，侵略郡县，而方国珍已先起海上。他盗拥兵据地，寇掠甚众。天下大乱"。[21]而在诸多农民起义的队伍中，又以刘福通领导的红巾军的影响最大。

时人曾描述称："刘福通，颍州妖人也。至正十一年，与杜遵道、罗文素、盛文郁、王显忠共鼓妖言，立韩山童为帝，红巾为号，众至十万。陷汝宁等府，以遵道为相，己为平章；后恶遵道专权，挝杀之，称汴为京，自称太保。性极残忍，所过以人为粮，山东河北，多为残害，林儿徒寄空名于上也"。[22]这是后人对刘福通的丑化，但是他在当时的农民起义各股势力中的影响巨大则是有目共睹的。

又有人描述称："中原红军初起时，旗上一联云：'虎贲三千，直抵幽燕之地；龙飞九五，重开大宋之天。'其后，毛贵等横行山东，侵犯畿甸，架幸滦京，贼势猖獗，无异唐末。张仲举在都下，《寄浙省周玉坡参政伯琦》云：'天子临轩授钺频，东南无地不红巾。铁衣远道三军老，白骨中原万鬼新。篆士精灵虹贯日，仙家谈笑海扬尘。都将两眼凄凉泪，哭尽平生几故人？'"[23]这时农民起义军的政治主张是以恢复宋朝统治为号召的，由此可见在阶级矛盾极度激化的同时，又包含着鲜明的民族矛盾。

面对众多的农民起义，元朝统治者调动大军频频出动加以镇压，而元军的主攻目标之一，即是刘福通率领的红巾军。因为这支农民起义军主要活动在中原地区，自然首当其冲。红巾军与元军之间的冲突最为激烈，拼杀互有胜负。但是，农民起义军显然没有元军的军事化程度高，战斗力自然也就较弱，在正面对抗中往往处于劣势。于是，就像以往历史上的农民起义军所采取的方法一样，他们开始采用游动攻击的战术，避开元军的主力，而游斗于元军较少的地方。

史称："是年（至正十七年）六月，福通帅众攻汴梁，且分军三道：关先生、破头潘、冯长舅、沙刘二、王士诚趋晋、冀；白不信、大刀敖、李喜喜趋关中；毛贵出山东北犯。势锐甚。田丰者，元镇守黄河义兵万户也，叛附福通，陷济宁，寻败走。其秋，福通兵陷大名，遂自曹、濮陷卫辉。白不信、大刀敖、李喜喜陷兴元，遂入凤翔，屡为察罕帖木儿、李思齐所破，走入蜀。"[24]这种分道攻击的办法是十分有效的。

在红巾军的三路北伐军中，又以关先生、破头潘等率领的中路军和毛贵率领的东路军的进攻最有成效。关先生、破头潘所率领的中路军，一路势如破竹，在至正十八年（1358年）夏天，"关先生、破头潘等又分其军为二，一出绛州，一出沁州。逾太行，破辽、潞，遂陷冀宁；攻保定不克，陷完州，掠大同、兴和塞外诸郡，至陷上都，毁诸宫殿，转掠辽阳，抵高丽。十九年陷辽阳，杀懿州路总管吕震"。取得辉煌战果，使元朝已经实行了近百年的"两都巡幸"制度无法再继续实行，这对元朝统治者的打击是很大的。

毛贵率领的东路军与中路军表现出完全不同的风格，不是一路转战，而是稳扎稳打，步步为营。对于这种不同的风格，当时人已经注意到了，并加以评价："是时承平久，州郡皆无守备。长吏闻贼来，辄弃城遁，以故所至无不摧破。然林儿本起盗贼，无大志，又听命福通，徒拥虚名。诸将在外者率不遵约束，所过焚劫，至啖老弱为粮，且皆福通故等夷，福通亦不能制。兵虽盛，威令不行。数攻下城邑，元兵亦数从其后复之，不能守。惟毛贵稍有智略。其破济南也，立宾兴院，选用元故官姬宗周等分守诸路。又于莱州立屯田三百六十所，每屯相距三十里，造挽运大车百辆，凡官民田十取其二。多所规划，故得据山东者三年"。[25]这个评价是较为客观的。

毛贵的东路北伐军是从至正十七年（1357年）二月开始向山东地区发动进攻的，"刘福通遣其党毛贵陷胶州，金枢密院事脱欢死之"。三月，"毛贵陷莱州，守臣山东宣慰副使释嘉讷死之"。不久，"毛贵陷益都路，益王买奴遁，自是山东郡邑皆陷。乙未，以江淮行枢密院副使董抟霄为山东宣慰使。丁酉，毛贵陷滨州"。四月，"毛贵陷莒州"。[26]这一年，毛贵的进攻一直很顺利，却还没有产生更大的影响。

翌年正月，毛贵率军向山东重镇济南发动进攻，"不兰奚与毛贵战于好石桥，败绩，走济南"。二月初，"毛贵陷清、沧州，遂据长芦镇"。二月五日，"毛贵陷济南路，守将爱的战死。毛贵立宾兴院，选用故官，以姬宗周等分守诸路；又于莱州立三百六十屯田，每屯相去三十里，造大车百辆，以挽运粮储，官民田十止收二分，冬则陆运，夏则水运"。从这时开始，毛贵北伐军的影响越来越大。三月二日，"毛贵陷般阳路"。十天后，"毛贵陷蓟州，诏徵四方兵入卫"。三月十七日，"毛贵犯潮州，至枣林，枢密副使达国珍战死，遂略柳林"。[27]这是毛贵东路北伐军发展的最鼎盛阶段。

潮州在今通州区境内，辽代设潮阴县，元代升为潮州，建造有柳林行宫，是每年春天元朝帝王及众多贵族、大臣狩猎的地方，地理位置十分重要。在得到达国珍战死的消息之后，元朝统治者决定放弃大都城而出逃。史称："（至正）十七年，山东毛贵率其贼众，由河间趋直沽，遂犯潮州，至枣林。已而略柳林，逼畿甸，枢密副使达国珍战死，京师人心大骇。在廷之臣，或劝乘舆北巡以避之，或劝迁都关陕，众议纷然，独左丞相太平执不可。哈剌不花时为同知枢密院事，奉诏以兵拒之，与之战于柳林，大捷。贵众悉溃退，走据济南，京师遂安，哈剌不花之功居多。"[28]毛贵农民起义军与刘哈剌不花所率元军激战的时间是三月二十二日，经此一战，毛贵的红巾军战败，回撤济南。

在柳林的这场激战十分关键。如果元军战败，很可能元顺帝等人就会放弃大都城，逃往漠北或是关陕，元朝统治也许由此被推翻。事实是，毛贵红巾军战败，使元朝又延续了十年的统治。而毛贵率领的红巾军在退回济南后，没有很快再次组织北伐行动，也是十分令人遗憾的事情。一年多之后，毛贵被另一支农民起义军的首领赵君用杀害。刘福通领导的三路北伐军则陆续遭到失败。红巾军的北伐虽然失败了，却给腐败元朝统治者以沉重打击，并为此后大明军最终推翻元朝的黑暗统治奠定了坚实基础。

五、大明军的北伐与元顺帝北逃

就在刘福通率领红巾军与元军主力拼死厮杀之时，全国其他地区的农民起义军相继举起反元大旗，并得到迅速发展。其中，又以朱元璋领导的农民起义军的力量最为强大。朱元璋在兼并了其他几支农民起义军的主要势力，基本统一江淮各地之后，开始了向元朝统治者发动总攻。而作为朱元璋起义军的军事统帅为大将军徐达。

史称："洪武元年，太祖即帝位，以达为右丞相。册立皇太子，以达兼太子少傅。副将军遇春克东昌，会师济南，击斩乐安反者。还军济宁，引舟师溯河，趋汴梁，守将李克彝走，左君弼、竹贞等降。遂自牢虎关入洛阳，与元将脱因帖木儿大战洛水北，破走之。梁王阿鲁温以河南降，略定嵩、陕、陈、汝诸州，遂捣潼关。李思齐奔凤翔，张思道奔鄜城，遂入关，西至华州。"[29]在大将军徐达的指挥下，进攻元朝的战斗顺利进行，并为攻取元大都奠定了坚实基础。

洪武元年（1368年）六月初，朱元璋把徐达从前线召到身边，商议北伐元大都的策略："上复召问达：'今取元都，计将安出？'达对曰：'臣自平齐鲁，下河洛，王保保逡巡太原，徒为观望。今潼关又为我有，张思道、李思齐失势西窜，元之声援已绝。臣等乘乘势捣其孤城，必然克之。'上据图指示曰：'卿言固是，然北土平旷，利于骑战，不可无备。宜选偏裨提精兵为先锋，将军督水陆之师继其后，下山东之粟以给馈饷，由邺趋赵，转临清而北，直捣元都。彼外援不及，内自惊溃，可不战而下。'达又曰：'臣虑进师之日，恐其北奔，将贻患于后，必发师追之。'上曰：'元起朔方，世祖始有中夏，乘气运之盛，理自当兴。彼气运既去，理固当衰。其成其败，俱系于天。若纵其北归，天命厌绝，彼自渐尽，不必穷兵追之。但其出塞之后，即固守疆圉，防其侵扰耳。'达乃受命而退"。[30]君臣之间的交流与计划，十分周全，表现出徐达的勇猛和朱元璋的老练。由此亦可见，朱元璋对北伐元大都是极为重视的。

同年七月一日，"上（即朱元璋）亲画《征进阵图》，遣使赍授大将军徐达，且令各卫粮船俱赴济宁馈运"。[31]七月十日，朱红色命北伐诸将会聚开封。与徐达一起北伐的有：张兴祖、韩政、孙兴祖、高显，及薛显、傅友德、赵庸、曹良臣、俞通源、顾时、梅思祖等。明朝大军遍布黄河南岸，粮草也已经准备完毕，就待明太祖朱元璋发令出征。

同年闰七月二日，明军北伐元大都的战争正式开始。"大将军徐达等率师发汴梁，徇取河北州县。时兵革连年，道路皆榛塞，人烟断绝。是日，次安丘，遣右丞薛显、参政傅友德等取卫辉，元守将平章龙二弃城走彰德"。首战告捷。第二天，攻占淇门。闰七月五日，攻占彰德。闰七月七日，攻占磁州。第二天，攻占河北重镇邯郸。闰七月十一日，徐达攻占大运河上的枢纽临清，并在此与张兴祖、华云龙等部军队汇合。闰七月十五日，徐达进至德州，大将韩政、孙兴祖、常遇春、张兴祖、高显、毛骧、程华等皆前来会师。闰七月二十日，徐达率大军攻占直沽（今天津境内），占据了大运河的要道。

然后，"（徐达）又令副将军常遇春、都督同知张兴祖，各率舟师，并河东西以进，令步骑尊陆而前。元丞相也速等捍御海口，望风奔遁，元都大震"。[32]文中"并河东西以进"，即沿着大运河两岸进军。沿途的元朝军队基本上没有进行抵抗，皆是望风而逃。但是，徐达并没有躁进，而是每占领一处地方，即派兵加以固守，采取稳扎稳打的策略，不给元朝军队留下伺机反攻的机会。

闰七月二十五日，"大将军徐达等师至河西务。元平章俺普达朵儿只进巴率兵迎敌，我师与战，大败之，擒知院哈剌孙及省院将校三百余人，获马六百匹、船百余艘、粮二千六百石，平章达朵儿只进巴等遁去。（徐）达进兵至通州，营于河东岸，常遇春营于河西岸"。[33]这是徐达在北伐过程中遇到的少有的抵抗。河西务在通州之东，通州是大都城的东大门，距离已经很近了。

闰七月二十七日，"元国公知院卜颜帖木儿等率兵出都城来御战，遇春败之，擒卜颜帖木儿及副枢也先迭儿、脱脱帖木儿，获马四百匹、船百余艘，国公五十八遁去"。这是元朝军队的最后一次抵抗，结果也是大败。翌日，"是夜三鼓，元主及其后妃、太子开建德门，北走"。[34] 八月二日，"大将军徐达命马指挥守通州，进师取元都。师至齐化门，命将士填壕登城而入。达登齐化门楼，执其监国宗室淮王帖木儿不花及太尉中书左丞相庆童、平章迭儿必失、朴赛因不花，右丞张康伯，御史中丞满川等，戮之。并获宣让镇南威顺诸王子六人及玉印二，成宗王玺一，封其府库及图籍宝物等"。[35] 明军的北伐战争取得决定性胜利。

这次北伐战争结束了元朝的统治，也随之改变了大都城的命运。八月十三日，"大将军徐达遣使献平元都捷表至京"。八月十四日，"诏改大都路为北平府命征元故官送至京师"。八月十五日，"诏大将军徐达置燕山等六卫，以守御北平。于是，达改飞熊卫为大兴左卫、淮安卫为大兴右卫、乐安卫为燕山左卫、济宁卫为燕山右卫、青州卫为永清左卫、徐州五所为永清右卫"。[36] 大致完成了北平府的守卫布防。

此后，元朝的残余势力也曾蠢蠢欲动。如八月十七日，"右丞薛显等率逻骑至古北口，追元溃散遗卒，获马一千六百匹、牛羊八千余头、车二百五十两而还"。又如八月二十日，"故元留守迭里迷失等谋作乱，欲推其故平章哈剌那海为主。玉田县尹史瓛发之，大将军徐达遣人收捕，执迭里迷失及哈剌那海、郎中金刚奴，顺德达鲁花赤金刚宝，员外完者不花，指挥脱帖木儿，和林省管勾脱列不花、僧寿奴，并参随伯帖木儿等，戮之。以白金币帛赏史瓛"。[37] 这些动乱虽然造成一些社会影响，却未能改变历史的进程。

第二节　大都地区的军事防卫体系

元大都在成为全国的政治和文化中心之后，元朝统治者就在这里驻扎了大量军队，以保障统治者的安全。元朝的军队组织与前朝的结构有所不同，有着自身的特点，是与历史发展的进程同步，并不断在完善之中。元太祖铁木真在建立蒙古国时，是以草原部落为单位组成军队，形成万户、千户、百户的基本结构。及元太宗在灭金的过程中收附了大量中原地区的汉族武装，也是以万户、千户、百户的称谓来加以组织，但是基本结构已经不同。

在元世祖忽必烈建立元朝和建造元大都的过程中，全国的局势发生巨大变化，元朝的军队也有了进一步的发展，从只有骑兵、步兵，发展到有了水师和炮兵等更多的军种。但是，就称谓而言，仍然是万户、千户、百户等职务。这时的军队，已经不仅仅是从事战争的机器，而且参与了城建、屯垦、修桥补路等更多用途的工作，已经成为元朝政府不可或缺的生力军。

元朝是由少数民族建立的封建政权，故而在军队的组织系统中也显示出了这种民族特色。即可分为以少数民族民众组成的军卫组织，和以汉族民众组成的军队这两大部分。这两部分民众虽然同为军士，但是在执行的工作和享受的待遇方面却有着很大不同，这种现象在当时是一种普遍的社会现象。

一、军卫制度的建立与完善

元朝军卫制度的形成，上溯源头当始于元太祖铁木真创建蒙古国。在 13 世纪初的大草原上，由于铁木真的不懈努力，经过几十年的铁血征战，终于统一了成千上万个大大小小的部落，建立了蒙古国。在几十年的征战中，锻炼出了一支攻击力十分强大的军队。据相关文献记载，这支军队的基本结构是以部落为单位的军政合一的组合，平时以部落为单位进行畜牧业生产，战时则以部落为单位，组成军队，形成万户、千户、百户的战斗结构。当时以千户为单位组织起来的军队共有 95 支，称为九十五千户。而在这众多千户之上，又设置有两个万户，分置左右手。

除了由左右手万户统领的 95 个千户之外，在元太祖铁木真身边还有一支侍卫亲军，被称"怯薛军"，是由各个归附的贵族首领们的子弟所组成。一方面，负有保卫蒙古帝王安全的责任；另一方面，这些人又成为各个部落首领效忠蒙古帝王的人质。如果部落首领胆敢反对蒙古国，这些人就首先要被杀死，故而这支侍卫军又被称为"质子军"。当然，如果部落首领故去，这些人就会被派回部落，成为新的部落首领。

这种万户、千户、百户体系的建立，是与大草原上的社会结构完全适应的。组织结构很简单，却十分有效。部落首领既是整个部落的族长，同时也是最高军事统帅。军政合一的制度在保证畜牧业生产能够正常进行的同时，又保证在最短的时间内能够组成一支庞大的、有着很强战斗力的军队。故而自蒙古国成立之后，元太祖铁木真率领着这支军队东征西讨，所向披靡，取得了一个又一个军事上的辉煌战绩。

在从元太祖到元宪宗的诸帝向外扩张势力的历史进程中，随着蒙古国的疆域不断向外拓展，蒙古国也把这种万户、千户、百户的军队结构带到了不同的地域和民族之中。如从元太祖大举攻伐金朝开始，到元太宗出兵灭金的历史进程中，有一大批中原地区的汉族武装归附于蒙古国，并且很快就被封为万户、千户、百户等职务，参与了攻灭金朝和与南宋之间的军事对抗，成为蒙古国控制中原地区的最主要军事力量。

及元太宗在占有中原地区之后，开始对民众进行了较为全面的户籍统计，初步划分了户籍的种类，除民户之外，主要有军户和匠户，军户世代为军人，匠户则世代为工匠。这些被划分为军户的民众，就构成了中原地区的基本军事力量。而率领中原军队的将领，则以元帅、万户、千户、百户等任职。见于文献记载的，即有"汉军八万户"的称呼。

在这些汉族万户中，较著名的有河北地区的史天倪、史天泽兄弟，张柔父子，董俊、董文炳父子、张荣实、张玉父子等，山东地区的严实、严忠济父子，张荣等皆是。这些汉族万户在当时的乱世之中，先是据地自保，形成较为强大的军事集团，后是随着蒙古国势力的不断扩张，转战四方，从灭金到灭宋，立下了诸多汗马功劳。

忽必烈在元宪宗时曾受命主持中原地区的军政事务，即与这些汉军将领多有接触，并且建立了较为牢固的关系。如汉军万户史天泽，自元太祖铁木真时即归附蒙古国，到元世祖忽必烈时，官至中书省右丞相，参与了几乎所有元初的军政大事。又如董俊父子，特别是董文炳、董文用、董文忠兄弟，已经成为忽必烈的心腹大臣。而忽必烈在与幼弟阿里不哥争夺皇位时，中原汉军的力量起到了至关重要的作用。

忽必烈在夺得皇位之后，对全国的军队体系进行了较大的调整。一方面，是沿用了元太祖时创行的"怯薛军"制度，继续收罗各个少数民族部落首领的子弟和汉军将领的子弟为"怯薛军"。另一方面，是创立了一支庞大的侍卫亲军体系，也就是将军队中的精锐抽调到身边，以供不时之需。其他军队镇守全国各地，如遇较大规模的军事活动，则派出一部分侍卫亲军加以支援。这些"怯薛军"和侍卫亲军主要驻扎在大都和上都地区，并且随时扈从元朝帝王的征伐和巡幸。

侍卫亲军最初初被称为武卫军，史称："中统二年，世祖置武卫军，文蔚以邓兵入为千户"。[38]文中所称"邓兵"，即董文蔚率领的河北精锐部队，因此前出征邓州，故而称之。据此可知，武卫军的设置是在中统二年（1261年），系由各地精锐部队抽调到京城而组成的。到了至元元年（1264年）十月，元世祖下令："改武卫军为侍卫亲军"。[39]这个名称没有再加以改变。

又据时人称，侍卫亲军的建立，是由元世祖重要谋臣姚枢提议的。姚枢曾向忽必烈建议："汉军除守御内边，可选进勇富强三万，燕京东西，分屯置营，以壮神都。此左、右、中三卫起本者"。[40]忽必烈采纳了姚枢的建议，进一步加强了侍卫亲军队伍的建设。如至元二年十二月，忽必烈下令："敕选诸翼军富强才勇者万人，充侍卫亲军"。[41]这不仅是"以壮神都"的作用，而是加强了元朝帝王对精锐部队的控制。

随着侍卫亲军人数的不断增加，其编制也在不断扩充。至元八年（1271年），忽必烈将侍卫亲军扩充为左、右、中三卫，史称："中统三年，初置武卫。至元元年，改为侍卫。八年，改为左、右、中三卫。掌宿卫扈从，兼屯田。国有大事，则调度之。"到至元十六年（1279年），再创立前、后二卫，编制与左、右、中三卫大致相同。到至元二十六年（1289年），又创立武卫亲军都指挥使司，"掌修治城隍及京师内外工役，兼大都屯田等事。至元二十六年，枢密院以六卫六千人，大都屯田三千人，近路迤南万户府一千人，总一万人，立武卫，设官五员"。[42]以上侍卫亲军统称"汉军六卫"。

除此之外，元朝统治者又设置有由少数民族民众组成的侍卫亲军。其直属枢密院管辖的则有：1、蒙古侍卫亲军，2、虎贲侍卫亲军，3、唐兀侍卫亲军，4、钦察侍卫亲军，5、贵赤侍卫亲军，6、西域侍卫亲军。[43]而实际上由少数民族民众组成的侍卫亲军有很多编制，除以上六卫之外，还有左、右阿速卫，康里卫（又作"康礼卫"），宗仁卫，宣忠斡罗思扈卫等。

蒙古侍卫亲军是在至元十七年（1280年）八月改建的，史称："改蒙古侍卫总管为蒙古侍卫亲军都指挥使司"。[44]到大德七年（1303年），又分为左翊蒙古侍卫亲军和右翊蒙古侍卫亲军。虎贲卫亲军是在至元十六年（年）设置的，"管领上都路元籍军人，兼奥鲁之事"。[45]唐兀卫亲军是在至元十八年（1281年）设置，以原西夏一带的民众组成。钦察卫亲军是在至元二十三年（1286年）设置，到元英宗至治二年（1322年）扩充为左、右钦察二卫。贵赤卫亲军始设于至元二十四年（1287年），也是由西域地区的少数民族民众组成。而西域卫亲军设置的时间比上述各卫都晚，是在元成宗元贞元年（1295年）。

时人曾对元朝的军事体系的布防状况加以概括，称："大率蒙古军、探马赤军戍中原，汉军戍南土，亦间厕新附军。诸国人之勇悍者，聚为亲军宿卫，而以其人名曰钦察卫、康里卫、阿速卫、唐兀卫。内外卒皆以时践更。又有辽东之乣军、契丹军、女直军、高丽军。云南之寸白军，福建之畲军，则皆不出戍他方，盖乡兵也。又有以技名者，曰炮军、弩军、水手军。应募而集者，曰答剌罕军，此不给粮饷，不入帐籍，俾为游兵，助声势、虏掠以为利者也"。[46]而驻防在两都地区的，主要是侍卫亲军。

二、军卫组织的结构

从中统、至元年间诸侍卫亲军陆续设置，这些军卫的组织结构也大致定型。以右卫都指挥使司为例，在都指挥使司下面，设置有都指挥使、副都指挥使、佥事、经历、知事、照磨等官，主持日常工作。此外，在都指挥使司下辖的机构又有 15 处，即：镇抚所 1 处，行军千户所 10 处，弩军千户所 1 处，屯田千户所 2 处，卫学 1 处。行军千户所和弩军千户所负责征战之事，而屯田千户所负责屯垦种粮，以保证军队的粮食供应。卫学教官则负责军士的文化教育。每一个侍卫亲军单位就如同一个小社会单元，组织结构较为严密。

即以后卫亲军为例，时人曾加以描述称："至元十六年，诏立后卫亲军都指挥司，设使、副、签事，统选兵万人，车驾所至常从。营白鹰口，既成，官有廨，士有舍，糇粮有仓，金鼓有楼，器械有局，交易有市，凡军中之政毕举。营南迫信安河，西临滹沱、白沟，东与郎城蛤蜊港接。越六年，当至元廿一年秋，大霖雨。明年秋，又雨，群川漫流，营居水中，士马告病。枢密院以闻，得旨，移稍西。于是重作圆营，去卑就高，舍危即安。众心胥说，不日成之。士强马蕃，视昔为雄"。[47]这处后卫亲军的大营，就设置在京畿信安境内。

后卫大营之内又建有高楼一座："中营为楼凡数十楹，悬金鼓以警士之视听。雄伟壮丽，去地百尺。凭栏远望，可尽数十百里之外。岁时椎牛醯酒，高会飨士，三令而五申之，士皆不敢仰视，坐作进退，无不如法。自卫帅以下咸请名斯楼而记之。仆闻之古人有言曰：兵政贵明，军令贵肃，舍明与肃，非政令之善者。乃名之曰'明肃'，而求集贤侍讲学士宋公大书以扁其颜"。[48]这处明肃楼就是后卫亲军的主要办公场所，通过描述可知，在元代前期的军卫纪律还是很严格的。

而时人还特别提到了后卫亲军的屯垦之事，称："由是开屯田千顷，用其农隙以讲武事，无坐食仓廪之弊，而有古者寓兵于农之遗意焉"。[49]这处后卫亲军的屯田最初设置在永清及霸州等地，其后变动较大。史称："后卫屯田：置立岁月，与前卫同。后以永清等处田亩低下，迁昌平县之太平庄。泰定三年五月，以太平庄及世祖经行之地，营盘所在，春秋往来，牧放卫士头匹，不宜与汉军立屯，遂罢之，止于旧立屯所，耕作如故。屯军与左卫同，为田一千四百二十八顷一十四亩"。[50]这处屯田的规模相当可观。

与汉军诸司不同的是，由少数民族民众组成的侍卫亲军的组织结构就比较简单，只是负责出征打仗。如右阿速卫亲军都指挥使司，下辖的机构只有5处，即：行军千户所1处，把门千户1处，本投下达鲁花赤1员，庐江县达鲁花赤1员，教官1员。又如唐兀卫亲军都指挥使司，下辖有镇抚2人，千户所9处，门尉3处（健德门、和义门、肃清门），教官2员。贵赤卫亲军都指挥使司，下辖镇抚2人，千户所8处，门尉2人。综观这些少数民族卫所，与汉军卫所最大的不同，是没有屯田千户所，也就是不参加屯垦生产活动，只负责出征打仗。

与大多数军卫组织不同的，则有隆镇卫亲军都指挥使司，专门负责关隘的守卫工作。史称："隆镇卫：睿宗在潜邸，尝于居庸关立南、北口屯军，徼巡盗贼，各设千户所。至元二十五年，以南、北口上千户所总领之。至大四年，改千户所为万户府，分钦察、唐兀、贵赤、西域、左右阿速诸卫军三千人，并南北口、太和岭旧隘汉军六百九十三人，屯驻东西四十三处，立十千户所，置隆镇上万户府以统之。皇庆元年，始改为隆镇卫亲军都指挥使司。延祐二年，又以哈儿鲁军千户所隶焉"。[51]文中的"睿宗"指太祖铁木真之子拖雷，即忽必烈之父。由此可见，这些关隘早在金太宗时就已经有了驻军把守。

到元世祖时设有两处千户所，元仁宗时升为万户府，不久又改升为亲军都指挥使司。这处军卫的构成比较复杂，既有众多精锐的少数民族军士，也有汉族军士，联合把守诸处关隘。而把守的范围也很宽广，包括龙庆州（今延庆）的北口、昌平的南口、白羊口、黄花镇、芦儿岭、应州的碑楼口、檀州（今密云）的古北口、大宁路的迁民镇、易州的紫荆关，以及大同路的太和岭。这些关隘，都是拱卫京师的战略要地。

至元二十六年（1289年）设置的武卫亲军都指挥使司也与其他侍卫亲军不同。它下辖的机构也有15处，即：镇抚所1处，行军千户7处，屯田千户6处，以及教官2人。通过下辖机构的设置即可看出，武卫亲军的主要任务只有两项：一项是主持京城（主要是皇城）的土木建造工程，另一项则是屯垦农田，生产粮食，即所谓的"掌修治城隍及京师内外工役，兼大都屯田等事"。[52]对于这种情况，时人是有所描述的。

如元代名士虞集曾撰文称："国家初建大都，乃分侍卫亲军为列卫，布诸畿内，武卫其一也。至元廿六年，始置营，在涿州南，去京师二百里。凡卫必有营，营有城郭、楼堞、门障、关禁。官治行伍庐

舍、库庾、衢巷、市井，而特立先圣孔子之庙，儒学在焉。卫之官有
都、副指挥使，以下将帅偏裨、什伯之长委积，营作之署，幕府文书
之史，而特设儒学教授，以教士大夫子弟焉"。[53]这处武卫亲军的大营与
前文所举后卫亲军的大营基本相同，皆是指挥侍卫军队的地方。

与少数民族侍卫亲军不同的另一个特点，是汉军各卫对儒学教育
格外重视。如武卫亲军，就在大营建有孔庙与儒学："乃以军务之暇，
度地于营东南，广袤八十亩，乃基乃堂，于其燥刚，观泉审方。作新
文明，经营材用，石木陶冶，工作程度，心画指授，具有成法。明年，
知枢密院阔阔台来代亚安，见储偫之既备，欣然相成之。即日，复以
兴役闻。于是，经始于至顺辛未之三月，作礼殿以奉先圣像，颜子、
曾子、子思、孟子配，从祀十哲分位殿中东西乡，七十二弟子绘庑下，
作讲堂、斋庐、庖廪、垣墉、门街，皆如常制。凡费用一出公帑，不
以烦人，及冬而告成"。[54]这种规模完备的孔庙与儒学，在各州县的儒学
中也是不多见的。

三、军卫组织的功能

元朝设置在大都地区的军卫组织，其主要功能有多项，最终的目
的就是为元朝帝王提供各项服务。史称："元制，宿卫诸军在内，而镇
戍诸军在外，内外相维，以制轻重之势，亦一代之良法哉。方太祖时，
以木华黎、赤老温、博尔忽、博尔术为四怯薛，领怯薛歹分番宿卫。
及世祖时，又设五卫，以象五方，始有侍卫亲军之属，置都指挥使以
领之。而其后增置改易，于是禁兵之设，殆不止于前矣。夫属橐鞬，
列宫禁，宿卫之事也，而其用非一端。用之于大朝会，则谓之围宿军；
用之于大祭祀，则谓之仪仗军；车驾巡幸用之，则曰扈从军；守护天
子之帑藏，则曰看守军；或夜以之警非常，则为巡逻军；或岁漕至京
师用之以弹压，则为镇遏军"。[55]综上所述，军卫组织的功能主要有
六项。

第一，是负责在大朝会上的警戒任务，故而称为"围宿军"。元朝
的大朝会、包括大宴会（又称"诈马宴"），是一种非常隆重的活动，
有朝廷百官和众多贵族宗王参加的庆典，而这种庆典是在大都城或是
上都城举行的。时人称："国朝凡大朝会，后妃、宗王、亲戚、大臣、
将帅、百执事，及四方朝附者咸在。朝会之信，执礼之恭，诰教之严，
词令之美，车马服用之别，牲齐歌乐之辨，宽而有制，和而有容，贵
有所尚，贱无不逮，固已极盛大于当时矣。"[56]在这种重大活动中负责警
戒任务的，当然是精锐部队。

在《元史》中专门有一段对"围宿军"的记载，如"世祖至元二十六年七月，命大都侍卫军内，复起一万人赴上都，以备围宿。"这是用大都的侍卫亲军去上都执行"围宿"任务的例子。又如至大四年（1311 年）正月，"省臣等传皇太子命，以大朝会调蒙古、汉军三万人备围宿，仍遣使发山东、河北、河南、淮北诸路军至京师"。[57]文中的"皇太子"就是元仁宗，是时其兄元武宗或是病危，或是病故，处于非常时期，故而调动大批精锐部队负责警戒工作。

第二，是负责各项礼仪活动的仪仗工作。元朝自世祖忽必烈建立礼仪制度以后，举行礼仪活动就成为重要的国事活动。而在礼仪活动中，仪仗军也就成为礼仪活动的一个重要组成部分。元朝的重要礼仪主要有以下几种：1、祭天，2、祭祖，3、帝王、皇后等上尊号，4、大朝会庆典，5、帝王生日庆典，等等。在这些礼仪活动中派出的仪仗军，或者数百人，或者上千人，规模极为庞大，阵容十分壮观，突出了皇权至尊的政治主题。

元代最初的仪仗军使用规模并不是很大，如元世祖在至元十二年（1275 年）十二月，"上尊号、受册，告祭天地、宗庙，调左、右、中三卫军五十人为跸街清路军"。[58]礼仪的规格已经很高了，包括了上尊号、祭天、祭祖等三项重要活动，却仅用清路军（类似仪仗军的工作）50 人。但是，到了元代中期，仪仗军的规模就变得越来越庞大。如元英宗在至治元年（1321 年）十二月，"定卤簿队仗，用军士二千三百三十人，万户、千户、百户四十五员。仍议用军士一千九百五十人，万户、千户、百户五十九员，以备仪仗"。[59]显然，这时的仪仗军已经颇具规模。

第三，是负责元朝帝王出行时的扈卫工作。这种扈卫工作主要是在元朝帝王来往于大都与上都之间才能够用到，如至元七年（1270 年）七月，"命达鲁花赤兀良吉带给上都扈从畋猎粮"。[60]这是给从大都到上都的扈从军士们一些粮食补助。又如至元十八年（1281 年）十二月，"议选侍卫军万人练习，以备扈从"。[61]这是在扩大扈从军队的人数，并且加以训练。因为扈从军与仪仗军不同，切实负有元朝帝王安全的任务，故而纪律是比较严格的，触犯了纪律就会受到重罚。如中统二年（1261 年）十一月，"鹰坊阿里沙及阿散兄弟二人，以擅离扈从，伏诛"。[62]这擅离扈从队伍的兄弟还不是扈从军士，擅自离开也被诛杀。

参与扈从的军队是受到元朝帝王宠信的，故而往往能参加一些重要的活动。如时人称："国家之制，乘舆北幸上京，岁以六月吉日。命宿卫大臣及近侍服所赐只孙，珠翠金宝，衣冠腰带，盛饰名马，清晨自城外各持彩仗,列队驰入禁中。于是上盛服,御殿临观。乃大张宴为乐,惟宗王戚里宿卫大臣前列行酒,余各以所职叙坐合饮,诸坊奏大乐,陈百戏,如是者凡三日而罢"。[63]文中所云"自城外各持彩仗,列队驰入禁中"的军队,有些即是扈从军中的首领。

第四,是负责保护元朝帝王的库藏物品。元朝帝王在大都建造有一些储藏珍宝的仓库,这些仓库平常是需要有军士负责看守的,看守的主要是侍卫亲军。另外,也有一些储藏重要物品的仓库,如军器库等,也需要有军士负责看守。而且政府制订有较为严格的管理制度,如果仓库出现失盗现象,看守仓库的军官和军士都要受到程度不同的责罚。

如元朝政府曾规定:"在都仓库,掌管国用钱粮,出入浩大,恐被侵盗,周回各置军铺,并委官色目人等,亲临门首,专一看守。军官军人等须管昼夜,常切用心巡绰关防,递相觉察,毋致官典勾当诸色人等侵盗官物。仍禁约不干碍闲杂之人,毋得辄去门首。如遇收支钱粮仓库达鲁花赤、官攒、库子、斗脚人等,照依省部印押文字,坐去数目,对众明白收管支发。如是库司勾当并支纳人员出库,仰沿身子细搜寻,但有隐藏官物,即便捉拿解赴省部,照依扎撒处断。"[64]由此可见,看守仓库的责任是很重要的。

元朝政府最初仅对大都城里重要的仓库派军队看守,此后,负责看守的仓库范围越来越大。史称:"世祖至元二十五年十一月,以军守都城外仓。初,大都城内仓敖有军守之,城外丰闰、丰宝、广贮、通济四仓无守者。至是收粮颇多,丞相桑哥以为言,乃依都城内仓例,每仓发军五人守之。十二月,中书省臣言:'枢密院公廨后,有仓贮粮,乞调军五人看守。'从之。"[65]这是扩大仓库看守范围的事例。

第五,是负责特殊时期夜晚的巡逻警戒任务。因为元世祖创行"两都巡幸"之制,每年春天从大都城前往上都,到了秋天又从上都城返回大都。而在元朝帝王前往上都的过程中,大都城的众多侍卫亲军也一同离开大都城,导致了这里防卫工作的空虚,遂成为非常时期。这时留守大都城的侍卫军的防卫任务也就变得格外重要。

时人称:"皇帝幸上都,(侍卫军)从留守大臣以夜钟时出谯楼下,分行国中衢陌,察盗贼至晓,曰巡逻军。"[66]有人又描述其情景称:"夜间有三、四十人一队的巡逻队,连续不断地巡查街道,并且检查是否有人在宵禁的时间里——即第三次钟声之后——仍离家外出。如果外出者被他们发现,就立即被捉去监禁。待天明后会由专职官吏审理犯禁者。"[67]由此可见,巡逻军的责任是很重要的。

第六，是负责运输物品的安保工作。自从元朝定鼎大都城，遂开通漕运与海运，把全国的各种物资运往都城，其中，最重要的一项就是从江南海运大量粮食北上，直达海津镇（又称直沽，今天津境内）。这一大批粮食就是大都城的生命大动脉。为了保证这些海运粮食从海津镇安全卸载，并安全运往大都城，元朝政府专门派遣军队，保证海运工作的顺利进行，这些军队，就被称为镇遏军。

时人称："岁遭繇海，至枯水口，输海津仓。五方人坌集，恶少不逞，游警其间，出千人弹压，曰镇遏军。"[68]又如在元仁宗时，因为海运粮的数量逐渐增多，为了保证海运粮的安全，延祐元年（1314 年）闰三月，"枢密院官奏：'中书省言，江浙春运粮八十三万六千二百六十石，取日开洋，前来直沽，请预差军人镇遏。'诏依年例，调军一千名，命右卫副都指挥使伯颜往镇遏之"。延祐三年（1316 年）四月，"海运至直沽，枢密院官奏：'今岁军数不敷，乞调军士五百人巡镇。'从之。"延祐七年（1320 年）四月，"调海运镇遏军一千人，如旧制"。[69]由此可见，这些镇遏军往往是在海运粮到达海津镇时才会前往加以保护。

大都地区的这些军卫士兵，除了行使以上各项职能外，还被用做最廉价的劳动力，从事各种工役。时人称："军之役土木者，率以筑都城、皇城，建郊庙、社稷、宫殿、籍田、官府、寺舍、仓庾，治道，筑堤堰、堋坝，造桥梁，开漕河。大祭祀扫除坛壝之类。余则建佛寺，起塔树幡等，修寺僧之水碾，为大臣筑第，拽碑石与伐船材，斫苇薮被城上，理鹿圈、黄羊圈。百人、五十人则枢密院指拨，过是则奏。间亦给佣直泊粮。然第畿内事也。"[70]由此可见，军卫士兵在终日服劳，艰辛困苦，无休无止。

四、重要关隘

在大都成为全国政治中心之后，这里的军事防卫地位也有了极大的提高。为此，元朝政府专门设置有隆镇卫亲军都指挥使司，以负责大都城周边的关隘防卫任务。在大都城周边共有 10 处重要的关口皆设置有千户所，即：1、位于龙庆州的居庸关北口千户所，2、位于昌平县的居庸关南口千户所，3～4、设于昌平县东口的白羊口和黄花镇千户所，5、设于昌平县的芦儿岭千户所，6、位于檀州（今密云等地）的古北口千户所，7、位于易县的紫荆关千户所，8、设于大宁路（今内蒙古宁城境内）东口的迁民镇千户所，9、位于应州（今山西应县）金城县的碑楼口千户所，10、位于大同路昌邑县的太和岭千户所。

北京地区自西南、西北至东北，为太行山余脉及西山山脉环抱，形成一道天然屏障。在群山之间，有着一些沟壑成为人们穿越山脉的通道，自古以来，特别是自秦代以来，人们即在这些通道上设置有关隘，并修筑长城将这些关隘连接起来，形成一道较为坚固的防线，以抵御山北游牧部落对山南农耕地区的侵扰。元朝政府设置的这 10 处千户所，就是以主要的长城关隘为依据的，大致可以保障大都地区的政局稳定。

居庸关早在秦汉时期即被称为天下九大关塞之一，是从燕地通往北方大草原上的最重要的交通途径。到了元代，由于世祖忽必烈创行"两都巡幸"之制，元朝帝王每年都要往返过此，于是在这里设置了两处千户所。途经的山间沟壑呈东南至西北走向，全长约四十里，在南面的关隘属昌平县（今昌平区），称南口；在北面的关隘属龙庆州（今延庆区），称北口。

由于元朝帝王往来两都时，有不少文人跟随，故而留下了许多描写途中情景的诗篇。南口在平原，开始进入群山之中，而北口已在群山之巅，风光绝然不同。元人杨允孚曾作诗称："居庸千古翠屏环，飞骑将军驻两关。万里车书来上国，太平弓矢护青山"。[71]诗注曰："两关，谓南口、北口。"北口今天又称八达岭，有四通八达之意。

山道既险峻，关隘又坚固，故而时人称其堪比百万雄师："涧谷才容两轨行，全燕阨塞自天成。折冲险道四十里，制胜中原百万兵。过者但知今北口，居人不识古长城。清泉白石幽深处，暑气绝无寒气生"。[72]在元代和元代之前发生在燕地的大规模战争，大多皆与居庸关相关联，故而历代统治者往往在这里驻扎重兵，以保证安全。

昌平作为大都城北面门户，两都来往的要冲，在十处千户所中占有四处。除了南口千户所外，还设置有白羊口、黄花镇及芦儿岭三处千户所。其中，又以白羊口与居庸关的联系最为密切。后人称："白羊口距州西四十里，距居庸南口二十里，有水伏流。《元史》：'白羊口千户所，于昌平县东口置司。'景泰元年，调涿鹿中卫后千户所官军守御，后以守备一人守之。其西南有小城，曰白羊新城"。[73]这处关口在此后的明清时期仍然派驻军队加以守卫。

因为元代实行"两都巡幸"之制，北方的军事压力几乎没有，故而防卫任务也不重，此后明代需要防备北方草原游牧部落的侵扰，才进一步加强了防卫功能。史称："白杨城：在昌平州西四十里、长峪城南，亦曰白羊口，元置白羊千户所于此。明正德中建城，跨南北两山下，当两山之冲，周三里有奇，门二。后又建新城于其西南。嘉靖后，设守备驻此。本朝驻把总戍守。其东为苏林口、汤峪口，又东即居庸关南口也"。[74]而到了清代，白羊口的防卫功能才有所下降。

同在昌平境内的黄花镇，位置也很重要。明人称："黄花镇：在昌平州东北九十里，自是而东至古北口，凡四十八关口。其间差大者，曰大小峪关、曰白马关、曰陈家峪关、曰吊马峪关"。[75]清人曰："黄花镇：在昌平州北八十里，有城，元置千户所于此。当居庸、古北二关之中，北连四海治，为京师北门。明置守备参将驻此，本朝初裁，今有把总戍守"。[76]与白羊口一样，黄花镇在元代的防卫功能不是很重，到了此后的明代才变得越来越重要。

芦儿岭，又称卢儿岭或者鹿儿岭，元代归昌平县管辖，到明清时期归遵化州管辖。史称："鹿儿岭：在迁安县（西）一百二十里，景忠山之阴，接遵化州界，亦名芦儿岭。北有层翠峰、塔儿山、月城山，接遵化州山口界，其外为长城岭诸山"[77]这处关隘虽然距大都城较远，却仍然是一处较为重要的军事要塞，自元代历明清二代，皆有驻军把守。

在大都城东北面的众多关隘中，尤以古北口（又作"虎北口"）最为重要。清人称："古北口关：在密云县东北百二十里，两崖壁立，中有路，仅通一车。下有深涧，巨石磊砢，凡四十五里，为险绝之道。亦曰'虎北口'"。[78]这段文字源自宋朝使臣王曾的笔下，称："过朝鲤河，亦名七度河，九十里至古北口。两旁峻崖，中有路，仅容车轨；口北有铺，彀弓连绳，本范阳防厄奚、契丹之所，最为隘束"。[79]及后晋石敬瑭割让燕云十六州，古北口就成为宋朝出使辽金的使臣经常来往的地方。到了元代，已经较少有来往的使节。

后人又曾称："时关隘之要者有四：曰古北口，曰居庸关，曰喜峰口，曰松亭关，而烽候相望者一百九十六处，徼巡将士六千三百八十四人"。[80]这是明代初年在北平周围布防的情况，而这四处关口自古以来就是拱卫京城的重要关隘。自辽金至明初，许多战役都是在这里展开的，也因此留下了一些著名古迹。

在古北口的古迹中，尤以杨令公祠最为著称。清人称："杨令公祠：在密云县古北口北门外，祀宋太尉杨业。明洪武间，徐达建。成化辛丑重修，赐额威灵庙。本朝康熙年，霸昌道耿继先重修"。[81]其实这座杨令公祠早在辽、宋对峙时期就已经建造了，宋朝使辽文士苏辙和刘敞皆曾到此凭吊并作有诗歌。刘敞诗为《杨无敌庙》曰："西流不返日滔滔，陇上犹歌七尺刀。恸哭应知贾谊意，世人生死两鸿毛。"诗题注曰："在古北口"。[82]苏辙诗为《过杨无敌庙》曰："行祠寂寞寄关门，野草犹知避血痕。一败可怜非战罪，太刚嗟独畏人言。驰驱本为中原用，尝享能令异域尊。我欲比君周子隐，诔彤聊足慰忠魂"。[83]读诗可知，这时已经在古北口的关门处建有杨无敌庙（即杨令公祠）。

在大都城的西侧，则以紫荆关最为重要。清人称："紫荆关：在（易）州西，即太行蒲阴陉也。《地记》：大行八陉，第七陉为蒲阴，亦曰子莊口。《水经注》：子莊溪水，北出子莊关是也。宋时谓之金陵关，金元以来皆名紫荆。《旧志》：关在州西八十里，西南去浮图峪七十里，去广昌县一百里，路通宣大，各四百七十里。共有大小隘口一百五处，山谷崎岖，易于控阨，为京师西偏重地"。[84]元太祖攻打金中都时，就是因为居庸关难攻，而绕道紫荆关进入关内，直捣中都城的。

元人李继本曾作有《紫荆关》一诗，描述这处关隘的情景曰："吾闻紫荆关是古来天险处，势逼恒嵩抗天柱。栈路迥出青云端，岩瀑喧豗，喷洒长空，对之可以涤尘虑。往年龙虎纷拏战血飞，煌煌万骑关前驻。只今平世天下清，千里桑麻旆旆连郊墅。行旅不操寸兵，瓮城不劳铁铸。王元不封函关泥，孙子不书马陵树。关南孤戍夜火稀，关北团茅小家住。今我自西来飞霜满衣絮，林下有高人怡然此相遇。烟霞邮馆午停骖，风雪轩惚夜联句。家山咫尺望不迷，写书先寄宾鸿去。滇臾日车飞上扶桑红，一骑已出东山东"。[85]诗中除了描写紫荆关的险要之外，还提到了当年元太祖进攻金朝的史事。

元朝隆镇卫设置的其他三处千户所，即：碑楼口、迁民镇、太和岭。这三处千户所与以上诸处千户所相比，一是距大都城的空间较远，故而在军事防御方面的作用不太重要；二是均没有设置在大都往来各地的要冲之处。只是在特定的历史时期受到重视，如"两都之战"时，上都军马曾一度占据迁民镇，经过太和岭，却皆没有造成太大影响。

五、驿站与急递铺

在大都地区的军事设施中，又有驿站及急递铺发挥着较为重要的作用。驿站又称"驿传"或"站赤"。元代驿站的设置，始于元太宗时，当时主要是在蒙古大草原上和西域新立诸汗国之间为使节往来服务。而全国驿站系统的设置及进一步完善，则是元世祖时完成的。这时的驿站系统已经成为元朝政府的一个重要组成部分，规模之庞大，网络之绵密，功能之完备，达到空前的程度。

在元代，驿站的负担是十分沉重的。从军事情报的传递，到各国使臣的往来；从国家物资的运送，到达官显贵的出行，都要使用驿站的便利条件。几乎元朝所有重要的活动，都和驿站联系在一起。史称：

"元制站赤者，驿传之译名也。盖以通达边情，布宣号令，古人所谓置邮而传命，未有重于此者焉。凡站，陆则以马以牛，或以驴，或以车，而水则以舟。其给驿传玺书，谓之铺马圣旨。遇军务之急，则又以金字圆符为信，银字者次之；内则掌之天府，外则国人之为长官者主之。"[86]在这里表达出驿站的重要作用。

对于驿站的管理，当时的制度也是较为完备的。时人称："驿传之在汉地者，兵部领之。在北地者，苾以通政院。郡邑之都会，道路之冲要，则设脱脱禾孙之官，以检使客，防奸非。驿各有主者，以典其事，此其府事。"[87]不同地域的驿站，分别由不同部门管理，是符合当时社会环境的需要，有一定的合理性。而这套驿站系统的管理制度也在不断变化，以适应当时的历史状况。大都地区属于"汉地"，故而在这里设置的驿站，主要是由中书省下辖的兵部负责管理。

在元世祖时设置完成的驿站体系极为庞大，并且给我们留下了一些具体的信息。时人称："中书省所辖腹里各路站赤，总计一百九十八处：陆站一百七十五处，马一万二千二百九十匹，车一千六十九辆，牛一千九百八十二只，驴四千九百八头。水站二十一处，船九百五十只，马二百六十六匹，牛二百只，驴三百九十四头，羊五百口。牛站二处，牛三百六只，车六十辆。"[88]这是记载的大都周边驿站的整体情况。

大都地区是整个元朝驿站系统的中心地区，驿站的设置尤为完备，时人称："大都路所辖站一十五处。陆站一十三处，马二千三十五匹，车三百四十七辆，驴二千八百八十八头。水站二处，船一百一十只，驴七十八头。陆站一十三处：在城站二，马站，马一千三百三十四匹，驴二十头；车站，车二百二十辆，驴一千七百六十头。遵化站二，马站，马六十九匹；车站，车九辆，驴九十头。蓟州站二，马站，马九十一匹；车站，车一十五辆，驴一百五十头。通州站，马四十匹，车五十辆，驴四百头。昌平站，马一百二十七匹，车五十三辆，驴四百二十四头。良乡站，马一百二十三匹，驴二十四头。涿州站，马一百匹，驴二十头，代马一十匹。夏店站，马九十七匹。玉田站，马二十八匹。丰润站，马二十六匹。水站二处：通济镇站，船一百只，驴七十八头；通州站，船一十只。"[89]这些驿站不仅地位十分重要，而且负担也特别繁重。

这个数字是元代中后期（大约是元文宗在位时）的统计结果。又有人记载了另外一组数据称："站赤：大都驿，元额马一千三十七疋，驴二十头。目今见在马二百单九疋，驴五十二头。陆运提举司元额站车五百八十九辆，目今四十七辆。大都步站所元额站车一百九十四辆，目今六十五辆。舟站、骆驼站、牛站、车驾幸滦京往还，见《国朝岁纪》。"[90]这是元顺帝至正年间的统计数字。从原来的马、驴、车的数量（即元世祖时），到现有数量（即元顺帝时），其间的差距显示了元朝驿站系统的严重衰败过程。

元世祖时，从意大利来到中国的著名旅行家马可波罗曾经亲历过元朝的驿站，并称："每一个驿站上常备有四百匹良马，用来供给大汗信使往来之用，因为所有的专使都可能会留下疲惫的坐骑，换取壮健之马。即使在多山的地区，离大道很远，没有村落，又和各市镇相距十分遥远，大汗也同样下令建造同样样式的房屋，提供各种必需品，并照常准备马匹。"[91]这是在驿站系统尚能够正常运转时的情景，看来其效率是较高的。

但是，随着历史进程的不断演进，驿站系统受到越来越多的侵害，逐渐出现崩坏的迹象。如延祐四年（1317年）"九月，大都路良乡驿言：自闰正月二十五日，涿州驿送到晋王位下来使锁秃等四人，又西番大师加瓦藏卜等七人到驿。各索走马□窜马匹。提领百户皆被鞭箠，越次选取马□窜马供给。二月一日，复有西番僧短木蔡罕不花八哈失等二十一人，起正马三十二匹，回马十匹，需求走马□窜马匹。箠挞站赤，恃威选马，无所控诉。窃照本驿置于辇毂之下，南北冲要，供给浩繁。似此被害，何以堪命。乞禁治事。省部照拟得：国家设置驿传，所以通边情，备急务。近年以来，诸官府给驿繁数，站民匮乏，至于今岁尤甚。且大都南北六道站赤，比之各省，又重苦之，朝廷每加优恤。今此所陈，良可哀悯。若不严行禁约，诚恐逼临站户逃窜，废绝站赤，深为未便。都省出榜诸站及下各路，依上施行。仍咨行省，一体禁治"。[92]在这里，仅仅举出延祐年间的两件小事，就已经对驿站的站官及站户们造成极大危害，如果在非常时期，这种危害会更加严重。

如在天历初年，元文宗与泰定帝之子争夺皇位，爆发"两都之战"，大都地区的驿站及站户百姓受害最为严重。天历二年（1329年），时人称："去岁兵兴，通政院首先准备补马，钦迎皇帝于江陵，使臣接踵驰驿至都。嗣登大宝，干戈未息。东至千民镇、芦儿岭，北至虎北口、居庸关，西至白羊峪、紫荆关等处隘口，军兵守把，应用军器糇粮等物，并给站车挽运，计用四千余辆。以军情起马一万七千余匹。起洪赞、榆林、雷家三站，于昌平立黄花镇、石槽站，摘马走递，大都驿马纷夺不敷。禀奉都堂钧旨：摘拨良乡、涿州、新城、雄州、河间站赤铺马赴都协济。本院官吏昼夜供给，未尝顷刻辄离，亦无分毫失误。平定之后，站民之家，室庐焚荡，人马丧亡，无聊甚矣。幸承恩命，赈济以宁。略举大都、通州、蓟州、夏店、遵化、昌平、榆林、洪赞、雷家、良乡、涿州、易州、涞水马步等站，并北口蒙古站赤，接济讫中统钞一十五万七千四百六十五锭，粮四千六百四十六石八斗，马一千二百六十匹，驼五百只。"[93] 虽然得到政府的一些救济，但是对于战乱所造成的危害，这点救济无异于杯水车薪。到了元朝末年，随着元朝政府统治的衰亡，驿站系统也随之而走向衰亡。

与驿站系统功能大致相同的，是元朝政府在各地设置的急递铺。史称："古者置邮而传命，示速也。元制，设急递铺，以达四方文书之往来，其所系至重，其立法盖可考焉。世祖时，自燕京到开平府，复自开平府至京兆，始验地里远近，人数多寡，立急递站铺。每十里或十五里、二十五里，则设一铺，于各州县所管民户及漏籍户内，签起铺兵。"[94]

元朝政府对急递铺的要求是十分严格的，时人称："急递铺：转送朝廷及方面及郡邑文书，往来十里或十五里、二十五里，设一急递铺。十铺设一邮长，铺设卒五人。文书至，则纪于历，视早晏，标至时于封，因以绢囊贮而版夹之，又裹以小漆绢。卒腰革带，带悬铃，手抢挟裰襆，赍文书以行，夜则持火炬焉。道狭车马者、负荷者，闻铃则遥避诸旁，夜亦以惊虎狼不苦。又响及所之铺，则铺人出以俟其至。囊版以护文书，不破碎，不襞积，摺小漆绢裰襆以御雨雪，不濡湿，抢以备不虞。所之铺得之，又展转以去。定制：一昼夜走四百里，邮长治其稽滞者，郡邑官复督察加详焉。"[95] 这种急递铺的设置及使用，主要是为了在军情紧急时快速传递情报。

至于急递铺的设置，也是有制度的。时人称："世祖庚申四月，大都东、北、西三道，立一百铺，铺兵一千一十八户。北道左院花园至云州赤城，四十二铺，每铺十里。东道大兴县腊八庄至蓟州芦儿岭，四十铺，二百人。西道宛平县通玄关至涿州泽畔铺，十八铺，百一十四人。又立开平至京兆铺。"[96] 文中所云"世祖庚申四月"，是指中统元年（1260 年）四月，这时忽必烈刚刚夺得皇权，并准备与幼弟阿里不哥一决胜负，正是军事形势极为紧急的时候。

与急递铺类似的，又有海青驿。顾名思义，"海青"是一种猛禽，飞行速度极快，是北方少数民族民众狩猎的重要工具。海青驿也就是传递信息非常迅速的驿站，这种驿站是在突然出现紧急军情时才设置的。见于《元史》记载的共有三处，第一处是在中统三年（1262 年）三月，因为山东军阀李璮发动叛乱，于是忽必烈下令："敕燕京至济南置海青驿凡八所。"同年五月，忽必烈又下令："晋山至望云立海青驿"。[97]这是把从燕京（即后来的大都）到济南的海青驿又向北延伸。同年九月，因为李璮叛乱已经被平定，故而"罢霸州海青驿"。此后，元朝没有再设置过海青驿。

注释：

1 2 4 5 7 8 《元史》卷一《太祖纪》。

3 《建炎以来朝野杂记》卷十九《边防二·女真南徙》。

6 《元史》卷一百二十《彻伯尔和卓传》。

9 10 11 62 《元史》卷四《世祖纪二》。

12 13 14 16 18 19 20 《元史》卷二十二《文宗纪》。

15 17 《元史》卷一百三十八《燕铁木儿传》。

21 《明史》卷一《太祖纪》。

22 《七修类稿》卷八《国事类·刘福通》。

23 《尧山堂外纪》卷七十五《元·张羲》。

24 25 《明史》卷一百二十二《韩林儿传》。

26 27 《元史》卷四十五《顺帝纪》。

28 《元史》卷一百八十八《刘哈剌不花传》。

29 《明史》卷一百二十五《徐达传》。

30 31 《明太祖实录》卷三十二"洪武元年"。

32 33 34 《明太祖实录》卷三十三"洪武元年"。

35 36 37 《明太祖实录》卷三十四"洪武元年"。

38 《元史》卷一百四十八《董文蔚传》。

39 97 《元史》卷五《世祖纪二》。

40 （元）姚燧《牧庵集》卷十五《姚枢神道碑》。

41 《元史》卷六《世祖纪三》。

42 《元史》卷八十六《百官志》。

43 见《南村辍耕录》卷二十一。

44 61 《元史》卷十一《世祖纪八》。

45 《元史》卷八十六《百官志》。

46 《国朝文类》卷四十一《杂著》。

47 48 49 赵孟𫖯《松雪斋集》卷七《明肃楼记》。

50 《元史》卷一百《兵志三》。

51 55 57 58 59 65 69 《元史》卷九十九《兵志二》。

52 《元史》卷八十六《百官志》。

53 54 《道园学古录》卷二十三《武卫新建先圣庙学碑》。

56 66 68 70 87 95 96 《国朝文类》卷四十一《杂著》。

60　《元史》卷七《世祖纪四》。

63　周伯琦：《近光集》卷一《诈马行诗序》。

64　《通制条格》卷七《军防·看守仓库》。

67　《马可波罗游记》第2卷《汉八里新城·款待使臣的规章和城中的夜间治安》。

71　《元诗选初集·庚集》引杨允孚《滦京杂咏一百首》之六。

72　（元）胡助：《纯白斋类稿》卷八《上京纪行再赋居庸关》。

73　《日下旧闻考》卷一百五十四引清人顾炎武《昌平山水记》。

74　《清一统志》卷七《顺天府》。

75　《明一统志》卷一《京师》。

76　《清一统志》卷七《顺天府》。

77　《清一统志》卷十三《永平府》。

78　《畿辅通志》卷四十《关津》。

79　《续资治通鉴长编》卷七十九。

80　《明太祖实录》卷一百八"洪武九年"。

81　《畿辅通志》卷四十九《祠祀》。

82　《公是集》卷二十八。

83　《栾城集》卷十六。

84　《清一统志》卷三十《关隘》。

85　《一山文集》卷一。

86　94　《元史》卷一百一《兵志四》。

88　89　《永乐大典》卷一万九千四百二十二《站赤》。

90　见《析津志辑佚·大都东西馆马步站》。

91　《马可波罗游记》第2卷《一切大道上所设的驿站、步行信差以及支付经费的方法》。

92　93　《永乐大典》卷一万九千四百二十一《站赤》。

第六章　明代

　　明代自明成祖朱棣决定迁都之日起，北京就开启了"天子戍边"的基本军事布局。与之相配套的明代北部边防，也经历了不断完善的相应历史进程，北京的军事设置随而得到巩固与发展。

第一节　明军北伐与北部边防的初建

　　在元末群雄并起、互相竞争的战斗之中，由红巾军出身的朱元璋逐步取得优势，先后歼灭陈友谅、张士诚两大对手，统一南方，于1368 年在应天府（今南京）称帝，建立明朝。作为明代的开国太祖皇帝，朱元璋在登极前后，即提出"驱除胡虏，恢复中华，立纲陈纪，救济斯民"的口号，命大将徐达率军北伐，最终完成逐走元顺帝、占领大都、统一全国的历史重任，由此也开启了以北平为中心的明代北部边防体系的初步构建。

一、明军北伐与攻克大都

　　洪武元年正月初四日（1368 年 1 月 23 日），在群臣的再三劝进下，原在元末龙凤政权旗帜下自称"吴王"的朱元璋，"祀天地于南郊，即皇帝位，定有天下之号曰'大明'，建元'洪武'"，一个意欲取代蒙元统治全国的新政权正式诞生。[1]大举遣军北伐、推翻元顺帝的统治，也就成为明太祖朱元璋面临的重要政治任务与军事任务。早在改元称帝前夕的吴元年十月，他在以书招谕驻守陈州（今河南淮阳）的元将谭右丞等人时，就与信国公徐达等诸将议及北伐大势，称南方很快即可安定，而"尚念中原扰攘，人民离散。山东则有王宣父子，狗偷鼠窃，反侧不常；河南则有王保保，名虽尊元，实则跋扈，擅爵专赋，上疑下叛；关陇则有李思齐、张思道，彼此猜忌，势不两立，且与王保保互相嫌隙。元之将亡，其机在此。今欲命诸公北伐，计将何如？"以勇猛著称的鄂国公常遇春提议可借此形势"直捣元都，以我百战之师敌彼久逸之卒，挺竿而可以胜也。都城既克，有破竹之势，乘胜长驱，余可建瓴而下"。但朱元璋认为元大都已创建百年，若"悬师深入，不能即破，顿于坚城之下"，军事上将陷于不利的窘境，故遣师北伐当谨慎行之，"先取山东，撤其屏蔽，旋师河南，断其羽翼，拔潼关而守之，据其户槛，天下形势，入我掌握，然后进兵元都，则彼势孤援绝，不战可克，既克其都，鼓行而西，云中、太原以及关、陇可席卷而下。"对此方略，诸将皆曰"善"。[2]因此到二十一日，朱元璋遂正式拜将遣师，命中书右丞相、信国公徐达为征虏大将军，中书平章掌军国重事、鄂国公常遇春为征虏副将军，"率甲士二十五万，由淮入河，北取中原"，以勇将常遇春为破敌前锋，徐达"专主中军，策励群帅，运筹决胜"，正式拉开明军北伐、进取元大都的序幕。[3]

数日后，朱元璋又在招谕齐、鲁、河、洛、燕、蓟、秦、晋诸北方之民的檄文中，宣称"自古帝王临御天下，中国居内以制夷狄，夷狄居外以奉中国，未闻以夷狄居中国治天下者也。……古云：'胡虏无百年之运。'验之今日，信乎不谬。当此之时，天运循环，中原气盛，亿兆之中，当降生圣人驱逐胡虏，恢复中华，立纲陈纪，救济斯民。……予恭天成命，罔敢自安，方欲遣兵北逐群虏，拯生民于涂炭，复汉官之威仪。……兵至民人勿避，予号令严肃，无秋毫之犯。归我者永安于中华，背我者自窜于塞外"，为北伐营造舆论氛围。[4]而徐达则按照行前与朱元璋制定的"必自山东，次第进取"进攻路线，与诸将自下邳（今江苏睢宁）兵分两路并进，钳击益都，仅用四个多月的时间，到洪武元年二月就攻占山东，为北伐的胜利迈出了具有决定意义的关键一步。三月，徐达复自山东挥师西向，分兵进攻河南，一路自济宁溯黄河进攻汴梁（今开封），一路由永城等地攻许州（今许昌），又调征南将军邓愈率领湖北等处兵马北上进攻南阳，策应北征主力。明军所向披靡，很快攻克汴梁、洛阳以及嵩（今嵩县）、陕（今陕县）、陈（今淮阳）、汝（今临汝）诸州，遂不战而据有经略陕甘的军事要塞潼关，北伐第一阶段的战略任务至此基本完成。

四月，太祖朱元璋得知潼关捷报，决定亲赴汴梁，以"时言者皆谓君天下者宜居中土，汴梁乃宋故都，劝上定都，故上往视之，且会大将军徐达等，谋取元都"。[5]其实太祖此行北上的重要任务，是为了亲自听取前线将领的军事汇报，以商讨、决策下一阶段的具体步骤。五月，朱元璋到达汴梁，诏"改汴梁路为开封府"。[6]六月初一日，徐达自河南军前抵达行在，朱元璋嘉语慰劳，问以进取元都之计。徐达认为明军平定齐鲁、攻下河洛之后，元大都已经陷入孤立无援的军事态势，若率军"乘势捣其孤城，必然克之"。朱元璋又提出具体的作战方案，为"选偏裨提精兵为先锋，将军督水陆之师继其后，下山东之粟以给馈饷，由邺（今河北临漳）趋赵（今邯郸），转临清而北，直捣元都。彼外援不及，内自惊溃，可不战而下"。徐达进一步询及攻下大都后的战略安排，提出若元帝弃大都北逃，"将贻患于后，必发师追之"。对此，朱元璋明确指示："若纵其北归，天命厌绝，彼自渐尽，不必穷兵追。但其出塞之后，即固守疆圉，防其侵扰耳"。[7]此次汴梁之会，不仅商定了北取大都的军事部署，实际上也定下了对于北元势力的基本方略，为此后两百多年间明代北部边防的总体格局奠定了初步基础。

君臣定策之后，徐达即亲率大军直取大都。七月，朱元璋"亲画征进阵图，遣使赍授大将军徐达，且令各卫粮船俱赴济宁馈运"。[8]闰七月初，徐达师出汴梁。辞陛时，朱元璋特意叮嘱诸将："克城之日，毋掳掠、毋焚荡、毋妄杀人，必使民安其业。凡元之宗戚，皆善待之，庶几伐罪救民之意"。[9]徐达与常遇春"会诸将于临清"，[10]明军主力则自中滦（今河南封丘）等地渡过黄河，沿御河（今卫河），经长芦（今河北景县）向北挺进，一路势如破竹。太祖"驱逐胡虏，恢复中华"的号召，也得到了广大北方汉族与下层民众的支持。二十三日徐达攻占直沽（今天津），"获其海舟七艘，作浮桥以济师"，元丞相也速等"望风奔遁，元都大震"。二十五日进至河西务（今天津武清），大败元平章俺普达朵儿只进巴所率元军，俘获甚多。随迫进至通州，立营河东，常遇春则驻营河西相应。[11]元廷派知枢密院事卜颜帖木儿前来"力战，被擒死之"。[12]二十八日，徐达率兵进入通州，"指挥华云龙以兵来会"，军威直逼大都城下。[13]元顺帝见大势已去，命淮王帖木儿不花、左丞相庆童等人留守，自己则带元军精锐于是夜三鼓开大都健德门北逃。徐达因未得其信，并未下令立即攻城，而是命都督副使孙兴祖"督军士修筑通州城"，以昭慎重。[14]他又下令"各卫立栅桃桃堑以待战"，作好与元军主力在大都城外野战的准备。不久明军前哨"至燕都城下，不逢敌兵，城上亦无旗帜，疑有伏兵而回"。直到五天之后，徐达见元军迄不出城应战，方分兵为左、中、右三路，向大都进军。八月初二日，徐达留马指挥等人驻守通州，自己率主力直扑大都城。元军此前已尽撤城外防守，明军很快即抵达大都东边的齐化门之外。

徐达命令将士"填壕登城而入",守城元兵多属羸弱,并未遇到太多抵抗,很快顺利攻入城内。徐达杀死元监国帖木儿不花、左丞相庆童、平章迭儿必失、朴赛因不花、右丞张康伯、御史中丞满川等留守大臣,又俘获宣让、镇南、威顺诸王子六人。大都城内本就不多的元军失去指挥,迅速溃散。徐达随即下令"封其府库及图籍宝物等,又封故宫殿门",派指挥张焕以兵千人守卫。其余元室宫人、妃主,"令其宦寺护视,号令士卒无得侵暴"。[15]又下令,"凡元朝大小诸臣,皆令送告身于官署民籍中",大都全城尽入明军掌握之中。后人赞誉徐达攻取大都,"人民安堵,市不易肆。人谓曹彬下江南,不过是也"。[16]

攻下大都,徐达派出快马专赴御前"献捷"。八月十三日,《平元都捷表》送达南京。次日,明廷群臣上表称贺,太祖"诏改大都路为北平府,命征元故官送至京师"。[17]明军攻取大都之役的胜利,标志着有元百年中原统治的终结,为明朝统一中国夺取了政治上和战略上的重大优势。徐达虽在《平元都捷表》中谓其勒兵入元故都时,"壶浆以迎,赤戴盆而仰白日;室家相庆,廓氛祲以睹青天。奉宣德威,以安黔黎",却也深知北平附近的军事形势仍远未安定。一方面,盘踞山西、陕甘等地的元军武装,仍从西北方向严重威胁北平的战略安全。另一方面,逃赴上都的元顺帝,也随时可能组织力量,南下夺回失去的都城。因此徐达在攻占大都后,即分派薛显、傅友德、曹良臣、顾时等各将,率军驻防、巡缉古北口各处关隘。随后,他遣出故元尚书九住往太原"告谕"元太原守将扩廓帖木儿,同时派诸将领兵四出,先后招降、攻克白土、龙华各寨,又分兵驻守东昌、广平、直沽等军事要地。十五日,太祖下令设置燕山等六卫守御北平,而以"元都既克,遂命大将军徐达、副将军常遇春率师取山西",明军北伐转入战略第三阶段。[18]这既意味着攻取大都之战在战术层面告一段落,但亦可视为巩固此役成果的战略延续。西征行前,徐达"留兵三万余人,分隶燕山、大兴、永清六卫,以孙兴祖统之守燕京",又"遣孙兴祖、俞通源等帅师进克永平,常遇春、傅友德等略保定、中山、河间,俱下之"。[19]北平外围军事渐趋肃清,形势基本安定。解除后顾之忧的徐达、常遇春遂全力挥师西向,于洪武二年(1369年)正月攻克重镇大同,平定山西。随即渡河趋陕,经过十余月的艰苦战斗,到年底击溃扩廓帖木儿对兰州的反攻,相继攻克奉元路(改为西安府)、凤翔、兰州、临洮等重镇。洪武三年,继常遇春殁后出任副将军的李文忠又率军攻克应昌,获元顺帝后妃、皇孙买的里八剌等。[20]至此,太祖与徐达所拟三大阶段的战略部署基本实现,取得北伐灭元之战的最终胜利。而在宣示天下的诏书中，太祖早已强调明军"已于洪武元年八月初二日克其都城，胡君远遁，兵无犯于秋毫，民不移其市肆。捷音来奏，良副朕怀，已改其都为北平府，命官屯守。海宇既同，国统斯正，方与生民共此安平之福"。[21]作为元代统治中原在政治上与军事上的象征，徐达对大都的攻克，成为明军北伐中最具标志意义的重大事件。

二、洪武前期的北部边防与北平军事设置

作为胜朝故都所在，克复后的北平逐渐成为明初北部边防的军事重心。洪武元年，明廷开始在全国推行卫所制度。八月，命徐达移师秦晋之时，太祖诏"置燕山等六卫以守御北平"，对拱守北平重镇的军事做出部署。徐达于是"改飞熊卫为大兴左卫、淮安卫为大兴右卫、乐安卫为燕山左卫、济宁卫为燕山右卫、青州卫为永清左卫、徐州五所为永清右卫"，合计留兵三万人，"分隶六卫，令都督副使孙兴祖、佥事华云龙守之"。[22]是为明初北平六卫设置之始。九月，太祖又下令"置大都督分府于北平，以都督副使孙兴祖领府事，升指挥华云龙为分府都督佥事"，进一步提升北平的军事地位，孙兴祖、华云龙成为洪武初年专掌北平军事的主要将领。[23]孙兴祖（1335—1370 年），濠州（今安徽凤阳）人，与太祖同乡，"从太祖渡江，积功为都先锋"，累进至大都督府副使。随徐达北征至通州，先受命督军士修筑通州城墙。徐达西征前夕，可能因其善于守城，成为驻守北平的首位大将，"纪律严明，燕京以安"，为北平初期的稳定和巩固做出了贡献。[24]洪武元年底，元将扩廓帖木儿奉顺帝之命率军"复北平"，欲由保安州经居庸关以进，徐达侦知，对诸将言称"北平孙都督总六卫之师，足以镇御"，于是率大军乘虚直捣太原，可见其对孙兴祖军事才能的信任。[25]洪武二年三月北平设置行省，三年底又设立燕山都卫，与行省同治于北平府城，以责成其军事统辖之专。[26]洪武二年二月，元丞相也速复领万余骑南下侵扰通州，"时大军征山西，北平守兵单寡，通州城中亦不满千人"。通州守将曹良臣大树赤帜，以疑兵之计智退敌人。[27]六月，孙兴祖以军功入祀鸡鸣山功臣庙，位次开国二十一人之殿，因仍在世而虚位以待。[28]可惜不到一年，孙兴祖在统帅北平六卫士卒从徐达出塞途中，与燕山右卫指挥平定、大兴左卫指挥庞𧽘遇敌，"皆殁于五郎口"，年仅三十五岁。太祖闻讯，"悼惜之，追封燕山侯，谥忠愍，配享通州常遇春祠"。[29]洪武初年掌管北平军事的另一主将华云龙（1332—1374 年），安徽定远人，早期在征伐陈友谅、张士诚诸役中屡立战功，累功至淮安卫指挥使。旋从大军北征，与主帅徐达会师于通州，进克大都，奉

命留守，后升任新设的大都督分府佥事，次年进都督同知兼燕府武相。洪武三年，以功封淮安侯，"授开国辅运推诚宣力武臣、荣禄大夫、柱国、燕相府左相兼北平等处行中书省参知政事"。[30]但四年之后的洪武七年，华云龙因人奏其在北平"据元相脱脱第宅，僭用故元宫中物"，受命召还南京，卒于途中。华云龙是主持明初北平城墙改造与燕王府修建的关键人物，史载"建燕王府、增筑北平城，皆其经营"。他在明初北平的军事防守中，亦承担了重要职责，尤其于孙兴祖奉调出塞时，"总六卫兵，留守北平，兼北平行省参知政事"。[31]洪武四年七月，镇守北平的华云龙统兵出居庸关至云州，"侦知故元平章僧家奴营于牙头，夜分精兵袭之，突入其营，擒僧家奴，尽俘其众，并获驼马四百余匹而还"。[32]洪武六年四月，又首议北平附近长城沿线的布防与修筑，为太祖所采纳，进一步完善了北平的军事布置。[33]

其实太祖早已注意到北平在北部边防中的战略地位，故而在洪武六年正月又命魏国公徐达、曹国公李文忠前往山西、北平"练兵防边"，其谕称"山西、北平与胡地相接，犬羊之群，变诈百出，仓卒有警，边地即不宁矣，卿等岂能独安乎？今无事之时，正宜往彼练习军士，修葺城池，严为备守，使边境永安，百姓乐业，朝廷无西北之忧，卿等亦可忘怀高枕"，并戒以"御边之道，固当示以威武，尤必守以待重，来则御之，去则勿追，斯为上策。若专务穷兵，朕所不取，卿等慎之"。为昭慎重，行前太祖还亲临祭祀太岁、风云雷雨、岳镇、海渎、钟山诸神，称"今又令大将军魏国公徐达、副将军曹国公李文忠先至大同、北平等处，修理城池，练兵训将，以备边陲，傥胡人来寇，就令统兵力征，以安中国。今师再出，特告神知"云云。[34]徐达不久因事召还，以都督何文辉诣北平"代领其众"。洪武七年，华云龙应召南还，何文辉又接任其燕王府左相之职，成为继孙兴祖、华云龙后主掌北平军事的首要人物。何文辉（1341—1376 年），滁州人，十四岁时为太祖收为义子。后随军征讨南北，累立战功，升至大都督府同知。洪武五年，受命领山东步骑二万八千人从副将军李文忠北征出应昌，次年奉命移镇北平。史载何文辉"号令明肃，军民皆德之"，太祖亦"尝称其谋略威望"。但不久何文辉"以疾召还"，洪武九年病故，故于明初北平军事未有太大建树。见于史籍者，有李文忠北征时，何文辉"督兵巡居庸关"，以为后援。洪武六年六月，与华云龙一起将永平起集的故元五省八翼军士 1662 人，"分补北平各卫军伍"。[35]洪武八年初，太祖召徐达、李文忠、冯胜等回京时，何文辉又受命与颍川侯傅友德、南雄侯赵庸等一起，统领诸军"总领镇北平"。[36]

　　洪武年间对北平军事设置影响最大的，无疑是先以征虏大将军主持北征、后又受命镇守北平并统领整个北部边防事宜的魏国公徐达。徐达（1332—1385年），濠州人，农家出身。元末在追随朱元璋南征北战诸役中屡立大功，与猛将常遇春"才勇相类，皆太祖所倚重"，"尤长于谋略"。北征时拜为征虏大将军，与常遇春"帅步骑二十五万人，北取中原"。到北伐三阶段的任务基本完成后，洪武四年初，徐达又"帅盛熙等赴北平练军马、修城池"。他面临的主要任务，已由四年前率军攻占元大都时的攻城歼敌，转为构筑军事设置，巩固边防。洪武四年，徐达再次到达北平，即下令"徙山后军民实诸卫府，置二百五十四屯，垦田一千三百余顷"，亦即将西北军都山以北地区的百姓迁至北平城郊附近屯田，试图以坚壁清野的办法在北平北边构筑一条防御蒙古骑兵南下劫掠的战略地带。但这一举措，对于北平战略防御的军事而言，其实利弊各半。而对于迁出地区经济的发展，则无疑带来重大损失。该年冬天，徐达受召还南京，北平军事交都督何文辉代领。洪武五年，徐达领军北征扩廓，却遭遇败绩。次年，"复帅诸将行边，破敌于答剌海，还军北平，留三年而归"。[37]此次军事行动，是徐达主持北征之后又一次规模较大的战役，北平成为出塞明军汇集的枢纽。当时徐达分遣左副将军李文忠、济宁侯顾时、南雄侯赵庸、颍川侯傅友德、永城侯薛显、巩昌侯郭子兴、临江侯陈德、营阳侯杨璟、都督金事蓝玉、王弼等人统率骑兵，又命右副将军冯胜、右副副将军汤和同南安侯俞通源、永嘉侯朱亮祖、宜春侯黄彬、都督何文辉、平章李伯昇、都督金事张温等人统领步兵，"分驻山西、北平等处，相机擒讨残胡"。作战方案得到太祖诏许，主帅徐达也从所驻的山东临清，前赴北平调度，随后又往山西指挥。[38]洪武六年八月，徐达率军进至朔州，"徙其边民入居内地"。[39]这是洪武四年他下令迁徙山后军民充实北平防御举措的延续。洪武七年三月，太祖以徐达等率兵久驻塞边，遣使敕谕徐达、李文忠、冯胜将所统将士分布于北平、山西等军事要地屯驻，留六安侯王志、南雄侯赵庸驻山西，营阳侯杨璟、汝南侯梅思祖前往北平，统领所属各都督府官以及指挥、千户、百户，然后与其他公侯回京待命。[40]八年初，复命徐达等将其所统大军俱交与颍川侯傅友德、南雄侯赵庸、都督同知何文辉总领，镇守北平。[41]十一月，朝廷将在外各处都卫统一改为都指挥使司，始于洪武二年的燕山都卫，随之改名为北平都指挥使司，北平卫亦随改燕山前卫指挥使司。[42]不久徐达又回驻北平，总领北部边事。九年九月，太祖因七、八两月间连续星变，卜者称为主奸人、刺客、阴谋诸事，特遣指挥金事吴英前赴北平，戒谕徐达"凡阅兵马、习骑射、进退之间，皆当谨备"，并称"盖将者，众之死生，国之安危系焉，能戒慎之，庶可免忧"。[43]由此细事，足见太祖对徐达倚任之深，寄意之重。十四年，徐达再次帅汤和等将出塞，追讨元将乃儿不花，事后复还北平。此为徐达主事期间，对蒙元残余的最后一次较大规模出击。总体而言，十数年间，徐达坐镇北平，为防御北元尽心竭力，直至十八年二月病逝于南京。他往来于北平、南京两地，"每岁春出，冬暮召还，以为常"，深得太祖倚信。[44]君臣两人亦推心置腹商讨北部边防，北平的军事布置日趋稳固。洪武十一年，太祖敕工部定天下岁造军器、甲胄数量，额定分配北平布政使司甲胄1000 幅、弓5212 张。其中北平所得甲胄数量占全国总数的十三分之一，而战弓数量则达到全国总数的七分之一，远过邻近的山西、河南、山东各属，借此可推测北平一镇在全国军事中的独特地位。[45]据统计，洪武十二年北平都指挥使司所属燕山等十八卫，共计士卒九万六千五百余人。[46]其后又陆续有所增加。如洪武十二年八月，在北平北边要隘处增设永宁卫指挥使司及古北口守御千户所。[47]故该年年底北平都指挥使司所属诸卫所士卒，已有十万五千六百余人。[48]而到二十二年四月兵部核审时，北平都指挥使司与行都司燕山左护等卫所属的编伍军士，总量则达到十三万九千八百人之众。[49]洪武年间以开国"第一名将"徐达长期镇守北平，并配置强大的军事力量，对于镇慑蒙元残余、巩固中国北部边防，无疑起了十分重要的作用。但与此同时，无形中也为羽翼渐丰、且与徐达有翁婿之亲的燕王朱棣后来得以拥兵"靖难"打下了军事上的埋伏。

三、明代长城的初建

明代是长城修筑的重要时期，作为现存的世界文化遗产，东起鸭绿江、西至嘉峪关、蜿蜒一万两千余里的长城遗址，基本上都成于明代。举国之力修筑高大坚固的长城，作为对付游牧骑兵劫掠、入侵的防御设施，早在西周时期就开始了。周幽王"烽火戏诸侯"的典故，就与此相关。列国争霸的春秋战国时期是长城修筑的第一个高潮，其时不仅各诸侯国之间修筑"互防长城"自卫，北方的燕、赵、秦三国更专筑长度不等的长堑、塞垣用以"拒胡"，防御北方俨狁的袭击。秦始皇统一六国之后，将原来燕、赵、秦三国的北方长城依照地势统筹整合，后又派出大将蒙恬"北筑长城而守藩篱"[50]，渐成西起临洮（今甘肃岷县）、东至辽东的秦"万里长城"。由此之后的千数百年间，凡汉、晋、北魏、东魏、西魏、北齐、北周、隋、唐、宋、辽、金、元等十多个朝代，都规模不等、历时不一地修筑过长城。但由于朝代变迁与时间关系，历代所筑长城相继破败，有的甚至遗迹难觅。而明代则成为长城修筑的收官高峰，无论其规模之大、投入之多、历时之久，还是设计之精、技术之巧，都达到了前所未有的高度。

明代长城修筑，肇始于洪武年间，与太祖对北元残余势力所采取的战略决策有密切关系。如前所述，洪武元年征虏大将军徐达出师攻取元大都行前，曾请示若元主北奔，是否可率诸将进击。朱元璋告以"不必穷兵追之，但其出塞之后，即固守疆圉，防其侵扰耳"。洪武六年，太祖又强调"修葺城池，严为备守"，再次明确对北部蒙元势力奉行筑城防御的战略方针，修筑长城因而成为固守边疆的基本方略。徐达坐镇北平统筹北部防边，北平自然成为明初长城修筑的重心。从历史上看，北平在先秦燕国时期，就有自造阳（今河北怀来）至襄平（今辽宁辽阳）的北长城。入秦后，又成为秦北边"万里长城"东段最重要的组成部分。南北朝时期的北魏、北齐，亦先后在此修筑长城。而徐达也几乎于克复大都之日起，就开始相形度势，逐渐规划以北平为中心的长城修复。

洪武元年攻下大都后，徐达即派出薛显等人驻防古北口等各处关隘。不久，太祖亦下令徐达构筑居庸关、古北口、喜峰口等军事险要之处的关城。这可视为明代在北平修筑长城的滥觞。经过数年的努力，到洪武三年，明军在北平以北的旧长城沿线，逐渐建立起相对完善的军事隘口、哨所体系，"为以后大规模修建长城打下了基础"。[51]洪武六年，太祖派出大将军徐达等人到山西、北平"备边"，贯穿有明一代的长城修筑由此正式展开。其时太祖谕令诸臣就边防事宜"各上方略"，镇守北平、时任燕府左相兼北平等处行中书省参知政事的淮安侯华云龙，首先提出在边防东部以北平为中心构筑长城的设想。他遣使向太祖进言："塞上诸关，东自永平、蓟州、密云，西至五灰岭外隘口，通一百二十一处，相去约二千二百里。其王平口至官坐岭口，关隘有九，约去五百余里，俱系冲要之地，并宜设兵守之。若紫荆关及芦花山岭，尤为要路，宜设千户所守御"。[52]书上，太祖嘉纳其议，"从之"，且推及山西等处的长城设置，"又诏山西都卫于雁门关、太和岭并武、朔诸山谷间，凡七十三隘，俱设戍兵"，意图构建东西贯通一气的长城防线。[53]

华云龙于明初北平长城的修筑有首倡之功，但主持落实其议者，则为此后坐镇北平"备边"的大将军徐达。明代长城以东起山海关、西至居庸关的蓟镇一段最受重视，也最为坚固。《明史》载"蓟之称镇，自（嘉靖）二十七年（1548 年）始"，[54]其实蓟属长城防务的建立，自明初洪武年间就早已开始了。其中《四镇三关志》明确记载建于洪武年间的长城关隘，有平谷北水峪关的正关，以及密云的墙子路关、大虫峪口、大黑关（旧名黑古关）、大角峪口、司马台关等多处。[55]因属后人多年以后的追记，不仅简略数字，具体的修建过程与主事人员也未得其详。而见于《明实录》的记载，有洪武九年八月，"敕燕山前后、永清左右、蓟州、永平、密云、彭城、济阳、济州、大兴十一卫分兵守北边关隘。时关隘之要者有四，曰古北口、曰居庸关、曰喜峰口、曰松亭关，而烽候相望者一百九十六处，徼巡将士六千三百八十四人，初俱用北军，至是始选江淮军士参之"。[56]其时烽堠的设置已经达到 196 处，卫戍士兵也南北参杂，则长城沿线的守望体系已初步建成。又洪武十四年正月明确有载："征虏大将军、魏国公徐达发燕山等卫屯兵万五千一百人，修永平、界岭等三十二关。"[57]徐达此次调动士卒达一万五千多名，涉及险要关隘 32 处，为洪武年间长城修建规模较大的一次。洪武十五年九月，北平都司特为长城修筑事宜上奏，称"边卫之设，所以限隔内外，宜谨烽火，远斥堠，控守要害，然后可以詟服胡虏，抚辑边氓"，然后详举境内长城所辖关隘、烽堠之名，自东至西包括一片石、黄土岭、董家口、义院口、箭簳岭、孤窑儿、刘家口、河流口、徐流口、冷口、界岭口、青山口、干涧儿、桃林口、重峪口、石门子、白道子、白羊峪、石湖洞、五重庵、新开岭、佛面山、栲栳山、擦崖子、城子岭、大峪、水峪、中寨、榆木岭、青山、游乡口、铁门口、大喜峰口、小喜峰口、团亭寨、潘家口、常峪寨、三台山、隘口寨、龙井寨、朝儿岭、松陀儿、松棚峪、青山大岭、木潭岭、臭麻峪、刀山寨、分水岭、马蹄峪、洪山寨、蔡家峪、秋科峪、于家峪、道沟峪、罗文峪、猫儿峪、山寨峪、小挝角山、大挝角山、会仙台、沙披峪、山口西寨、片石峪、冷觜头口、楮皮寨、尖山寨、龙池寨、大安口、井儿峪寨、鲇鱼石口、琵琶峪寨、马兰峪、平山寨、宽田峪、南山顶寨、饿老婆顶寨、滴水峪小寨、北山顶、滴水峪、北山等寨、录山顶、峰台岭寨、古强峪、耻瞎峪、钻天岭、黄崖口、小平安岭、大平安岭、三山寨、蚕椽峪、青山岭、彰作里、将军石口、碣山寨、黄松峪、文家庄、鱼子山、萧家岭、熊儿岭、沙岭儿、灰峪口、灰岭儿、猪圈头、山觜头、木场峪、灰塘峪、墙子岭、磨刀峪、许家峪、苍木会、小黄崖、大黄崖、石堂峪、姜毛峪、苏家峪、大虫峪、遥桥峪、南峪、烧香峪、墨峪口、蜂台峪、高垛子、小水峪、汉儿岭、城子山、倒班岭、杷头岭崖、师姑峪、梧桐安、齐头崖、柏岭安、将军台、卢家安、司马台、丫髻山、沙岭儿、砖垛子、龙王峪、师婆峪、古北口、潮河寨、柞峪、陟道峪、蚕房峪、陈家峪、东驼骨、西驼骨、白马甸、划车岭、冯家峪、营城岭、黄崖口、石塘岭、东石城、西石城、东水峪、白道峪、牛盆峪、小水峪、水口峪、河坊口、神堂峪、开连口、加儿岭、驴鞍岭、南冶岭口、黄花镇、西水峪、枣园峪、灰岭口、贤庄口、锥石口、德胜口、虎峪口、居庸、阳峪口、苏林口、白羊口、柏峪口、高崖口、方良口、常峪口、长城岭、沿河口、石港口、小龙门口、天井关、东龙关、天桥关、天门关、洪水口、西龙门、叚口、石峨口、兰芳口、鹿角口、南龙门、马水口、道水口、石塘口、金水口，"凡二百处，宜以各卫校卒戍守其地"，得到太祖认可。[58]这是明初记载北平长城修建最为详细的史料。但相较于洪武九年 196 处烽墩的记载，数量上仅仅增加 4 个，因此徐达洪武十四年到十五年长城修建的主要内容，很可能不过是在原来基础上作进一步修复、加固与规范等项工作，当然也会根据军事变化而做少量的扩建与调整。也就是说，经过洪武十五年的大修，以北平为中心的长城防边体系应该基本建构完成，并开始在拱卫北平军事、保护华北平原的安全上发挥出重要作用。而居庸关、古北口等险要关隘的修建，尤其受到重视。

明初洪武年间，居庸关与古北口、喜峰口、松亭关同称四大关隘，后来又与紫荆关、倒马关、固关并列京西四大名关。《畿辅通志》载，明代居庸关始于"明洪武二年大将军徐达垒石为城，三年置守御千户所……自南口而上，两山之间，一水流焉，而道出其上。十五里为关城，有南北二门。以参将一人、通判一人、掌印指挥一人守之，又巡御史一人往来居庸、紫荆二关按视焉"。[59]《明史》亦称居庸关守御千户所，为"洪武三年置"。[60]但学者根据清代乾隆年间所刊的《延庆卫志略》，认为现存的居庸关长城遗址其实成于明中叶景泰年间，徐达洪武初年"以修隘之任，即居庸关旧址，垒石为城"的关隘，并不在元代居庸关云台所在的中心位置，而在云台以北的上关，规模也很小，"当时急于抗击蒙元残余势力，简易从事是完全可以理解的"。同时亦不否定徐达修建长城的功绩，"无论如何，居庸关的始建工作，确实是由徐达开始的"。[61]然此说与明代刘效祖《四镇三关志》以及王士翘《西关志》所记均不相合，尚待考察。揆以情理，明初局势稳定后，原来临时修筑的应急关隘，应当即有加固与扩建。尤其是经过洪武十五年的大修后，居庸关附近与之呼应的德胜口、虎峪口、阳峪口、苏林口、白羊口等众多关隘，都已整修完毕，在元时居庸关中心的云台附近，很可能也会随之设置相当的军事设施，以作为防范蒙古骑兵冲击的战略纵深。又成书于永乐年间的《顺天府志》，记载其时居庸关的规模，为"包筑石城，横跨东西两山，周围一千二百八十七丈，高一丈五尺。建南北二门、敌台一十二、窝铺四十四"，可见明初建成的居庸关，仅比《西关志》所记明中后期的居庸关城略小，而远远超过洪武年间上关所在石城的规模。因此推测，洪武年间徐达曾在上关临时设置过防御工事，并于永乐二年建为关城，确为事实。但现存的居庸关长城，同样是由徐达在洪武年间开始修筑而成的，景泰年间不过是在原有基础上扩增与加固，并非重新"创建"。[62]

此外，今人称作"古长城"的密云古北口长城，或是目前可明确归于洪武初年始建、由徐达监工的明长城遗址。古北口为北平东北要隘，《日下旧闻考》引《明典汇》提到："洪武初即古会州大宁地，设北平行都司，兴营诸屯卫，封建宁藩，与辽东、宣府东西联络为外边。已而魏国公经略，自古北口至山海关增修关隘，为内边"。[63]明末顾炎武则称："古北口城在山上，周四里三百一十步，三门。洪武十一年立守御千户所，三十年改密云后卫，领左右中前后五千户所，其后以参将一人守之"。[64]古北口设置守御千户所在洪武十一年，但关城的修建应在此前。查考史料，洪武元年，明军千户陈权曾在古北口截获元广平守将周昱的妻子、车辆。不久，千户陈谅、右丞薛显等人又先后巡逻至古北口，俘获元将李德明、刘答失帖木儿等 39 人，又获马一千多匹、牛羊上万头。[65]可见自攻下大都之日起，古北口即成为明军巡守的重点，根据需要而加固、布防皆在情理之中。洪武九年八月太祖加强长城戍守的敕命中，更将古北口列为长城四大关隘之首。[66]显然经过多年的经营、建设，古北口已成为明初长城的重点关隘，并很可能在洪武九年之前就已修建完成。现代学者考察后认为，古北口关城是"徐达所建第一批关城之一"，它"雄踞山顶之上，东至东关门，西到潮河川，南控大开岭，北依高山尖，名营城。城周四里三百一十步，设东、北、南三门"。后人有诗赞称"诸城皆在山之坳，此城冠山如鸟巢。到此令人思猛士，天高万里鸣弓弰"，或可借以推窥明初徐达主持修复古北口关城后的壮观景象。[67]

第二节 "靖难之役"与永乐迁都

"靖难之役"既是明代重大的政治事件，更是重新决定明代历史走向的重大军事事件。燕王朱棣凭借在洪武后期"防边"行动中积累起来的军事才能，以武力抗拒建文朝的"削藩"政策，最终成功夺得帝位，将都城从南京北迁，从而开启了有明一代"天子戍边"的军事新格局。

一、燕王"镇北"防边与"靖难之役"的爆发

洪武初年，为保证朱姓后世的统治，朱元璋在预定太子的同时，又以"天下之大，必建藩屏，上卫国家，下安生民。今诸子既长，宜各有爵封，分镇诸国"，采取分封藩卫的基本国策，并特地声明："朕非私其亲，乃遵古先哲王之制，为久安长治之计"。[68]他大封诸子为藩王，分布于军政要地，作为朱明朝廷的屏障。诸藩当中，担负北部边防重任的秦、晋、燕三王实力最强。而具有雄才大略的第四子燕王朱棣就藩北平以后，表现更为突出，在筑城屯田、训练将兵、督造军器等诸多方面均有作为。尤其是洪武后期，在太祖的授意与大力支持下，燕王朱棣通过率军出塞与北元征战，在北平驻军中迅速树立起权威，逐渐成为北平军事的实际主持者。

燕王首次率军出塞，是在洪武二十三年（1390年）初。其时边报称北元丞相咬住、太尉乃儿不花、知院阿鲁帖木儿等聚集部众，"将为边患"。太祖闻讯，令晋王朱㭎、燕王朱棣两人分路率师出击。出征之前，明朝做了充分准备和周到安排，以颍国公傅友德为征虏前将军、南雄侯赵庸为左副将军、怀远侯曹兴为右副将军、定远侯王弼为左参将、全宁侯孙恪为右参将，"赴北平训练军马"，均听燕王"节制"。[69]此外，齐王朱榑所率护卫和山东徐、邳二卫的精锐马步军士，亦随同燕王北征。据内线情报，其时北元不仅兵士人数少，马匹短乏，"骑者才五千人，共家属一万口，马称之"，且人心不齐，"其众二心，欲南向者多，北向者少"。[70]选择这样的机会命藩王大举领兵出征，太祖其实是有意让晋、燕两王通过建立军功的方式，在北部军中树立起藩王威信。燕王朱棣待聚集北平的明军准备就绪，遂于三月初二日师出古北口，傅友德、赵庸、曹兴诸大将左右护卫从征。明军兵屯塞下，朱棣派出骑哨在茫茫荒原上四下侦察，得到乃儿不花驻扎在漠北迤都（今蒙古境内，二连浩特东北）的情报。面对严寒大雪，朱棣独排众议，称"天大雪，虏必不虞我至，宜乘雪速进"，督促军队于月底赶到迤都。朱棣先以随征的降将观童入营晓以大义，继临以兵威，北元太尉乃儿不花、丞相咬住、忽哥赤、知院阿鲁帖木儿等皆臣服，"于是悉收其部落及马驼牛羊而还，遣人报捷京师"。[71]太祖首次命藩王出征巡边，晋王"不见虏而还"，而燕王却凯旋而归。捷至，太祖大喜过望，对群臣宣称"清沙漠者，燕王也，朕无北顾之忧矣"，命赏钞一百万锭，随

征马军留于上都或兴和、兴州各处，"相度便益"，由都督、都指挥等总率屯驻，"常往来阅视"。[72]

对于燕王此次"巡边"的战绩，后人疑《明实录》所记或不无夸饰，且出力者显然为久历沙场的傅友德等宿将，朱棣不过是随军历练。但太祖既萌以藩王取代功臣"镇边"之意，自然将其功绩尽归于燕王。后人提及："后秦王征西虏，晋王、燕王征北虏，楚王、湘王征五开洞蛮，俱领敕为大将统兵，公侯皆听节制，有功"。[73]可见明初数以亲王将兵的用意。尽管此次藩王"巡边"真正战果并不太大，但由于朱棣表现相对出色，其军事才能得到太祖的充分肯定，燕王府与晋王府之间的关系也随之发生微妙变化。二十四年四月，朱棣又督率傅友德诸将出塞，"败敌而还"，再立新功。[74]太祖并遣使命燕王督率傅友德等人收捕阿失里等降将，叮嘱"今上天垂象甚切，须体天心，凡北平护卫及都司各卫隘口，必当整备士马，励精器械，严为守御，不可怠肆"，可见他对于北平防边的关注。[75]随后，太祖不断加强藩王领兵权限。五月，汉、卫、谷、庆、宁、岷六王"练兵临清"，成为北平军事部署上的重要后援。二十六年二月，太祖命晋王统率山西、河南之军出塞，试图平衡晋、燕两王的发展势头，但效果并不理想。不久"蓝玉案"爆发，北平军权进一步转移至燕王朱棣手中。蓝玉（？—1393 年），定远人，名将常遇春的妻弟。初追随常遇春，"临敌勇敢，所向皆捷"，洪武五年从徐达北征，二十年从冯胜征纳哈出，皆有功。二十一年，又于捕鱼儿海中大破北元，太祖"比之卫青、李靖"。屡升至大将军，封凉国公。蓝玉"饶勇略，有大将才"，于名将徐达、常遇春之后"数总大军，多立功"，然恃功骄纵，在洪武二十六年以"谋反罪"被诛。"蓝玉案"中"凡列名《逆臣录》者，一公、十三侯、二伯"，受牵连族诛的达一万五千之众，故史载此案之后，"于是元功宿将相继尽矣"。[76]学者认为蓝玉"谋反"案或与朱棣颇有关系，是朱棣利用朱元璋猜疑心理挑唆而成，朱棣"虽不是操刀者，但却是积极的磨刀者"。[77]因为争夺北平军权的需要，朱棣与冯胜、蓝玉等领兵大将之间，存在一定的冲突与矛盾。故洪武二十年蓝玉北征胜归北平，将名马献给燕王时，朱棣断然拒绝，宣称"马未进朝廷，而我受之，岂所以尊君父?！却之"，给蓝玉以敲击。[78]而蓝玉作为皇太子妃的舅父，在领兵北疆时，也难免倾向于皇太子朱标的利益。据载他曾密告太子："臣观燕王在国，阴有不臣心。又闻望气者言'燕有天子气'，殿下宜审之"，在很大程度上成为朱标监视燕王的心腹。因此待皇太子死后，朱棣乘机进言"诸公侯纵恣不法，将有尾大不掉忧"，遂"不数月而（蓝）玉祸作".[79]不过究其实，这是朱元璋为加强皇权、铲削功臣所采取的步骤，但朱棣乘机进一步掌握了北平军权，成为"蓝玉案"的最大受益者。洪武二十六年三月，太祖命宋国公冯胜、颍国公傅友德往太原、北平等处备边，以晋王节制山西诸卫，而燕王则节制北平所属各卫将校，"凡军中应有机务，一奏朝廷，一启王知，永著于令"。四日后，又遣使宣谕晋、燕两王"各统所辖都司军马，凡军中赏罚，大者以闻，小者从宜处分"。[80]太祖意在晋、燕二王并重，但朱棣的名气和声望在北平驻军中却升得更快。也是在此年，太祖十七子朱权就藩喜峰口外的大宁，"带甲八万，革甲六千"，当地朵颜三卫又以骁勇善战，成为北平侧翼重要的军事巨镇。[81]加之此后朱棣在北平主掌军事，威信不断累积，使北平在整个北部边防中的战略地位进一步加强。洪武三十年四月，太祖以"备边十事"详敕晋、燕二王，令其在北部谨斥堠、广布置，以精骑随时侦望，并亲率护卫临边巡视，"被坚执锐，夙夜加谨"。[82]到洪武三十一年三月，随着太子朱标、秦王朱樉、晋王朱枫先后去世，北平在防边诸强藩中更呈一枝独秀之势。此时行将辞世的太祖，仍将北平视为"中国之门户"，命总兵杨文前往北平参赞燕王，"以北平都司、行都司并燕谷宁三府护卫，选拣精锐马步军士，随燕王往开平提备。一切号令皆出自王，尔奉而行之。大小官军悉听节制"。让实际上处于太祖诸子嫡长地位的燕王朱棣，进一步加大权力的扩展，为后来的"靖难"夺位打下了重要基础。[83]

洪武三十一年（1398年）闰五月，太祖朱元璋去世，6年前被立为皇太孙的朱允炆即位为帝，年号建文。在洪武二十五年被定为皇位继承人之后，朱允炆即对藩王势力的膨胀有所警觉，曾私下与伴读黄子澄等人有过讨论。即位后，朱允炆采纳齐泰、黄子澄等人的建议，"悉更太祖成法，注意诸王"，开始实行"削藩"政策。首先诏"王国吏民听朝廷节制"，收回亲王对封地的统治权。[84]随后又下令"诸王毋得节制文武吏士"，意在削弱其领兵权。[85]并先后削掉周、齐、湘、代、岷五位力量较弱的藩王。对强藩之首的燕王，则派遣谢贵为北平都指挥使、张昺为北平布政使，加强监察，在军事上更做了周密部署。先是令都督朱忠以征调沿边马步官军屯守开平的名义，将燕王府护卫中的精壮"悉选调隶（朱）忠麾下"。又将燕府胡骑指挥关童（即观童）等"悉召入京"，将受燕王影响较深的北平永清左卫调驻彰德、永清右卫调驻顺德。再"以都督徐凯练兵于临清，以都督耿瓛练兵于山海，张昺布置于外，谢贵窥伺于内，约期俱发"。[86]面对朝廷的步步进逼，此前深得燕王礼重的僧人道衍（即姚广孝）以北平在军事上的优势劝说燕王，称“大王，先帝所最爱也，且又仁明英武，得士众心，主上所最忌也。夫燕，胜国之遗，而北方雄镇也。其民习弓马，地饶枣栗，悉雄蓟属。郡之材官良家子，彀甲可三十万，粟支十年。大王之护卫精兵，投石超距者，又不下一二万。鼓行定山东，略河南，势若建瓴而下，谁为抗御？大王即不，南机先发，欲高卧得邪？且暮匹夫耳”。[87]再加上指挥张玉、朱能等护卫的拥护，以及北平都指挥使张信的告密，朱棣遂决意起兵自救。建文元年（1399年）七月初六日，朱棣设伏兵于王府端礼门外，将张昺、谢贵两人一举诱捕，随命张玉、朱能等乘夜进攻，“将士皆踊跃争奋，一以当百”，连下北平八门，唯西直门守军一直抵抗未下。朱棣又请出老将唐云“解甲骑马，导从如平时”，至西直门军前讹称“天子已听王自制一方”，终于“尽克九门”。北平都指挥俞瑱闻讯自知不敌，逃奔居庸关。占领北平全城的朱棣遂于第二天公开誓师，宣称“义与奸邪不共戴天”，将以武力“奉行天讨，以安社稷”。[88]朱氏叔侄争位的“靖难”之役正式爆发，由此彻底改变了有明一代北京的军事走向。

初战告捷之后，朱棣即命人招谕北平周边各卫。通州卫指挥房胜、遵化卫指挥蒋玉、密云卫指挥郑亨等人随各率众“以城来归”，不听号令的蓟州马宣则为指挥朱能率兵攻拔。又以居庸关为“北平之襟喉”，朱棣命指挥徐安、钟祥等率部进取。俞瑱败退、与退保怀来的宋忠汇合后，朱棣力排众议，率马云、徐祥等精锐“卷甲背道而进”，搜获宋忠，“擒都指挥俞瑱，斩都指挥彭聚、孙泰于阵，并首级数千”。不久，指挥孟善进攻永平，“守将赵彝、郭亮等以城降”。[89]朱棣“自署官属”，先后拔居庸关，破怀来，执宋忠，取密云，克遵化，降永平，于二旬之间“众至数万”，迅速控制了北平周边的军事要地。[90]此后，能征善战的燕王朱棣，以北平为后方基地，率部与朝廷北上“讨伐”的军队在华北大地上展开殊死搏斗。在北平附近最激烈的战事，则是建文元年的北平保卫战。

得到燕王朱棣起兵“靖难”的消息，建文朝廷先以老将耿炳文为大将军，领三十万大军北上讨伐。朱棣率部南下迎击，在白沟、雄县、鄚州等地击溃南军，尤其于真定附近获得大胜，“获其副将李坚、宁忠及都督顾成等”。两者互有胜负，但黄子澄“虑师老”，复荐以曹国公李景隆为大将军，代替退守真定的耿炳文。[91]又命江阴侯吴高等领辽东之兵进围永平，以为掎制。到九月间，李景隆整顿部属，“合兵五十万，进营河间”，直指北平。面临南北夹击的朱棣，于九月十九日先率主力北上解永平之围，又以计赚挟宁王朱权，“拔大宁之众及朵颜三卫卒俱南"，实力一时大增。此时，尽撤外围防卫、仅留万余守军的北平，则早已深陷南军之围。

南军主帅李景隆得知朱棣北攻大宁，即于十月十五日率部"直薄（北平）城下，筑垒九门，遣别将攻通州"。[92]南军一部分筑垒北平城门外日夜围攻，另分一部进攻通州，主力则集结于通州与北平之间的郑村坝，既居中支援，又预备以逸待劳，全力迎击回师的燕军主力。其时，陷于重围的孤城北平由姚广孝、郭资等人辅佐燕世子朱高炽竭力防守，在南军环攻之下，各门很快即危如累卵。其中骁勇的瞿能父子在彰义门进展最快，要不是主帅李景隆忌才贪功，下令同进，彰义门很可能就被攻破。[93]千钧一发的告急声中，连燕王妃徐氏（即前名将徐达之女）也不再顾忌身份，"激劝将校士民妻，皆授甲登陴拒守"，亲自登上丽正门城楼，率领妇女抛瓦掷石助战。[94]当日战事之激烈，可见其概。南军围攻北平的时间长达二十余日，据史籍所载："当是时，献陵（朱高炽）居守，公（姚广孝）及郭资等日夜守御，辑拊兵民。南兵再攻城，设伏截其后，城上呼噪，伏发，急开门夹击，大败南兵去。又夜缒死士下城劫南兵，或遣数十人远伏草莽间，夜举火鸣炮，罢南兵不得休息，辄出精兵奋击败之，尽焚九门诸栅寨"。[95]守城燕军充分利用熟悉地形的优势，不断滋扰南军，一直坚持到朱棣率主力回师。

其实早在十月十八日，朱棣就已率主力回援北平，次日又在会州卫升派诸将，"以大宁归附之众分隶各军"，为即将到来的决战做好部署。月底，朱棣率师进入松亭关。十一月初四，朱棣回至孤山，得知南军主力驻于郑村坝。时值大雪初霁，燕军乘夜渡过白河。此前李景隆"日夜戒严"以待，由于日夜不得休息，"冻死及堕指者甚众"。朱棣率大军列阵而进，以精锐骑兵当先，"连破其七营，大军继之"。两军自中午开始接战，一直战斗到夕阳西下的酉时。北平城内守军也鼓噪而出，内外夹攻。燕军以惯于野战的骑兵左右冲击，南军渐渐不支，"斩首数万级，降者数万"。当夜，李景隆"拔众南遁，尽弃其辎重"，其中仅战马就有三万余匹。[96]燕军取得了北平守卫战的全胜，为整个"靖难之役"打下了稳固可靠的战略基础。

此后建文朝廷仍多次派军北上，但其兵锋再未对北平的安危带来真正威胁。燕军主力与南军在华北平原展开拉锯战，三年之中互有胜负。燕军在山东济南以及河北东昌等地遭到较大挫折，但南军的打击也一直未能动摇朱棣的根本。建文四年，朱棣接受姚广孝"毋下城邑，疾趋京师"的建议，率主力一路南下渡过长江，攻入金川门。[97]南京宫中火起，建文帝不知所终。历时三年的"靖难"之役以燕王朱棣的胜利而告终结，由此也重新开启了北平由一方军事重镇演变为全国军事中心的重大变局。

二、永乐迁都北京与五出阴山

明初北京军事大变局的契机，在于永乐迁都。朱棣在南京即位为帝，升其"龙潜之地"为"北京"，并萌意将都城北迁。这既与朱棣个人以武力"靖难"夺得帝位的独特经历有关，其实也是由明初政治、军事的现实需要所决定的。洪武年间，太祖指示对北逃的元顺帝实行"固守疆圉，防其侵扰"的政策，[98]因此来自北部草原的侵扰力量，一直没有遭到毁灭性的打击。史料载称，明初蒙元北撤后，仍保留了相当的实力，所谓"引弓之士，不下百万众也；归附之部落，不下数千里也；资装铠仗，尚赖尔用也；驼马牛羊，尚全而有也"。[99]这对建都南京、在中原立国的朱明政权，始终保持着巨大的军事压力。正是基于这一基本的军事格局，在相当长的一段时间内，以北平、太原、西安为中心的北部边防各镇，成为明代屯驻重兵的军事要地。建文朝廷与燕王争位的失败，很大程度上也是明初定都南京从而导致政治中心与军事中心相分离的结果。鉴于这一经验教训，朱棣决定采取以政治中心迁就军事中心的办法，将都城北迁，寻求政治中心与军事中心的重新统一。永乐元年，朱棣下令改北平为"顺天府"，与南京"应天府"相提并论。北京以"龙兴之地"成为陪都，奏响了上升为正式都城的序曲。此后朱棣令徙江南、浙江及山西等地民众"实北京"，又派工部尚书宋礼疏浚已经淤塞的运河、赴川广等地采伐大木，征调工匠、民夫和兵士上百万前赴北京。迁都的各项准备工作次第展开，时人谓为"肇建北京，焦劳圣虑，几二十年，工大费繁，调度甚广"。[100]到永乐十八年北京宫殿营建完毕，朱棣下诏于次年"改京师为南京，北京为京师"，并将迁都诰令通告天下。十九年正月初一，朱棣率大臣"奉安五庙神主于太庙，御奉天殿受朝贺"，又"大祀天地于南郊"，大赦天下，正式宣告迁都礼成。[101]朱棣长时间的努力，既为都城营建提供人力、材料、粮食等多方面的保障，也为将北京建设成为全国军事中心打下了良好基础。

相对于宫殿营建，朱棣对于北京军事建设的步伐更快。他在登上皇位的第三天，即"升燕山中护卫为羽林前卫，燕山左护卫为金吾左卫，燕山右护卫为金吾右卫，俱亲军指挥使司"，将昔日燕府亲侍擢升为朝廷左右禁卫。[102]不久，又以"内难肃清，论功行赏"，令马聚为北平都指挥使、童信为北平行都司都指挥使，升王忠、申英、卯那海、夏曲伦台俱为北平都指挥同知，董磻、骆七十八、史勇俱为北平行都司都指挥同知。[103]此后燕邸旧将多有迁擢，逐渐占据全国军事主流。永乐元年二月，又设立北京留守行后军都督府，"行都督府置左右都督、都督同知、都督佥事无定员，首领官、经历、都事各一员"。次日，又下令"以燕山左、燕山右、燕山前、大兴左、济州、济阳、真定、遵化、通州、蓟州、密云中、密云后、永平、山海、万全左、万全右、宣府前、怀安、开平、开平中、兴州左屯、兴州右屯、兴州中屯、兴州前屯、兴州后屯、隆庆、东胜左、东胜右、镇朔、涿鹿、定边、玉林、云川、高山、义勇左右中前后、神武左右中前后、武成左右中前后、忠义左右中前后、武功中、卢龙、镇房、武清、抚宁、天津右、宁山六十一卫，梁成、兴和、常山三守御千户所，俱隶北京留守行后军都督府"。[104]不久，再诏改北京行都指挥使司为大宁都指挥使司，隶属后军都督府，"设保定左、右、中、前、后五卫，俱隶大宁都司"，又调遣营州左屯卫于顺义，右屯卫于蓟州，中屯卫于平峪，前屯卫于香河，后屯卫于三河，"卫设左、右、中、前、后五所，仍隶大宁都司"。复设置东胜中、前、后三个千户所，"于怀仁等处守御"。[105]这一系列举措，不仅大大提升北京周边的军事配置，其军事中心地位也初具雏形。

这种以北京为中心的全国军事布局大调整，一方面是为都城北迁预做准备，同时也为此后朱棣御驾北征埋下了军事部署的伏笔。朱棣在燕王时期即多次帅将"巡边"，继位称帝后又五次大举出塞。这既是明初永乐一朝的重大军事行动，与北京军事中心的确立与巩固也息息相关。早在洪武末期，北元内部就逐步分裂为鞑靼、瓦剌和兀良哈三部。三部之间既自相攻杀，又时常滋扰明朝边境。朱棣即位后，继承太祖绥靖北元的政策，但效果并不太理想。永乐七年二月，朱棣"以北巡告天地宗庙社稷"，三月到达北京，五月在昌平营建山陵，北京周边的军事部署进一步加强。同时，"封瓦剌马哈木为顺宁王、太平为贤义王、把秃孛罗为安乐王"，力图招抚。然不久出使鞑靼的给事中郭骥被杀，朱棣终于下定决心，决意派大兵征讨。[106]永乐七年七月，淇国公丘福以征虏大将军之名北上，调率武成侯王聪、同安侯火真，以及靖安侯王忠、安平侯李远诸将计十万大军，征讨鞑靼可汗本雅失里。丘福本为"靖难"旧人，曾与朱能、张玉首夺北平九门，后来又在真定、白沟河诸大战中屡立大功。但他受命之后，由于轻敌孤军深入，导致全军皆没。败绩传至北京，"帝震怒，以诸将无足任者，决计亲征"。[107]由此开始了朱棣称帝之后的五出阴山。

第一次亲征在永乐八年。该年二月初一日，朱棣"命皇长孙留守北京"。遂由随行的户部尚书夏原吉等人商酌，留守北京事宜定以"皇长孙于奉天门左视事，侍卫如常仪，诸司有事，具启施行。若军机及王府要务，一启皇太子处分，一奏行在所"，又规定"其武选行在五军都督府及行后军都督府所属衙门，例应袭替优给升降者，行在兵部亦循例启皇长孙施行"，为北征期间北京的军事政务做出安排。[108]初四日，朱棣"以亲征胡虏诏告天下"，略称有以大击小、以顺取逆、以治攻乱、以逸待劳、以悦吊怨五大"必胜之道"，行将"扫清沙漠，抚绥颠连，将疆场乂安"。[109]旋于初十日"发北京"，十二日到达龙虎台，有"自虏中脱归"的蔚州卫千户周全前来"具奏虏情实"。朱棣率逐渐调集的50万大军，一路向漠北行进。五月初八日，明军行至丘福覆败的胪朐河（今蒙古国克鲁伦河，朱棣赐名"饮马河"），得知本雅失里已向西逃往瓦剌部，其丞相阿鲁台则率部往东。朱棣决定先率将士向西，于五月十三日在斡难河（今蒙俄边境）追及，"一呼而败之"，本雅失里仅以七骑渡河"遁去"。[110]大败本雅失里后，朱棣复挥师东向，"诏移师征阿鲁台"。[111]六月初九日，朱棣得知阿鲁台"遣人诣军门请降"，命诸将"各严阵以待"，使其"迟回不敢发"。经过短暂交战，部众溃散的阿鲁台不得不"以其家属远遁"。数日后，朱棣又在追击中"斩其名王以下百数十人"。但由于天气炎热，粮草也有供给之虞，遂于十四日下令班师。[112]

永乐八年北征之后，鞑靼部实力大受影响，臣服于明。朱棣亦给以优厚赏赐，又封鞑靼太师阿鲁台为"和宁王"，命其"统为本处军民，世守厥土"。[113]但西部的瓦剌却趁鞑靼受到打击的良机，大力扩张势力。十一年春天，朱棣再次自南京"巡幸"北京。受到威胁的卜颜不花等人向其报称，瓦剌部自马哈木即位后，有"欲与中国抗衡"之心。[114]十一月，朱棣以马哈木率兵进至饮马河，"声言袭阿鲁台，实欲寇边"，决心再次亲征，"召恭顺伯吴允诚、都指挥脱欢台等选所部精锐赴京，命浙江都司选临山、定海等五卫鞑军之壮勇者从征"。[115]待兵力征调、粮饷筹集完毕，朱棣于十二年二月举行大阅，随下亲征之诏，以安远侯柳升领大营，武安侯郑亨领中军。[116]三月，朱棣率皇太孙朱瞻基从北京出发。四月，"孛罗不花等来降"。六月初三，前锋都督刘江在康哈里孩击败瓦剌部游哨，杀其数十骑。初七日，朱棣行至勿兰忽失温（今蒙古乌兰巴托东南），遭遇瓦剌军。马哈木、太平等依托山势，将所部3万之众分作三路阻击。朱棣派骑兵引诱敌兵离山，柳升乘机以神机铳炮"毙贼数百人"，朱棣本人亦"亲率铁骑击之"。瓦剌军败退，朱棣乘势追击，多次分兵夹攻，在反复鏖战中"杀其王子十余人，斩虏首数千级余"，直至土剌河，"马哈木、太平等脱身远遁"。入夜，朱棣尚称"迟明追扑之，必尽歼乃已"，经皇太孙奏请"不须穷追，宜及时班师"。[117]朱棣遂下令"宣捷于阿鲁台"，凯旋北京，并"以败瓦剌诏天下"，略称"奉行天威，扫腥膻于绝塞；绥宁顺附，覃恩慈于远人。用靖边陲，佚我黎庶"云云。[118]

经过永乐十一年的北征，瓦剌部受到重创，此后多年不敢南窥。但明军也有重大伤亡，鞑靼却趁瓦剌新败之机，获得发展。经过数年征伐、兼并，鞑靼势力再次强盛起来，并逐渐改变此前对于明朝的依附政策。阿鲁台多次侮辱、拘留明廷使节，还经常于秋冬之际南下骚扰、劫掠。十八年底，朱棣"以迁都北京诏天下"，北京正式成为首都，对北部边防的要求随之增强。十九年七月，朱棣以来自鞑靼的威胁上升，"将北征，敕都督朱荣领前锋，安远侯柳升领中军，宁阳侯陈懋领御前精骑，永顺伯薛斌、恭顺伯吴克忠领马队，武安侯郑亨、阳武侯薛禄领左右哨，英国公张辅、成山侯王通领左右掖。"二十年二月，又令隆平侯张信、兵部尚书李庆督理北征军饷事宜，"役民夫二十三万五千有奇，运粮三十七万石"。三月，鞑靼部众进犯兴和，都指挥王唤战死。朱棣闻报，当即决定以皇太子监国，自己统率大军"亲征阿鲁台"，于三月二十一日"发京师"。[119]阿鲁台获知亲征，连夜逃遁。朱棣下令勿需急追，"俟草青马肥，道开平，逾应昌，出其不意直抵窟穴，破之未晚"。[120]四月，朱棣至云州"大阅"，五月"猎于偏岭"，六月"令军行出应昌，结方阵以进"。阿鲁台派兵佯攻万全，朱棣不为所动。七月初四日，朱棣率大军到达杀胡原，"阿鲁台尽弃其马驼牛羊辎重于阔栾海之侧，与其家属直北走"。朱棣"发兵尽收虏所弃牛羊驼马，焚其辎重"。朱棣又以兀良哈为阿鲁台之羽翼，命"当还师剿之"。诸将"简步骑二万，分五道并进"，在屈裂儿河击败所遇兀良哈部，"追奔三十里，斩部长数十人"，"尽收其人口、牛羊、驼马，焚其辎重、兵器"。数日后，兀良哈余部皆前来请降。朱棣顺势"以班师诏天下"，并于重阳节前一日还至京师。[121]此次北征虽然规模巨大，又于班师途中予兀良哈部以沉重打击，但由于阿鲁台避而不战，削弱鞑靼部实力的战略目的并未达到。

二十一年七月二十日，以蒙古降人来言"虏寇阿鲁台将犯边"，朱棣决定"率兵先驻塞外以待之"，遂于二十四日"发京师"，再次亲征。八月初一日，朱棣在塞下举行"大阅"。十二日，又敕令宣府、隆庆、怀来、万全、怀安等沿边各卫修筑加固塞黑峪、长安岭等处军事险要，"务令坚固，昼夜严谨守护"。朱棣一方面在塞下巡阅部队，"命诸将于各营外布阵，神机铳居前，马队居后，令军士暇闲操习"，一方面徐徐向北挺进。[122]九月初十日，朱棣到达西阳河。十五日，阿鲁台部属阿失帖木儿、古讷台等"率其妻子来降"，并带来阿鲁台已在夏天被瓦剌部打败、部落溃散的消息，朱棣"遂驻师不进"。次日又下令武安侯郑亨、安平伯李安等人"率军分巡缘边关隘，令修筑坚固"，并指示其"提督守备，务在严密"。[123]十月初七日，朱棣驻跸上庄堡，征北前锋、宁阳侯陈懋奏报鞑靼王子也先土干率其部众前来归属。朱棣封其为忠勇王，"赐姓名金忠"，并在敕文中盛赞其"智识卓越，灼知天命"。[124]二十三日，朱棣下令班师，新附的忠勇王金忠随之。朱棣第四次北征，仍以未见阿鲁台而返，于十一月初七日回至京师。

　　二十二年正月，阿鲁台再次进犯大同、开平等地。朱棣以边患始终未靖，命群臣再次商议北征。他一方面敕令各边守将"整兵俟命"，同时大举选调，"征山西、山东、河南、陕西、辽东五都司及西宁、巩昌、洮、岷各卫兵，期三月会北京及宣府"。北京成为北征诸军会集的重心。四月初三日，朱棣留皇太子朱高炽监国，自己则以安远侯柳升等为中军，宁阳侯陈懋、忠勇王金忠（即也先土干）为前锋，于次日率军"发京师"，亲征鞑靼部阿鲁台。这是朱棣以帝王之尊第五次北征，也是他一生中的最后一次出塞。二十五日，朱棣在隰宁（今河北沽源）获知阿鲁台已北走答兰纳木儿河（今蒙古境内哈剌哈河下游），"遂趋进师"，督促诸将迅捷前进。五月朱棣抵达开平，"使使招谕阿鲁台诸部"，随"宴群臣于应昌"。六月十七日，明军前锋遣人奏称已进抵答兰纳木儿河，但并未见到阿鲁台的踪影，"穷搜山谷三百里，无所得"。陈懋又引兵搜索至白邛山，"咸无所遇，以粮尽还"。英国公张辅等人见报，称愿赍足一月的粮草，"率骑深入"。朱棣答以"今出塞已久，人马俱劳。虏地早寒，一旦有风雪之变，归途尚远，不可不虑"。[125]二十一日，复以"古王者制夷狄之患，驱之而已，不穷追也"，下令全军班师。次日，朱棣令分兵两路南返，其自领东军，武安侯郑亨等则领步军西行，期于开平会合。[126]而在此前后，很可能朱棣已经预感到不适。七月十四日，朱棣回至翠微冈，向随侍的大学士杨荣、金幼孜询问到达北京的日程，并以辅佐东宫相托。次日，遣礼部尚书吕震"以旋师谕太子，诏告天下"。十六日朱棣到达苍崖戍，"不豫"。十七日至榆木川（今内蒙古多伦西北），"大渐，遗命传位皇太子"。十八日朱棣病逝，随军的大学士杨荣、金幼孜"以六师在远外，秘不发丧"，一切如常奉进。[127]直到八月初七日，前来奉迎的皇太孙方赶至雕鹗谷军中正式发丧，"六军号恸，声彻天地"。朱棣以 65 岁的高龄亲征，最终落得客死塞外的人生悲剧。

第三节　明北部边防的构建与明中期保卫北京的战争

经过永乐年间朱棣的五次北征，盘踞于漠北的鞑靼、瓦剌和兀良哈三部，先后受到不同程度的打击与震慑。这大大削弱了蒙古部落的整体力量，较好地维护了首都北京的安宁。但朱棣频繁以"天子戍边"的亲征作法，也付出了很大的政治与军事代价。大量的财力、人力不得不集注于连续的北征之上，这极大地消耗了明朝的国力，以致于永乐朝之后，明廷实际上已经无力再筹措大规模的远征。因而来自北方"鞑虏"的威胁一直未能得到真正解除，并成为影响明代北京乃至全国军事部署的最关键因素。

一、作为明代边防核心的北京军事体系

明代以西北游牧部落"接壤中土，岁时窥伺，大则侵陵，小则寇掠。自生民以来，为患久矣，以二帝三王之盛，卒未有能臣服而诛灭之者"，因而强调"今天下之事，惟夷狄为大。而夷狄之害，惟北虏为最"。[128]纵观明代北部边防体系，经历了一个长期调整与演变的过程。洪武立国之后，朱元璋确立的是以藩王为核心的联体防御，秦王所在的西安、晋王所在的太原以及燕王所在的北平，是明初北部边防的三大重心。永乐时期，朱棣迁都之后，在主动出击，"以攻代守"的同时，又调整为以庞大京军为后盾的分地防御。"土木之变"后，明王朝再次顺应客观形势的需要，逐步确立以联防和固守为主要特点的新的边防体系，迄至明末。[129]其中以北京为核心的九边的建构与完善，是明代北部边防的关键。

后人总结明代军事大势云："元人北归，屡谋兴复。永乐迁都北平，三面近塞，正统以后，敌患日多。故终明之世，边防甚重。东起鸭绿，西抵嘉峪，绵亘万里，分地守御。初设辽东、宣府、大同、延绥四镇，继设宁夏、甘肃、蓟州三镇，而太原总兵治偏头，三边制府驻固原，亦称二镇，是为九边。"明代以据险固守为宗旨的九边镇戍制度，源出洪武一朝，主要形成则在永乐年间以后。洪武六年，朱元璋在天下略定之后，复派出大将军徐达等人前赴北平、山西"备边"，并接受淮安侯华云龙所上方略，"自永平、蓟州、密云迤西二千余里，关隘百二十有九，皆置戍守，于紫荆关及芦花岭设千户所守御。又诏山

西都卫于雁门关、太和岭并武、朔诸山谷间，凡七十三隘，俱设戍兵"，可视为九边防御体系的初萌，北平在北部防边中的重要性也逐渐凸显出来。九年，朱元璋敕令燕山前、后等十一卫"分兵守古北口、居庸关、喜峰口、松亭关烽堠百九十六处，参用南北军士"，北平军士的南北交流加强，在全国军事体系内的影响随之扩增。十五年，又下令于北平都司所辖关隘二百，"以各卫卒守戍"，并诏各近塞藩王，"每岁秋勒兵巡边"。由此开始形成以"塞王备边"为主导、以都司卫所为镇守的军事架构。十七年，朝廷"命徐达籍上北平将校士卒"。二十年，又在喜峰口外的大宁设置北平行都司，"而封皇子权为宁王，调各卫兵往守"，进一步扩大北平的防御纵深。再加上在此前后增设的开平、兴和各卫所，以及"与大同相望"的东胜城十六卫，最终形成"自辽以西，数千里声势联络"的防御体系。[130]作为防边主将徐达以及"三大塞王"之一的燕王朱棣驻扎地，北平也成为边防东线中最重要的战略要地。

待到朱棣迁都，北京进一步上升为全国军事核心，并因之迅速形成以北京为核心的边防体系。朱棣继位之初，"改北平行都司为大宁都司，徙之保定"，将营州五屯卫调驻于顺义、蓟州、平谷、香河、三河等近京之地，"以大宁地界兀良哈"，由此失去辽东与宣大相互声援的战略要地，加上东胜、兴和、开平诸卫所相继迁废，北部防线较洪武朝南移数百里，北京面临的军事压力骤然增大。而随着塞外设防、东西联守向塞内分地守御的转变，洪武时期先后设置的沿边八大都司、行都司，也逐渐演变为九边重镇。其中与北京近在肘腋的战略重地，是蓟州、宣府、辽东三镇。

蓟镇"沿长一千余里"，从东、西、北三个方向包围北京，成为京师安危稳固之关键。《明史》称"蓟之称镇，自（嘉靖）二十七年始"，其实其境内防务的建立，早自洪武初年即已逐渐展开，到朱棣迁都之后，更迅速强化成为"九边"首镇。永乐年间，蓟州、永平、昌平、密云所属官兵合计八万五千余人，高居各镇之首。到万历初期，更增加到十二万四千多人，员额相比其他八镇之数，超过一倍还多。蓟镇防线的治所，先在永平之北的桃林口，永乐末期移于狮子峪，天顺初年复迁于三屯营。经过长期演变，蓟镇的官员设置，有镇守总兵官一人，隆庆二年改为总理练兵事务兼镇守，驻于三屯营。协守副总兵三人，包括东路副总兵，隆庆二年添设，驻于建昌营；中路副总兵，万历四年改设，与总兵官同驻三屯营；西路副总兵，隆庆三年添设，驻于石匣营。其下又有分守参将十一人，分别驻于通州、山海关、石门寨、燕河营、石塘岭、台头营、太平寨、马兰峪、墙子岭、古北口、喜峰口。又有游击将军六人，统领南兵游击将军三人，领班游击将军七人，坐营官八人，以及提调官二十六人。此外，山东、河南二镇也配备领蓟镇都司四人，定期率领本地士卒前赴蓟镇戍边，以训练协作，加强防卫力量。其东路的山海关，中路的喜峰口、潘家口，西路的古北口、居庸关等地，均是镇内重点防守的要隘，在拱卫北京的历史过程中发挥过重大作用。明代中期，著名抗倭名将戚继光曾出任蓟镇统帅，所训练的蓟镇兵马具有较强战斗力，一度居九边守军之冠。

嘉靖十六年（1537 年）许伦首绘《九边图》摹绘本局部（现存辽宁省博物馆）

蓟镇之西为宣府镇，所辖"紫荆控其南，长城枕其北，居庸左峙，云中右屏，内拱陵京，外制胡虏，盖屹然（北京）西北一重镇焉"。[131] 早在永乐初年，朱棣敕谕时任宣府总兵官的武安侯郑亨加强军事建设："于宣府万全、怀安诸处简军马，坚垒壁，谨烽堠，慎防御之。务每数堡择一堡为高城深濠，城多置门，其中开井积水，以聚数堡之人马辎重粮饷。昼夜瞭望，寇至夜则举火，昼则举炮为信，以军士坚守之，附近屯堡军亦皆移入其中"，郑亨等据以经营规划，"至是始备"。[132] 宣府即成北京的重要屏障之一。到明代中期，据《明会典》所载，宣府镇东自蓟州黄花镇，西至大同平远堡，"沿长一千二百余里"。宣府编制，设镇朔将军总兵官一人，驻扎镇城（今河北宣化县）。协守副总兵一人，原与总兵官同城，嘉靖二十八年移驻永宁。其下有分守七人，包括北路独石马营参将、东路怀来永宁参将、上西路万全右卫参将、南路顺圣蔚广参将、中路葛峪堡参将、下西路柴沟堡参将、提调南山参将，又有游击将军、坐营中军官等。[133]明代宣府镇号称"京师之藩篱"，一旦有警，为来自西北最主要的策应与救援力量。其东路的四海治、北路的独石口，尤为拱卫京师的咽喉要地，与其东线的蓟镇长城联为一气，边墙修建得十分坚固。

辽东镇西接蓟镇，自山海关至鸭绿江一线，"沿长一千余里"。辽东都指挥使司之下设有屯兵五路，管辖二十五卫、一百二十七所。设有镇守辽东总兵官一人，驻广宁，系都指挥分司所在。隆庆元年复令于冬季移驻河东、辽阳之间，以便"调度防御，应援海州、沈阳"。又有辽阳副总兵，原为分守，嘉靖四十五年改为协守，所驻辽阳城即辽东都指挥使司所在，"节制开原、海州、险山、沈阳等处"。辽东镇之下有分守开原、锦义右、海盖右、宁远、宽奠堡的参将五人，又有游击将军八人，守备五人。其设置以陆路防御为主，建有镇城两座、路城三座，以及堡城一百余座、关城十二座。因"岛夷、倭夷在在出没，故海防亦重"，兼有海面防御职能。辽东镇初期主要亦旨在"拒胡"，即防止蒙古势力从侧翼威胁以北京为核心的华北平原。但到明代后期，随着东北建州女真的迅速崛起，其防御对象随之改为以努尔哈赤、皇太极为首领的后金，辽东镇因此也成为明后期投入财力、物力以及兵力最多的军事重镇。

蓟镇拱卫京师之北，宣府、辽东两镇左右策应，既是直接保卫北京的军事核心，也是明代整个"九边"防守的核心。除了长城沿线的临敌三镇，昌平、保定两镇也是北京具有预备性质的军事力量。昌平镇的主要任务是护卫皇陵，"旧设副总兵，又有提督武臣"，嘉靖三十八年裁副总兵，"以提督改为镇守总兵，驻昌平城，听总督节制"，"其天寿山、巩华城、黄花镇、居庸关一带参游守备，西自镇边城、东至渤海所各关隘，俱属统领"。其下参将三人，分守居庸关、黄花镇、横岭口。又有游击将军二人，坐营官三人，守备十人，提调官一人。因所辖居庸关为"京师之门户"，昌平镇在北京的军事设置中也占据了重要的战略地位。保定镇，弘治年间为副总兵，后改参将。正德九年复为分守副总兵，嘉靖二十年再改镇守，三十年始置镇守总兵官。万历元年，随着边患加重，特令保定镇于"春秋两防移驻浮图峪，遇有警，移驻紫荆关，以备入援"。其下参将四人，分守紫荆关、龙固二关、马水口、倒马关四处关隘。又有游击将军六人，坐营中军官一人，守备七人。昌平、保定两镇距北京不远，一旦有警，可随时入援。当然，若遇到更大的警报，北部山西、陕西远至甘陇，南部山东、河南乃至江浙、湖广、四川、云贵的卫所，亦可随调赴京。其典型例子，如明末崇祯三年（1630 年）以京师危急，秦良玉奉诏率领贵州石砫"白杆兵"进京"勤王"，受到思宗平台召见的殊荣，以致清代尚传《四川营吊秦良玉驻兵遗址》诗云："金印凤传三世将，绣旗争认四川营。至今秋雨秋风夜，隐约钲声杂纺声。"

二、京营与京操

京营是常驻于京城的明代重兵，其形成与明初朱棣的频繁"北征"密切相关。明人多将京营起源溯及洪武年间，但当时乃是按"兵将分离"原则构建卫所制，有警"命将出征"，事平"散归卫所"，实质上并无后来严格意义上的"京营"之设。直到朱棣迁都北京之后，"首都兼为边防重镇，需要组建一支最强大的驻京常备军，京营便逐渐成为明朝军队的核心成分"。对于京营具有标志意义的三大营成立时间，史料记载歧异。《明会典》载永乐间迁都后，"又于中都、大宁、山东、河南附近卫所摘拨官军、轮班上操，以内卫京师、外备征伐，名曰三大营"。而据学者考证，作为临战常备军状态的"京营"与迁都似乎并"没有必然联系"。只是由于频繁发动"北征"，多数调自外地的军队未作遣返，返回北京时仍多保持出征时的营制，于是逐渐由战时而"变为常设"。到宣德元年，更明确发出"轮操"的旨令，"调河南、山东、大宁都司、中都留守司、直隶淮阳等卫及宣府军士至京操备。令每岁轮班往来，原额春秋两班官军一十六万员名"，并将名额详细分配各地，为"中都四万一千九百六十员名，河南一万四千六百四十九员名，山东三万二千六百一员名，大宁七万七百九十一名"。可证此前已经完成将原额亲征军作为常驻"京营"的演化过程，"可以视为明代京营的正式成立标志"。[134]

永乐年间的三大营，为五军营、三千营、神机营。五军营由"靖难"以及北征期间陆续组建的营制演化而来，新组建的三千营主司宝纛令旗，而神机营主司神枪火器。洪熙、宣德是京营"由亲征军体制向训练营体制"转化的时期，到正统后期则逐渐建立起"新型的编制和训练、流动体制"。其设置有管操的提督官，以及分管各哨的坐营官或坐司官，"俱兵部奏请，于公、侯、伯、都督、都指挥内推选。后兼用内臣，神机火器特令监之，曰监枪"。又有掌号、把总、把司、把牌等官。其中五军营内提督太监一人，武将二人，大营、中军、左掖、右掖、左哨、右哨均设坐营官、马步队把总等职，"管操练京卫及中都留守司、山东、河南、大宁三都司各卫轮班马步官军"。又有千二营、幼官舍人营、殚忠效义营等营制。三千营掌管旗纛、传令、盔甲、马轿等御前随侍，神机营"管操演神铳、神炮等项火器"。[135] 通过渐趋完善的操练、轮班、外遣、选补等制度，京营在整个北方地区广泛调发军士，"既源源不断地向边镇提供经过训练的士兵，又稳稳维持着足额超过十八万的驻京大军。这时的京营，与其说是备亲征之用的大军，不如说是整个北方乃至具有全国意义的训练营"。它具有重视训练、常设重兵驻于国都的优点，但在"土木堡事件"中的溃败，也使京营练戍疏离、兵将隔阂的固有缺陷暴露无遗。此后更便于"临战应急"的团营，成为京军组织的主流。[136]

　　正统十四年（1449 年），随英宗亲征的三大营主力在土木堡损失殆尽，主政的于谦仓猝间征募民兵，又檄调南北直隶以及山东河南的运粮军、备倭军，再加上三大营所留老弱中可用之兵共十余万人，组建成十个新的作战单位，以"毅勇营"等命之，总称"团营"。此即《会典》所载"景泰初选大营精锐官军，分立十营团操，以备警急调用，名曰团营。每营官军一万员名"。其初始时间，《明史》《本纪》记为景泰三年（1452 年）"十二月癸巳，始立团营，太监阮让、都督杨俊等分统之，听于谦、石亨、太监刘永诚、曹吉祥节制"。[137] 但《职官志》中先记"景泰元年始设提督团营，命兵部尚书于谦兼领之"。[138] 后又记"景泰元年选三营精锐立十团营，莅以总兵，统以总督，监以内臣。其旧设者，号为老营"。[139] 可证团营的初设应在景泰元年，景泰三年或为其完备定制的时间。团营提督由尚书或都御史等出任，其下坐营、掌号、把总等官，皆"效三大营之制"。明英宗复辟后一度罢废，至天顺八年（1464 年）复置。成化初再罢，三年（1467 年）复置，并将原有十营扩充为十二营，即"武"字四营：奋武营、耀武营、练武营、显武营；"勇"字四营：敢勇营、果勇营、效勇营、鼓勇营；"威"字四营：立威营、伸威营、扬威营、振威营。十二营内，"每营又各分五军、三千（统骑兵）、神机（统火器）"。这样，每营均成为仿照原"三大营"体制而组建的独立作战单元。其外则又与卫所连为一体。如嘉靖初年规定，奋武营所隶为锦衣卫、燕山右卫、府军右卫、虎贲右卫、和阳卫、大宁前卫、蔚州左卫。振威营所隶为通州卫、大兴左卫、留守左卫、富峪卫、会州卫。凡此等等。[140] 同时逐渐加强团营用于防边所需的征调，并不时强调平时的军事训练。成化十八年（1482 年）"以边警，令定拨官军听候调用"。十九年议准，"拣选在京七十七卫官军，一等者送团营，二等者送五军等营各操练"。正德中，"又选团营精锐置东西两官厅，另设总兵、参将统领"。虽多经改造完善，然其腐化堕落的现象仍日渐显露。嘉靖二十九年（1550年），吏部侍郎王邦瑞摄行兵部事，上奏言称："自三大营变为十二团营，又变为两官厅，虽浸不如初，然额军尚三十八万有奇。今武备积驰，见籍止十四万余，而操练者不过五六万，支粮则有，调遣则无。比敌骑深入，战守俱称无军。即见在兵，率老弱疲惫、市井游贩之徒，衣甲器械取给临时。此其弊不在逃亡，而在占役；不在军士，而在将领。"世宗接受其建议，命兵部详议兴革办法，"于是悉罢团营、两官厅，复三大营旧制，更三千曰神枢"。废除原来以太监充任的提督、监枪各职，"设武臣一，曰总督京营戎政，以咸宁侯仇鸾为之；文臣一，曰协理京营戎政，即以邦瑞充之"。其下再"设副、参、游、佐、坐营、号头、中军、千把总等官"。不久又从部议，"以四武营归五军营中军，四勇营归左右哨，四威营归左右掖。各设坐营官一员，为正兵，备城守；参将二员，备征讨"。此即《明会典》所载"今定京营制"，亦即恢复成祖初分中军、左哨、右哨、左掖、右掖的做法。为昭慎重，世宗还亲"告于太庙行之"。他派遣四位御史在畿辅、山东、山西、河南募兵，共得四万人，"分隶神枢、神机。各设副将一，而增能战将六员，分领操练"。不久又令"在京各卫军，俱分隶三营。分之为三十营，合之为三大营"。[141] 如此定制后，五军营、神枢营、神机营各有员额与职责，其中五军营"外备兵六万六千六百六十名"，神枢营、神机营各备兵四万人，通计兵额十四万六千六百六十名。[142] 尽管世宗强调"团营军务，系国家第一重事"，[143] 但此时形势相比明初已经有了很大变化，因而理想化的尽复"旧制"并不合乎实际需要，以致在嘉靖一朝，即屡更其制，到最后连中军、哨掖诸名均为罢废，"但称战守兵，兼立车营"。其后各朝仍续有改革。隆庆四年（1570年），大学士赵贞吉"请收将权，更营制"。又经题准于神枢营、神机营"各添设副将一员"。万历三十六年（1608年），兵部尚书李化龙就"京营积弊"上奏，"敕下部议"。此后总督京营赵世新复以兵事渐起，"请改设教场城内，便演习"。又有太常寺少卿胡来朝建议征调京军戍边，"变弱为强"。然明后期的各项改革，并未取得太大实效。到明末崇祯年间，京营自监督以外，总理捕务、提督禁门、巡视点军各职，"皆以御马监、司礼、文书房内臣为之，于是营务尽领于中官"。至此，"徒为容观"的京军已完全沦为"挟势而骄，多夺人俘获以为功"的腐败队伍，其士气与战斗力均荡然无存。在明末农民军大举攻城的关键时刻，定额十数万的京军闻风即溃，"守陴者仅内操之三千人"。后人对此大为感叹，称："大率京军积弱，由于占役买闲。其弊实起于纨袴之营帅、监视之中官，竟以亡国云"。[144]

班军京操，则是与京营表里相依的军事体制。《明史》所谓"班军者，卫所之军番上京师，总为三大营者也"，即可见两者之间的密切关系。京操实质上就是"抽调在外卫所中精锐的旗军到京师轮番戍守"，即以京外各卫所轮流派遣精壮前赴京畿"从事以戍守为主的军事活动"。[145]其初萌始于永乐十三年（1415年），"诏边将及河南、山东、山西、陕西各都司，中都留守司，江南、北诸卫官，简所部卒赴北京，以俟临阅"，由此也大体确定了明代京操所涉卫所的范围。宣德元年（1426年），从英国公张辅等所奏，"调河南、山东、大宁都司，中都留守司，直隶淮扬等卫及宣府军士至京操备"，并定下春、秋两班之例，"令每岁轮班往来"。[146]为此，宣宗还特意颁敕给予河南、山东、山西、大宁及中都各将，令凡参加京操各军"还取衣装者，以三月毕务，七月至京"，又规定了京操的详细员额，为"岁春秋番上，共十六万人：大宁七万七百余，中都、山东递杀，河南最少，仅一万四千有奇。定为例"。[147]至此，在外卫所赴京参加校阅的军队，已经具备分班轮番的特点，标志着明代京操制度的正式确立。[148]

宣德朝之后，依据时势变化，班军京操制度续有调整。先是罢除巩昌诸卫以及阶、文千户所的班军，代之以陕西内地兵卒。又以山东沿海备倭及江南各卫所赴京操不便，"皆更之"。不久又放还陕西班军。正统十四年（1449年），"令外卫轮班京操者，前班三月还、八月到，一班八月还、次年三月到"。[149]后以京操军皆令戍边，复遣御史于江北、山东、北直选卒，"为京师备"。景泰初期，以边事孔棘，班军悉留京师，"三分之，留两番操备"。成化间，定愆期班军之罚，"轻者发居庸、密云、山海关罚班六月，重者发边卫罚班至年半"。弘治中，兵部复议班军占役之罚，"于是选卫兵八万团操，内外各半。外卫四万，两番迭上"。弘治末，"归大宁卒两班万人"。正德中，以宣府军及京营互调，"春秋番换如班军例"。到嘉靖年间，因边警频发，"乃并番上军为一班，五月赴京，十一月放还，每岁秋防见兵十五六万"。后仇鸾"又免大宁等卫军京操，改防蓟镇，班军遂耗减"，以致丰城侯李熙查核之后，仅剩四万人。后从平江伯陈圭之奏，"仍令中都、山东、河南军分春秋两班，别为一营。春以三月至，八月还；秋以九月至，来岁二月还"。并特令"工作毋擅役"，以确保其军事需求。但到明代后期，班军承派苦役的情况愈发严重。隆庆初，"大发治河"，军中精壮纷纷逃亡。嘉靖时，一度"专以班军为役夫，番上之初意尽失"。万历年间，科臣奏言班军"积弊已久，军士苦役甚"，然朝廷始终未能有效应对，

"卫军益大困"。同时，日益严重的腐败更使京操制走向衰落的速度进一步加快。到嘉靖后期，京操制度日益废弛，"军不营操，皆居京师为商贩、工艺，以钱入班将"。迨天启、崇祯之年，以边事汹汹，"乃移班军于边，筑垣、负米无休期，而糗粮缺，军多死，班将往往逮革"。明廷试图补救，"然已无及"。[150]对于京操，明人曾有人予以很高评价，认为自成祖朱棣建都燕京，立五府、增七十二卫、设三大营之外，"又以河南、山东、中都、大宁四都司官军轮聚京师，岁教月练，无事足以壮国威，有警足以御外侮，又深得居重驭轻之宜矣"。[151]但随着京操的不断腐化，其衰败迹象也越来越明显，不仅给京师的防御能力带来严重损害，同时也腐蚀了整个明代的军事体制。尤其是各地军卒借京操之机大量脱逃，纷纷游离于行伍之外，更对整个明代军事体制带来灾难性的后果。[152]

三、瓦剌扰边与北京保卫战

明初，北元残余成为关乎明廷存亡的最大军事隐患。故自太祖朱元璋立国之日起，即倾全国的军力、物力于北部边防。成祖朱棣更将都城北迁，将全国精兵强将尽聚于北京附近，形成前所未有的"天子戍边"姿态。但来自北方草原的威胁始终未能得到有效解除。尤其是明代中叶以后，随着国力的衰弱、军队战斗力的下降，明军从明初的主动进攻转向以分镇驻守为主的战略防御。而蒙古草原上相继兴起的兀良哈、鞑靼、瓦剌等游牧部落，则不断聚兵南下，侵扰明朝边境，甚至直接危及到明都北京的安全。正统年间瓦剌南下，俘获亲征的明英宗，又发重兵围困北京，是其中情势最为严重的一次。

明初以来，瓦剌与鞑靼两大蒙古部落在草原上继续争雄，与明廷的关系亦随其实力的削涨而变幻不定。永乐年间，成祖曾封瓦剌部马哈木为顺宁王、太平为贤义王、把秃孛罗为安乐王，以为羁縻。但其后各部逐渐骄纵，经成祖率军北征，使其势力受到沉重打击，方再次贡马还使。明廷对其南来归者，亦赐以彩币、袭衣、鞍马等赏赐，"悉如例"。宣德时，瓦剌袭封顺宁王的继任首领脱欢袭杀阿鲁台，请献元朝传国玉玺，宣宗敕称"王得之，王用之可也"，故其势力渐强。正统元年（1436 年），成国公朱勇奏称，脱欢近年多以重兵临逼东部鞑靼部落，恐其吞并之后，势力日益强大，请敕令"各边广储积，以备不虞"，继位未久的英宗"嘉纳之"。不久脱欢袭杀部内贤义、安乐两王，"尽有其众"。随后"自称可汗"，遭到反对，遂立北元后主裔孙脱脱不花为汗，"自为丞相"，而掌其实权。他率众袭破鞑靼，"复胁诱朵颜诸卫，窥伺塞下"，南下大举之势已日渐成形。正统四年脱欢病死，其子也先嗣位，情势进展更快。也先自称"太师淮王"，时蒙古各部"皆服属也先，脱脱不花具空名"。他与脱脱不花竞相遣使"入贡"，均得到明廷的认可，但也先"稍不餍，辄造衅端，所赐财物亦岁增"。此后也先率兵西破哈密，与沙州、赤斤蒙古诸卫联姻，又东袭兀良哈，胁迫朝鲜。守边诸将见一统草原的也先东西驰骋，"知必大为寇，屡疏闻"，但英宗并未组织有效的军事应对，"止敕戒防御而已"。十一年冬，也先遣使求粮未得，"约诸番共背中国"。次年，复以礼部核减其使团廪饩，更使也先大为"愧怒"。十四年七月，也先"诱胁诸番，分道大举入寇"。其中脱脱不花以兀良哈部进攻辽东；阿剌知院率队进逼宣府，围赤城，又派骑兵扰袭甘州。也先则自率主力，直赴大同。整个九边一时儿狼烟四起，"羽书踵至"。[153]

英宗接到参将吴浩战死的边报，在宠任宦官王振的怂恿下，"议亲征"。时吏部尚书王直等率大臣合章劝阻，认为当"坚壁清野，按兵蓄锐以待"，不可以"至尊而躬履险地"，但英宗不为所动，决定"亲率大兵以剿之"。[154]七月十五日，英宗令皇弟朱祁钰留守京城，以驸马都尉焦敬为辅，自己则尽起京军精锐，率太师英国公张辅、太保成国公朱勇、镇远侯顾兴祖等大批扈从前往大同迎敌。途经宣府，"群臣屡请驻跸，不许"。八月初一日，英宗亲征大队到达大同，恰值守军为也先所败。监军郭敬再次"密言"军情，王振"始惧"，下令回师。也先派骑兵追击，在宣府大败明军后卫，阵斩恭顺侯吴克忠，又将前来增援的成国公朱勇、永顺伯薛绶两军设伏诱杀。十五日，英宗在土木堡被也先围困。明军"绝水终日，人马饥渴"，大乱。次日草率移营就水，为也先骑兵四面冲击，"六军大溃，死伤数十万"。英国公张辅、兵部尚书邝埜等均战殁于阵，英宗被俘，"衣甲、兵器尽为胡人所得"。[155]

土木堡一战，京军主力尽没，败报传至北京，"人心汹汹"。在内外惊恐的气氛下，"群臣聚哭于朝，议战守"。侍讲徐珵以"星象有变"，倡议南迁，遭到兵部左侍郎于谦等人坚决反对。诸人又对皇太后晓以利害，"由是中外始有固志"。次日，太后敕命以留守的郕王朱祁钰"暂总百官，理其事"。[156]而"以社稷安危为己任"的于谦，则成为北京防守的核心人物，迅速走向历史的前台。于谦（1398—1457年）字廷益，号节庵，浙江钱塘人。他于永乐十九年举进士，初任御史，以直言敢任著于时。正统十三年，于谦丁忧起复，召为兵部左侍郎。英宗商议亲征也先之时，于谦与本部尚书邝埜极力劝谏，"不听"，遂以邝埜扈从英宗治兵，"留谦理部事"，成为京城留守的最高军事人物。迨郕王监国，面对"京师劲甲精骑皆陷没，所余疲卒不及十万，人心震恐"的困难局面，于谦奏请"檄取两京河南备操军、山东及南京沿海备倭军、江北及北京诸府运粮军亟赴京师，以次经画部署"。[157]他又协同清肃王振余党，同时举荐原大同副将石亨，委以京师总兵官的重任。不久，于谦升迁兵部尚书，主持布置紫荆关、居庸关及沿边诸将加强防卫，令勿受蒙骗，"堕其奸计"。[158]其时也先持英宗"北行"，于谦等于九月初拥立朱祁钰由监国即帝位，遥奉英宗为"太上皇"。他认为也先势必"长驱而南"，奏请饬令各"守臣协力防遏"，"分道募民兵"以补京营兵械，又举都督孙镗、张轼等"分兵守九门要地，列营郭外"，全力整顿京城防务。于谦以"军旅大事"自任，得到景帝高度倚信。十月，诏令各藩王"勤王"，又命于谦"提督诸营"。不久，也先以奉送英宗还京为名，率大军南下，由大同、阳和进攻紫荆关。紫荆关副都御史孙祥"与之相持四日"，后因腹背受敌，关破。[159]北京门户一失，也先遂"直前犯京师"。初十日，景帝从吏科给事中姚夔之请，檄调辽东总兵杨洪率二万人马，辽东副总兵焦礼、施聚率三万人马即刻驰赴"入援"。随又敕令山东、山西、河南、陕西、直隶、河南等地的监察御史，"各收所守地方军民男女入城，以防剽掠。其所选官军民壮，躬自率领来京策应"，为即将面临的京城保卫战预做准备。[160]

时石亨提议"敛兵坚壁老之"，于谦以为不可，称"奈何示弱，使敌益轻我"，于是分遣诸将"率师二十二万，列阵九门外"。于谦本人亦与石亨统率副总兵范广、武兴驻于德胜门外，令"悉闭诸城门，身自督战"，并通告军令："临阵，将不顾军先退者，斩其将；军不顾将先退者，后队斩前队。于是将士知必死，皆用命"。[161]十一日，也先挟持英宗到达北京城下，所遣传话使臣为明军截杀，"列阵至西直门外"。景帝敕令以武清伯石亨、兵部尚书于谦等整理军务，"即选精兵于教场住劄，以便调用"，并授以先斩后奏之权。十二日"大雨雪"，也先复邀大臣"出迎"英宗，未果。十三日，瓦剌骑兵先进攻德胜门，于谦、石亨先设伏于两旁空房，待敌兵追至伏击圈，即"以神炮火器击之"。也先见状，随命转攻西直门外，为都督孙镗全力抵挡，"斩其先锋数人"，石亨又派出毛福寿、高礼等"俱往援"。也先见进攻受阻，"乃引却"。十四日，瓦剌又遣将进攻彰义门外，守将王敬、武兴"以神锐列于前，弓矢短兵次之，报效内官数百骑列于后"。敌至，报效内官争功，"自后跃马而出，阵乱"，为瓦剌所乘，追击至土城，幸"居民皆升屋，以砖瓦掷之"，方使其"少止"。随遥见王竑、毛福寿率部往援，

"乃遁"。也先见无隙可乘，多次攻城均无所获，而天气转冷，明廷各路援军又陆续赶来，遂于十五日夜带上英宗，"自良乡至紫荆，大掠而出"。景帝以昌平伯杨洪为总兵官，率领都督孙镗、范广等"剿畿内余寇"，在居庸关击破瓦剌余部，也先于是"仍以上皇北行"。十一月初八日，景帝获闻瓦剌各部退出塞外，诏示天下，略谓自兵临城下，"遂焚书斩使，挥六师捣之，斩获其类无算。虏众大溃，乘夜奔遁。余孽散伏于近郊者，亦皆搜戮无遗。京师内外，为之帖然"云云，宣告北京保卫战的胜利。[162]

瓦剌骑兵一举突破紫荆雄关，直薄城下，暴露了明代北京作为都城的巨大军事危机。虽经于谦等大臣竭力守御，入侵的也先见北京城池坚固，"始大沮"，退出塞外，几遭亡国之险的明廷暂时转危为安。景泰年间，于谦全面主持军事，"益兵守真、保、涿、易诸府州，请以大臣镇山西，防寇南侵"，又"请即驻兵居庸，寇来则出关剿杀，退则就粮京师"，并力主备战，"自是边将人人主战守，无敢言讲和者。"后来英宗南还，于谦以瓦剌部也先与脱脱不花构隙，欲"乘间大发兵，身往讨之，以复前仇，除边患"，试图以攻为守，突破京师陷于防守的战略困局，但未得到景帝许可。天顺元年（1457年）正月，景帝病重，英宗乘机复辟。于谦被诬陷"更立东宫"，以"谋逆"大罪遭冤杀。但北京保卫战的胜利，不仅使于谦获得"忠心义烈，与日月争光"的身后殊誉，亦因成功保住北京的首都地位，有力防止了宋室南渡后再次中国南北分裂的历史悲剧。

四、"庚戌之变"与北京外城的修建

于谦主持的北京保卫战为明代北京赢得了百余年相对平静的时光，但其面临的军事挑战并未平息。也先将英宗放还之初，曾"岁来贡"，意欲与明朝通使修好。但不久瓦剌内部猜忌加剧，脱脱不花为也先派兵追杀。景泰四年，也先自称为"大元田盛大可汗"，年号"添元"。恃强东西讨伐，且"日益骄，荒于酒色"，引起各方不满，后为部下阿剌知院所杀。由此瓦剌"部属分散"，迅速衰落。继瓦剌之后崛起并给京师安全带来直接威胁者，为鞑靼部的俺答。

也先被杀不久，即有鞑靼部首领孛来率众攻破阿剌，立脱脱不花之子麻儿可儿为"小王子"，而以孛来与部属毛里孩等人"雄视部中，于是鞑靼复炽"。景泰、天顺年间，孛来屡次扰掠陕西各关，"边报日亟"。双方互有胜负，孛来亦屡遣使求贡。马可古儿吉思立为"小王子"后，蒙古内部争斗更趋激烈，"鞑靼部长益各专擅"。孛来每年以

"入贡"之名往来塞下,明廷屡以"土木堡之变"为辞却之。双方争执不休,其所扰起初"或在辽东、宣府、大同,或在宁夏、庄浪、甘肃,去来无常,为患不久"。到景泰初,兵锋已偶及延庆。天顺间,又潜入河套驻扎。由此鞑靼部孛来、小王子、毛里孩等相继"抄掠延绥无虚时,而边事以棘"。直至弘治、正德,边患迄无停息。嘉靖初年,"最富强,控弦十余万,多畜货贝"的蒙古小王子徙居东部,俺答等部则仍据河套,"雄黠喜兵,为诸部长"。[163]随着蒙古经济、社会的不断发展,与中原进行贸易交换的愿望日益迫切,但在是否开边"互市"之事上与明廷奉行的"闭关固守"政策发生了尖锐矛盾。蒙古各部首领以铁、盐、布等生活必需品未能通过开放市场得到,自然"相率躏诸边",付诸武力劫掠,并最终引发俺答率兵直逼北京城下的"庚戌之变"。

其实在此之前,俺答已多次"叩关"。尤其是嘉靖八年(1529年)兵犯榆林、宁夏、大同,至九年、十年间渐成高潮,"与小王子、吉囊诸部或合或分,时时犯塞","自是无岁不入寇,前后杀略吏民、剽人畜以亿万计"。二十三年九月,俺答攻大同,十月破宣府,入紫荆,深入关内以探虚实。二十六年四月,宣大总督、侍郎翁万达以"俺答请求入贡"上奏,旨不许,称"逆寇连岁为患,诡言求贡,勿得听从。其各严边兵防御,如有执异,处以极典"。[164]自后俺答连请,明廷连拒,双方矛盾日趋激烈。二十八年二月,俺答"略大同,直抵怀来",为总兵周尚文、总督翁万达击退,"议者谓数十年间无此战功",但京师的警报其实远未解除。二十九年,俺答以"最后通牒"未见答复,集聚河套蒙古诸部,再次大举南下,谋求在京师城下与明廷直接对话。六月,俺答进攻大同,总兵张达、副总兵林椿战死,开始拉响进围北京的警报。八月初,俺答前锋抵达独石边外,驻扎金字河,随进攻宣府两河口,"官军拒之不得"。世宗闻讯,命以东官厅参将吴尚贤、西官厅参将梁臣领兵,"一驻密云,一驻怀来,援宣蓟二镇"。又从兵部之请,发檄征调辽东边兵赴白马关、易州兵赴古北口,协守独石边之南潮河川一带"陵京门户"。不久又下令大同总兵仇鸾"调度各路客兵,同宣府总兵赵国忠并力捍虏"。[165]仇鸾以大军驻于居庸关,冀随时应援。但俺答"越宣府走蓟州塞",十四日循潮河川南下直至古北口,"拥众薄关城"。驻守总兵罗希韩等"督军御之,不能却"。十六日,受命防守蓟镇的顺天巡抚、都御史王汝孝至古北口堵御。俺答佯以其军牵制,另遣精锐从西黄榆沟等间道越过边墙,从背后夹攻。王汝孝部不敌,"大溃"。俺答乘势攻入古北口,由石匣营至密云,又转掠怀柔,围攻顺义城，长驱直入。[166]十七日，俺答进逼通州，驻营于白河之东孤山一带，又遣兵分掠密云、怀柔、三河、昌平各州县，"京师戒严"。世宗急命仇鸾自居庸关引兵迎战，又征调蓟镇诸路及河南、山东之军"入援"。同时紧急布置京城防御，"分命文武大臣防守京城内外，提调营务"。京城正阳门、崇文门等九门，分别指派英国公张溶、襄城伯李应臣等文武大臣全责防守。兵部尚书丁汝夔又条陈八事，略谓"列正兵四营于城外四隅，奇兵九营于九门外近郊。正兵营各一万，奇兵营各六千。急遣大臣二人经略通州、涿州。且释罪废诸将，使立功赎罪"。世宗"悉从之"，并诏令大小文臣习知兵法之人，"许汝夔委用"。[167]其时京营积弊已久，"册籍皆虚数，禁军仅四五万，老弱半之，又半役内外提督大臣家不归伍，在伍者亦涕泣不敢前"，实不堪固守重任。所幸仇鸾与副将徐珏、游击张腾率二万大同兵到达白河西岸与俺答对垒，都御史杨守谦、副将朱楫等所率"勤王军"亦先后赶到。诸路援兵稍集，情势逐步稳定。来自大同、保定、宣府、辽阳七镇的援兵，总数已达五万余人，遂于城外布置边兵以御外，而移京军入城"备内衅"。十九日，俺答继续派兵分掠，"游骑四出"，距都城仅三十里，并捕去驻监马房的宦官杨增等人。二十日，蒙古骑兵"自通州渡河而西，前锋七百骑驻安定门外教场"。二十一日，俺答大营进抵北京城下，因见明援军众多，未敢贸然攻城。俺答派前日俘获的宦官杨增持书入城，请求通贡、互市。同时"分掠西山、黄村、沙河、大小榆河等处，畿甸大震"。其时世宗崇信道教，"久不视朝"，军情大事"无由面白"。他接到俺答的来信后，于西苑召见大学士严嵩、李本，礼部尚书徐阶等人商议。严嵩以"此抢食贼耳，不足患"入对，徐阶则力持"今虏在城下杀人放火，岂可言是抢食？正须议所以御之之策"。世宗是其言，命以仇鸾为平虏大将军，"节制诸路人马"，又升杨守谦为兵部左侍郎兼右副都御史，"协同提督内外诸军务"。[168]

次日，在徐阶等人的坚请之下，世宗始御奉天殿集大臣会议。诸臣意见不一，而世宗"不发一词"，但令官员奉敕至午门，"集群臣切责之而已"。[169]世宗严斥"诸当事之臣，全不委身任事"，尤怒兵部尚书丁汝夔不力。二十三日，礼部尚书徐阶召集廷臣奏上《俺答求贡议》，称俺答"今虽称臣求贡，信使不入，表文不具。且其文书皆汉字，真伪不可知"，认为"求贡必不可许"，并称"如驻兵境内要求速赏，则惟有励将集兵，以大兵致讨，必使匹马不返，以泄神人之怒"。得到世宗谕准，谓"虏酋入犯，神人共愤。如议集兵剿杀，不得轻信伪书，致堕虏计"。[170]世宗督战甚急，丁汝夔以咨世宗信任的大学士严嵩。严嵩称"塞上败，或可掩也，失利辇下，帝无不知，谁执其咎？寇饱自飏去耳"。丁汝夔因此不敢主战，私下戒饬坚壁，勿轻易出战，"诸将亦益闭营"，不发一矢，俺答在北京城外"以此肆掠无所忌"，如入无人之境。俺答本意并不在于攻坚，且八日内"所掠过望"，遂于二十三日整理俘获、辎重，"从容趋白羊口而去"。[171]二十五日，"京师解严"。侍郎王邦瑞、御史吕光洵奏请遣兵"乘便邀击，务使虏大挫而归，以弭后患"。此前为人劾奏"与虏相持，日久不闻一战"的仇鸾引兵蹑于其后，企图乘机袭击落伍者邀功。时俺答因连日大雨，担心白羊口道路过于狭窄，遭到明军的伏击，于是突然掉头，一半由高崖口、镇边城等处出关，一半由昌平东北沿古北口原路撤退出关。尾随其后的仇鸾猝然遇敌，"皆不战而溃，死伤千余人"，仇鸾本人也差点被俘，经部下力救方得幸免。[172]直到九月初一日，俺答所部全部退至塞外，震扰畿辅的"庚戌之变"方告结束。

俺答率大军入关纵横内地，震惊朝野。"庚戌之变"虽然结束，但世宗引为大辱，对阁臣称"外域之臣，敢于我前带信，坐观城池，可钦？不一征诛，何以示惩！"指示告知兵、户二部"先集兵聚粮为要"，又谕示军事统领仇鸾"勿怠此戎务，必如皇祖时，长驱胡虏三千里乃可"！[173]随后明廷加强了北部边防，设置蓟辽总督大臣，统辖蓟州、保定、辽东三镇防务，募集山东、山西、河南诸道精锐岁集京师防秋，又选调各边镇锐卒入卫京师，以京营将分练边兵。对北京的防御措施也不断加强，如改十二团营为三大营，总三营为戎政府等等。尤其是南部外城的修建，是"庚戌之变"直接关涉北京的最大军事举措。由此不仅强化了北京的城防设施，亦影响到北京空间结构与城市功能的变迁。

在俺答撤兵不久的嘉靖二十九年十二月二十五日，世宗即下令"筑正阳、崇文、宣武三关厢外城"，以兵部右侍郎张时彻会同工部右侍郎梁尚德、都御史商大节、都督陆炳等共同督工修建，是为北京外城修筑之始。[174]但由于修建过程中"措置失当，毁舍敛财，拂民兴怨"，仅完成正南城墙的一部分即告停止，且"规制偏隘"，未能取得预期效果。两年后，兵科给事中朱伯辰再次建言复修，略称京师"城外居民繁夥，无虑数十万户。又四方万国商旅货贿所集，宜有以围之"，并重点强调"今边报屡警，严天府以伐虏谋，诚不可不及时以为之图"。他建议按照原有土城遗址，"仍其旧贯，增卑培薄，补缺续断，即可使事半而功倍"。其议得到通政使赵文华附和，大学士严嵩亦以"南京有外城"赞成之，谓"成祖定鼎北京，以草创未暇及此。今外城之筑，及众心所同，果成，亦一劳永逸之计。……臣询知南关一面，昨岁兴筑，功已将半。若因原址修筑，为力甚易"云。世宗谕称"四面兴之乃为全算，不四面未为王制"。于是兵部会同户、工两部议覆，"如伯辰、文华言"，请以总督京营戎政平江伯陈圭，协理戎政侍郎许伦，锦衣卫掌卫事陆炳督同钦天监等"相度地势，择日兴工"。[175]由此再次拉开外城修建的大幕。其最初设想，是以当时的京城为中心向东、西、南、北四面展开，大致在元大都土城遗址基础上，将内城和先农坛、天坛、地坛、日坛、月坛等礼制建筑一并环绕起来，全长约七十里。同时在城的四角建筑角楼，以利警戒和防守。闰三月初六日，以兵部尚书聂豹为首的诸大臣将增修"城垣制度、合用军夫匠役钱粮器具、兴工日期及提督工程、巡视分理各官一切应行事宜"上奏，得到世宗允准。[176]十九日正式开工，世宗遣成国公朱希忠祭告太庙，又敕谕修筑"务俾高厚坚固"。[177]但一经施工，很快就发现工程量比预计的要大得多，人力、物力、财力都难敷使用。工程负责人陈圭经与大学士严嵩等计议，以"京城南面民物繁阜，所宜卫护"，决定先完成南墙，再"东折转北接城东南角，西折转北接城西南角"。数日后，陈圭又以"城工重大"，奏请将原发蓟镇的河南、山东等地班军，皆留京"并工修筑"。[178]经过七个多月的持续努力，到十月二十八日，新筑的京师外城即基本竣工。世宗对新修各城门进行命名，"正阳外门名永定、崇文外门名左安、宣武外门名右安、大通桥门名广渠、彰义街门名广宁"。[179]此应即《大明会典》所载"筑重城包京城南一面，转抱东西角楼止，长二十八里，为七门：南曰永定、左安、右安，东曰广渠、东便，西曰广宁、西便"。[180]城墙壮观坚固，"各高二丈，垛口四尺，基厚二丈，顶收一丈四尺"。同时，亦在城墙外挖修、整治护城河。嘉靖四十三年（1564）十二月初，应工部尚书雷礼所请，又于永定等七门"添筑瓮城"，并扩缮东便门、西便门，至次年正月底竣工。[181]至此外城工程最终结束，北京城平面也从历来的正方形，一变而成南大北小的"凸"字形。民间戏称为"帽子城"的北京内、外城之分，由此定型并延续近四百年，对明代后期乃至清代、民国年间的北京军事布防，都产生了重大影响。

五、"隆庆和议"与戚继光练兵蓟镇

世宗对于俺答以大兵逼开的"通贡互市"，始终心有不甘。因此其后20余年间，各边与蒙古的"互市"或开或闭，双方和战不定。而俺答连年南下劫掠，亦使长城沿线百姓深受其害，并不时波及北京周围的北部边防。世宗去世之后，继位的穆宗先后以高拱、张居正为首辅，

开始清除嘉靖时期的积弊，并反思此前拒绝与蒙古俺答"通贡"的闭关政策。在高拱、张居正等人力促下，明廷抓住时机，与俺答达成封王、通贡和互市的协议，史称"隆庆和议"。

此事契机为隆庆四年（1570年）九月，俺答的孙子把汉那吉以家族矛盾，率部属阿力哥等十人至平鲁败胡堡乞降。穆宗命"给宅授官，厚赐衣食，以悦其心"。[182]授把汉以指挥使，阿力哥以正千户之职。俺答闻讯率兵临境，欲以武力夺回，不果，继请议和，谓"吾孙降汉，此天遣合华夷之好也。若天子幸封我为王，藉威灵长北方诸酋，谁敢不听！誓永守北边，毋敢为患"云。[183]并遣使"请输马，与中国铁锅、布帛互市"。穆宗许之，命放把汉北归，俺答上表称谢。隆庆五年，二月，三边总督王崇古奏言：俺答请封之事，"不当以马市例论"。因为若九边骚动，"财力困竭，虽智者无以善其后"。而若允其封贡，"各边有数年之安，则可乘时修备"，即使俺答此后背盟失信，"而以蓄养数年之财力，从事战守，不犹愈于终岁驰骛、自救不暇者哉"?！同时条陈八事，请封俺答为王，定每岁贡额，设立互市等。[184]三月初九日穆宗从之，允准兵部所议赐封俺答王号，并谕称"今日之事，以及时内修为良图，以久任责成为要务"。[185]最终俺答封为"顺义王"，其部属各按等次，分别授以都督同知、指挥同知、指挥佥事、千户、百户职衔，"自是约束诸部无入犯，岁来贡市，西塞以宁"。[186]

"隆庆和议"后，俺答每年贡马一次，由明廷给价，另加赏赐。同时在大同、宣府、山西三镇的长城附近开设互市，交换物资。史料记载，隆庆五年五月，俺答等四名蒙古首领在得胜堡晾马台"顺义王"册封仪式上，对天发誓："我房地新生孩子长成大汉，马驹长成大马，永不犯中国。若有那家台吉进边作歹者，将他兵马革去，不着他管事。散夷作歹者，将老婆孩子、牛羊马匹尽数给赏别夷。"并严申禁令十三条，不许私自南下。[187]明朝也约束将士，严禁出边攻扰。其中"切切慕华"的俺答幼妻三娘子（本名钟金哈屯），是蒙古部落中力主和议的领袖。她与俺答汗在草原上主持修建城池，万历三年竣工后经明神宗赐名"归化城"。万历六年，俺答汗在城内修建弘慈寺（今大召寺），并请来达赖三世为释迦牟尼银像开光。万历九年，归化城又修筑青砖砌成的外城，"青城"之名开始流传，民间则继续俗称为"三娘子城"，成为蒙汉两族和平友好的象征。俺答汗死后，三娘子继续主持和议大局，"部落中间有梗化者，三娘子时时报闻，督府得预为备"。[188]万历十五年三月，"主贡市者三世"的三娘子，又被明廷封为"忠顺夫人"。[189]史家评述"隆庆和议"之后，"戎马无南牧之徼，边氓无杀戮之残，师旅无调遣之劳"，明廷每年"所省征调费，不啻百万"。[190]长期的空前和平，不仅给明朝带来了难得的安宁，也大大促进了蒙汉民族的经济交流，使长城沿线很快出现了"物阜民安，商贾辐辏，无异于中原"的繁荣景象。[191]尤其是蒙古族杰出首领三娘子，"历配三王，主兵柄，为中国守边保塞，众畏服之，乃敕封为忠顺夫人，自宣大至甘肃不用兵者二十年"，为结束明初以来 200 余年相扰不止的战争局面，做出了重要贡献。[192]

"隆庆和议"既是蒙古部杰出首领顺应时势、加强合作交流的结果，也与穆宗登基后名将戚继光主导的练兵固边有很大关系。隆庆元年（1567 年）八月二十一日，给事中吴时来以北部边警频传，乘新皇帝任初振作之机，上言"两广总督谭纶、总兵俞大猷、戚继光皆知兵，宜召来使专督练边兵，以省诸镇征调之扰"，由此揭开戚继光练兵蓟镇的序幕。[193]戚继光（1528—1588 年），字元敬，山东人，"幼倜傥负奇气"。后嗣父职"备倭山东"，又调至东南沿海抗击倭寇，以"戚家军"之名威震远近，时任镇守福建福兴泉漳及浙江金温等处总兵官。吴时来疏上，部议独以戚继光任之，得到穆宗允准，于十月十四日命召入京师，"协理戎政"。[194]戚继光"号令严，赏罚信，士无敢不用命"，入都后出任神机营副将，实际上担负操练边兵的重任。[195]二年五月初二，时任总督蓟辽保定的都御史谭纶再次专就练兵之事上疏，认为以游兵破虏，"行之有四难"，不如姑就蓟镇现有兵将"讲求战守之策"。并建议于十路策应兵中取兵员三万列为三营，以戚继光为练兵总兵官，巡抚刘应节提调，自为总督，"每遇春秋两防，三营之兵各移近边"。兵部商议以戚继光署都督同知总理蓟、昌、保定三镇练兵事务，"该镇总、副、参、游等官凡受总督节制者，并受继光节制"，又遣锦衣卫前往浙江募集鸟铳手三千。穆宗命各人协力，"无误防秋"，"其他悉如部议"，练兵之事正式展开。[196]其时辽、蓟两镇总督谭纶"集步兵三万，征浙兵三千，请专属继光训练"。戚继光到镇后，即上书奏言蓟门边备，有不习戎事、日事将迎、行伍不整、备多力分等"七害"，"又有士卒不练之失六，虽练无益之弊四"，亟需大力整顿。又言自己官衔"出于新设，边将党而不协"，请设监军，以便"得展布而无掣肘之虞"。兵部决定召还总兵郭琥，以戚继光独任，"尽蓟镇十二路事皆责之，使无他委"。[197]戚继光虑蓟镇边兵不堪军法，"请募浙人为一军，用倡勇敢"。督抚上奏，穆宗"许之"。三千浙兵到日，"陈郊外，天大雨，自朝至日昃，植立不动。边军大骇，自是始知军令"。戚继光于是开始以新法训练士卒。

在此前抗击倭寇的过程中，戚继光在总结十余年来治军和练兵经验的基础上，著有兵法《纪效新书》。北调蓟镇后，他结合北疆练兵的需要与实践，著成《练兵实纪》一书。全书始于隆庆二年（1568年），成于隆庆五年（1571年），收录正集九卷，下分练伍法、练胆气、练耳目、练手足、练场操、练行营、练野营、练战略、练将领等九章。附杂集六卷，包括储练通论（上下篇）、将官到任宝鉴、登坛口授、军器解、车步骑营阵解等内容。举凡兵员选拔、部伍编制、军令标帜、武器装备、车步骑兵的编制与协同，以及军礼军法、将帅修养等涉及练兵习战、战略战术的各个方面，无所不包。这既是他久历行伍的经验总结，也是其受命练兵的实用"教材"。书前"凡例"为"分给教习次第"十五条，叙述将卒各自的训练内容、训练标准，以及教材发放、督促措施等等。戚继光针对蓟州一带的地形特点，提出车步骑协同作战、"三者迭用"的方略。随后他主持创立车营，"车一辆，用四人推挽，战则结方阵，而马步军处其中"。又针对蒙古惯于凭强冲击的骑兵，"制拒马器，体轻便利，遏寇骑冲突。寇至，火器先发，稍近则步军持拒马器排列而前，间以长枪、筤筅。寇奔，则骑军逐北。"并根据南北兵卒不同的个性特点，量才派用，"又置辎重营随其后，而以南兵为选锋，入卫兵主策应，本镇兵专戍守"。经过数年的严格训练，所属军容即大为改观，"节制精明，器械犀利，蓟门军容遂为诸边冠"，士气为之一振。戚继光随后又与总督谭纶商议，"相度边隘冲缓、道里远近，分蓟镇为十二路，路置一小将，总立三营：东驻建昌，备燕河以东；中驻三屯，备马兰、松、太；西驻石匣，备曹墙、古石。诸将以时训练，互为犄角，节制详明"。[198]作为近在肘腋的京师屏障，蓟镇向为蒙古骑兵南下攻击的最重要军事目标，其主帅也因而成为"九边"中的险职。"庚戌之变"之后，明廷"边防独重蓟，增兵益饷，骚动天下。复置昌平镇，设大将，与蓟相唇齿"，但始终疲于应付，"犹时蹈内地，总督王忬、杨选并坐失律诛。十七年间易大将十人，率以罪去。"独戚继光练兵取得前所未有的显著成效，"在镇十六年，边备修饬，蓟门宴然"。其时不仅"宣、大以西烽火寂然"，东部的朵颜、土蛮部也因在喜峰口、桃林、界岭多次遭受重创，"终继光在镇，二寇不敢犯蓟门"。[199]

除了练兵，戚继光对于北京军事的另一重大贡献是修固长城。戚继光提出"摆边之设，须驻重兵以当其长驱，而又乘边墙以防其出没，方为完策"的防守战略。[200]他巡行塞上，发现嘉靖以来虽屡修边墙，但因未建墩台，守护艰难，故建议增修敌台，略称"蓟镇边垣延袤二千里，一瑕则百坚皆瑕。比来岁修岁圮，徒费无益。请跨墙为台，睥睨四达。台高五丈，虚中为三层，台宿百人，铠仗糗粮具备"，提出按符合作战所需的要求全面修复长城设施。[201] 在疏文中，他指出"东起山海、西止镇边地方，绵亘二千余里，摆守单薄，宜将塞垣稍为加厚"。并规划以每路约三百座计，"蓟、昌十二路共三千座，每台给银五十两，通计十五万两。每岁解发五万，完台一千，三年通毕"。[202] 兵部侍郎、总督蓟辽保定军务谭纶据其议，奏请"于蓟镇沿边增设敌台三千座"，得到朝廷同意。但不久遭到非议，"不意流言京师，转相传播，谓建台无益阻虏人。斩伐沿边树木，是将来之台功未睹，而已成之藩篱先彻"。所幸穆宗大力支持，旨称修筑墩台"宜坚持初议，尽心督理，毋惑人言"。[203] 戚继光对此亦高度重视，将他在浙江筑城抗倭的成功经验充分运用到长城改建上。他先后疏上奏议二十多个，包括《请建空心台疏》、《议筑台规则》、《蓟镇急务》、《呈修各路边墙》、《议修补》、《更修台墙》等等，提出详细具体的修建规则与实施步骤，以期达到"突者受敌而战，曲者退步而守，所谓以守而无不固"的设计标准。根据实际，戚继光建议由戍卒"画地受工，先建千二百座"。据记载，到隆庆三年底，已按其要求完成敌台四百七十二座，"规制精坚，可当雄兵十万，为边境百年之利"。[204] 隆庆五年八月二十一日，兵部奏言蓟州、昌平"二镇拱护京陵，逼近三卫。三卫名虽藩篱，然阴为虏用，自庚戌来先后边臣，止议筑墙而不及修台，故虏至辄得志。十四路楼堞相望，二千里声势相援"。[205] 至此，蓟、昌二镇敌台增建事项基本竣工。这是明初徐达主持长城修筑以来，规模最大、成效也最为显著的一次增修加固。作为此事首倡以及主要的设计人员，戚继光"以台功成"诏予世荫一子，赏赉银币。[206] 但在短短的数年间即成大功，也是上下多方协作的结果，涉任其事者人数众多。明确见于《明实录》表彰者，先有蓟辽总督谭纶、巡抚刘应节、总兵杨四畏，以及参政杨锦、凌云翼，副使杨兆、宋豫卿、金事宋守约、副总兵李超、游击陈其可、参将胡懋功"各升赏有差"。[207] 五年八月竣工时，又增加副使孙应元、金事王之弼、副总兵胡守仁、参将罗端等多人。[208] 这均是施工过程中不同方面的主管人员，都为长城修缮做出了不可替代的重要贡献。尤其是"终始兵事"的蓟辽总督谭纶，与戚继光共事齐名，时人多以"谭、戚"并称。[209]

　　经过隆庆年间的练兵筑台，北京的军事实力迅速增强。戚继光虽然"专主守"，但给蒙古诸部以极大的战略震慑，威胁北京的兵锋逐渐远推至辽东一带。戚继光练兵有成，既出于本人卓越的军事才能，与中枢大臣徐阶、高拱、张居正等人的大力支持亦密切相关。尤其是大政治家张居正"事与商确，欲为继光难者，辄徙之去"。总督巡抚大臣谭纶、刘应节、梁梦龙等人亦"咸与善，动无掣肘"。张居正逝后，戚继光改任广东，不久病死。但蓟镇后任者"踵其成法，数十年得无事"，确保了明代中期北京难得的安宁与平静。[210]戚继光在蓟镇的练兵实践，也大大丰富了中国古代的军事思想。他所著的《纪效新书》、《练兵纪实》，构成完整实用的治兵体系，为后世所遵用，对明后期乃至清代的军事发展，都产生了积极的深远影响。

第四节　明代末期北京新的军事变量

经过谭纶、戚继光的整顿与创制，隆庆之后的数十年间，"边备大饬，敌不敢入犯"。[211]尤其是京北重镇蓟门，由于防守甚固，"敌无由入，尽转而之辽"。[212]新的挑战力量又在辽东的战斗历练中迅速成长，并为明代后期的北京带来全新的军事变量。

一、后金崛起与进关扰京

明初洪武、永乐年间，太祖、成祖就逐渐在辽东地区建立卫所，通过扶持女真贵族的办法，以牵制北元的残余势力。这种"以夷制夷"策略，在一定时期内取得了成效。为加强控制，明廷除了对辽东女真不时进行军事打击外，又辅以经济封锁、"分而治之"等方式，竭力遏制女真的发展。但随着明廷的衰落，到隆庆、万历时期，女真各部日益强大，对明廷的威胁迅速上升。万历十一年（1583年），建州左卫的努尔哈赤以"十三副遗甲"起兵，开始了统一女真各部的战争。他创立军政合一的"八旗制度"，经过连年征伐，到万历四十四年（1616年）自称"覆育列国英明汗"，正式建立后金，年号天命。两年后，努尔哈赤又以"七大恨"告天誓师，公开宣布"讨明檄文"。继蒙古之后，辽东崛起的后金成为挑战明朝、进而危及北京安全的主要军事对手。万历四十七年（1619年，后金天命四年），明军在萨尔浒决战中一败涂地，辽东的军事力量遭到毁灭性打击。努尔哈赤随即迁都沈阳，对关内的威胁进一步增大。天启六年（1626年，后金天命十一年）皇太极嗣位后，一方面整扩八旗、称帝改号，同时两次出征朝鲜，又成功笼络蒙古诸部。后金入关、耀武北京的战略障碍被逐渐扫除，皇太极"四打北京"随之而至。

皇太极"一打北京"，发生在崇祯二年（1629年，后金天聪三年），史称"己巳之变"。此前为防御日渐崛起的后金，明朝在山海关一线布置重兵。主将袁崇焕屯田修城固守、"以辽人守辽土"的策略取得成效，先后获得宁远之战、宁锦之战的胜利。崇祯二年十月，皇太极避开袁崇焕防守的关宁锦防线，绕道蒙古，突袭蓟镇长城相对脆弱的龙井关、大安口，破墙入塞。虽然此前袁崇焕曾两次上疏，请求加强蓟门防线的建设，却未引起明廷足够的重视。十月二十七日后金军攻破喜峰口，三十日兵临遵化城下，次日京师戒严。得到消息的袁崇焕紧急率军"千里赴救"，但在遵化、蓟州均未能阻住后金军。崇祯帝启用年届七旬的孙承宗负责京畿的防务，又谕袁崇焕调度各镇援兵，相机进止。袁崇焕"急引兵入护京师"，列阵于广渠门外。大同总兵满桂、宣府总兵侯世禄等也率兵至城德胜门外扎营。十一月二十日，皇太极兵临北京城下。皇太极亲率右翼四旗向德胜门发起猛攻，世禄很快被击溃，独前搏战的满桂也死伤惨重，第二天退入德胜门瓮城休整。与此同时，广渠门之战也开始打响。袁崇焕与祖大寿、王承胤结成"品"字形严阵以待，给后金军以重创。二十三日，崇祯帝于平台召见袁崇焕、祖大寿、满桂等，崇焕以士马疲惫，请求入城稍事休整，遭到拒绝。皇太极以广渠门失利，移军南海子，声称"养精蓄锐"，伺机再攻。二十七日，又激战于左安门外，仍无所得，于是利用崇祯帝的猜忌心理，设计陷害袁崇焕。袁崇焕被逮捕下狱，辽东兵溃退。此后，明军在西直门、安定门相继战败，满桂战死，明总兵马世龙受命指挥各路援兵保卫京师，各路"勤王"兵马相继赶来。皇太极见京城一时不可攻下，便在京畿附近扰掠，并于次年正月连克通州、迁安、遵化、滦州（今河北滦县）等城后北撤。皇太极率军首次进关，虽未能攻下北京，却给明廷以极其沉重的打击，并意外获得除去明后期守边重将袁崇焕的重大战果。崇祯三年八月，崇祯帝自毁干城，将袁崇焕凌迟处死。这成为明清军事进程转移的关键所在，史称"自崇焕死，边事益无人，明亡征决矣"。[213]

崇祯九年（1636 年，清崇德元年），皇太极派阿济格等统八旗兵攻入喜峰口，是为"二打北京"。此前明将孔有德、耿仲明、尚可喜等先后降归后金，辽东海防陷于崩溃。皇太极又通过加强集权、发展经济等措施，迅速壮大军事力量。尤其是称帝改元之后，皇太极问鼎中原的愿意更为迫切。六月二十六日，阿济格兵分三路，分别进入喜峰口、独石口等关隘。明巡关御史王肇坤迎战，"策马冒阵"，兵败而死。明军退守昌平，清兵随攻居庸关、昌平北路，大同总兵王朴驰往增援。七月初，崇祯帝急令内臣李国辅等分守紫荆关、倒马关、龙泉关、固关各隘口。清兵间道从天寿山后进攻昌平，以内应陷城，明总兵巢丕昌投降，户部主事王桂等被杀。京师戒严，崇祯帝命文武大臣"分守都门"，又命成国公朱纯臣"巡视边关"。清军威势直逼西山一带，并派兵进攻巩华城。初十日，兵部传檄征调山东总兵刘泽清、山西总兵王忠猛、大同总兵王朴、保定总兵董用文、山永总兵祖大寿、关宁蓟密总兵祖大乐等次率兵入援。二十一日，兵部尚书张凤翼"自请总督各镇援兵出师"，得到旨许，而以太监高起潜为总监。[214]清军进攻顺义、良乡、宝坻、定兴各地，"连下近畿州县"。八月，皇太极为牵制明军，又派多尔衮、多铎分别在中后所和锦州兴兵，以策应阿济格撤退。明廷诏令正在镇压农民军的卢象升入援。九月，督师张凤翼"卒于行营"，卢象升受命"总督各镇援兵"，未及赴任，而将京畿附近洗劫一空的阿济格，则已载着所捕获的十多万人畜，从容撤至关外。

崇祯十一年（1638年，清崇德三年）皇太极派兵攻打北京周围的直隶、山东各州县，是为"三打北京"。九月，岳托、多尔衮率两路清军从墙子岭、青山口"大举分入"。墙子岭长城险峻，清军"蚁附而上，三日夜始入内地"，但守边军卒怯战。明总兵吴国俊战败，奔密云，清军继之，蓟辽总督吴阿衡、总兵鲁宗文俱战败而死。多尔衮则于青山关毁边墙而入，再与岳托会师通州。信息传至明廷，"京师戒严"。十月初，征辽东前锋总兵祖大寿入援，又命卢象升总督各军，并召对武英殿，询以方略。卢象升对以"清势甚盛事机难料……我集兵备之则寡发而多失，分兵四应又散出无功"，崇祯帝"壮之"，命其与主掌兵部事务的大学士杨嗣昌商议对策。杨嗣昌认为当贯彻其"安内方可攘外"的战略，力主议和，而崇祯帝则战、和不定。卢象升主张坚决抵抗，回到昌平后布置诸将分道出击。十三日，崇祯帝见形势危急，召正在陕西、四川镇压农民起义军的孙传庭、洪承畴"入援"。十五日，高起潜部将刘伯禄于卢沟桥大败，京师震恐。御史郭景昌参奏杨嗣昌"调度失宜"、太监高起潜"备御失策"，崇祯帝皆"不问"。十一月初，"京师闭门自守"，清军遂分四道南下大掠，一趋沧州、灞州，一趋山东济南，一趋临清，一趋彰德、卫辉。[215]不久清兵攻克高阳，致仕大学士孙承宗"死之"。崇祯帝以大学士刘宇亮督察各镇援兵，罢卢象升兵部尚书，命其戴罪立功。卢象升因"上督战甚急"，领不足万人之师，与清军战于庆都、真定等地，因事事遭受掣肘，高起潜且坐观不救，故屡战失利，最终死于贾庄。崇祯帝以总督孙传庭指挥各镇援兵抗击，又征洪承畴紧急入卫。但在八旗兵凌厉的攻势之下，各地守吏将校或畏惧退缩，或望风逃避。清军在畿辅攻杀掳掠，连下真定、广平、顺德等四十多城。第二年正月又攻克山东济南，饱掠之后方乘胜北返。皇太极派兵"三打北京"，再次给畿辅地区的军事防御体系带来重大冲击。

崇祯十五年（1642年，清崇德七年），皇太极发兵直趋蓟州等地，是为"四打北京"。此前一年，皇太极派兵围攻锦州，先后取得松山、塔山大捷，将宁远关外各重镇构筑的明代辽东防线完全收入囊中，洪承畴、祖大寿等重要将领皆被俘降清。皇太极以明廷已临近"大树自仆"之势，遂再次派阿巴泰率兵攻扰北京。十一月，清兵从界岭、青山"大举入塞"。初七日攻破辽安、三河后，"分道人入"，一路直趋通州，一路从柳树涧趋天津。清军进展迅速，初九日即到达通州城下，"京师戒严"。崇祯帝命勋臣分守九门，以太监王承恩为城守提督。[216]当时为防备清军入关扰掠，关外并建有二督，北京附近又设置昌平、保定总督，又有宁远、永平、顺天、保定、密云、天津六巡抚，宁远、山海、中协、西协、昌平、通州、天津、保定八总兵，"星罗棋布，无地不防"。但人多地散，事权反不相统一。[217]警报传至，崇祯帝急檄各省诸镇"勤王入援"，却难见成效。清兵攻破蓟州后，分道南向真定、河间、香河，"畿南郡邑多不守"。十二月，清兵复转"趋曹、濮"，连破山东兖州等府，鲁王朱以派自经，乐陵、阳信、东原等诸王皆死。时李自成率军攻陷承天府（今湖北钟祥），张献忠则进攻汉阳，江南军情亦趋危急，崇祯帝不得不下令阻止漕运总督史可法北上"入援"。面临南北同时作战的窘境，崇祯帝左支右绌。[218]而清军在畿辅、山东如入无人之境，连陷德州、武定、莱阳、顺德等地，共计下城八十多座。直到次年四月，大学士周延儒"自请督师，许之"。清军满载北返，复扰北京，至琉璃河，崇祯帝命各督抚截击。明军与清军接战于螺山，"八镇皆走，惟步营两监军御史在"，御史蒋拱宸因之"饰功报捷"。周延儒亦以"中夜冒警自顺义抵密云，趋各督、抚，今俱出塞"邀赏，虽有言官劾奏周延儒"假道纵兵出塞"，崇祯帝亦"以讹传不问"。[219]面对皇太极"四打北京"造成的狼狈局面，明廷却以上下欺蒙、掩饰宣告结束。

明朝末年，后金（清）通过连续入塞围攻北京，扰掠畿辅，不仅给广大民众带来了沉重灾难，同时也充分暴露北京军事力量的空虚。经过数次连续打击，清军已具备随时入关灭亡明朝的军事实力，只是由于皇太极于一年后因病去世，清廷忙于内部协调，灭亡明廷的历史任务，才转至李自成农民起义军手中。

二、李自成农民军攻占北京

明末北京面临的军事压力，除来自东北清军的"外患"之外，还有来自西北农民军的"内忧"。崇祯帝继位时,"臣僚之党局已成,草野之物力已耗,国家之法令已坏,边疆之抢攘已甚",处于动荡多变的衰世。[220]其时社会矛盾极度尖锐,饥民暴动与戍卒哗变等交织发展,终于点燃明末农民起义的熊熊大火,而以李自成农民军最著。

李自成(1606—1645年),陕西米脂人,家境贫寒,曾替人牧羊。稍长,为银川驿卒。崇祯元年(1628年)陕西大饥,延绥缺饷,白水王二,府谷王嘉胤,宜川王左挂、飞山虎、大红狼等"一时并起"。高迎祥亦自称闯王,与饥民王大梁在安塞"聚众应之"。二年,李自成在榆中(今甘肃榆中)发动兵变,此后转战汉中,先后投入王左挂、张存孟(不沾泥)部。六年(1633年),李自成率余部东渡黄河,在山西投奔闯王高迎祥,始有"闯将"之称,并在与明军的战斗中成长壮大。崇祯八年(1635年)荥阳大会后,李自成与高迎祥、张献忠等率部攻克凤阳,掘毁朱明皇室的祖坟。随因与张献忠结怨,分军西走甘肃。高迎祥兵败被杀后,其残部投奔李自成。李自成被推为"闯王",继续在四川、甘肃、陕西一带征战,但遭到杨嗣昌、洪承畴、孙传庭等人的追剿,一度仅剩残部17人潜藏于商洛山中,陷入低谷。

崇祯十二年(1639年),李自成得知张献忠在谷城(今湖北襄樊)再次反叛,率数千人从商洛山中杀出,"众复大集"。李自成趁明军主力入川追剿张献忠之机,由郧州轻骑进入河南。时河南大旱,米谷昂贵,李自成所至开仓赈济,又提出"均田免赋"的口号,得到群众的普遍欢迎,"迎闯王,不纳粮"的民谣四处传诵。亲历者记载李自成在河南发展的盛况称:"向之朽贯红粟,贼乃藉之,以出示开仓而赈饥民。远近饥民荷锄而往,应之者如流水,日夜不绝,一呼百万,而其势燎原不可扑"。[221]其时宋献策献上"十八子,主神器"的民谣谶记,部将李岩也劝说"取天下以人心为本,请勿杀人,收天下心",李自成听从其言,"屠戮为减,又散所掠财物振饥民",队伍很快发展至十数万,成为农民起义军中的主力。[222]崇祯十四年(1640年)正月,李自成攻克洛阳,杀福王朱常洵,复移军攻开封。崇祯帝大震,以原兵部尚书傅宗龙为陕西总督,"使专办自成",又敕令保定总督杨文岳率师南下,共同会剿。此后一年多时间里,李自成三围开封,又斩杀陕西总督傅宗龙,击败陕西巡抚孙传庭,逐渐控制河南全境。十六年(1643年)正月,李自成南下攻陷承天,三月改襄阳为襄京,称"新顺王",开始建立农民军政权。十月,李自成攻破潼关,杀死督师孙传庭,占领陕西全省。十七年(1644年)正月初一日,他在西安称帝,国号"大顺",随即下令"东征",明末农民军进攻北京的序幕由此正式揭开。

崇祯十七年正月，李自成亲自率数十万大军，浩浩荡荡向东挺进。此前，李自成派人持信到北京兵部投送，崇祯帝令募兵为备，"无一应者"，大为忧虑，"临朝而叹"。大学士李建泰自告奋勇，称"臣晋人也，颇知寇中事。臣愿募饷百万，治兵剿寇，毋使东渡"。崇祯帝引为倚靠，于二十六日命驸马都尉万炜祭告太庙，举行盛大的"遣将礼"。其敕书略云："咨尔建泰，代朕亲征"，并付以尚方宝剑，"一切调度赏罚，俱不中制"。[223]其时李自成军已一路东进，"自平阳陷，河津、稷山、荥河皆陷，他府县多望风送款"。李建泰率军甫出京城，闻山西告急，惊慌失措，"因徐行，日三十里"，刚到涿州，兵卒已逃亡三千余人。二月初，李自成渡过黄河，接连攻下汾州、蒲州、太原诸城，牛勇、朱孔训等督兵力战尽殁，山西巡抚蔡懋德自缢死。

面对李自成农民军从西北而来的凌厉攻势，崇祯帝却在事关京城安危甚至明廷存亡的两大战略决策上犹豫迟疑。一是是否将都城南迁，暂时避敌。作为首都的北京，明末二十余年间一直面临关外清军与关内农民军的双重军事压力。在李自成横扫山西之际，部分大臣意图利用明代的"双京制度"解困，提出南迁之议。《明史》记载："十七年二月，李自成陷山西。（李）邦华密疏请帝固守京师，仿永乐朝故事，太子监国南都。居数日未得命，又请定、永二王分封太平、宁国二府，拱护两京。帝得疏意动，绕殿行，且读且叹，将行其言。会帝召对群臣，中允李明睿疏言南迁便，给事中光时亨以倡言泄密纠之。帝曰：'国君死社稷，正也，朕志定矣。'遂罢邦华策不议"。[224]据《实录》，二十七日崇祯帝召对大臣，议征天下兵马"勤王"，又命府部大臣"各条战守事宜"。左都御史李邦华会同少詹事项煜、右庶子李明睿，"皆言南迁，及东宫监抚南京"。崇祯帝"骤览之，怒甚，曰：'诸臣言何为'"？其实是不愿意承担"弃城而逃"的骂名，"稍间，色渐平，心念寇日剧，言或可采，竟中寝，不敢发"。[225]三月初一日，陈州诸生张鏐再于中左门献策，"首请皇太子监国南京，择大臣辅之"。李建泰亦"奏请南迁，愿奉皇太子先行"。崇祯帝览奏，初四日又于平台召对大臣商议，谓"国君死社稷，朕将安往？"大学士范景文、左都御史李邦华、少詹事项煜奏请愿先奉太子"抚军江南"，遭到兵科给事中光时亨的诘难，称"奉太子往南，诸臣意欲何为"？见诸臣无言以对，崇祯帝喟然长叹，谓"朕非亡国主，诸臣尽为亡国臣矣"，拂衣而起，南迁之议就此终结。[226]后来黄宗羲总结这段历史教训，认为崇祯帝不知权变，昧于明初设立陪都的"深意"，实际上是丧失了扭转战略颓势的"权宜善计"。

其二是是否撤调辽东关外重兵回守京城。得知李自成在山西攻城略地，负责镇守辽东的蓟辽总督王永吉奏请撤回宁远吴三桂所属关门重兵，"选士卒西行遏寇，即京师警，且夕可援"。崇祯帝以其议示群臣，吏科都给事中吴麟征"深然之"。但遭到首辅大臣陈演、魏藻德的极力反对，称"无故弃地二百里，臣不敢任其咎"，并援引汉代放弃凉州的殷鉴为证。吴麟征再"为议数百言"，而六科均不愿署名。吴麟征不得已"独疏昌言，弗省"。[227]《明实录》亦载，二月二十七日廷议战守时，"吏科都给事中吴麟征请弃山海关外宁远前屯二城，徙吴三桂入关屯宿近郊，以卫京师。廷臣皆以弃地非策，亦竟不行"。[228]直到三月初决定不再南迁，崇祯帝见情势危急，"始弃宁远，征辽东总兵吴三桂、总督蓟辽王永吉率兵入卫"。[229]接到旨令的王永吉出关徙调宁远五十万军入卫，但行军迟缓，"日行数十里"，十六日进入山海关，二十日才抵丰润，已为时过晚。[230]

李自成攻下太原之后，以游兵从固关进军，"分趋真定、保定"。自己则率主力"北徇忻、代"，沿长城一线向北京进发。宁武总兵周遇吉曾"悉力拒守"，但十余日后力竭战死。三月初，李自成攻克宁武关，大同总兵姜瓖闻讯投降。宣府巡抚朱之冯悬赏劳军，谕守城，"无一应者"，宣府总兵王承胤亦遣人送降表，北京西北门户洞开。李自成自阳和出发，长驱直向宣府。崇祯帝一方面命文武各官"输助"，同时颁发"罪己诏"，称"年年征战，加派日多，本欲安民，未免重累"，今已调发各路兵马，"水陆并进，为民报仇"云云，虚张声势。他急调辽东总兵吴三桂、蓟辽总督王永吉、密云总兵唐通、山东总兵刘泽清等人入卫"勤王"。但刘泽清以此前命移镇彰德，竟"纵掠临清南奔"。吴三桂则因路途遥远，一时难以赶到。仅唐通率八千人入卫。崇祯帝"慰劳倍至"，命唐通与蓟辽兵一同驻守彰义门外。[231]初七日，崇祯帝按籍勋戚大珰，"征其助饷"，经再三谕索，仅得二十万。又曾议前三门富室"各输粮给军"，以诸巨室多不乐而罢。次日，命唐通与司礼太监杜之秩前赴居庸关镇守。初十日，复以王永吉总督蓟辽奏请严居庸关守御，"遂命司礼太监王承恩提督内外京城，王永吉节制各镇，俱听便宜行事，给吏兵二部空札五百"。[232]但这些徒托空言的做法，已无济于事。十五日，李自成自柳沟直抵居庸关。柳沟本有天堑可守，但居庸关守将唐通与太监杜之秩率军"迎降"，拒守之兵反成导引之人。同时，李建泰亦于真定兵溃，被俘投降，"畿内府县悉附"。此前李自成"自破中原，旋收秦、晋，久窥畿辅空虚，潜遣其党赍金钱、毡罽，饰为大贾，列肆于都门"，已为攻打北京预作准备。[233]潜伏京中的侦谍"专刺阴事，纤悉必知"，连明廷兵部派出的拨马，亦多为收买，"无一骑还者"。李自成攻陷昌平，杀总兵李守镶，"焚十二陵，传檄京师"，兵部犹以"兵哗"为报。次日，李自成率军过昌平，直抵沙河，"游骑至平则门，京师犹不知也"。十七日，崇祯帝早朝，与群臣相对而泣，"皆束手无策，相向不能对"。[234]时逢京营大疫，而精锐者又为太监选去，"登陴羸弱五六万人、内阉数千人，守陴不充。无炊具，市饭为餐。饷久阙，仅人给百钱，无不解体"。[235]李自成兵至城下，布置于城外的三大营官兵一触即溃，甚或以火车大炮"引降"。农民军用缴获来的大炮轰城，"轰声震地"，又分别派兵攻打平则门、彰义门、西直门各处。襄城伯李国桢紧急叩见，报称士气涣散，"守军不用命，鞭一人起，一人复卧如故"。崇祯帝无可奈何，只得命以内臣守城，"百司不敢问"。

十八日雷雨大作，李自成一面派人加紧攻城，"炮声不绝，流矢雨集"，一面派在昌平投降的太监杜勋入城，当面与崇祯帝谈判。其事《明实录》有记，称太监王承恩与杜勋"入见大内，盛称贼势，皇上当自为计"，同去的守陵太监申芝则"述贼语，请上逊位"，崇祯帝"怒叱之"。[236]《明史》简略记为"太监杜勋缒入见帝，求禅位。帝怒，叱之下"。[237]但后人又记李自成恃"人马强众"提出的条件，只是"议割西北一带分国王并犒赏军百万，退守河南……既受封，愿为朝廷内遏群寇，尤能以劲兵助剿辽藩。但不奉诏与觐耳"。[238]虽其辞详情难知，但双方谈判迅速破裂却是事实。崇祯帝随即颁诏"亲征"，称欲"亲率六师以往"，而太监曹化淳却于当晚开门迎降。十九日清晨，兵部尚书张缙彦打开正阳门，迎刘宗敏之部进入。中午李自成毡笠缥衣，乘乌驳马，在太监王德化的引导下从德胜门入城。此前崇祯帝鸣钟召集大臣不应，知内外城均已陷落，于是在绝望之下登上宫后的煤山，与太监王承恩双双自缢。"勤勤然有中兴之志"的崇祯帝遭逢末世，最终落得身死国灭的巨大悲剧，史称"甲申之变"。有明一代北京军事的大局，至此亦落下帷幕。

注释：

1 《明太祖实录》卷二十九，洪武元年正月乙亥。

2 《明太祖实录》卷二十六，吴元年十月庚申。

3 《明太祖实录》卷二十六，吴元年十月甲子。

4 《明太祖实录》卷二十六，吴元年十月丙寅。

5 《明太祖实录》卷三十一，洪武元年四月甲子。

6 《明太祖实录》卷三十二，洪武元年五月辛卯。

7 《明太祖实录》卷三十二，洪武元年六月庚子。

8 《明太祖实录》卷三十二，洪武元年七月壬申。

9 高岱：《鸿猷录》卷五，《北伐中原》。

10 陆深：《明太祖平胡录》，《北平录》，北京古籍出版社2002年，第62页。

11 《明太祖实录》卷三十三，洪武元年闰七月辛酉、癸亥。

12 《元史》本纪第四十七，《顺帝纪》。

13 《明太祖实录》卷三十三，洪武元年闰七月丙寅。

14 《明太祖实录》卷三十三，洪武元年闰七月丁卯。

15 《明太祖实录》卷三十四，洪武元年八月庚午。

16 高岱：《鸿猷录》卷五，《克取元都》。

17 《明太祖实录》卷三十四，洪武元年八月辛巳、壬午。

18 《明太祖实录》卷三十四，洪武元年八月癸未。

19 高岱：《鸿猷录》卷五，《克取元都》。

20 陆深：《明太祖平胡录》，《北平录》，北京古籍出版社2002年，第63页。

21 《明太祖实录》卷三十五，洪武元年十月戊寅。

22 《明太祖实录》卷三十四，洪武元年八月癸未。

23 《明太祖实录》卷三十五，洪武元年九月壬寅。

24 高岱：《鸿猷录》卷五，《克取元都》。

25 《明太祖实录》卷三十七，洪武元年十二月丁卯。

26 《明史》志第六十六《兵二》。

27 《明太祖实录》卷三十九，洪武二年二月庚辰。

28 《明太祖实录》卷四十三，洪武二年六月丙寅。

29 《明太祖实录》卷五十二，洪武三年五月丁酉。并参见《明史》列传第十一，《孙兴祖》。

30 《明太祖实录》卷五十八，洪武三年十一月丙申。

31 《明史》列传第十八《华云龙》。

32 《明太祖实录》卷六十七，洪武四年七月辛未。

33 《明太祖实录》卷八十一，洪武六年四月辛丑。

34 《明太祖实录》卷七十八，洪武六年正月壬子。

35 《明太祖实录》卷八十三，洪武六年六月戊寅。

36 《明太祖实录》卷九十七，洪武八年二月癸丑。

37 《明史》列传第十三《徐达》。

38 《明太祖实录》卷八十三，洪武六年七月丙午、壬子、己未。

39 《明太祖实录》卷八十四，洪武六年八月辛卯。

40 《明太祖实录》卷八十九，洪武七年三月丁卯。

41 《明太祖实录》卷九十七，洪武八年二月癸丑。

42 《明太祖实录》卷一百一，洪武八年十一月癸丑。

43 《明太祖实录》卷一百八，洪武九年九月癸丑。

44 《明史》列传第十三《徐达》。

45 《明太祖实录》卷一百十八，洪武十一年五月丙子。

46 《明太祖实录》卷一百二十五，洪武十二年闰五月甲申。

47 《明太祖实录》卷一百二十六，洪武十二年八月丙辰。

48 《明太祖实录》卷一百二十八，洪武十二年十二月辛未。

49 《明太祖实录》卷一百九十六，洪武二十二年四月甲辰。

50 《史记》卷六《秦始皇本纪》。

51 《北京志·军事志》，北京出版社 2002 年，第 53 页。

52 《明太祖实录》卷八十一，洪武六年四月辛丑。又参见《明史》列传第十八，《华云龙》。

53 《明史》志第六十七《兵三》。

54 《明史》志第六十七《兵三》。

55 《四镇三关志》，《蓟镇形胜》。参见华夏子（董耀会、吴德玉、张元华）：《明长城考实》，档案出版社 1988 年。

56 《明太祖实录》卷一百八，洪武九年八月戊子。

57 《明太祖实录》卷一百三十五，洪武十四年正月辛亥。此条后记入《永平府志》卷四十二《关隘》。

58 《明太祖实录》卷一百四十八，洪武十五年九月丁卯。

59 《畿辅通志》卷六十九《关隘三》。

60 《明史》志第十六《地理一》。

61 贺树德：《北京通史》第六卷，中国书店 1994 年，第 20—21 页。

62 胡汉生：《谈明代居庸关城的创建与城楼匾额》，《旅游》1998 年第 7 期。

63 《日下旧闻考》卷一百五十二《边障一》。

64 顾炎武：《昌平山水记》卷下。

65 《明太祖实录》卷三十四，洪武元年八月壬申、丙子、乙酉。

66 《明太祖实录》卷一百八，洪武九年八月戊子。

67 华夏子（董耀会、吴德玉、张元华）：《明长城考实》，档案出版社 1988 年。

68 《明太祖实录》卷五十一，洪武三年四月辛酉。

69 《明太祖实录》卷一百九十九，洪武二十三年正月丁卯。

70 《明太祖实录》卷二百，洪武二十三年二月甲辰。

71 《明太祖实录》卷二百，洪武二十三年三月癸巳。

72 《明太祖实录》卷二百一，洪武二十三年闰四月癸亥、甲子、乙丑。

73 王世贞：《皇明异典述》卷一《亲王将兵》。

74 《明史》本纪第三《太祖三》。

75 《明太祖实录》卷二百八，洪武二十四年四月癸未。

76 《明史》列传第二十《蓝玉传》。

77 参见谈家胜：《朱棣与蓝玉党案》，《池州师专学报》1995 年第 2 期；以及刘长江：《从朱元璋建储看蓝玉党案》，《辽宁师范大学学报》（社科版）2001 年第 6 期。

78 《明太宗实录》卷一。

79 《明通鉴》卷十，第一册，第 506—507 页。

80 《明太祖实录》卷二百二十六，洪武二十六年三月丙辰、庚申。

81 《明史》列传第五《宁王权》。

82 《明太祖实录》卷二百五十二，洪武三十年四月乙酉。

83 《明太祖实录》卷二百五十七，洪武三十一年五月戊午。黄景昉《国史唯疑》卷一："（洪武）末年敕谕燕王：朕诸子汝独才智，秦晋已薨，系汝为长，安内攘外，非汝其谁?!"后人谓此四句已伏靖难之谶。见《续修四库全书》第 432 册，第 14 页。

84 《明史》卷一百四十一《齐泰传》。百衲本第 377 页。

85 《明史》卷四《恭闵帝本纪》。百衲本第 20 页。

86 《奉天靖难记》卷一。

87 李贽：《续藏书》卷九《荣国姚恭靖公》。又参见查继佐：《罪惟录》列传十六。

88 《奉天靖难记》卷一。又参见《明史》列传第三十四《唐云》。

89 《奉天靖难记》卷一。

90 《明史》本纪第五《成祖一》。

91 黄佐：《革除遗事》，《黄子澄》。

92 《奉天靖难记》卷一。

93 《明史》列传第十四《李文忠附李景隆》。

94 《明史》列传第一《成祖仁孝皇后徐氏》。

95 李贽：《续藏书》卷九《荣国姚恭靖公》。

96 《奉天靖难记》卷一、卷二。

97 《明史》列传第三十三《姚广孝》。

98 《明太祖实录》卷三十二，洪武元年六月庚子。

99 谷应泰：《明史纪事本末》卷十。

100 《明史》列传第五十二。

101 《明史》本纪第七。

102 《明太宗实录》卷九，洪武三十五年六月辛未。

103 《明太宗实录》卷十二，洪武三十五年九月戊子。按：《明实录北京史料》断为"王忠、申英卯、那海、夏曲、伦台"五人（第 1 册第 157 页），误。卯那海为元右丞相伯卜花之子，毛胜之伯父，见《明史》列传第四十四；夏曲伦台后改名夏贵，卒于永乐十八年七月，见《明太宗实录》卷二百二十七。

104 《明太宗实录》卷十七，永乐元年二月庚戌、辛亥。

105 《明太宗实录》卷十八，永乐元年三月壬午。

106 《明史》本纪《成祖二》。

107 《明史》列传第三十三。

108 《明太宗实录》卷一百一，永乐八年二月戊戌、庚子。

109 《明太宗实录》卷一百一，永乐八年二月辛丑。

110 《明太宗实录》卷一百四，永乐八年五月己卯。

111　《明史》本纪《成祖二》。

112　《明太宗实录》卷一百五，永乐八年六月甲辰、丁未、己酉。

113　《明太宗实录》卷一百四十一，永乐十一年七月戊寅。

114　《明太宗实录》卷一百四十，永乐十一年六月己酉。

115　《明太宗实录》卷一百四十五，永乐十一年十一月壬午。

116　《明史》本纪《成祖三》。

117　《明太宗实录》卷一百五十二，永乐十二年六月戊申。

118　《明太宗实录》卷一百五十二，永乐十二年六月己巳。《明史》本纪《成祖三》。

119　《明史》本纪《成祖三》。

120　《明太宗实录》卷二百四十七，永乐二十年三月辛巳。

121　《明太宗实录》卷二百五十，永乐二十年七月庚午。《明史》本纪《成祖三》。

122　《明太宗实录》卷二百六十二，永乐二十一年八月己酉、庚申、丙寅。

123　《明太宗实录》卷二百六十三，永乐二十一年九月癸巳、甲午。

124　《明太宗实录》卷二百六十四，永乐二十一年十月甲寅。

125　《明太宗实录》卷二百七十二，永乐二十二年六月癸亥。《明史》本纪《成祖三》。

126　《明太宗实录》卷二百七十二，永乐二十二年六月甲子、乙丑。

127　《明太宗实录》卷二百七十三，永乐二十二年七月丁亥、戊子、己丑、庚寅、辛卯。

128　方逢时（1523—1596）：《为陈边务、申房情以定国是、以永大计事》，《皇明经世文编》卷三百二十一。

129　韦占彬、马长泉：《论明代北部边防体系的演变》，《武警学院学报》2000 年第 2 期。

130　《明史》志第六十七《兵三》。并参见余同元：《明太祖北部边防政策与明代九边的形成》，《烟台师范学院学报（哲学社会科学版）》1991 年第 1 期。

131　《宣大山西三镇图说》卷一《宣府镇图说》。

132　《明太宗实录》卷三十七，永乐二年十二月庚午。

133　参见《大明会典》卷一百二十六《镇戍一·将领上》。以及《明史》志第六十七《兵三》。

134　李新峰：《明代前期的京营》，《北大史学》第十一辑，北京大学出版社 2005 年。

135　《大明会典》卷一百三十四《旧三大营制》。

136　李新峰：《明代前期的京营》，《北大史学》第十一辑，北京大学出版社 2005 年。

137　《明史》本纪第十一《景帝》。

138　《明史》志第四十八《职官一》。

139　《明史》志第五十二《职官五》。

140 《大明会典》卷一百三十四《旧团营制》。

141 《明史》志第六十五《兵一》。

142 《大明会典》卷一百三十四《今定京营制》。

143 张孚敬：《奏答安民饬武疏》，《明经世文编》卷一百七十八。

144 《明史》志第六十五《兵一》。

145 彭勇：《论明代京操班军的选补制度》，《历史档案》2007 年第 4 期。

146 《大明会典》卷一百三十四《营政通例》。

147 《明史》志第六十六《兵二》。

148 周致元：《明代京操制度》，《历史档案》2002 年第 2 期。

149 《大明会典》卷一百三十四，《营政通例》。

150 《明史》志第六十六《兵二》。

151 张孚敬：《奏答安民饬武疏》，《明经世文编》卷一百七十八。

152 周致元：《明代京操制度》，《历史档案》2002 年第 2 期。

153 《明史》列传第二百十六《瓦剌》。

154 《明英宗实录》卷一百八十，正统十四年七月壬辰。

155 李贤：《顺天目录》。参见《明英宗实录》卷一百八十一，正统十四年八月庚申、辛酉、壬戌，及《明史》列传第二百十六《瓦剌》。

156 《明英宗实录》卷一百八十一，正统十四年八月癸亥、乙丑。

157 《明史》列传第五十八《于谦》。

158 《明英宗实录》卷一百八十一，正统十四年八月戊辰。

159 《明英宗实录》卷一百八十四，正统十四年十月丙辰。

160 《明英宗实录》卷一百八十四，正统十四年十月丁巳。

161 《明史》列传第五十八《于谦》。

162 《明英宗实录》卷一百八十五，正统十四年十一月甲申。

163 《明史》列传第二百十五《鞑靼》。

164 谷应泰：《明史纪事本末》卷六十《俺答封贡》。

165 《明世宗实录》卷三百六十四，嘉靖二十九年八月乙丑、辛未。

166 《明世宗实录》卷三百六十四，嘉靖二十九年八月乙亥、丁丑。

167 《明史》列传第九十二《丁汝夔》。

168 《明世宗实录》卷三百六十四，嘉靖二十九年八月辛巳、壬午。

169 《明史》列传第九十二《丁汝夔》。

170 《明世宗实录》卷三百六十四，嘉靖二十九年八月甲申。

171 《明史》列传第九十二《丁汝夔》。

172 《明世宗实录》卷三百六十四，嘉靖二十九年八月丙戌、丁亥。

173 《明世宗实录》卷三百六十六，嘉靖二十九年十月癸未。

174 《明世宗实录》卷三百六十八，嘉靖二十九年十二月甲申。

175 《明世宗实录》卷三百九十五，嘉靖三十二年三月丙午。

176 《明世宗实录》卷三百九十六，嘉靖三十二年闰三月丙辰。

177 《明世宗实录》卷三百九十六，嘉靖三十二年闰三月乙丑。

178 《明世宗实录》卷三百九十七，嘉靖三十二年四月丙戌、甲午。

179 《明世宗实录》卷四百三，嘉靖三十二年十月辛丑。

180 万历《大明会典》卷一百八十七《京城》。惟所言时间"嘉靖二十三年"为"嘉靖三十二年"之误，《日下旧闻考》卷三十八同之。参见《明史》志第十六《地理一》。

181 《明世宗实录》卷五百二十八，嘉靖四十二年十二月乙巳；卷五百二十九，嘉靖四十三年正月壬寅。

182 《明穆宗实录》卷五十，隆庆四年十月癸卯。

183 《明穆宗实录》卷五十一，隆庆四年十一月丁丑。

184 《明穆宗实录》卷五十四，隆庆五年二月庚子。

185 《明穆宗实录》卷五十五，隆庆五年三月庚午。

186 《明史》列传第二百十五《鞑靼》。

187 《乌兰察布史》，附录五《俺答汗初受顺义王封立下规矩条约》。参见王士琦：《三云筹俎考》卷二，《明代蒙古汉籍史料汇编》第二辑。

188 谷应泰：《明史纪事本末》卷六十《俺答封贡》。

189 《明神宗实录》卷一百八十四，万历十五年三月乙卯。

190 瞿九恩：《万历武功录》，《俺答列传》。

191 万历《宣府镇志》。

192 《明史》列传第二百十五《鞑靼》。

193 《明穆宗实录》卷十一，隆庆元年八月癸卯。

194 《明穆宗实录》卷十三，隆庆元年十月乙未。

195 《明史》列传第一百《戚继光》。

196 《明穆宗实录》卷二十，隆庆二年五月辛亥。《明史》"戚继光"记为"命以都督同知总理蓟州、昌平、保定三镇练兵事，总兵官以下悉受节制"。而《明史纪事本末》作："二年夏四月，以侍郎谭纶为总督，拜戚继光大将军，专理练兵"。与《实录》均略有出入。

197 《明穆宗实录》卷二十八，隆庆三年正月乙卯。《明史》列传第一百《戚继光》。

198 《明史》列传第一百十《谭纶》。

199 《明史》列传第一百《戚继光》。

200 戚继光：《请兵破虏疏》，《戚少保文集二》，陈子龙编《皇明经世文编》卷三百四十七。

201 《明史》列传第一百《戚继光》。

202 戚继光：《请建空心台疏》，《戚少保文集三》，陈子龙编《皇明经世文编》卷三百四十八。

203 《明穆宗实录》卷三十六，隆庆三年八月戊午。

204 《明穆宗实录》卷四十二，隆庆四年二月丙寅。

205 《明穆宗实录》卷六十，隆庆五年八月庚戌。

206 《明史》列传第一百《戚继光》。

207 《明穆宗实录》卷四十二，隆庆四年二月丙寅。

208 《明穆宗实录》卷六十，隆庆五年八月庚戌。

209 《明史》列传第一百十《谭纶》。

210 《明史》列传第一百《戚继光》。

211 《明史》列传第一百十《谭纶》。

212 《明史》列传第一百《戚继光》。

213 《明史》列传第一百四十七《袁崇焕》。

214 《崇祯实录》卷九，崇祯九年六月、七月。

215 《崇祯实录》卷十一，崇祯十一年十月、十一月。

216 《崇祯实录》卷十五，崇祯十五年十一月、十二月。

217 《明史》列传第一百四十七《范志完》。

218 《崇祯实录》卷十五，崇祯十五年十一月、十二月。

219 《崇祯实录》卷十六，崇祯十六年正月至五月。并参见富丽：《试论皇太极四打北京》，《四平师院学报（人文社会科学版）》1981 年第 2 期。

220 《明史》列传第一百九十七《李自成》。

221 郑廉：《豫变纪略》。

222 《明史》列传第一百九十七《李自成》。

223 《崇祯实录》卷十七，崇祯十七年正月。

224 《明史》列传第一百五十三《李邦华》。

225 《崇祯实录》卷十七，崇祯十七年二月丙戌。

226 《崇祯实录》卷十七，崇祯十七年三月壬辰。

227 《明史》列传第一百五十四《吴麟征》。

228 《崇祯实录》卷十七，崇祯十七年二月丙戌。

229 《崇祯实录》卷十七，崇祯十七年三月壬辰。

230 《明史》列传第一百五十四《吴麟征》。

231 《崇祯实录》卷十七，崇祯十七年三月乙未。

232 《崇祯实录》卷十七，崇祯十七年三月戊戌。

233 谷应泰：《明史纪事本末》卷七十九。

234 《崇祯实录》卷十七，崇祯十七年三月乙巳。

235 谷应泰：《明史纪事本末》卷七十九。

236 《崇祯实录》卷十七，崇祯十七年三月丙午。

237 《明史》列传第一百九十七《李自成》。

238 徐鼒：《小腆纪年附考》卷四。

第七章　清代

　　满族崛起于东北地区，努尔哈赤以十三副铠甲起兵，先后统一女真各部。在征战过程中，八旗军制逐渐形成。八旗不仅是满洲统一各部的军事力量，更在对明战争和入主中原过程中起到非常重要的作用。定鼎京师后，从龙城入关的八旗兵丁大部分驻京师，被称为八旗劲旅，八旗的职能发生改变，由征战部队变为维护政治统治的卫戍部队。八旗按照方位驻扎京师内城，执行宫禁和扈从任务，战事吃紧之时，奉命调遣出征各地，维护政治统治的稳定。满洲以来，形成的军事制度、军器装备、军事思想，对有清一代产生深远影响，既带来前清时期的封疆拓土，也逐渐限制了军事武器的创新和进步，特别是中后期政治的腐败导致军队训练的废弛，未能有效抵御西方殖民主义的入侵。在社会巨变面前，由最初的有识之士的师夷长技以制夷，到洋务派的练兵自强，至清末新政时期的编练新军，清代军队编制、兵器制造、训练方式方面出现很大的改变。

第一节　清军入关与攻陷北京

　　明代中后期，政治日益腐败，皇帝贪婪腐败，荒于政事，官吏贪污腐化，宦官专权，朝廷党争激烈。明末，苛捐杂税繁多，三饷加派更加重了人民的负担，社会矛盾日益突出。明朝末年，北方自然灾害繁多，天启七年（1627年）陕西大灾，地方官照旧征收赋税，数百饥民起义，揭开了明末大规模农民起义的序幕。起义军辗转数省，在均田免粮口号的号召下，吸引了沿途大量民众的加入，规模不断壮大。在明朝社会交困之际，地处东北的满洲女真逐渐发展壮大起来。

一、努尔哈赤统一女真各部

女真族是我国一个古老的民族。明代，女真族分为建州、海西和野人三部。满族是由建州女真统一海西、野人二部，并吸收部分蒙族、汉族而形成的新的民族共同体。元明时期，女真部落不断兼并，原居住在松花江以南的女真人，与辽东地区的汉族逐渐融合，形成三支：一支分布在浑河地区，东至长白山，南至鸭绿江，称为建州女真；一支分布在开原边外的辉发河、叶赫河地区，北至松花江中游，称为海西女真；一支生活在建州、海西女真以北的松花江中下游，北到黑龙江流域，东达库页岛，称为野人女真。明朝政府设置努儿干都司进行管理，对女真三部分而治之，利用各部族之间的矛盾，互相牵制，实现对女真的控制。

明代后期，女真族社会生产力提高，开始消除各部落纷争的战争。努尔哈赤是建州左卫指挥猛哥帖木儿的六世孙，时任建州左卫都指挥使，他率领的建州女真逐渐发展壮大。万历十一年（1583 年），他以替父祖报仇为由，率领部众百余人起兵攻打图伦城主尼堪外兰，开始了统一女真的大业。经过五年征战，先后征服建州女真五部。随后，完成对海西女真和野人女真的征服，并迫使蒙古科尔沁部和扎鲁特部众归附。努尔哈赤经过四十多年的征战，结束了各部落间相互掠和兼并、相互残杀的战乱局面。

随着战事的进展和归附部众的剧增，一种新的社会军事形态逐步形成。万历二十九年（1601 年），努尔哈赤在女真原有组织形式牛录的基础上，设立黄、白、红、蓝四旗。万历四十三年（1615 年），又增设镶黄、镶白、镶红、镶蓝四旗。八旗制度初步形成，每三百人为一牛录，设牛录额真一人；每五牛录为一甲喇，设甲喇额真一人；每五甲喇为一固山，设固山额真一人。八旗制度不仅组织女真人作战，而且是他们生产和生活的基本制度，对此后建立清朝、满族共同体形成起着重要作用。

二、后金对明战争

努尔哈赤在完成女真及蒙古各部统一后，将战略重点转移到反明。万历四十四年（1616 年）努尔哈赤在赫图阿拉称汗，国号大金，建元天命，史称后金。万历四十六年，即天命三年（1618 年），努尔哈赤以"七大恨"告天，展开了对明朝的进攻。八旗劲旅围困抚顺，陈兵进攻，守将李永芳投降。因此，短期内努尔哈赤率兵迅速攻下抚顺、东州、马根单三城及台堡五百余处，从抚顺掠去人畜众多，有居民一千户。抚顺是第一座被攻破的明代边城，消息传至明朝政府，举朝震惊。

明政府调兵遣将，加强辽东防御，并加派赋税筹措粮饷，企图合攻赫图阿拉，一举消灭后金。明政府从宣府、大同镇、山西镇、延绥镇、宁夏镇、甘肃镇、固原镇，四川、广东、山东、陕西、浙江等省调集兵力近九万兵丁，并海西女真叶赫部和朝鲜军二万余人协助作战。

明军分东、西、南、北四路向赫图阿拉进发，第二年1619年，双方在萨尔浒（即今辽宁省抚顺东大伙房水库）一带交战。兵部侍郎杨镐为这次征战的总指挥，他派总兵杜松率兵三万，由沈阳出抚顺关，沿浑河北岸，从西路进攻赫图阿拉。西路军明万历十七年（1619年，后金天命四年）二月二十八日从沈阳出师，渡过浑河后，三月初一日抵达萨尔浒。杜松将主力驻扎在萨尔浒山下，并率领少数兵力进攻吉林崖的界凡城。努尔哈赤探知其他三路明军还在行进途中，西路军没有后援后，决计采取集中兵力，各个击破的战略迎战明军。他命代善、皇太极率两旗支援界凡城，自己率六旗攻打萨尔浒明军大本营。双方激烈交战，明军伤亡惨重，后金军奋力冲杀，一举攻占明军大营。在萨尔浒大营被攻占后，皇太极率兵前往吉林崖。攻打吉林崖的明军陷入后金军的两面夹击中，总兵杜松在战斗中阵亡，明西路军全军覆没。

三月初二日，努尔哈赤率军在萨尔浒东北的尚间崖与马林率领的北路明军交战，明军大部溃败而逃。初四日，东路明军先锋部队在阿布达里岗遭遇伏击，总兵刘綎兵败被杀。总兵李如柏率领南路明军行动迟缓，并未与后金军主力正面交锋，便惊慌逃往清河。

萨尔浒战役中，明朝出兵八万八千五百五十多人，阵亡各级将领三百一十多人，阵亡兵丁四万五千八百七十多人，明朝战将和精锐部队损失较大，战斗力急剧下降。后金军发挥骑兵行动上迅捷的优势，以迅雷不及掩耳之势，对明军各个出击，势如破竹，横扫明军。萨尔浒战役后，后金乘胜攻破开原和铁岭，明朝失去了辽东地区防御后金西进的屏障。

天启六年（1626年，天命十一年）正月十四日，努尔哈赤统兵十三万，号称二十万，向宁远城发动进攻。兵部主事袁崇焕抵住辽东经略高第的压力，拒绝退守山海关，率领一万余名官兵坚守孤城。他刺血为书，激励将士。袁崇焕统率全局，总兵满桂防守东面，副将左辅防守西面，参将祖大寿防守南面，副总兵朱梅防守北面，各部分城防守，必要时相互支援。宁远大战中，明军防御部署周密，官兵誓死守城，西洋大炮杀伤力较强，因此，后金军自二十四日至二十六日之间的数次攻城都被击退。努尔哈赤在交战过程中身负重伤，被迫撤军，并于同年病逝。努尔哈赤戎马一生，《清史稿》曾评价道："太祖天锡智勇，神武绝伦。蒙难艰贞，明夷用晦。迨归附日众，阻贰潜消。自摧九部之师，境宇日拓。用兵三十余年，建国践祚。萨尔浒一役，翦商业定。迁都沈阳，规模远矣。比于岐、丰，无多让焉"。[1]努尔哈赤是一位伟大的军事家，他深于谋略，善于用兵，统一女真各部，攻占辽东重镇，使后金军事实力越来越强大。

努尔哈赤去世后，第八子皇太极继承汗位。他废除与三大贝勒共理政务的旧制，仿照明制，设立吏、户、礼、兵、刑、工六部，分掌行政事务。皇太极逐渐加强中央集权，逐步建立和完善政治制度。同时，他体恤民力，促进农业生产，发展经济。皇太极在改革后金的政治和政治的同时，增强兵力，加紧实施对明朝的战略包围。天启七年（1627年）他派贝勒阿敏出兵朝鲜，与朝鲜结为兄弟之盟。同年五月，皇太极率军向锦州发动进攻，祖大寿坚守，不克。再攻宁远，袁崇焕固守，又不克。后金在宁锦之战失利后，不再攻打辽西防线，改为避开宁锦防线，绕道蒙古，破墙入塞，直逼北京的军事战略。

皇太极在剪枝伐树战略部署下，继续实施对明朝的军事攻击。皇太极先后多次跨过长城隘口，横扫北京城、京郊、山东、山西等地，抢掠走大量人口财物。崇祯二年（天聪三年，1629年）十月，后金军避开锦宁防线，分别从龙井关、大安口、洪山口破关而入，这三路旗兵在遵化会师，并攻陷县城。随后，八旗兵攻陷通州城，向北京方向进发。袁崇焕得到消息后，急忙从宁远率领守辽兵丁昼夜兼程前往救援。双方在德胜门、广渠门和永定门等处展开激战，后金军奋勇攻城，明军力阻后金军，双方兵丁损伤惨重，皇太极决计回师塞外。尽管这次攻占北京的行动并未成功，但在此过程中也展开了一定的军事行动，攻克良乡、固安、香河、永平、顺义、迁安、滦州等北京郊区及周边十余州县，并沿途掳掠了大量人口、财物，实力大为增强。

后金攻打北京城，明朝统治集团大为震惊。崇祯帝将蓟辽督师袁崇焕凌迟处死，派孙承宗为督师。孙承宗整顿辽西防务，加固关锦防线，在皇帝旨意下重新修筑大凌河城。大凌河城位于锦州东三十余里，是屏蔽锦州的前锋要塞。明朝修复大凌河城的消息传到后金，皇太极派兵进攻大凌河城。崇祯四年（1631年，后金天聪五年）七月二十七日，皇太极率五万精兵从沈阳出发，第二天渡过辽河，开始向大凌河城进军。八月六日，后金军兵临城下，绕城挖了四道壕沟，筑起一丈多高的墙，将大凌河城层层围困，隔绝与外界的联系。守城明军多次突围，都被后金军打回，只好坐等援兵。大凌河城被围后，明朝先后四次派兵救援，但都被后金军击败。期间，皇太极多次派人劝降，在坚持近三个月后，城中弹尽粮绝，守将总兵祖大寿等被迫开城投降。皇太极对这些降将委与重任，对日后明朝高级官员的加入产生一定影响。

大凌河之战中，后金战术从单纯的骑兵猛攻改为围困、攻坚、打援、招抚多种方式相互配合，大凌河之战的胜利，明军一万余众加入后金部队，增强了后金的作战能力。明朝派来支援的部队在激烈交锋中耗损殆尽。

大凌河战役中，后金军首次将研制成功的红衣大将军炮运于战场，对杀伤明军产生极大威力，加速了对明作战的军事进程。

崇祯九年（1636年，天聪十年）四月，皇太极定国号大清，同年五月，改元崇德。六月二十七日，皇太极命郡王阿济格、贝勒阿巴泰等率八旗兵经巴颜德木、坤都、大巴颜等地三路进军，攻城两座，打败明军七次，入关第八天在延庆州会师，俘获人畜一万五千二百三十。[2]清军再由延庆出发，过昌平，从北京城西郊向南，过保定府，与明军交战五十六次，攻克十二座城。清军本次南下，横扫延庆、昌平、房山、良乡、涿州、蓟州、遵化、顺义等州县，自如出入长城关口，共俘获人口、牲畜十七万九千八百二十。[3]九月初一日，清军携带着这些战利品凯旋回师。

崇祯十一年（1638年，崇德三年），皇太极兵分两路，第三次进围北京。九月二十三日，皇太极兵分两路，一路从董家口东二十里青山关西毁长城，一路从密云县东北入长城，两路清军在通州河西岸会师。清军绕过北京城向南进军，接连攻下雄县、安肃、易州，高阳、巨鹿，真定、广平、顺德等四十八城。第二年正月，清军攻占山东济南诸城。三月，自青山口出关返回。清军此次南下，接连攻占北京、河北、山东等众多州县，共克城五十座，降城八座，俘虏四十六万人。

锦州是山海关的门户要塞，松山城位于锦州正南方十八里处，松山城偏西南十八里处是杏山城，杏山城西南二十里左右是塔山城。为打通进入山海关的通道，皇太极开始将目光投向关外四城，派兵围困锦州。明朝深知锦州安危的重要性，不断派兵增援。崇祯十四年（1641年，崇德六年）七月，明朝派蓟辽总督洪承畴，率八总兵步兵骑兵共十三万解锦州之围。洪承畴打算步步为营，与清军坚守对峙。

但是兵部认为旷日持久战耗费粮饷，要求洪承畴速战。洪承畴无奈，将兵马粮草安置在宁远、杏山及锦州七十余里的海岛笔架山，自己率兵六万，在松山城、乳峰山冈一带扎营。松山城位于锦州、杏山之间，战略位置较为重要。皇太极亲自率领八旗主力，昼夜疾行五百里的速度，援军迅速赶到，在松山、杏山之间扎营。清军在锦州至南海角开挖三道深八尺宽丈余的壕沟，松山明军被围困。清军切断了松山、杏山之间的通道，也就切断了松山明军的粮饷供应。同时，清军进攻塔山，夺取了明军在笔架山的筹备军粮。清军挖壕沟、断粮道的举动引起被围困在城内明军的极大恐慌。洪承畴组织明军向清军发起进攻，但部分将帅胆小逃跑，引起马步兵大乱，自相践踏。清军沿路追杀，五万多明军被杀。承畴率兵万余人坚守松山城，清军围而不攻，城内弹尽粮绝。第二年（1642 年，崇德七年）二月十八日，松山副将夏成德投降，与清军做内应，引导清军子夜登城，生擒洪承畴等。

松山破城后，锦州军心涣散，明廷无力支援，三月，锦州守将祖大寿投降。四月，清军先后用红衣大炮攻下塔山城和杏山城，至此，关外四座重要城池已经全部被清军攻陷。

松锦之战从围困，到被攻破，历时三年。在这场战役中，双方投入巨大兵力。最终，皇太极率领的八旗兵取得了战争胜利，消灭明军精兵十三万，打开了通往山海关的门户。明军遭遇惨败，全面退守山海关内。皇太极把明朝比作一棵大树，"取燕京如伐大树，须先从两旁斫削，则大树自仆"，对明作战徐图渐进。清军攻占关外四城后，"明国精兵已尽，我兵四周纵略。彼国势日衰，我兵力日强。从此，燕京可得矣"。[4]松锦之战扭转了明清双方的战事局面，清军转入战略进攻，逐步实现定鼎燕京，入主中原的政治目标。

三、清军入关与攻陷北京

明朝在与清军的战争中，损失惨重。与此同时，内地农民起义风起云涌。李自成率领的农民起义军正在迅猛发展。崇祯十七年（1644年）正月，李自成在西安建立大顺政权，张献忠在成都建立大西政权。

明朝派大学士李建泰阻击大顺军。他刚到涿州，三千士卒逃亡。后听闻大顺军占据山西，士气更加低下，大半亡散，未几败溃。二月，李自成渡河，破汾州、河曲、静乐，攻太原。起义军迅速突进，已经占领大名、真定，逼近京畿。三月，起义军进占昌平，逼近京城。起义军派人装扮成商贩，或充部院吏胥，进城刺探军情。

三月十六日，崇祯帝召对群臣，惘然无措。这时，京营兵向无实籍，多为隐占。而且很多士兵传染时疫病亡，一些精锐士兵，又为新遣内臣选去。当时仅剩老弱数千人、太监万余人登城抵抗。由于人数太少，三女墙只有一人负责瞭望。士兵放炮射箭，不分昼夜，但饭食供应不及，很多士兵被饿死。十七日，起义军开始包围北京城，门外明军三大营全部投降。起义军在东至高碑店，西至西直门沿线开始轰炸城内，炮声震天，铅子飞入城中如雨。崇祯帝召集九卿科道商议对策，君臣相向而泣，束手无策。崇祯帝命令大司马及文武京营巡视各官登城抵御，并关闭紫禁城东西长安各门。十八日，李自成下令攻城，平则门守将贺珍战死。大顺军进攻彰义门，监军太监曹化淳开启城门迎接大顺军。崇祯帝登煤山，眼望烽火彻天，仰天长叹，徘徊良久，回到乾清宫。十九日夜子时，崇祯帝再登煤山，自缢于山亭，明朝灭亡。黎明，大顺军人马喧嘶，城中鼎沸。德胜门、齐化门（即朝阳门）、阜成门、宣武门、正阳门同时开启，守城士兵逃亡。李自成率兵由德胜门入城，太监王德化等三百人迎于门外，曹化淳引领李自成从西长安门入宫，进入皇极殿。[5]

面对京师时局的变化，四月初四日，清大学士范文程上书摄政王，献计献策，直趋燕京。顺治元年四月辛酉（四日），大学士范文程上摄政王启曰："迺者有明流寇踞于西土，水陆诸寇环于南服，兵民煽乱于北陲，我师燮伐其东鄙，四面受敌，其君若臣安能相保耶？顾虽天数使然，良由我先皇帝忧勤肇造，诸王大臣祗承先帝成业，夹辅冲主，忠孝格于苍穹，上帝潜为启佑。此正欲摄政诸王建功立业之会也。窃惟成丕业以垂休万祀者此时，失机会而贻悔将来者亦此时。何以言之？中原百姓蹇罹丧乱荼苦已极，黔首无依，思择令主以图乐业。虽间有一二婴城负固者，不过自为身家计，非为君效死也。是则明之受病种种已不可治，河北一带定属他人。其土地人民不患不得，患得而不为我有耳。盖明之劲敌惟在我国，而流寇复蹂躏中原，正如秦失其鹿，楚汉逐之。我国虽与明争天下，实与流寇角也。为今日计，我当任贤以抚众，使近悦远来"。[6]范文程对明末社会动荡局势进行分析，明朝社会"四面受敌"，"明之受病种种已不可治，河北一带定属他人"，这是"建功立业之会"，建议摄政王进军中原。

顺治元年（1644 年）四月初八日，福临在盛京御笃恭殿，赐给摄政和硕睿亲王多尔衮大将军钦印，命其代统大军，往定中原，一切赏罚，便宜从事。初九日，摄政和硕睿亲王多尔衮和多罗豫郡王多铎等诣堂子，向天行礼。礼毕，多尔衮与豫郡王多铎、武英郡王阿济格等统领满洲、蒙古兵三分二及汉军恭顺等三王和续顺公所属兵马，鸣炮出征。[7]

此时，降清的原明蓟辽总督洪承畴向多尔衮献策，"我兵之强，流寇可一战而降"。"今宜计道里，限时日，辎重在后，精兵在前，从蓟州、密云近京处，疾行而前，贼走则追剿，倘仍据京城，则扑灭更易"。多尔衮采纳了洪承畴的建议，从蓟州、密云向京师进发。[8]

行进途中，多尔衮对吴三桂进行招抚。吴三桂为原明辽东总兵官，曾奉旨入卫京师，但行军路上，京师已经失守，吴三桂下令停止前进，撤兵退守山海关。李自成派人多次招抚，吴三桂欲降，但行至滦州，听到其妾陈圆圆被李自成部将刘宗敏掠去，其父吴襄已被抓拷问，改变主意，返回山海关。李自成听到消息后，亲率二十万大军奔赴山海关征讨吴三桂，吴三桂选择降清。多尔衮非常高兴，他给吴三桂的回复中称："予闻流寇攻陷京师，明主惨亡，不胜发指"。因此，他决定"率仁义之师，沉舟破釜，誓不返旌，期必灭贼，出民水火。及伯遣使致书，深为喜悦，遂统兵前进"。"夫伯思报主恩与流贼不共戴天，诚忠臣之义也。伯虽向守辽东，与我为敌，今亦勿因前故，尚复怀疑。昔管仲射桓公中钩，后桓公用为仲父，以成霸业。今伯若率众来归，必封以故土，晋为藩王。一则国仇得报，一则身家可保，世世子孙长享富贵，如河山之永也"。[9]多尔衮说自己接到吴三桂的书信"深为喜悦"，愿意"统兵前进""灭贼"，立即统兵南下，向山海关进发。

李自成多次派人招抚吴三桂，始终没有成效，便下令三面包围山海关，并发起猛攻，吴军难以抵挡。这时，多尔衮率兵赶到，吴三桂开关迎降。

农民起义军在山海关与吴军和清军展开激战。四月二十二日，《明史稿》载，"自成兵二十万，阵于关内，自北山亘海。我兵对贼置阵，三桂居右翼末，悉锐卒搏战，杀贼数千人，贼亦力斗，围开复合。战良久，我兵从三桂阵右突出，冲贼中坚，万马奔跃，飞矢雨堕，天大风，沙石飞走，击贼如雹。自成方挟太子登高冈观战，知为我兵，急策马下冈走。我兵追奔四十里，贼众大溃，自相践踏死者无算，僵尸遍野，沟水尽赤。自成奔永平，我兵逐之。三桂先驱至永平，自成杀吴襄，奔还京师"。[10]可见，清军在吴军、大顺军苦战良久之际突然冲出，大顺军毫无防备，全线溃败，退往京师。山海关之役是加速清军入关步伐的决定性战役。山海关是历来是兵家要地，是清军进入中原必经之地。此前，明军在此设防，阻止清军脚步。此役中，吴三桂向清投降，清军大败农民军，顺利入关。山海关之战后，吴三桂被清封为平西王，随多尔衮逼近京畿。大顺军刘宗敏等连兵十八营与之决战失败负伤，李自成怒杀吴三桂的父亲及家口三十八人。由于大顺军队连连战败，各地故明势力乘机起兵反扑。在这种情况下，李自成在武英殿称帝后，决计向西撤退。

多尔衮得知大顺军西撤后，下令急速追击。多尔衮整饬队伍，严明军纪，禁止掠居民财物。他还宣称清兵入关的目的是为故明官员报仇，官复其位，民复其位，化解官民对清军的敌意。清军顺利占领抚宁、昌黎、滦州、开平、玉田、蓟州、通州等地。

五月初二日，清军至北京，故明文武官员出迎五里外。最初，京城传闻吴三桂将护太子至，故明各官立崇祯帝牌位于午门等候。因此，故臣准备车驾仪仗在朝阳门迎接太子。孰料是摄政王多尔衮登舆，故明重臣惊愕之间，清军人马已经入城。多尔衮传令安辑百姓，为帝后发丧，遣将追击李自成。在清军和吴军的追击下，李自成部众或投降，或逃散，其余转战山西、陕西、四川、湖北等地，败亡九宫山。张献忠在川北西充县与盐亭县交界处凤凰山与清军相遇，交战之际中箭身亡。农民军被镇压后，清军消灭南明诸政权，最终完成统一中原的战争。

综观明末时期中国军事政治局势风云变幻，明军、农民军、清军三大军事力量处于不断较量之中。李自成、张献忠领导的农民起义蓬勃发展，成为明朝统治的极大威胁。东北地区的清政权迅速崛起，在边界与明兵戎相见。农民军经过与明军的奋力厮杀，攻占北京城，明朝统治灭亡。故明残余势力伺机复明。清军趁机挥师南下，起义军失败西行。清军把握了战场上的主动，在三大军事政治势力的角逐中取得最终胜利，定鼎京师，开启一个新的封建王朝。

第二节　京师防务与军事制度

有清以武功定天下。太祖初定兵制，八旗子弟人尽为兵。定鼎京师后，八旗兵力最强。清朝统一中国的战事，主要是以八旗兵为主要力量，辅之以绿营。驻扎在京师的八旗兵被称为劲旅八旗，担任防卫任务。清军入关后，定都北京后，建立起统一的全国性政权。清朝沿袭明朝制度，制定了一套军事制度。满族原有军事决策机构议政王大臣会议分散了皇帝的权力，顺治时期以来，历经康熙、雍正、乾隆各朝的不断改革，逐步建立起皇帝大权独揽的军事决策体制。同时，作为少数民族为主体的政权，满族官员在所任职位及额数方面占有绝对优势，体现出鲜明的民族特色。

一、京师驻军

清代京师驻军有八旗兵和绿营兵两种。其中八旗兵是京师驻军的核心力量。八旗按照方位驻扎京师。清代定都北京后，顺治元年（1644 年）颁诏，京都兵民，分城居住。八旗兵驻扎内城，汉族官员商民迁居外城。京师内外城之分与明代不同。明代，将京师内、外城，分为中、东、西、南、北为五城，"前三门外俱谓之南城"。至清代，"内城自为五城，而外城亦各自为五城"。外城五城的划分，以正阳门为坐标，并非完全按照方位。"正阳门街居中则为中城，街东则为南城、东城，街西则为北城、西城"。[11]因此，八旗兵及家属分别居住在内城的五城。

八旗中，以镶黄、正白、镶白、正蓝四旗为左翼；正黄、正红、镶红、镶蓝四旗为右翼。官职除授公差践更，以上下旗为辨。旗籍界止，以左右翼为辨。清朝定鼎燕京，分置八旗。初初八旗方位，左翼自北而东，自东而南：镶黄旗在安定门内，正白旗在东直门内，镶白旗在朝阳门内，正蓝旗在崇文门内；右翼自北而西，自西而南：正黄旗在德胜门内，正红旗在西直门内，镶红旗在阜成门内，镶蓝旗在宣武门内。[12]

雍正三年（1725 年）重议八旗界址：

镶黄满洲蒙古汉军三旗自鼓楼向东至新桥，自新桥大街北口城根向南至府学胡衕东口与正白旗接界。

正白满洲蒙古汉军三旗自府学胡衕东口向南，至大市街报房胡衕东口与镶白旗接界。

镶白满洲蒙古汉军三旗自报房胡衕向南，至就日坊与正蓝旗接界。

正蓝满洲蒙古汉军三旗自就日坊至崇文门，由金水桥向东至大城根。

正黄满洲蒙古汉军三旗自鼓楼向西至新街口大街北口，城根向南至马状元胡衕西口与正红旗接界。

正红满洲蒙古汉军三旗自马状元胡衕东口外大街向南至大市街羊肉胡衕东口与镶红旗接界。

镶红满洲蒙古汉军三旗自羊肉胡衕向南至瞻云坊与镶蓝旗接界。

镶蓝满洲蒙古汉军三旗自瞻云坊至宣武门，由金水桥向西至大城根。

在每一旗驻防区内，满、蒙、汉军分驻，满洲八旗最靠近皇城，蒙古八旗次之，最外层为汉军八旗，各有界址。每一旗下各参领、佐领，有指定的街区，同一佐领成员集中居住。

以镶黄旗为例，镶黄满洲蒙古汉军三旗自鼓楼向东至新桥，自新桥大街北口城根向南至府学胡衕东口与正白旗接界。满洲官兵自鼓楼向东，循大街至经厂为第一参领下各佐领居址。自经厂循交道口转南至棉花胡衕东口为第二参领下各佐领居址。自南锣鼓巷北口至南口及两旁之鼓楼院、方甎厂真武庙、雨儿胡衕、福祥寺帽儿胡衕、炒豆胡衕棉花胡衕、兵马司、前圆恩寺、后圆恩寺、橘儿胡衕为第三参领下各佐领居址。自交道口大街向东循新桥转南，至香儿胡衕东口为第四参领下各佐领居址。自香儿胡衕东口向南至府学胡衕、马将军胡衕大兴县大儿胡衕、土儿胡衕香儿胡衕、钱局周围为第五参领下各佐领居址。蒙古官兵自交道口大街向北至安定门为第一参领下各佐领居址。自北锣鼓巷南口至北口及两旁之宝钞胡衕、经厂、分司厅谢家胡衕、伽蓝殿法通寺、净土寺、豆腐匙胡衕、高公庵、郎家胡衕、碾儿胡衕为第二参领下各佐领居址。汉军官兵自新桥大街向北至方家胡衕为第一参领下各佐领居址。自方家胡衕向北至城根为第二参领下各佐领居址。国子监前后之头条二条三条胡衕、方家胡衕国子监大沟巷、萧家胡衕为第三参领下各佐领居址。柏林寺、箍稍胡衕、草厂、王大人胡衕为第四参领下各佐领居址。自北小街南口至城根、胡椒园周围、手帕胡衕、羊馆胡衕、针线胡衕为第五参领下各佐领居址。[13]清朝中后期，北京内城八旗驻防地发生变化，镶白旗、镶红旗侵入南面两蓝旗界内，正黄旗、镶黄旗东则侵入正白旗，西则侵入正红旗界内，违制越界。

驻守京师的八旗兵称为劲旅八旗，主要职责是守卫京师，宿卫扈从。按照兵种的不同，京师八旗兵设有亲军营、骁骑营、前锋营、护军营、步军营、火器营、健锐营、圆明园护军营、神机营等。

亲军营为禁卫军之一，附属于侍卫处，主要负责保卫宫禁，作为皇帝的随从亲军。天聪年间设巴牙喇即护营，为护军营之始，顺治初详定营制。[14]亲军选自三旗，每佐领二名。镶黄旗满洲人八十五佐领，蒙古二十八佐领，共亲军二百二十四名，内亲军校十五人；五旗移入六十佐领，亲军一百三十名，内亲军校十人；正黄旗满洲九十三佐领，蒙古二十四佐领，共亲军二百三十四名，内亲军校十有五人；五旗移入六十七佐领一半佐领，亲军一百三十五名，内亲军校十一人；正白旗满洲八十六佐领，蒙古二十九佐领，共亲军二百三十名，内亲军校十有五人；五旗移入五十八佐领一半佐领，亲军一百十有七名，内亲军校九人；三旗亲军每旗选六十人随侍卫班行走，其余亲军校、亲军，随三旗护军营、护军校、护军一同直宿当差。[15]亲军营分为内外两班，宿卫乾清门、内右门、神武门、宁寿门为内班，宿卫太和门为外班。

八旗劲旅负责京师卫戍工作的包括护军营、骁骑营、前锋营、步军营等各营。护军营负责警跸宿卫、诸门启闭和锁钥传筹等。护军营共八营，护军满洲、蒙古每佐领下各选十七名，共护军一万五千人。守卫紫禁城的是上三旗护军，守卫各宗室王公府第的是下五旗护军。雍正初年，下五旗护军守卫紫禁城外围。此后又将守卫端门、大清门、长安左门、长安右门等守卫任务交给下五旗护军营。

骁骑营又称旗营，是八旗兵的主体。太宗天聪八年（1634年），改随营马兵为阿礼哈超哈，这是最初的骁骑营。骁骑营隶属于八旗都统，置八旗都统，满、蒙、汉军旗各一人，副都统，每旗各二人。参领、副参领、佐领，若干。[16]它所辖的兵丁称为马甲，从满洲、蒙古旗中每佐领选拔二十人，汉旗中每佐领选拔四十一人，满、蒙、汉马甲二万八千多人。

前锋营是清代禁卫军之一，始建于皇太极天聪时期的噶布什贤超哈营。顺治十七年（1660年）制定营制，定前锋统领、参领、前锋侍卫、前锋校各官人数。前锋统领遴选满、蒙精兵训练，参领、侍卫督率前锋警跸宿卫。前锋营兵丁选自八旗满洲、蒙古，每个佐领二人，共计一千七百七十人左右。拨补前锋，由统领会同本旗护军统领，在护军骁骑执事人、养育兵、闲散庄丁内遴选补用。前锋营分左右两翼，镶黄、正白、镶白、正蓝为左翼，正黄、正红、镶红、镶蓝为右翼。前锋校左右翼各四十八人，每旗十二人为一队；鸟枪什长，左右翼各二十四人，队长如之；前锋，八旗满洲、蒙古每佐领二人。前锋营中一半兵丁，由统领督率参卫校长训练鸟枪。[17]

步兵营所辖包括八旗步军营和巡捕五营两部分军队，掌管京师内外的守卫和门禁，还负责巡夜、救火、编查保甲、缉捕、断狱等事务。八旗步军营于顺治初年设置。由八旗满洲、蒙古每佐领下各选步军领催二人、步军十八人，八旗汉军每佐领下选步军领催一人、步军十二人，组成步军营。康熙十三年（1674年），步军营兼提督京城九门事务。三十年，又兼巡捕三营事务。步军统领官衔全称是提督九门步军巡捕三营统领。乾隆四十六年（1781年），巡捕营增设左右两营，变成中、南、北、左、右五营，这样，步军统领改称为"提督九门步军巡捕五营统领"。全营额计八旗步军领催一千一百五十人，步军二万一千余人，巡捕五营步马兵一万一千余人，合计三万余人。步军营设步军统领一人统领全营，左、右翼总兵各一人协助步军统领。八旗步兵营设左右翼尉各一人，主要驻守皇城、内城。八旗步兵以旗化界，分汛驻守。步军营派兵驻守，负责内外城门禁。内城九门即，正阳门、崇文门、宣武门、安定门、德胜门、东直门、西直门、朝阳门、阜成门，每门各设千总二人，门甲三十名，门军四十名。外城七门，即永定门、左安门、右安门、广渠门、广安门、东便门和西便门，每门各设千总二名，门甲十名，门军四十名。此外，圆明园设满洲步军官兵，设五十汛，以协尉四人，步军校十二人分辖，设堆拨五十处。每汛设领催三名，步军十人昼夜巡警。

步军巡捕五营驻扎在外城和四郊，共辖二十三汛。中营驻扎在圆明园一带，由副将一名带领，分圆明园、畅春园、树村、静宜园、乐善园五汛。其中，圆明园汛兵五百名，畅春园汛兵五百名，树村汛兵六百名，静宜园汛兵五百八十名，乐善园兵五百八十名。南营分防外城及南郊，下辖西珠市口、东珠市口、东河沿、西河沿、花儿市和菜市口六汛。北营分防北郊德胜门、安定门、东直门和朝阳门四汛。左营分防东郊朝阳、东便、广渠和左安四汛。右营分防西郊阜成、西便、广宁和永定四汛。

火器营中的外火器营与圆明园护军营、香山健锐营三大旗营驻守京西拱卫京师。火器营原来驻扎在京师城内，为了防止火器走火惊驾，外迁至西郊蓝靛厂，即外火器营。外火器营从八旗每个佐领中抽调兵丁组建，共建营房七千一百九十六间。

清代在京城西郊修建了规模宏大的皇家园林，清帝除了驻园休憩外，还在此处理政务，开启清代御园理政特殊的政治运行模式。与新的政务活动中心的职能相适应，清帝组建了专门的防卫部队。雍正二年（1724 年），设置圆明园八旗护军营，选在京八旗官兵前往驻扎，设护军三千名，养育兵九十六名。乾隆三年（1738 年）增设养育兵三百八十四名。十二年，命京城八旗护军八百名移驻圆明园。至乾隆十二年，镶黄旗营房在树村西，护军参领等廨舍共六十五楹，护军等官房共一千四百八十五楹；正黄旗营房在萧家河北，护军参领等廨舍共六十五楹，护军校、护军等官房共一千四百八十五楹；正白旗营房在树村东，护军参领等廨舍共六十五楹，护军校、护军等官房共一千四百六十四楹；镶白旗大营房在长春园东北，副护军参领等廨舍共三十九楹，护军校、护军等官房共一千一百六十七楹，小营房在长春园东，护军参领等廨舍共二十六楹，护军校、护军等官房共三百一十五楹；正蓝旗营房在海淀东，护军参领等廨舍共六十五楹，护军等官房共一千四百五十五楹；镶蓝旗营房在广仁宫西，护军参领等廨舍共六十五楹，护军校、护军等官房共一千四百八十五楹；正红旗营房在安河桥西北，护军参领等廨舍共六十五楹，护军校、护军等官房共一千四百六十七楹；镶红旗营房在静明园东北，护军参领等廨舍共六十五楹，护军校、护军等官房共一千四百八十五楹。圆明园八旗护军营护军参领等廨舍共计五百二十楹，护军校、护军等官房一万一千八百零八楹。此后，乾隆三十六年，增设养育兵五百二十名。四十三年，增添养育兵一百七十六名。

健锐营最初组建源于平定金川叛乱后巩固政权的政治军事需要。大小金川位于四川西北部，是藏民聚居区。清初沿袭明制，设土司管理。乾隆时期大金川叛乱，袭击清军，清军溃败。乾隆帝闻讯后，下令在西山仿造金川式碉楼，从京城前锋营和护军营挑选动作身手敏捷兵丁一千人，组建云梯营，分为两翼，专门训练，随后派赴前线支援战斗。平定大金川叛乱后，云梯兵凯旋回京，乾隆帝决定在香山专门组建健锐云梯营，既包括征讨有功的云梯兵，也包括金川俘虏及临阵俘获的番习工筑数人。十八年（1753 年），健锐营增设骁骑一千名。二十八年，设前锋参领二名，副前锋参领八名，委前锋参领八名，前锋校二十四名，并奏准由护军营移驻健锐营护军一千名，增设护军参领二名，副护军参领八名，委署护军参领八名，护军校二十四名。四十一年，增设番子佐领一名，番子骁骑校一名。几经扩建，健锐营兵额达到三千人。[18]

二、军事制度

1. 各级军事机构的建立

议政王大臣会议是清代前期重要的军事决策机构。后金时期满洲存在上层贵族议定裁决军国大事的传统。议政之制始于努尔哈赤时期，议政大臣会议重大事务，参议军务。努尔哈赤初定国政时，有议政五大臣。皇太极执政期间，为削弱诸贝勒权利，扩充议政人员。八旗每旗设总管政务大臣一人，是为八大臣，与诸贝勒共同议政。[19]清朝定鼎北京后，"军事付议政王大臣议奏"。[20]顺治九年（1652 年）十月，任命内院大学士希福、范文程、额色黑等为议政大臣，六部满洲尚书授为议政大臣，打破了内院大学士、六部尚书不能任职议政大臣的惯例。康熙时期，为了避免人多泄密，命王、贝勒等长史、闲散议政大臣停止议政，并将满洲大学士、各部院满洲侍郎加入议政之列，议政大臣中文职官员比例增大。特别是康熙时期设立南书房以后，议政王大臣会议的地位日益下降，直至乾隆五十六年（1791 年）末年，议政王大臣会议被撤销。

军机处即"办理军机事务处",始设于雍正八年（1730年）。[21]雍正时期,用兵西北两路,为避免泄露军机,在隆宗门内设军需房,后改军机处。军机大臣为皇帝亲臣重臣,无定员,由大学士、尚书、侍郎内特旨诏入。"掌军国大政,以赞机务"。[22]

军机处是清廷参与机要事务的重要中央机关,"机务及用兵皆军机大臣承旨。天子无日不与大臣相见,无论宦寺不得参,即承旨诸大臣,亦只供传述缮撰,而不能稍有赞画于其间也",因此成为辅助皇权的重要职能机构。有关机要谕旨,军机处以廷寄形式发出。"凡机事虑漏泄不便发抄者,则军机大臣面承后撰拟进呈,发出即封入纸函,用办理军机处银印钤之,交兵部加封,发驿驰递"。传递速度由军机处根据事务紧急程度相应标示于函外。[23]军机处撰拟迅速,"军报至辄递入,所述旨亦随撰随进",[24]成为皇帝依赖的办理军政事务的重要机构。军机处的设置是清代军事指挥机构的重大变革,不仅取代了议政王大臣会议的职能,还削弱了内阁的权限,同时也标志着皇权集权的进一步强化。

兵部是掌握军事政令的机构。清朝沿袭明朝制度,在中央继续以六部作为国家行政管理机构。天聪五年（1631年）四月,皇太极听取一些降服汉官的意见,召集诸贝勒大臣议定官制,创立吏部、户部、礼部、兵部、刑部和工部,命贝勒主管各部事务,下设满、蒙、汉承政三人,参政八人,启心郎一人。贝勒岳托管兵部,纳穆泰叶克书为满承政,苏纳为蒙古承政,金砺为汉承政,其下设参政八员,以穆成格为启心郎。[25]另根据事务繁简酌量补授办事笔帖式数人。

崇德三年（1638年）,更定六部,裁撤满、汉承政,只设满洲承政一人,其余改设左参政、右参政三人,理事官十人、副理事官十六人,启心郎满一人、汉两人,额哲库两人。清军入关后,顺治元年（1644年）,仿照明朝旧制置尚书、侍郎各官,改承政为尚书,参政为侍郎,理事官为郎中,副理事官为员外郎,额哲库为主事。[26]

顺治元年（1644年）初定,兵部郎中,满洲八人、蒙古四人、汉军二人、汉四人。员外郎,满洲八人、蒙古四人、汉军六人、汉四人。堂主事、司主事,俱为满洲四人;汉军堂主事一人,汉主事五人。郎中、员外郎、主事等额数无定员,康熙、雍正时期略有增减。顺治五年,定满、汉尚书各一人。八年,以诸王贝勒兼理部务。不久停止。十一年,曾增置督捕满左侍郎、汉右侍郎各一人。雍正元年（1723年）,命大学士管部,自后以为常。嘉庆四年（1800年）,裁撤满洲郎中、员外郎各一人。[27]

历经清代前期诸帝的添设、裁并,至道光时期,兵部职官设置逐渐稳定。兵部设有尚书，满、汉各一人。左、右侍郎，满、汉各一人。武选司郎中，满三人、蒙古、汉各一人；员外郎满四人，汉四人；主事满、汉各一人。车驾司郎中，满三人、汉一人；员外郎满二人，蒙古一人；主事满、汉各一人。职方司郎中，满四人、汉一人；员外郎满三人，蒙古、汉各一人；主事满、蒙各一人，汉二人。武库司郎中，满二人、汉一人；员外郎满、蒙各一人；主事满、汉各一人。[28]

兵部统管全国军事行政事务。尚书"掌厘治戎政，简核军实，以整邦枢"，侍郎辅助尚书工作。四个清吏司各负专责。其中，武选司主管武职选授、品级升迁事务。车驾司主管全国的马政及传递公文事务。职方司主管各省舆图、武职官的叙功、核过、赏罚、抚恤及军旅检阅等事。武库司负责管理军事典籍的编写，兵器制造及储藏，乡会试中的武科及戍军诸事。[29]雍正时期设立军机处之后，"兵部之职，不过稽核额籍，考察升员而已"，[30]权限大为降低。

八旗都统衙门实施对京师八旗的行政管理。清廷对八旗都统衙门的机构设置与职能有明确规定："满洲八旗，旗各都统一人，副都统二人，掌宣布教养，整饬戎兵，以治旗人。所属参领五人，副参领五人，掌颁都统、副都统政之令，以达于佐领；蒙古、汉军并同。佐领所治，以三百人为率，人户滋生，则增设。佐领掌稽所治人户、田宅、兵籍，以时颁其职掌"。[31]为了进一步规范八旗事务管理，清廷设置值年旗。皇帝简派都统、副都统数人，一年轮流一次，年终缮折奏闻。这一机构的设立适应了中央集权的客观需要，实现了皇权对八旗事务的直接管理。

步军统领衙门为统领京师步军营的军事机构。设步军统领一员，由皇帝特简亲近大臣担任。左、右翼总兵各一员，左翼总兵统领步军营巡捕南、左二营各汛官，右翼总兵统领步军营巡捕北、右二营各汛官。步军统领衙门内部设总司综理诸务，下设总司掌管书役弁兵、办理庶务、管理监狱等事，左司负责接受呈词及办理营翼地区解送各案，右司负责审理京控案件及该管营翼解送各案。

2. 八旗兵制的建立

八旗兵制是清代前期重要的用兵制度。八旗兵是满洲入关前建立的，是统一东北地区各部族，定鼎京师，统一中国的军事主力。八旗兵入关后，由实行兵民合一制度，出则备战，入则为农，演变为京师卫戍部队。八旗兵制源于后金时期。战事需要，凡年满十六岁以上男丁，都要登记在册，以备挑补。八旗兵丁按照民族各自分编为满、蒙、汉兵八旗。

八旗兵制始设于太祖努尔哈赤时期，他将归附部众分为四旗，即正黄旗、正白旗、正红旗和正蓝旗。又增设镶黄旗、镶白旗、镶红旗和镶蓝旗等四旗，统领满洲、蒙古、汉军兵丁，创建了八旗之制。每旗三百人为一牛录，设牛录额真。五牛录设札兰额真。五札兰设固山额真。每固山设左右梅勒额真。天命五年，改牛录额真为备御官。天聪八年，定八旗官名，总兵为昂邦章京，副将为梅勒章京，参将为甲喇章京，备御为牛录章节，什长为专达。又定固山额真行营马兵为阿礼哈超哈，其后曰骁骑营。巴雅喇营前哨兵为噶布什贤超哈，其后曰护军及前锋营。孔有德和尚可喜所领兵马并入汉军。天聪九年，将察哈尔部众及喀喇沁壮丁分为蒙古八旗，兵制与满洲八旗相同。崇德二年，分汉军为二旗。四年，分为四旗，即纯皂、皂镶黄、皂镶白、皂镶红。七年，设汉军八旗，军制与满洲相同。世祖定鼎燕京，分置满、蒙、汉八旗于京师内城。[32]顺治十七年（1660年），将固山额真改称为都统，梅勒章京改称为副都统，甲喇章京改称为参领，牛录章京改称为佐领，昂邦章京改称为总管，乌真超哈改称为汉军。每旗设都统、副都统、佐领、参领进行管理。康熙三十四年（1695年）每旗增设委署参领一人。雍正元年（1723年）将委署参领改为副参领，著为例。[33]

满洲八旗是清代军事力量的核心，蒙古八旗和汉军八旗在待遇和地位方面与满洲八旗是无法比拟的。在满洲八旗中，又分为上三旗和下五旗。上三旗由皇帝亲领，下五旗由诸王、贝勒、贝子分领。清朝入关前正红旗、镶红旗、正白旗、镶白旗、镶蓝旗为下五旗，入关后多尔衮将自己所属的正白旗纳入上三旗，而将正蓝旗降为下五旗。

顺治八年（1651年）清廷接管正白旗，拨出正蓝旗，此后形成定制，正黄旗、镶黄旗、正白旗为上三旗，正红旗、镶红旗、正蓝旗、镶白旗、镶蓝旗为下五旗。上三旗为"天子所自将"，可以担任侍卫，在地位上优于下五旗。上三旗由领侍卫内大臣统领，分成内外两班，内班宿守乾清门、内右门、神武门、宁寿门等内宫，多用满人。外班宿守太和门等外朝，除满人外兼用蒙古人。[34]下五旗除守卫京师外，被大批派往各地驻防庶务。

满洲八旗除满族外，还吸收容纳了很多其他各民族旗兵。如：镶黄旗满洲佐领内有蒙古佐领九，俄罗斯佐领一。正黄旗满洲佐领内有宗室佐领三蒙古佐领八，又蒙古半分佐领一，朝鲜佐领二，又番子佐领一。正白旗满洲佐领内有蒙古佐领二。正红旗满洲佐领内有蒙古佐领一，朝鲜佐领四。镶白旗满洲佐领内有蒙古佐领四。镶红旗满洲佐领内有蒙古佐领一。正蓝旗满洲佐领内有蒙古佐领八。镶蓝旗满洲佐领内有蒙古佐领二，又蒙古半分佐领一。[35]

绿营兵是参照明朝军卫制度改编和新招募的汉兵，以绿旗为标志，以营为建制单位。绿营包括马兵（或称骑兵）、步兵和守兵。绿营兵籍，皆注于册，由兵部管理。兵部选拔将官。绿营仅有极少数驻守京师，称为巡捕营，隶属八旗步军统领。

八旗兵丁当兵领饷。兵饷主要包括月饷和季米。马甲每年银三十六两，米四十六斛。出兵时行粮与领催同。步甲每年银十八两，米二十二斛（相当于十一石）。[36]八旗兵丁的饷额在当时是比较高的，清朝一名七品官员的俸禄是每年银四十五两加米二十二石五升。八品官员的俸禄是每年银四十两加米二十石。前锋、亲军、护军、领催每月给饷银四两，骁骑每月给银三两，且每年给米四十八斛。步军、领催每月给饷银二两，步军每月给一两五钱，且每年年给米二十四斛。由觉罗补前锋、亲军、护军者，每月加饷银一两。教养兵每月给银一两五钱，不给米。京师巡捕三营兵饷比八旗低，马兵每月给银二两，步兵每月给银一两，并每月给米三斗。[37]

清代军事训练，定有成规。步射和骑射是八旗兵丁训练的主要内容。镶黄旗、正黄旗、正白旗三旗亲军每月练习骑射两次，步射四次。八旗骁骑营每月习射六次，都统以下各官亲临指导。春秋二季，定期摆甲习步射和骑射，由部臣定。春季分操二次，合操一次，秋季合操二次。仲春孟秋，登城操习，兵部稽察。八旗骁骑营每月分期习射六次，都统以下各官亲督。八旗汉兵训练之制，每年春秋二季在卢沟桥试炮，各旗出炮十位演放，连续演习五天。鸟枪营兵与炮兵在卢沟桥合演枪炮藤牌。春秋季常操，四旗合操四次，八旗合操二次。初冬分遣各旗演习步围。前锋营每月习步射六次，春秋摆甲习骑射二次，左右翼各分一半前锋，兼习鸟枪，每月十次，均由统领督率。每年秋季，前锋统领会同护军统领奏闻，率所属兵演习步围二、三次。护军营每月习步射六次，春秋摆甲习骑射二次，与前锋同。圆明园八旗护军营每月习步射六次，春秋习骑射，兼习鸟枪。步军营及巡捕营训练之制，八旗步军习步射，城门骁骑习鸟枪，春秋进行操演。巡捕营参将、游击，除练习弓矢外，春秋兼习鸟枪，与城门骁骑同。内府三旗每月习步射六次，春秋摆甲习射二次，立冬后，内府护军及尚虞处执事等演习步围，另选三旗护军习马射。火器营每月习步射六次，骑射六次，马上技艺六次。合操之日，八旗分左右翼列阵，环施枪炮。秋季至卢沟桥演炮五日。健锐营每月训练内容包括云梯、鸟枪六次，骑射、步射、鞭刀六次，此外还有练习枪箭等项。[38]

除一般军事训练外，皇帝派遣大臣进行简阅，或亲自大阅，以检验训练质量。顺治年间定每年较阅，自七月十六日开操，至次年四月十六日停止。每年春季于二月十五日起，三月初一日止。秋季于七月十五日起，八月初一日止，八旗各于本旗城上演鸣海螺，委派司官巡查。八旗大炮、鸟枪，每三年由兵部奏请运往卢沟桥演放一月，官军分三班，届期兵部简派一人前往查阅。火器营每年秋季在卢沟桥操演，每三年考验一次。乾隆三年（1738年）奏准，每年春秋二季，八旗合操四次，其中，春季甲胄操演一次。四年奏准，每年春季将本旗营官兵合于一处，各于本旗教场操演二次。八旗各营官兵于镶黄正黄二旗教场合操一次。秋季八旗各营官兵会于仰山洼，合操二次。针对八旗官兵操演之际，阅兵的王、大臣在帐幕内互相对阅，兵部亲赴队伍操演的情况，清廷议定八旗和操时，阅兵王、大臣等依次前往监看稽察。如有无故不到者，同阅的王、大臣指名题参议处。[39]

皇帝亲自检阅部队即大阅。早在天聪年间，皇太极就曾在北演武场阅兵，佟养性率所属汉兵，各摆甲胄执器械，军容整肃，并演试红衣将军炮。顺治十三年（1656年），世祖在南苑阅看两翼内大臣侍卫摆甲胄骑射。同年定制，每三年举行一次大阅典礼。[40]康熙时期多次大阅，十六年（1677年）圣祖大阅于南苑。镶黄旗、正白旗、内务府佐领下官、护军、马甲穿甲列晾鹰台东。鸟枪兵依次列台东。内大臣、侍卫及两旗官兵乘骑列队，鸣号角，顺序前进，东西往来数次，呐喊驰骤，枪炮齐发。再如，三十二年，圣祖大阅于玉泉山。八旗大红衣炮等火器、骑步鸟枪及前锋护军骁骑营兵各举大纛旗帜，分翼排列。火器营官兵放大炮三次，骑步鸟枪兵放鸟枪三次，官兵齐声发号前进，军势威严，火炮鸟枪之声，响震山谷。[41]雍正时期，大阅规制更为完备。雍正六年（1728年）对大阅官兵数目及器械营伍作出明确规定。受阅队伍顺序列阵，首队为前锋营，首队之前为汉军火器营、八旗火器营，次队护军营。每营有固定的人数，八旗各营共派出大臣四十九人，将校千三百六十一人，兵一万八千七百七十一名。[42]乾隆四年（1739年）第一次在南苑大阅，高宗御晾鹰台圆幄，谕总理大臣曰：武备是国家紧要之事，务须平时演习技能，讲究兵器，统一军械式样。此后大阅遵照顺治时期三年一次，雍正时期所定规制举行。[43]嘉庆时期，依前代规制进行大阅。

三、武器装备与军事技术

清军武器装备分为冷兵器和热兵器两种。弓箭等冷兵器在清初武器装备中占据重要地位。在清朝创业、开国和巩固政权的过程中，冷兵器一直起着主要作用。满族的祖先生活在长白山、松花江和黑龙江一带，过着狩猎生活。弓箭是他们日常射猎的主要工具。同时，弓箭更是满族征战，克敌制胜的重要武器装备。清朝以武功开国，弧矢之利精强无敌，[44]入关后，因其轻便，射击速度比火绳枪快，是清代中前期的军队的重要装备。

清代的弓胎原定北方用榆木镶樃木，南方削巨竹制作。弓胎长三尺七寸，面傅牛角，背加筋胶，外饰桦皮，胎一两角相接，接处加鹿皮，用筋胶固定。弓弦有两种，一是缠弦，一是皮弦。弓力强弱视胎面厚薄筋胶轻重而定。弓力分为十八等，其中一力至三力用筋八两胶五两，四力至六力用筋十四两胶七两，七力至九力用筋十八两胶九两，十力至十二力用筋一斤十两胶十两，十三力至十五力用筋二斤胶十二两，十六力至十八力用筋二斤六两胶十四两。

箭杆取圆直杨木、柳木或桦木削制而成。箭头多种，其中鈚箭、梅针用铁制造的箭头，属于战箭，教阅用者称骲箭，箭头木质，有空，箭发遇到风产生鸣声，又被称为响箭。兵部箭匠和八旗佐领工匠按照清制要求式样制造弓箭，如草率制作，将被治罪。[45]除了弓箭外，后金的兵器还有佩刀、长枪和防护盔甲等，在各种登城器械云梯的配合下，满族发挥自身善于骑射的传统，多次大败明朝军队。

清代火器，大者曰炮，小者曰鸟枪、火球、火箭、弩箭、喷筒、铳等。其中，鸟枪和火炮是清军用于大量装备军队参与实战的主要火器。后金在对明作战过程中，缴获了大量战利品，其中包括小大火炮、鸟枪、火药等大量火器。天命十一年（1626年），努尔哈赤率兵攻打宁远时被明红夷大炮击退。皇太极即位后，再次围困锦州，攻打宁远时，也被大炮击退。这两次战败，使得皇太极认识到，掌握和使用火器，特别是火炮对战事的重要性。天聪时期，后金制作成功第一门红衣大将军炮赐名"天祐助威大将军"，"先是，我国未备火器，造炮自此始"，[46]此后，红衣大炮在对明战争中发挥了极大的威力。同年，大将军炮用于大凌河之战，后金取得胜利，自后师行必携之。天聪六年，皇太极巡视阅兵时，总兵官佟养性曾率所部乌真超哈演习大炮，披甲列阵，军容整齐，深受皇太极嘉许。佟养性借机上疏奏言，"新编汉兵，马步仅三千有奇，宜尽籍汉民为兵，有事持火器而战，无事则为农。火器攻城，非炮不克，三眼枪、佛朗机鸟枪特城守器耳，宜增铸大炮"，得到皇太极首肯。此后，后金军在对抗塔山、杏山守城明军及李自成的大顺军时，都运用了炮兵战术。[47]

　　清军入关后选定专门制造火炮的场所。顺治初年，定八旗炮厂。镶黄旗、正白旗、镶白旗、正蓝旗各三十五间在镶黄旗教场空地，正黄旗、正红旗各三十间在德胜门内，镶红旗、镶蓝旗各二十三间在阜成门内。八旗火药厂：镶黄旗、正黄旗十二间在安民厂。其余六旗二十间在天坛后，派八旗官兵看守。清代火炮名称很多，如母子炮、威远炮、靖氛炮、决胜炮、得胜炮、行营炮、靖平炮、提行炮、铁行炮、靖海炮、靖蛮炮、神威炮、荡寇炮、红衣炮及西洋炮等 85 种。其中，按照材质，可分为铁质、铜质、铁心铜体、铜质木镶或铁质金饰几种。按照重量，可分为轻型和重型两种。

　　清代制造的红衣炮数量最多，具有弹道低伸、射程远、命中精度高、杀伤力大等优点，是最具威力的火炮。比较著名的如神威无敌大将军炮和武成永固大将军炮等。神威无敌大将军炮是大型攻城炮，于康熙十五年（1676 年）制造，共有 52 门。其中，重二千二百七十四斤铜炮八位，各长七尺七寸，口径一尺，膛口三寸七分，底径一尺二寸。每次发射装填铁弹重八斤，火药四斤。重一千六百一十三斤铁炮二十四位，各长七尺六寸，口径八寸五分，膛子三寸三分，底径一尺一寸，每次发射装填铁弹六斤，火药三斤。木镶大炮二十位，各重八百一十七斤。武城永固大将军炮制造于康熙二十八年，重三千六七百斤至六七千斤，长九尺七寸五分至一丈二尺，膛口三寸八分至四寸九分，装填铁弹十斤至二十斤，火药五斤至十斤。威远大将军炮造于康熙二十六年，是冲天炮，长二尺一寸，重二百八十五斤至三百三十斤，生铁弹重二三十斤，以炮尺高低度数定放之远近。此外，清代还造有较为灵便的轻型炮。如，康熙二十九年造铁子母炮二百零二位，各长五尺五寸，重八十斤至百斤，铅子重四两至六两。[48]

　　康熙时期是清代火器制作的高峰，不仅数量多，而且造炮水平高。这一时期火器的发展与当时涌现出的一批杰出的火器研造家和优秀工匠的努力分不开的。如，比利时传教士南怀仁精通天文历法，擅长铸炮。他于顺治时期来华，在钦天监协助汤若望治理历法，康熙初年开始掌管钦天监事务。他还奉命设计、督造了神威将军炮、武成永固大将军炮、神功将军炮等五百多门大炮，并对火炮的"准炮之法"进行了系统研究，写成《神威图说》一说，进呈御览，对清代火炮技术的发展具有重大意义。

　　再如，浙江钱塘人戴梓，自幼喜欢读书，尤其好兵家言。他善于动手，研制成功多种火器，射程达百步之外。康熙初年，跟随康亲王杰书赴浙江征讨耿精忠，发明连珠火铳法，立下战功。戴梓研制的连珠火铳外形如琵琶，火药铅丸贮于铳脊，设机轮开闭启合。机有二，扳一机则火药铅丸落入筒中，第二机随之并动，石激火出而铳发。连珠火铳能装二十八发火药铅丸，且可使装填弹丸与击发联动，"法与西洋机关枪合"，只可惜，"当时未通用，器藏于家，乾隆中犹存"。他还曾仿造荷兰进贡的蟠肠鸟枪 10 支，回赠使臣。他还奉命研制子母炮，"母送子出坠而碎裂，如西洋炸炮"，康熙帝率领大臣亲临察看，赐名"威远将军"，该炮在征讨噶尔丹时发挥了很大的作用。[49]

此后，随着战事的减少，火器需求的迫切性降低，统治者对火器的制作与生产的重视程度大不如前。特别是嘉庆、道光以后，政治统治日趋腐败，王朝中衰，火器的研制和生产水平再也没有提高，且出现性能落后，质量低劣的情况。嘉庆四年（1799 年）奏准，将神机神枢炮损坏锈蚀者，改铸得胜大炮。第二年，操演火器时，改造新炮射程缩短。原神机神枢炮叮及百步之外，改造得胜炮照例在炮车上演放，火药铅丸却未及百步。[50]

鸟枪是清朝军队的一种重要武器装备。清军入关以前，在对明战争中，缴获的明军武器中便有大量鸟枪，后金统治者将被俘明军组建部队，使用这些火器。清军入关后建立专门的鸟枪兵，至康熙十三年（1674 年），京师八旗汉军鸟枪步兵为一千七百三十七名。同时，清朝统治者挑选八旗满洲蒙古兵丁专习火器，组建火器营。满蒙八旗火器旗装备的火器有鸟枪和火炮。其中，内火器营设鸟枪护军二千五百一十二名，外火器营设鸟枪护军二千五百三十名，枪甲三百五十二名。[51]这些鸟枪营的主要军事装备是鸟枪。

清代鸟枪的种类很多，其中用来装备部队的主要是火绳枪类的兵丁鸟枪和抬枪。兵丁鸟枪为清军装备用枪，为前装滑膛枪，枪托颜色不同，满洲、蒙古八旗为黄色，汉军八旗为黑色，绿营兵为红色。枪重六斤，长六尺一寸，可装药一钱，铁子重一钱。[52]抬枪是清代中后期较常使用的一种重型鸟枪。枪身长七尺五寸，末梢长五尺，可装药三两五钱，铅子重五钱，可以装五个，射程可达三百步。

清朝统治者在组建火器部队的同时，严禁民间私自制造鸟枪。乾隆元年（1736 年）议准，乡村僻远之地，为防虎防盗，百姓可以在呈请地方官备案的情况下制造鸟枪。其他地方居民不得私藏或私造售卖，失察地方官罚俸一年。三十九年奏准，不得擅自私用铁炮火器，如有私藏火炮者，将失察官员降一级调用。如有私藏火炮及私造鸟枪者，官员革职，兵丁鞭一百革退。嘉庆六年（1801 年）奏准，各省不许存留鸟枪地方，如有私藏，一年年失察一次者，该管官降一级留任，上司罚俸一年，失察二次者，该管官降一级调用，上司降一级留任。[53]

弓矢、鸟枪、火炮在射程远近、是否携带方便、受到外界地形地势的影响程度等方面各有优劣，它们之间在性能上互补，构成清代军事训练的主要武器装备。清朝统治者禁止民间私藏火器及对骑射的过分关注，都导致火器发展的停滞不前。

四、八旗兵丁与京师社会

八旗兵丁是清代社会中的特殊阶层。在清朝建立的过程中，八旗劲旅征战沙场，立下了赫赫战功。定鼎京师后，他们从龙入关，待遇较为优厚。清朝优待宗室，授予爵位，分为亲王、郡王、贝勒、贝子及以下，凡十四等，以世递降。宗室俸禄远远超出在京文官。亲王每年俸银一万两，世子六千两，郡王五千两，长子三千两，贝勒二千五百两，贝子一千三百两，镇国公七百两，辅国公五百两。每银一两，给米一斛。在京文官一品每年俸银一百八十两，米一百八十斛。

普通八旗兵丁也享受政府优待。为保证八旗官兵的生活，清初圈占民地，拨给官员、兵丁。其中，镶黄旗三次拨地三十九万三千八百九十晌，正黄旗三次拨地三十九万二千三百九十六晌九亩，正白旗三次拨地三十四万六千八百八晌，正红旗三次拨地二十六万六千七百八十五晌零，镶白旗三次拨地二十五万七千四百五晌，镶红旗三次拨地二十一万七千五百九十五晌，正蓝旗三次拨地二十八万五千六百一十晌，镶蓝旗三次拨地二十三万五千一百八十八晌。[54]但是八旗兵丁不善耕作，田地不久很快荒芜。顺治十一年（1654年）清廷议定满洲"壮丁四名以下地土，尽数退出，量加钱粮月米，其马匹则于冬春二季，酌于喂养价银"。此后，满洲有钱粮可望，乐于披甲，而又无瘠地之苦。[55]八旗兵丁定时领取月饷和季米。康熙朝定制：京旗前锋、护军、领催，月饷4两，马兵月饷3两，每年饷米平均46斛。步兵领催月饷2两，步兵月饷1.5两，每年饷米人均22斛，有出兵任务时另有行粮。这种待遇至清中叶基本保持不变。[56]

清廷为八旗提供住房，在京师内城按照方位分区居住。随着旗人的增多，原有住房不敷使用，康熙三十五年（1695年），清廷"于城之外，按各旗方位，每旗各造屋二千间"，总共修建造房屋一万六千多间。[57]乾隆十九年（1754年），因八旗人众，住房不足，特发帑金增置，以资栖止。[58]

八旗兵丁在住房和生活上待遇较为优厚，但是，清廷规定他们除当兵外，不士、不农、不工、不商，不能从事其他职业，当兵领饷是他们的唯一出路，完全依赖政府钱粮为生。八旗子弟长期脱离生产实践，在日常生活中又十分讲究，领到钱粮很快挥霍殆尽。清中期以后，随着八旗人口的增加，政府财政的拮据，旗人生计出现困难。

清初开始实行旗汉分城居住政策。京师八旗满洲官员、兵丁不得在南城外居住，但到乾隆时期在外城居住者已有四百多家，至道光年间生齿日繁，向外城移居者人数更加增多。同时，从事各行各业的汉人在内城人数也愈来愈多。各民族间居住区域的界限被打破，他们的社会生活日趋融合。

满洲人入关前拥有自己独特的风俗，随着八旗入关，他们传统的生活习俗被带进京师，逐渐流行开来。如萨其马由最初旗人食用的满洲饽饽逐渐普及，被京师大众所喜爱，乃至成为京式传统糕点之一。最高统治者学习和借鉴中原汉族传统文化治国理政，推行的汉化政策对各族接受和顺应汉文化起到重要的导向作用。各少数民族受到汉文化的熏陶，潜移默化的发生改变。由于生存环境的变化，满、蒙等少数民族的生活方式、风俗习惯、语言文字，思维方式都逐渐与传统中原文化相融合。八旗兵丁与京师各阶层居民展现出丰富多彩的社会多样性。

第三节　英法联军侵占北京与《北京条约》的签订

第一次鸦片战争，帝国主义开始侵入中国。但是，他们不满足于已经取得的利益和特权，蓄意加紧对中国的掠夺。太平天国起义爆发后，英国、法国借口亚罗号事件和马神甫事件，又联合发动侵华战争，因这场战争被看做是鸦片战争的延续，又被称为第二次鸦片战争。

一、张家湾、八里桥阻击战

清政府忙于镇压起义无暇兼顾，对外国侵略者采取了"息兵为要"的政策，带兵将领不事战守，清军一路败退。咸丰八年（1858年）英法联军抵达天津，炮轰大沽炮台，清军弃守逃跑，大沽失陷。侵略军溯白河而上，侵入天津城郊。清政府派大学士桂良、吏部尚书花沙纳为钦差大臣，赶往天津议和，与英、法、俄、美签订《天津条约》。

条约签订后，英法联军撤离天津，沿海陆续南下。咸丰帝对条约内容感到不满，令桂良等在上海与英法代表谈判，试图修改条款，取消公使驻京、内江通商等条款，并避免英法到北京换约。然而，英法坚持原定条款，坚持在北京换约。

这样，英法派兵到达大沽口外，企图以武力强迫清廷换约。而此时，在经历第一次大沽战败之后，清廷已经加强了这里的防务。咸丰帝任命蒙古亲王僧格林沁为钦差大臣，统一筹划津沽海口一带的防御事宜。咸丰九年（1859 年），英军贺布率领 13 艘联军舰艇再次进攻大沽口炮台。清军在僧格林沁的指挥下英勇还击。

由于清军战前准备充足，"炮营围墙深厚，……各炮台口门，适当夷船，与之相对轰击"，联军遭到重创。清军的战斗能力得到了充分的展现，法国人科尔迪埃曾在《一八六〇年中国之征》中写道："中国人开始学会了怎样打仗，至少在筑堡防守和炮火操作方面，近年来他们已经取得了显著的进步。所有战役的参加者和目击者均认为，从战斗开始到结束，中国人在瞄准射击和操炮方面已足以和训练有素的欧洲军队相媲美"。[59] 此次战役是第一次鸦片战争以来清军抵抗外国侵略军的一次重大胜利。英法联军遭遇惨败，"有直沉水底者，有桅杆倾侧，不能移动者，仅有火轮船一只驶出拦江沙外，余皆受伤不能掌驾"。[60] 参战英法联军约一千五六百人，死伤近五百人，其中 91 人死亡，345 人受伤，沿河遗尸一百数十具。[61] 清朝官兵奋不顾身，包括直隶提督史荣椿、大沽协副将龙汝元、海口左中营都司奇车布、正白旗鸟枪护军校塔克慎等人在内的官兵三十二人阵亡，大沽口炮台遭到轻微破坏。[62]

大沽口之战后，英法当局任命额尔金和葛罗为全权代表，率领英军一万五千人，法军七千人，扩大侵华战争，接连占领舟山、大连湾、烟台、渤海湾。而清廷妄图以大沽口胜利为契机，"以抚为先"，进行议和。

僧格林沁认为英法联军不善于陆战，专守大沽，弃北塘防务。俄使伊格纳季耶夫为英法提供了北塘未设防的情报。咸丰十年（1860年）六月十五日（8 月 1 日），英法联军在北塘登陆，没有遇到任何抵抗。随后，侵略军攻陷塘沽，水陆并进，直逼大沽。（1860 年）七月初五日（8 月 21 日），大沽失陷，侵略军长驱直入，初八日（24 日）占领天津。英法在《天津条约》的基础上增加开埠、赔款等新的条款，并坚持带兵进京换约，双方谈判破裂。

英法联军自天津向北京进犯，沿途三百里数百村镇尽遭掳掠，杨村、蔡村、安平、河西务"最为富庶，皆荡然矣"。"马头一庄，千数百家，毁为平地"。[63] 张家湾位于通州城东南五公里，是通往北京的交通要道。清廷在张家湾一带进行了军事部署。八月初四日中午，英法联军向张家湾发动攻击。僧格林沁组织队伍进行抵抗，以强劲的火力抗击联军，"枪炮齐施，毙贼无数"。但当他调派马队准备从右翼包抄敌军时，不料"该夷火箭数百枚齐发，马匹惊骇"，引起马匹回头奔跑，并冲乱步兵，马兵步兵自相践踏，导致清军阵势大乱，纷纷溃退。[64]时人赘漫野叟在《庚申夷氛纪略》中记载：张家湾战役中，"绿营步卒，迎敌甚力，鏖战两时之久，僧王撤令歇息，而以马队达兵继之。马与步交仗不利，达兵纵马而回，致将我绿营步卒冲散，被贼抄截奋击，死伤几尽"。可见，由于僧格林沁盲目崇信马队，作战指挥不利导致清军死伤无数。随后，英法联军占据张家湾，"挟愤焚杀淫掠，倍极惨酷"。[65]

张家湾失守后，咸丰帝派大学士胜保率领八旗兵四千名，圆明园八旗抬枪兵一千名，赴八里桥地区，与大学士瑞麟、僧格林沁部会和，共同布防，并明确要求必须将英法联军拒于八里桥以南。八里桥是京东的主要屏障，是通州入京的咽喉要道，是清军防守的最后一道防线。

八月初七日凌晨四时，英法联军五六千余人，由法国将军孟多邦指挥，开始进攻八里桥，清军三部与英法联军展开激战。僧格林沁乘英法联军立足未稳之机，采取迂回和包抄战术，命一路骑兵从正面向法军冲击，另一路骑兵从东西两侧包抄，企图将英法部队冲开，并对法军团团包围。骑兵蜂拥上前，把队伍拉得很长，大声呼叫着快速前进。法军猝不及防，接连后退。科林诺组织阻击兵排成圆圈，并下令向骑兵开炮，"每颗子弹打出去，总有某个骑兵落马，一匹战马腾空而起，然后再负伤跌倒在地"。然而又一片密集如云的骑兵队伍仍然声色不动的向前跑来，在距离法军不到五十公尺的距离时，开始放箭射向狙击兵。正在这时，两门四号炮被运到，三十步之内，法军发射两发霰弹，骑兵受伤被阻不能前进。联军将马队击退后，便乘胜进击。法军向八里桥发射十二号炮弹，大理石桥栏被炸得粉碎。一批禁卫军倒下了，又一批替补上来，始终坚持防守。最终，二千多名英勇作战的清兵惨烈牺牲，法军占据了八里桥。

八里桥之战充分展现了清军的英勇气概。如吉拉尔在《法兰西和中国》中记载：

"八里桥之役，中国军队以少有之勇敢迎头痛击联军。他们的军队是由两万五千名鞑靼骑兵和为数众多的民团所组成……尽管他们呼喊前进，勇猛和反复地冲杀，还是一开始就遭到惨败！然而，长官们和军中的勇士却前来列阵于八里桥上，……在整整一小时内，他们顶住了使他惨遭伤亡的压倒火力。这些勇敢的，然而还不够灵活的战士，……还是宁愿一步不退，勇敢坚持，全体就地阵亡"。[66]

另据德里松伯爵在《翻译官手记》中记载："桥口站着一个身材极

为高大的鞑靼人，他看起来像是总司令的旗手。他手执一面写有黑字的大黄旗，并把这面旗帜不时指向所有的方向。此乃僧王之旗，所有官长的眼睛都注视着它，因为它正在向全体中国军队下达着命令。

此刻，敌人已告全面撤退，而且战场上，全军精锐亲自所保卫的那座桥也业已堆满尸体，然而这个鞑靼人尽管已孑然一身，却仍挺立在那里，可能正在传达僧王的最后命令。子弹、炮弹在他的周围呼呼作响，飞啸而过，而他却依然镇静不动。在我们看来，这个人确有过人之勇，孟托班将军情不自禁地说：

——啊！多么勇敢的人啊！我真希望别把他打死。……

……而在这时候，好像为了使我们有时间能把这英勇身影留住在脑海里而有半小时没去碰他的霰弹，却正打中了他，把他击倒在地，把他消灭了。于是大旗也向一旁倒去，随着它的旗杆而去的是一只紧紧抓住它的痉挛的手……"[67]

再如：保尔·瓦兰在《征华记》中记载：

"中国人和以勇气与镇定著称的鞑靼人在战斗的最后阶段表现得尤为出色。一些皇帝的禁卫军，身着引人注目的黑边黄袍在我们大炮的交叉火力下跑遍全桥，并且在枪林弹雨下挥舞着旗帜以鼓舞中国步兵的斗志。他们中没有一个人后退，全都以身殉职。

……

房子的守卫者很快就被肃清，不久就只听到从芦苇丛中不时传来的稀疏的枪声。在那里埋伏着一些坚持战斗的中国人，本来他们都是很容易脱逃的。我们的士兵……，所以很快包围了芦苇丛，并且打死了许多不幸的人。从这时开始，失败已成定局，然而敌人还是拼命想打下去，在停火半个多小时后，孟托班上尉，司令官的儿子和传令官，在走进一座他打算安置司令部的庙宇时，就迎头遭到射击，所幸没有被打中。

敌人显示了我们所不常见的灵活和毅力，特别是毅力。……所以敌人的损失无论在物质上或在人力上都是相当可观的"[68]。

八里桥之役中，清军显示出惊人的勇敢，但是，近代社会仅仅拥有这种精神并不能取得战斗的胜利。武器装备的差异在战争进程中起着重要作用。清军依赖的是用长矛和弓箭武装的骑兵。战斗刚打响时，他们能够有序迅速地冲向联军，奋勇直前。

英法联军所用火炮和霰弹射击较为准确，火力强，速度快，更为迅猛。两军正在相持，"忽该夷炸炮（即子母炮也），飞落僧营，马队惊散"[69]法军投掷在骑兵中的炮弹引起了整个队伍的混乱，迫使骑兵向后逃跑，并且导致整个军队的溃散。"法国和英国的炮兵压倒了他们的箭、矛、迟钝的刀和很不像样的炮。尽管他们呼喊前进，勇猛和反复地冲杀，还是一开始就遭到惨败"！在侵略军较为强大的火力攻击下，"这些勇敢的，……的战士，……还是宁愿一步不退，勇敢坚持，全体就地阵亡"。[70]

战略战术也是影响战斗胜负的关键。僧格林沁并未做到灵活指挥作战，他局限于第一次鸦片战争以来不少将领中存在的片面认识，认为陆上作战非其所长，忽视了联军在武器装备上优势，不能做到知己知彼百战不殆。他将马队用于正面冲锋，设想马队冲乱敌军队形后，步队上前砍杀，以期赢得胜利，然而事实却并非如此。可见，清兵武器装备落后、指挥战术不灵活，统帅信心不足，对敌人作战能力估计有误，都导致清军战败。

八里桥清军战败，僧格林沁撤退朝阳门外，瑞麟部退扎德胜门外，"东南领兵将帅，只知自守藩篱，按兵不动，竟使东郊数十里之内，无一官一兵防守"，英法联军轻易占据八里桥。不久，进至朝阳门外十八里的定福庄，再进朝阳门外八里的慈云寺。僧格林沁不断撤退，先退至东直门外，再退至安定门外。[71]八里桥战败的消息传入宫中，咸丰帝惊惧北行，京城陷入一片慌乱之中。

二、英法联军进占北京与《北京条约》的签订

咸丰十年（1860年）八月二十一日，英法联军逼近京城，九门戒严。二十二日，进抵德胜门、安定门一带。僧格林沁、瑞麟部八旗兵稍作抵抗后，向西撤退。联军进占圆明园。守园旗兵战败而遁，驻园总管内务府大臣文丰投御河自尽，内务府员外郎泰清全家十六口自焚而死。园内数座殿堂被焚，树木朝房被烧成灰烬，"附近一带，焚掠无算"。奕䜣和文祥逃往长辛店，露宿过夜。联军烧园回营的途中，遇到瑞麟马步兵五千人。双发交战，清军大败，尸骸遍地，伤者逃入德胜门，喊哭连天，导致城中大乱。"内外城各铺户，席卷而逃。钱当店被抢者数十家。各官眷出城者，更不胜数矣"。西便门是唯一尚未关闭的城门，外逃人口导致这里拥挤纷纷，车马填塞，"竟有候至终日，不能出城者"，交通几乎断绝。"内城八旗男妇，提老携幼，步行而出，尤为伤心惨目"。二十三日夜，联军再次攻城，胜帅率领的陕甘山东各省兵和僧格林沁马队迎战。这天夜里，炮火冲天，人声鼎沸。枪炮之声，震动山岳。城内百姓"有闭门坐泣者，有彻夜不眠者，有打点行囊为宵遁计者，人人丧胆"。[72]二十四日，清廷释放巴夏礼，进行议和。

议和期间，联军肆意焚烧圆明园，迫使清廷让步。十月十八日，米启耳率领所属第一师，由北京近郊营地直趋圆明园，架火焚烧起来。顿时，"圆明园和附近所有的宫殿，都一齐架火燃烧起来。两天两夜，这些遭劫的避暑行宫，火光熊熊地烧着，仿佛一张幔子，罩着当日的行幸处所，并且随着大风，烟雾吹过联军驻扎的营盘，蜿蜿蜒蜒，到了北京。黑云压城，日光掩没，看起来，仿佛象一个长期的日蚀"。[73]随行的军医、牧师，参加行动的军官和士兵在当时日记或事后纪事中对火烧圆明园留下了很多记录。据随军牧师 R. J. L. M'Ghee 在《How We to Peking, A Narrative of Campaign in China of 1860》中记载："命令发下之后，不久就看见重重烟雾，由树木中蜿蜒曲折，升腾上来。……顷刻工夫，几十处地方，都冒出一缕一缕的浓烟密雾来，仿佛英国狩猎射击的地方，隐藏在山边树林深处的猎人茅屋中升腾出来的炊烟似的。……不久，这一缕一缕的烟，聚成一团一团的烟，又集合为弥天乌黑的一大团，万万千千的火焰，往外爆发出来，烟青云黑，亏蔽天日。所有庙宇、宫殿、古远建筑，轮奂辉煌，举国仰为神圣庄严之物，和其中历代收藏，富有皇家风味，精美华丽，足资纪念的物品，都一齐付之一炬，化为劫灰了。……当我们回来的时候，芬纳带着一两队骑兵，绕行一周，将我们进行时忽略过去的那些外面的建筑，也都一齐架火燃烧。……时已三钟，我们应须整队，开回北京，乃发布命令，一并焚毁。刹那之间，就找到了燃烧的材料，有几个手脚伶俐的来福枪队士兵，立刻动手放火，将这座正大光明殿，熊熊的燃烧起来。庄严华贵之区，且曾为高贵朝觐之殿，经此吞灭一切的火焰，都化为云烟了。屋顶在火焰中已经燃烧了一些时候，不久就要倒塌，一百码之外，就可以感觉到那种炎热，扑通的响，震心骇目，屋顶倒塌下来了。于是园门和那些小屋，也一个不留，一间不留，这所算做世界最宏伟美丽的宫殿的圆明园，绝不存留下一点痕迹"。[74]

最终，清廷同意英法照会，两国公使可以带兵入城换约。八月二十九日，清廷打开安定门城门，英国公使额尔金、法国公使葛罗率领五百马步兵入安定门，驱逐清兵，派兵上城。城头悬挂英国和法国国旗，并将炮口调转城内。"东至角楼，西至德胜门，夷兵皆布满，城门把守，禁我国人出入，因而东南三面城上官兵均纷纷下城矣。左翼屯泡子河，右翼扎象房。午刻，夷兵由安定门走四牌楼，赴东交民巷俄夷南馆，晚回仍拒安定门。城中几大乱，人人自危"。[75]联军于城内遍贴告示，如果不能顺利换约，必将再动干戈，告诫商民人等及早远离，免于遭受战祸。于是，人心又开始不定，很多人纷纷搬移，北城一带，驻满联军。侵略军入城以后，实行分班上城住宿，"下班者，即潜肆淫掠，北城东城受害者不少"。[76]

由于清政府当局没有明确的抵抗意识，将帅指挥过程中出现了失误，致使京师遭受战乱之苦。侵略军对西郊三山五园一带肆掠无忌，园林、宫殿遭到焚毁，店铺民居遭到劫掠。焚掠圆明园事件发生后，英法联军内部出现分歧。法使葛罗认为额尔金的倒行逆施，可能颠覆清朝，客观上援助了太平军。孟托班将军认为，九月十九日以前，必须退兵。他设想一旦受到准备孤注一掷的清军阻挡，"对这样的城市进行围困，特别是在全然没有攻城大炮的情况下，就很可能旷日持久。而严寒即将来临，我们得到的全部情报均不允许我们在十一月一日后仍停留在城前"，[77]以免联军遇到严重的困难。

这时，俄使义格那底夫将军已经赶到北京，劝导恭亲王奕䜣完全答应各项条件。这样，在俄使的调停下，清政府与各国就换约问题达成一致意见。九月十一日，清政府与英国签订了中英《北京条约》，规定开放天津为商埠，允许招募华工出国，割让九龙司地方一区，赔偿军费八百万两。十二日，清政府与法国签订了《北京条约》，除开放商埠、准许招募华工、巨额赔款外，还允许法国传教士在中国租地建造天主教堂。俄国公使借口调停有功，与清政府签订中俄《北京条约》，承认了一直没有批准的中俄《瑷珲条约》。事后美国以"利益均沾"条款，照样掠取了很多新的殖民特权。

《北京条约》签订后，联军对京城的滋扰活动仍未停止，"夷人出南城，至前门大街、珠宝市、大栅栏等处，买办货物。虽不甚猖獗，而各人携带枪刀，少不如意，即行滋扰"，导致很多商业铺户不能营业。[78]直至九月二十九日，侵略军全部退出，京师居民才得以在战后的满目疮痍中，逐渐恢复正常的社会生产和生活。

第二次鸦片战争以清廷战败、签订不平等条约结束。就双方军事实力而言，清代在京师驻扎大量八旗兵。开战之后，陕西、甘肃、河南各省勤王部队陆续赶到。但是，由于都城无主，这些官兵没有统一管理，无处领取粮饷，茫然散布，兵虽多而无用。联军在八里桥战役后，兵力受损，急需补给。当时联军曾一度认为，对这样的城市进行围困，特别是全然没有攻城火炮的情况下，很可能是一场旷日持久战。在这样的军事力量对比下，如果清廷选拔得力将帅，激励官兵，顽强抵抗，是有可能抵御联军的。但是，文武大臣认为城不可守，和战不定，"朝廷恩同覆载，四海一家，矜恤夷情，亦在许和，示怀柔而安畿甸"，主和呼声较高。[79]咸丰帝在侵略军尚未抵达时即落荒出逃，在给恭亲王奕䜣的旨意中，声称"如战不胜，即潜赴行在"，[80]没有抗击的必胜信心。在抵抗侵略军的作战过程中，官兵奋勇冲杀，牺牲了宝贵的生命，但是一些指挥作战的将领犯了战略战术错误。最终，清军大败，联军闯进圆明园，进驻北京城，迫使清政府签订不平等条约，加深了半殖民地半封建社会的程度。

第四节　义和团运动和八国联军侵占北京

自鸦片战争以来，特别是甲午中日战后，帝国主义加速了侵略中国的步伐。他们在中国划分势力范围，掠夺资源，垄断市场，强租港口，修筑炮台，掀起了瓜分中国的狂潮。在进行政治、军事、经济侵略的同时，帝国主义还利用宗教作为侵略中国的重要手段。外国传教士在不平等条约的保护下，在华刺探情报，欺压当地百姓，激起社会大众的强烈不满。义和团是长期流行于山东、直隶一带的民间秘密会社。义和团的基本单位是坛，又称坛口，各坛口人数不一，少则几十人，多则成百上千，甚至万余。各坛首领一般被称为大师兄，负责坛内事务，总坛首领被称为老师或老祖师。随着帝国主义势力的侵入，义和团提出"扶清灭洋"的口号。义和团制定团规戒律，不贪财、不好色，杀洋人、灭赃官，不断吸引附近民众加入。清政府对义和团武力镇压不成，转为采取笼络政策，这样，义和团或配合清军或独立作战，参加了抗击帝国主义的战斗。帝国主义借口保护使馆，英、美、俄、日、德、法、意、奥等八国联合派兵入侵北京，逼迫清政府签订了丧权辱国的《辛丑条约》。

一、北京地区义和团军事活动

义和团兴起后，不断发展，活动范围逐渐扩大，北京地区义和团人数越来越多。光绪二十六年（1900 年）春夏之间，北京地区义和团迅猛发展。二月，近畿一带出现义和团。三四月间，京师义和团陆续增加，"京师演拳，始于三月间，不一月，其势渐盛"。[81]五六月间，来京义和团日益增多。每日数十起，或二三十人一群，或四五十人一群。他们一般在庙宇或空闲客店内设坛居住。这时，清廷试图借助义和团对抗洋人，并未阻止团民来京。外州县各村庄义和团，不分昼夜，鱼贯而来。夜间来者，城门业已关闭，守城官兵一听叫门，并不阻拦，即刻开城放入。因此，外州县进京乡团，"京城内外游手好闲之人希图分惠，均在各庙宇安坛设团，聚集无业莠民"，越聚越多，约有十万余人。[82]

从团民装束可以看出，农民是义和团的主要力量。团民是"乡间业农粗笨之人。均以大红粗布包头，正中掖藏关帝神马；大红粗布兜肚，穿于汗衫之外；黄裹腿，红布腿带，手执大刀长矛，腰刀宝剑等械不一，各随所用，装束却都一般"。[83]清政府沉重的苛捐杂税和帝国主义对中国的经济侵略导致广大农民失去生计，加入反洋教斗争中。

义和团以"扶清灭洋"为宗旨，宣称"洋人进京四十年，气运已尽，天意该绝，故天遣诸神下界，借附团民之体，烧尽洋楼使馆，灭尽洋人教民，以兴清朝"。[84]他们与洋教势不两立，称外国人为"洋鬼子"或"大毛子"，奉教之人为"二毛子"，直接或间接与洋人有关系者及存有西洋物件的官员人等皆称为"三毛子"，掀起了一场大规模的反帝运动。

义和团英勇阻击进犯北京的八国联军，迫使侵略军狼狈逃往天津租界，打乱了联军的战略计划。五月十四日，由英国海军中将西摩尔率领两千多联军，乘坐三列火车离开天津，向北京进犯。其中，英军950名，德军450名，俄军300名，法军100名，日军52名，意军40名，奥军25名，另外还带了100名修铁路的苦力。义和团众在途经路段，扒毁铁轨，焚烧枕木，破坏桥梁，联军多次停止前进修复铁路。

义和团多次沿途阻击侵略军。第二天下午6点时分，联军遭到义和团袭击。一股拳民挥舞着大刀、草叉和长矛，冲向火车。联军从路基上向拳民激烈扫射，拳民完全暴露在激烈的马克沁机枪和步枪的交叉火力中。据亲历战事的一名英国人记载，"他们的红头巾和红腰带清晰可见，表明他们是拳民，而非正规军。除了旧式的火绳枪，他们没有携带任何可以称作火器的东西。有些人骑着马，但大多数人是步行，一些明显处于歇斯底里状态的男青年狂乱地冲在最前面。这批人估计总共将近一千五百。他们表现出惊人的勇敢，向着英国人猛冲，用他们赤裸的胸膛迎向洋枪射出的弹雨。这种一面倒的马克沁机枪和步枪的猛烈射击持续了一个小时，而那些狂热分子则用他们的那些原始武器一次次地冲锋"。义和拳在遭受惨重打击之后后退了，这次交战35名拳民被杀，联军方面没有伤亡。十七日廊坊阻击战中，美军与大约一百名拳民交战，英军受到一群拿着大刀、挥舞着大旗的拳民的猛烈攻击。第二天，一些联军正在修铁路时，拳民成功潜行到列车附近，呐喊着冲向联军。联军开枪射击，虽然完全暴露在联军的火力面前，他们"还是以惊人的勇气奋不顾身地挥舞着刀剑冲向联军。到了只有

60 至 70 码远的时候，一架马克沁机枪向他们开火了。它的威力强大，吐出成千上百的子弹把这些冒着凶残的火力继续冲向联军的厚实的人群打得东倒西歪"。五月二十二日下午 3 点，被迫从廊坊开回杨村的路上，联军遭到清军和义和团的袭击。拳民一马当先，冲在前面，使用了较为精良的步枪。战斗持续了两个多小时，英军、德军等六十人受伤，六人死亡。[85]虽然拳民尚未经过训练，影响了射击命中率，并未对联军造成严重损伤，但此次战斗导致联军被迫狼狈撤回天津。

义和团民虽然人数较多，但组织比较涣散。组织的基本形式是坛，或称厂、场。各坛之间互不统属，各自独立。义和团不是经过训练的队伍，武器装备落后，不能抵御敌军的枪林弹雨。义和团拆毁铁路、袭击联军的行动，杀死杀伤洋人，扰乱八国联军侵占北京的步伐，打乱了帝国主义侵华的战略计划。瓦德西曾在《瓦德西拳乱笔记》中提到："吾人对于中国群众，不能视为已成衰弱或已失德性之人；彼等在实际上，尚含有无限蓬勃生气；……余认为中国下层阶级，在生理上，实远较吾国多数工厂区域之下层阶级为健全。……至于中国所有好战精神，尚未完全丧失，可于此次'拳民运动'中见之"。[86]正是摄于四万万普通民众身上的这种顽强抵抗的精神，侵略者将直接瓜分和统治中国专为扶植清政府，实行以华治华政策。

五六月间，义和团民大量进京。团民入京后，开始焚烧教堂、教民房屋及一切与洋人有关的东西。五月十六日，东华门外教堂起火，"是为义和团入京第一次肇祸也"。[87]时居宣武门外椿树胡同的仲芳氏在所著《庚子记事》中记载：五月十八日，"义和团焚烧顺治门（宣武门）大街耶稣堂。又烧同和当铺奉教之房；又焚烧顺治门内天主堂，并施医院两处，连四周群房约有三百余间俱皆烧尽，烧死教民不计其数。又焚烧西城根拴马庄、油房胡同、灯笼胡同、松树胡同教民居住之房数百间，砍杀男妇教民无数。逃出奉教之人老少约二百余口，有洋人四五名保护，往东交民巷外国府居住。各处如此大火，所烧全系奉教之家，并未延及良民，术亦奇矣。是以惑人听信者，在乎此耳"。[88]

义和团运动的兴起源于帝国主义列强侵入中国后，百姓受尽教民的欺压，因而将与西方国家有关的铁路、电报、西药房作为复仇的对象。但是，他们无法控制火势，一旦火势蔓延，会连带周围一带被烧。五月二十日，"义和团焚烧前门外大栅栏老德记大药房，不意团民法术无灵，火势猛烈，四面飞腾，延烧甚凶，计由大栅栏庆和园戏楼延及齐家胡同、观音寺、杨梅竹斜街、煤市街、煤市桥、纸巷子、廊房头条、廊房二条、廊房三条、门框胡同、镐家胡同、三府胡同、排子胡同、珠宝市、粮市店、西河沿、前门大街、前门桥头、前门正门箭楼、东荷包巷、西荷包巷、西月墙、西城根。火由城墙飞入城内，延烧东交民巷西口牌楼，并附近铺户数家。自清晨起火，直至次日天晓为止，延烧一日一夜。……计东面烧至前门大街路西为止，后路以东株连；南面至粮市店、王皮胡同口为止；西面至煤市街大齐家胡同为止，观音寺至小李纱帽胡同为止，杨梅斜街至万福居为止；北面西河沿排子胡同口为止，西月墙至城墙为止。按地面官保甲牌，约略延烧铺户一千八百余家，大小房屋七千余间。幸火起在白昼，仅伤二三人。各行货物并皆灰烬，真从来未有之奇灾也。……计其所烧之地，凡天下各国，中华各省，金银珠宝、古玩玉器、绸缎估衣、钟表玩物、饭庄饭馆、烟馆戏园无不毕集其中。京师志精华，尽在于此；热闹繁华，亦莫过于此。今遭此奇灾，一旦而尽"。[89]义和团盲目的焚烧活动对京师经济造成巨大的损失。

西什库教堂，又称北堂，位于西安门内，为法国传教士范国梁所建。五月十九日，义和团开始围攻西什库天主教堂，并焚烧其他教堂。面对义和团的灭洋活动，清廷内部或剿或抚态度不一。慈禧太后自五月二十日起连续召开四次御前会议，二十三日决定对列强宣战。清廷命总理各国事务衙门大臣许景澄等前往通知各国使臣，限期二十四小时内出京。各国公使认为限期太短，函请延长时间。五月二十四日，德国公使克林德和翻译官柯达士及水师兵数人前往总理各国事务衙门商议该事。当他走出东交民巷时，数名清兵前来引导，于是克林德将水师兵遣回。途中，神机营霆字枪队章京恩海率领部下巡街，见有洋人乘轿而来，便停住脚步，站在北面高处，取出枪对准轿子。克林德发现后，在轿中率先开枪，恩海躲过子弹，抬手一枪，克林德中弹身亡。克林德事件发生后，各国借机威胁清政府。清廷决定开战，派清军及义和团围攻东交民巷使馆。董福祥统率的甘军从西北两面进攻，荣禄指挥的武卫中军从东南两面进攻。义和团主要配合甘军作战。五月二十五日，清廷正式向各国宣战。二十六日，调集京营，攻击各国使馆。第二天早晨将五营士卒神机营、虎神营全队调至崇文门外，以备洋兵冲出，进行截击。城内由武卫中军、甘军、义和团攻击。此后，炮声不断，隆隆之音，竟日不绝。

清军及义和团围攻西什库教堂和东交民巷使馆区长达两个多月，荷、奥两国使馆、华俄道胜银行焚毁及附近铺户，为炮火所焚，[90]但"洋人所伤无几"，[91]义和团民和普通百姓伤亡无数。董军奉命攻打西什库教堂，于西安门被建炮台一座，连日以大炮轰炸，反倒将西安门一带宅地铺户轰毁。"前门以东，如打磨厂、东草厂各街巷，仅隔城墙一道，自战务之兴，飞子流弹来自东交民巷，轰入人家院落内室者，无时蔑有。常有妇女早窗梳洗，忽被枪子飞来击碎玻璃，因伤头面，或由是而丧身，日有所闻。打磨厂则行道之人，横被飞子所伤，多有毙命者"，无辜平民惨遭杀戮。"东交民巷该团攻使馆时被洋兵枪毙者，尸骸狼藉"，团民死伤最为严重。[92]义和团民盲目认为通过念咒灭绝洋人，靠意念抵抗洋枪洋炮，深信"降神附体"、"刀枪不入"，"闭住枪炮"，勇武直冲，造成大量团民死亡。

围攻西什库教堂和东交民巷使馆区战斗中，清廷派遣大量正规军投入战斗，先有董福祥的甘军和荣禄的武卫军，随后浙江提督马崑玉、四川提督宋庆统带各地援军陆续赶到。双方参战人数来看，清军和义和团数十万人，各国洋人仅有四百余名，双方力量相差悬殊，如此多的清军连续攻打两个多月，却一直未能攻破，与清廷政策摇摆不定有关。

宣战后成败未定之时，慈禧太后以接济前方战事为名，密令直隶总督陈夔龙筹集车马，以备西幸之需，足见清朝最高统治者及高层对战事的妥协。攻打过程中，清军使用红衣大将军炮，建立炮架于东安门内东城根城外，与英使馆相距仅有数十步，由城根至使馆不及半里。如果大炮连轰数次，使馆必将全部被摧毁。"此炮放出，声闻数里，宫中亦必听闻，亦断不能演而不放。文忠（荣禄）心颇忧之。继得一策，以炮弹准否全在表尺，表尺加高一分，炮位放出必高一尺之外，密嘱炮手准表尺所定部位略加高二三分，轰然发出，势若雷奔电掣，已超过该馆屋脊视线，出前门直达草厂十条胡同山西票商百川通屋顶，穿成巨窟。该商等十数家环居，左近一时大惊，纷纷始议迁移"。[93]荣禄主张保护各国使馆，镇压义和团，因此，他在攻打使馆过程中阳奉阴违，加高表尺，导致使馆附近民居店铺化为灰烬，而使馆损失甚小。正是清廷上下对待战争没有坚定的斗志，攻打过程中的不彻底导致围攻日久而终不胜。但战事却对使馆周边地区造成极大的破坏。顺天府尹陈夔龙和兵部侍郎景澧等奉命承修跸路，前往东华门一带察看，只见蓬蒿满地，弥望无际。午门、天安门、太庙、社稷坛等处被炮弹伤毁，中炮处所密如蜂巢。天坛、先农坛、地坛、日月坛等大半均被焚毁，残破不堪。[94]

二、八国联军占领北京与《辛丑条约》

帝国主义国家借口保护洋商、洋教，共同出兵侵略北京。四月二十日，各国驻华公使正式议定联合出兵的计划，并得到本国政府的批准。五月十四日，各国在天津组成联军，开始向北京进犯。七月十日，各国联军约两万人，自天津出发向北京进犯，连续攻克北仓、杨村、河西务、通州等战略要地。慈禧太后召集军机大臣等，议定出京暂避。二十日凌晨，八国联军开始进攻北京，广渠、朝阳、东便三门被攻破，清军或据城迎敌，或城内巷战。虽略获小胜，怎奈联军骤至，猝不及防。"无论何路军勇，以及八旗满蒙汉旗绿各营兵丁，无不弃甲抛戈而逃。义和团自前日俱已逃遁罄净，踪迹全无，偶有京中之人，或有一二处未及拆棚毁坛者，一闻洋人兵到，亦皆抛掷家眷，报头远飏。是以敌兵入城，毫无阻拦，洋人垂手而得京师"。[95]二十一日凌晨，慈禧太后和光绪皇帝随带一些皇族、大臣仓皇出逃，经昌平、居庸关向西逃往西安。同日，八国联军占领北京。除少数义和团和清军自发抵抗外，城内清军大部溃逃。七月二十二日晚，联军完全控制北京城。

八国联军占领北京后，肆意烧杀抢掠。联军司令部下令特许公开抢劫三日，及后来兵丁以搜捕拳匪、查禁军械为名的个人抢劫。据联军统率瓦德西报告，英国"所抢之物，均须缴出，一齐堆在使馆大屋之内，加以正式拍卖；如是者累日。由此所得之款，按照官级高低，加以分派"。至于日本，"对于此种掠夺之物，照例归于国家。由此所得之款，其数至为不少"。美国"对于抢劫之事，本来禁止；但美国军队颇具精明巧识，能破此种禁令，为其所欲为"。俄国"军队抢劫之方法，似乎颇称粗野。而且同时尽将各物毫无计划的打成粉碎"。此外，法国军队对于各国军队抢劫行为也绝对不会落于人后。可见，各国侵略军都进行了抢劫活动，虽然具体数目不详，但北京居民财产遭受损失非常巨大。[96]联军攻陷北京后，大肆掳掠，皇宫、府邸、店铺、民宅惨遭破坏。"自元明以来之积蓄，上自典章文物，下至国宝奇珍，扫地遂尽"。[97]更有甚者，抢劫时所发生的强奸妇女，残忍行为，随意杀人，无故放火等事，极大地增加了居民的痛苦。

八国联军占据北京后，分界管辖京城内外地面街道，前门外大街以东归英国管；大街以西归美国管；前门内大清门以东至东单牌楼，归英国管；大清门以西至西单牌楼，美归国管；崇文门以东法国管；宣武门以西英国管；东单牌楼至四牌楼俄国管；西单牌楼至四牌楼意国管；东华门外意国管；西华门外法国管；东四牌楼以北日本管；西四牌楼以北法国管；外城各门以外，分国分界管辖。各国洋兵在本国所管界内，或衙署公廨，或庙宇会馆，或住宅铺户，分队驻扎。"最苦莫甚于住户之房，洋兵蜂拥而入，将居人无论男女驱逐，空手而出，衣饰财物，丝毫不准携带，合门财产并为洋人所占。更有奸留妇女，戕杀男人者。人在仓促之间，不及防备，多被所扰。由是有闭门自焚者，有全家身殉者，有被逐无处投依自尽者，有被污羞忿捐生者。各街巷哭嚎之声，遍处皆同。以京师合城而论，前三门外受灾稍轻，城内及北城受难尤重。死尸遍地，腐烂熏蒸，惨难寓目"。[98]战乱社会环境下，京师百姓生命财产遭受巨大损失。

八国联军占领北京后，清政府一味求和。光绪二十六年（1900年）闰八月十八日李鸿章奉命来京，与各国公使商议议和事宜。第二年五月，英、俄、德、法、美、日、意、奥、西、比、荷等十一个国家先后与清政府签订了《辛丑条约》。条约规定：将东交民巷划为使馆区，允许外国驻兵，不准中国人居住。清政府向各国赔款白银4.5亿两，分39年还清，本息共计9.8亿两，数额巨大。为偿还庚子赔款，清政府以海关税、常关税和盐税为抵押，在经济上遏制清政府。拆除北京及北京至大沽口的炮台，允许各国在北京至山海关铁路沿线的12处战略要地驻扎军队，天津周围20里之内不许清军驻扎，在军事上控制京津地区。条约还规定，禁止中国人组织或参加反帝性质的各种组织，惩办反对外国的官员；等等。《辛丑条约》的签订，标志着中国已经完全沦为半殖民地半封建社会，清政府在军事、财政、内政等方面被帝国主义国家所控制。

第五节　晚清北京军事

庚子之战后，清政府陷入内外交困的境地。为了维护封建统治，清廷下诏，提出整顿政事，命军机大臣、大学士、六部九卿、各省督抚各就现在情形，参酌中西政要，对朝章国故，吏治民生、学校科举、军制财政等事各抒己见。[99]军事改革是新政重要内容之一。光绪二十七年（1901年）七月，清廷谕旨内阁，因各省制兵防勇积弊较多，命令各省将军督抚，将原有各营严加裁汰，精选若干营，分为常备、续备、巡警等军，一律演习新式枪炮，认真训练，练成劲旅。[100]晚清北京军事是社会转型之际，清廷借用西方的军事体制和训练方法，对传统军队进行变革的一次尝试。

一、练兵机构

光绪二十七年（1901年）三月，清政府设置督办政务处。庆亲王奕劻、大学士李鸿章、荣禄、王文韶、户部尚书鹿传霖等人担任督办政务大臣，刘坤一、张之洞等人参与。督办政务处统筹办理学校、财政、军政等各项事务，是全面推行新政的中央机关。

练兵处是清末新政时期专门负责编练新军的机构。晚清各省开始练兵后，兵制不一，军律不齐，操法各异，为了防止这种混乱局面，清廷于光绪二十九年（1903 年）十月在京师设立练兵处，统一督练全国新军。庆亲王奕劻总理练兵处事务，袁世凯派充会办练兵大臣，铁良为襄办大臣。不久，奕劻以自己年迈，奏请慈禧太后责成袁世凯、铁良悉心办理，这样，练兵处实际上主要由袁世凯的北洋系所控制。练兵处设军政、军令、军学三司，其中，军政司下设法律、医务、粮饷、器械等科，军令司下设运筹、向导、测绘、储材等科，军学司下设训练、教育、编译、水师等科。练兵处主要负责整顿军纪、监督地方、选拔将才、整饬员缺、统一管理军饷、监督制造军械、派员视察各省新军等各项事务。

练兵处与兵部并存，会同兵部制定了新军营制饷章、陆军学堂办法、选派陆军学生游学章程等章程，对新军的招募、训练、营制、饷章，军官的培养、选用等方面进行了规范，为全国新军的编练打下了一定的基础。新军编制以军为单位，每军下辖两镇或三四镇，每镇辖步兵两协，每协两标，每标三营，每营四队。步兵、炮兵、工兵每队三排，每排三棚。马队每队二排，每排二棚。

光绪三十二年（1906 年）九月，兵部改为陆军部后，将练兵处并入，所有军务事宜归于陆军部，军制、军需、军学、军医、军法等司执行原练兵处办理新军的各项职责。陆军部成立后，铁良任尚书，寿勋为左侍郎，荫昌为右侍郎。镶黄旗大学士伊里布之孙良弼，留学日本陆军学校，毕业回国后，进入练兵处，历任陆军部军学司监督副使、司长等职。[101]满族皇亲贵族最终掌握陆军部实权。光绪三十三年，陆军部制定《全国陆军三十六镇按省分配现年编练章程》，正是确立京畿及各地 36 镇的新军编练计划。

二、新式武器装备的生产

武器设备的近代化是军事近代化的基础。晚清开始设立兵工厂，生产新式军械设备。鸦片战争以来，西方凭借坚船利炮逼迫清政府签订城下之盟，改变了朝野上下对西方武器设备的看法，一些有识之士开始关注西洋枪炮的制造和使用方法。魏源在《海国图志·筹海篇》中说"康熙初，曾调荷兰夹板船以剿台湾矣，曾命西洋南怀仁制大炮以剿三藩矣，曾行取西洋人入钦天监以司历官矣"。据此，他主张学习西洋先进军事技术，提出"师夷长技以制夷"。"夷之长技三：一战舰，二火器，三养兵、练兵之法"。[102]洋务派在与外国洋枪队联合镇压太平天国时，感受到洋枪洋炮的威力。他们承认火器方面中国不及西方，主张在维护中国传统纲常名教的前提下，学习西方国家的先进的科学技术。其中，仿制演练西方船炮是学习西方科技的重要途径。

在洋务派的倡导下，清廷开始尝试建立近代军用工业，设厂制造枪炮。江南制造总局近代中国规模较大的，使用大机器生产的军火工厂。江南制造总局又称上海机械局，是在曾国藩规划下，由李鸿章实际创办的第一个近代化军事生产机构。江南制造总局主要生产枪、炮、火药、炮弹、兵船等，所生产的枪有林明敦枪、黎意枪、快利枪、毛瑟枪等，炮有大口径和快炮两种。每年可制造一千五百杆小口径快枪，十二尊四十磅子快炮。每天可生产五千颗快炮弹，四百磅无烟枪炮弹。[103]该局生产的武器供应范围遍及全国，促进了清军武器装备的改善。

天津机器局是清政府创办的以生产弹药为主的北方最大的兵工厂。同治六年（1867年），清政府派三口通商大臣崇厚创办于天津，规模仅次于江南制造总局。李鸿章就任直隶总督兼北洋大臣，调原任江南制造总局督办沈保靖总理天津机器局事务。此后，该局规模迅速扩大，生产能力大增。八国联军攻陷天津后，机器局惨遭破坏。

神机营机器局是北京最早的近代军火工业。光绪六年（1881年）十二月二十七日，神机营官兵三十名被派前往天津学习"外洋炸炮等项及各种军火器械"。李鸿章趁机建议神机营单独设立机器局。光绪九年（1883年）六月，议醇亲王奕譞选址三家店，仿照天津机器局，花费银二十万两建设厂房，耗资一百万两购进机器设备，并派大约六十人前往天津火药局学习如何制造火药。第二年，神机营机器局建成投产，主要生产来福炮、机关枪、水雷、炮弹、子弹等。光绪十五年（1890年）十二月，神机营机器局已经制成三十七门全钢后膛来福快炮，材料为外国进口，炮车铁料由神机营机器局供给。光绪十六年（1890年）十月二十八日下午两点，神机营机器局东部发生大火灾。火势蔓延很快，虽火龙及时赶来，但火势猛烈，最后不得不将山墙推倒，直至夜间大火才被扑灭。机器局十余间厂房被烧，厂中有新机关枪三十余架，大量的机器，子弹模，待修理的重炮炮车三辆，损失高达数十万两。机器局东部连接储藏军械军火的主楼，所幸并未殃及，否则后果不堪设想。[104]大火过后，该局草草收场。

晚清社会顺应时代发展的大趋势，设立军事工厂，制造了一些的新式武器。无烟火药最早出现在欧洲，因其爆炸时，固体残留物质较少，是一种性能较好的子弹燃料。天津机器局和江南制造总局积极引进研制成功无烟火药。由此，晚清军队武器装备落后的状况有所改善。同时，晚清机器局在生产和管理上存在着一定的问题，在生产初期主要依靠外国技师，机器和原材料多购自国外，生产的武器设备几乎都是仿制的，产品种类繁杂，制式混乱，没有统一的参数标准。管理方面存在任用非人，管理不善的情况。在生产过程中，成本较高，质量不佳，还出现意外事故。但不可否认晚清军事工业的兴起为中国近代军事工业的自主发展提供了基础。北京地区军费相对充足，生产出的武器装备相对精良，近代化程度也较高。当然，由于经费、技术和管理的限制，晚清军事工业的规模较小，生产能力较弱。

三、编练新军

八旗兵入关后，渐渐丧失原有的勤劳、朴素习性，转而崇尚奢华，追求安逸。他们中的很多人平时并不积极参加训练，军事技艺日益荒废，整体作战水平大为降低。在面对侵略军的进攻时，除少数人英勇抵抗外，大多数八旗将领指挥失当，士兵不战而溃，京师门户大开，侵略军轻易占领。第二次鸦片战争后，京师八旗精锐受损。八旗军在心理上大受打击，气势大减，兵士在战争中伤亡惨重，数量大大减少。与此同时，在镇压太平天国起义的过程中，地方勇营力量逐渐兴起。威胁了少数民族政权为主体的封建政权。在内忧外患面前，清政府将练兵作为强国、保卫京师安全、维护自身统治的重要途径。练兵自强成为统治阶级的共识，晚清编练新军的努力始于神机营的组建。

恭亲王奕訢主张京师旗营加练火器。他认为探源之策，在于自强，自强之术，必先练兵，主张挑选各旗营闲散余丁，另立营伍，专门训练。这基本上是神机营的组建规制。当时，奕訢所言并未得到咸丰皇帝的批准。直至辛酉政变后，慈禧太后出于掌握京师禁军、稳定政局的需要，命令奕訢负责训练京营事务。

咸丰十一年（1861年）设立神机营。神机营设立之初，派议政王奕訢会同醇郡王奕譞督率都统瑞麟，侍郎文祥、崇纶，署都统福兴，副都统遮克敦布管理神机营事务。设总理文案处、总理营务处、印务处、粮饷处、核对处、稿案处等六处，设翼长、委员、书手若干人。各营队设置专操大臣、帮操侍卫京统领。

神机营营署位于煤渣胡同。各营官兵分按属地分设营房。神机营设置十六名专操大臣，二十二名帮操侍卫章京，一百九十六名带队章京。士兵是从原有的八旗禁卫军各营中挑选出来的，新组建时有士兵一万名。其中，八旗两翼护军营调抬枪兵五百名，马队五百名，圆明园护军营调抬枪兵九百名，健锐营外火器营两营调马队兵一千名，八旗满洲蒙古骁骑营调抬枪兵二千四百名，八旗汉军枪营调排枪兵八百名，八旗汉军藤牌营调藤牌兵四百名，八旗汉军炮营调炮兵一千二百名，各旗营挑选杂技兵一千四百名，内务府精捷营调刀矛技艺兵二百名，内务府三旗调鸟枪兵七百名。神机营所调选的兵根据训练情况随时进行调整。[105]

神机营先由恭亲王奕䜣掌握，后被光绪皇帝生父醇郡王奕醇、奕醇儿女亲家蒙王僧格林沁的儿子伯彦纳谟诂掌管，他们是皇帝的生父或兄弟，由此反映出神机营类似于天子亲军，地位极其重要。神机营组建后，八旗京官竞来投效，同治时期清廷练兵，增设兵丁二万名，到同治时期兵丁已经达到三万人。

神机营是西方近代武器设备装备的部队，成为清末禁卫军的主力。神机营使用洋枪洋炮等先进武器，采用先进的战术战法训练。同治元年，俄国赠送万杆洋枪到京，除少数拨给天津练兵外，绝大多数交给神机营使用。在使用洋枪的同时，神机营还使用洋炮。神机营组建威远队，曾多次从天津调入八辆洋炮车。

神机营除守卫和扈从任务外，还多次被派出征各地。同治元年（1862年）十二月，张锡珠率领的白莲教起义军攻入直隶。他们先进攻南宫、冀州等地，议政王军机大臣等议定派神机营兵三千名前往镇压。后因地方官奏报起义军已被镇压，因此，神机营暂缓启程。实际上，张锡珠部已经转战至深州、束鹿，清廷下旨派出神机营马队一千名前往直隶军营协助总督文煜镇压起义军。太平天国起义后，西征部队进入陕西，各地回民纷起响应。清廷从甘肃、直隶调动大量军队，前往镇压。同治三年五月，军务告急，清廷派僧格林沁督率神机营进剿。各地军务紧急之际，神机营被调派出征，已经被视为能延续清初骁勇善战的八旗祖先的劲旅。

但是，清后期神机营不可避免的沾染了八旗不良习气，训练逐渐松弛，日益腐化。这些用洋枪洋炮装备的八旗精锐，在面对八国联军时，并未如清廷所愿，抵挡侵略军的脚步，相反遭到溃败。此后，神机营渐形废弛，已经处于基本消亡的状态。

庚子之役后，清廷开始裁减旧式军队，编练新军，一律操习新式枪炮。清廷在京师八旗中精选兵丁，遵照陆军章制筹建京旗常备军。

光绪二十八年（1902 年）五月，清廷谕军机大臣等："现在练兵紧要，著挑选八旗壮丁，交北洋大臣训练。所有八旗满洲、蒙古、汉军前锋营、护军营及圆明园内外火器营、健锐营食饷兵丁并闲散内，挑选十六岁以上，二十岁以下年力精壮者，限二十日造册咨送军机处，再行请旨钦派大臣拣选，奏明办理"。[106] 同年十一月，八旗挑选的兵丁已经超过一万人。清廷又将所选兵丁精选出三千人，由北洋大臣直隶总督袁世凯带往保定进行训练。

袁世凯奏请添派内阁学士铁良为京旗练兵翼长，得到清廷允准。光绪二十九年（1903 年）五月，清廷命铁良为会办，会同袁世凯办理京旗练兵事宜。袁世凯和铁良奏请调那晋赴京旗常备军襄理营务。那晋曾在天津办理武备学堂，随副都统荫昌出使德国，并曾游历日本，对于东西各国兵制操法讲求有素。旗兵按照北洋常备军军规营制编练，称为"京旗常备军"。

《训练旗兵开办章程》对兵丁的选拔标准、训练等作出明确规定：

一、……所有营规军律悉照北洋常备军法令办理，其营制饷章，亦按常备军一律编定，唯营名定为京旗常备军，以示区别。

一、管带、队、排等官均需拨用操法娴熟、兵学明通者充当。

一、此项京旗练兵系按旗营分调，不容牵混顶替，……

一、调到兵丁，俟编定营伍后，即将各兵花名造册，咨行各该旗营存案，遇有事故，以便稽察。

一、八旗前锋、护军等，向遇兵丁军政之年，应行预备考验。此次演练新操，不能旷日久离，如遇军政之年，所有在营演练之兵，应行停止考验。

一、查北洋常备军兵丁入营三月后，查明堪胜操练，每名免三十亩差徭。唯旗兵向无差徭，拟将此次调到兵丁入伍三月后，查明堪胜操练者，除已有底饷之兵不计外，如无底饷之闲散，咨行各该旗营，分别尽先坐补底饷，以资养赡，而示体恤；倘半途有犯营规被革离营者，即咨行该旗营，将坐补之饷一并革除。

一、此次调到之兵，遇有因病请假以及斥革者，均由各营报明考验，核准后，发给假单，登明缘由，盖用关防，咨行各该旗营查照；如有永革字样者，再遇挑选之时，不准保送。

一、兵丁如有潜逃回京者，应由本营派兵查拿回营，分别惩办，并咨行该旗营转饬该管领、佐领，一体查拿，不准代为隐匿，倘逾月仍无下落，除将营饷革除，并咨行该旗营革退底饷。

一、此次开办章程奏明后，即行分咨各该旗营转行出示晓谕，俾得家喻户晓。[107]

京旗常备军筹建之初，编成步队四营，过山炮队一营，马队一营，工程两队。一切操规营制，仿照北洋常备军章程办理，北洋各军将领及满汉武备卒业生中选择通晓兵学、操法娴熟者委充将弁。以后陆续添练步队两营，陆路炮队一营，马队一营，配足工程一队为一营，共计步队六营，炮马队各两营，工程队一营，组建为常备军一协营制。

全国新军统一番号时，京旗常备军被编为陆军第一镇。常备军营制仿照德、日军制，定为镇、协、标、营、队等级。京旗常备军仿照北洋常备军章制编练，北洋各镇遵照陆军新制编练为镇，京旗照例改编。光绪三十一年（1905 年）四月，练兵处议复京旗常备军"为京师禁旅，开练最早，编列号数宜居各镇之先"，这样，京旗常备军被编为陆军第一镇。自六月初一日起，京旗常备军一协步队两标，马炮队各两营，工程一营，遵照陆军新制改编，设督练处一区，作为直接训练机构。"但旗兵现虽已有十一营，而按合陆军新章，必须成镇，……拟请添练一协，扩充成镇，按制核计，应再添步队两标，共六营，炮马各一营，辎重队一营，乃符一镇之制"。由此，按照陆军新章制，京旗添设一协，扩充成镇。[108]

光绪三十三年（1907 年），陆军第一镇由保定移驻京师仰山洼，即北苑，担任戍守任务。十二月，清政府任命陆军部右侍郎荫昌为考验近畿陆军各镇大臣，校阅一、五、六镇。京畿常备新军在"挑练之初，选择详慎，频年训练，备著勤劳，……章制操法大致已臻完备，兵丁性质能耐劳苦，亦属朴实精强"，[109]编制完全考验合格。

在编练新军的同时，满洲贵族开始编练皇家控制的宫廷禁卫军。摄政王载沣曾以亲贵大臣身份代表清政府前往德国交涉驻华公使克林德被杀事件，在德期间，他见证到德国武备的精良，深感加强皇家武装的必要，在以摄政王监国后，立即着手训练禁卫军。光绪三十四年（1909 年）十二月初三日，清廷下令挑选各旗营精壮兵丁，编练禁卫军。贝勒载涛、毓朗及陆军部尚书铁良专门负责训练禁卫军，由载沣统辖调遣。随后成立禁卫军训练处，下设军械、军法、军需、军医四科，正是开展训练计划。

禁卫军第一期步队第一、二、三标，以第一镇正副目兵为基础，并挑选京营八旗及圆明园、健锐营、内外火器营各旗兵组成，其官长自管带以下，从第一镇军官中考取录用。第二期兵丁由各旗营和昌平驻防兵内选调，入伍禁卫军中还包括闲散宗室，待遇与一般兵丁相同。

步队第四标兵丁选自直隶、山东农家及身体强壮者。至宣统三年（1911 年）七月，禁卫军编练成军，除重炮队交通营尚未设立、马队第三营蒙兵缺额外，已经成立步队四标，马炮队各一标，工程、辎重、机关炮各一营，军乐一队，警察一队，共计一万二千多人。按照营制规定，官长自训练大臣至司书生八百二十三员，自兵匠夫一万零七百七十二名。后来，工程队、辎重队各增加两队，按营制为五百六十八名。再加上武库、军米场、军装库及军乐队所增人数，共计一百四十三人，警察一队一百三十七人，以上全军总计为一万零九十七名。至宣统三年十二月，禁卫军各标营总人数统计为一万二千四百八十七人。[110]

禁卫军改用西方营制，操练新式武器。兵种较之原来的马、步、炮，更为多样，分工更为明确，有工、辎、军乐、警察。其中，炮兵又有轻重火炮和机枪之别。禁卫军编成后代替第一、六镇，执行护卫宫廷的任务。武昌起义爆发后，冯国璋为禁卫军总统官，袁世凯夺取了禁卫军的实权。

晚清社会巨变，西方国家凭借坚船利炮入侵中国，几度攻占京师，国内农民起义风起云涌，持续数年，八旗劲旅在交战过程中屡屡失利，清王朝封建统治风雨飘摇，晚清军事改革就是在这种背景下推行的。晚清军事改革主要从机构、装备、练兵三个方面开展，军队编制更为合理、武器装备更为先进，训练方式更为规范，与清前期军制相比有很大的不同。当然，晚清军事改革还存在很多问题，大多是表面上的调整，实质性变革不多，军队内部的腐败仍然存在。即使清廷最为倾资编练的禁卫军，在服装鲜明，招摇过市，军械精美的外表下，"其操演亦用新法，然不脱梨园武行习气"，[111]其他可见一斑。

虽然晚清军事改革成效并不显著，但对社会变革起了很大的推动作用。随着近代军事工业的兴起，铁路、电报、教育等最初以军事为目的的其他各项事业也相应出现，逐渐向社会大众推广使用，触动了传统的生活方式与思维观念。为发展军事产业，编练新式军队，晚清设立军事学堂，派遣留学生赴日游学，培养军事专业人才。同时，在新军队伍中，还不乏文武生员。这些人之中有的是科举制度废除后，无力承担新式学堂教育者，将当兵视为一种出路，更多的出于挽救民族危机的时代使命。晚清军事变革对军事人才的素质提出了新的要求，促使一些科学知识武装下的群体投身戎伍，他们逐步接受新的社会思潮，成为推动社会变革的重要力量。

注释：

1　《清史稿》卷一《太祖本纪》。

2　《清太宗实录》卷三十，崇德元年七月辛酉。

3　《清太宗实录》卷三十一，崇德元年九月己酉。

4　《清太宗实录》卷六十二，崇德七年九月壬申。

5　钱甹只：《甲申传信录》卷一。

6　《清世祖实录》卷四，顺治元年四月辛酉。

7　《清世祖实录》卷四，顺治元年四月丙寅。

8　蒋良骐：《东华录》卷四，顺治元年四月庚午，中华书局1980年，第81页。

9　《清世祖实录》卷四，顺治元年四月癸酉。

10　《明史稿》卷三百九，列传第一百九十七。

11　《日下旧闻考》卷五十五。

12　《光绪顺天府志·京师志八·兵制》。

13　《大清会典事例》卷一千一百十二。

14　《清文献通考》卷一百八十。

15　《光绪顺天府志·京师志八·兵制》。

16　《清史稿》卷一百十七。

17　《光绪顺天府志·京师志八》。

18　《光绪顺天府志·京师志八》

19　（清）吴振棫：《养吉斋丛录》卷一。

20　（清）赵翼：《簷曝杂记》卷一。

21　《光绪大清会典事例》卷一〇五一。

22　《清史稿》卷一百十四《志八十九》。

23　24　（清）赵翼：《簷曝杂记》卷一。

25　《清太宗实录》卷九，天聪五年四月庚辰。

26　（清）吴振棫：《养吉斋丛录》卷一。

27　《清史稿》卷一百十四，志八十九。

28　（清）黄本骥：《历代职官表》卷二。

29　《清史稿》卷一百十四，志八十九。

30　（清）梁章钜：《枢垣记略》卷二十七。

31　《光绪顺天府志·京师志七》。

32　《清史稿》卷一百三十《志一百五》。

33　《大清会典事例》卷一千一百十一。

34　《大清会典事例》卷一千一百六。

35　《大清会典事例》卷一千一百十一。

36　（清）刘献廷：《广阳杂记》卷一。

37　《清朝文献通考》卷四十二。

38 《清史稿》卷一百三十九。

39 《光绪大清会典事例》卷六百三十七。

40 《清史稿》卷九十，志十五。

41 《光绪大清会典事例》卷七百零六。

42 《大清会典事例》卷七百四。

43 《清高宗实录》卷一百四，乾隆四年十一月丙午。

44 《清朝文献通考》卷一百九十四。

45 《光绪大清会典事例》卷七百十。

46 《清太宗实录》卷八，天聪五年正月壬午。

47 《清史稿》卷二百三十一。

48 《清朝文献通考》卷一百九十四。

49 《清史稿》卷五百五。

50 《光绪大清会典事例》卷一千一百二十六。

51 《清史稿》卷一百三十。

52 《大清会典图》卷九十九。

53 《大清会典事例》卷六百二十四。

54 （清）吴振棫：《养吉斋余录》卷一。

55 《八旗通志初集》卷十七。

56 刘小萌：《清代八旗子弟》，辽宁民族出版社 2013 年，第 35 页。

57 《八旗通志初集》卷二十三《营建志》。

58 《光绪大清会典事例》卷八百六十九。

59 中国史学会编：《第二次鸦片战争》（六），上海人民出版社 1979 年，第 219 页。

60 中国史学会编：《第二次鸦片战争》（四），上海人民出版社 1979 年，第 103 页。

61 中国史学会编：《第二次鸦片战争》（六），上海人民出版社 1979 年，第 218 页。

62 中国史学会编：《第二次鸦片战争》（四），上海人民出版社 1979 年，第 103 页。

63 中国史学会编：《第二次鸦片战争》（二），上海人民出版社 1979 年，第 9 页。

64 中国史学会编：《第二次鸦片战争》（五），上海人民出版社 1979 年，第 84 页。

65 中国史学会编：《第二次鸦片战争》（二），上海人民出版社 1979 年，第 9—10 页。

66 中国史学会编：《第二次鸦片战争》（六），上海人民出版社 1979 年，第 293 页。

67 中国史学会编：《第二次鸦片战争》（六），上海人民出版社 1979 年，第 294 页。

68　中国史学会编：《第二次鸦片战争》（六），上海人民出版社 1979 年，第 292—293 页。

69　中国史学会编：《第二次鸦片战争》（二），上海人民出版社 1979 年，第 49 页。

70　中国史学会编：《第二次鸦片战争》（六），上海人民出版社 1979 年，第 293 页。

71　中国史学会编：《第二次鸦片战争》（二），上海人民出版社 1979 年，第 11 页。

72　中国史学会编：《第二次鸦片战争》（二），上海人民出版社 1979 年，第 51—52 页。

73　中国史学会编：《第二次鸦片战争》（二），上海人民出版社 1979 年，第 404 页。

74　中国史学会编：《第二次鸦片战争》（二），上海人民出版社 1979 年，第 418—420 页。

75　中国史学会编：《第二次鸦片战争》（二），上海人民出版社 1979 年，第 39 页。

76　中国史学会编：《第二次鸦片战争》（二），上海人民出版社 1979 年，第 53 页。

77　中国史学会编：《第二次鸦片战争》（六），上海人民出版社 1979 年，第 296 页。

78　中国史学会编：《第二次鸦片战争》（二），上海人民出版社 1979 年，第 55 页。

79　中国史学会编：《第二次鸦片战争》（二），上海人民出版社 1979 年，第 9 页。

80　中国史学会编：《第二次鸦片战争》（二），上海人民出版社 1979 年，第 49—50 页。

81　（清）恽毓鼎：《恽毓鼎澄斋日记》，浙江古籍出版社 2004 年，第 785 页。

82　近代史资料专刊：《庚子记事》，知识产权出版社 2013 年，第 11 页。

83　近代史资料专刊：《庚子记事》，知识产权出版社 2013 年，第 4—5 页。

84　近代史资料专刊：《庚子记事》，知识产权出版社 2013 年，第 5 页。

85　（英）阿诺德·亨利、萨维奇·兰道尔著，李国庆、邱葵、周洛译：《中国和八国联军》（上卷），国家图书馆出版社 2014 年，第 75—82 页。

86　中国史学会编：《义和团》（三），上海人民出版社 1951 年，第 86 页。

87　近代史资料专刊：《庚子记事》，知识产权出版社 2013 年，第 75 页。

88　近代史资料专刊：《庚子记事》，知识产权出版社 2013 年，第 5 页。

89　近代史资料专刊：《庚子记事》，知识产权出版社 2013 年，第 6—7 页。

90　近代史资料专刊：《庚子记事》，知识产权出版社 2013 年，第 77 页。

91　近代史资料专刊：《庚子记事》，知识产权出版社 2013 年，第 15 页。

92　近代史资料专刊：《庚子记事》，知识产权出版社 2013 年，第 80—82 页。

93 中国社会科学院近代史研究所编：《义和团史料（下）》，中国社会科学出版社 1982 年，第 684 页。

94 中国社会科学院近代史研究所编：《义和团史料（下）》，中国社会科学出版社 1982 年，第 696 页。

95 近代史资料专刊：《庚子记事》，知识产权出版社 2013 年，第 25 页。

96 中国史学会编：《义和团》（三），上海人民出版社 1951 年，第 31—34 页。

97 中国史学会编：《义和团》（一），上海人民出版社 1957 年，第 316 页。

98 近代史资料专刊：《庚子记事》，知识产权出版社 2013 年，第 27—28 页。

99 《清德宗实录》卷四百七十六，光绪二十六年十二月丁未。

100 《清德宗实录》卷四百八十五，光绪二十七年七月癸巳。

101 《清史稿》卷四百七十。

102 魏源：《海国图志》，中州出版社 1999 年，第 99 页。

103 孙毓棠：《中国近代工业史资料》第一辑，中华书局 1962 年，第 297 页。

104 孙毓棠：《中国近代工业史资料》第一辑，中华书局 1962 年，第 506—507 页。

105 《光绪大清会典事例》卷一千一百六十六。

106 《清德宗实录》卷五百五，光绪二十八年九月壬申。

107 中国社会科学院近代史研究所编：《清末新军编练沿革》，中华书局 1978 年，第 94—95 页。

108 中国社会科学院近代史研究所编：《清末清军编练沿革》，中华书局，1978 年，第 96—97 页。

109 中国社会科学院近代史研究所编：《清末清军编练沿革》，中华书局，1978 年，第 99 页。

110 吴兆清：《清末禁卫军》，《故宫博物院院刊》1985 年第 2 期。

111 夏仁虎：《旧京琐记》，北京古籍出版社 1986 年，第 86 页。

第八章　民国

北平从 1912 年中华民国建立到 1949 年新中国成立共 37 年，各派军阀之间互相争权夺利，战乱不已，特别是北洋政府时期，几乎没有一年不打仗。随着战争规模越来越大，参战人数不断增加，战争的激烈程度不断加深，伤亡逐渐增多，冲突地区不断扩大。虽然自民国后北京的军事也有了一些改变，但是直至北洋军阀统治结束，中国军队只有数量的扩张，没有质的发展，只是在原有的基础上徘徊，在军队编制、武器装备、军兵种发展建设、官兵建设、思想理论等方面都没有质的发展，呈现出明显的内卷化特征。[1]

第一节　北洋政府时期的战争

北洋政府时期依据政治权力的更迭、军事力量的角逐又可分为两个阶段，第一个时期是从 1912 年袁世凯建立临时政府至 1917 年讨逆张勋，这时期爆发的多是小规模的武装冲突；另一个时期是从 1917 年至 1928 年南京国民党政府成立，这一阶段是大规模的军阀混战时期。这其中的变化与袁世凯有很大关系。

袁世凯的去世带给中国政坛以及北洋军阀巨大影响。在中华民国成立后的五年中，袁世凯在北洋军中的个人声望和地位以及他的总统权力，对军阀们的野心起了暂时抑制的作用。尽管如此，袁世凯本人有时也无法制止这些军阀对国家和地方事务的干涉。但是在袁尚未称帝时，虽然军阀之间也矛盾冲突不断，北洋内部还是拥戴袁为统领的，并没有形成阵营分明的小集团。可以说，只要袁世凯活着，只要他的北洋机构是统治军队的力量，就能维持国家表面上的统一。1916 年袁世凯死后，那些被抑制的力量纷纷开始活动，袁世凯一直控制的这种平衡就被打破了。[2]由于缺乏一个大家都拥护的领导人，在开始的时候北洋军阀为了防止某个人独裁，也曾想过采用新式的集体领导制代替某个人或者某派专门集权，这就是 1916 年 9 月组成的"省区联合会"。但是这样的联合会不但不能抑制大军阀的野心，反而造成更多的势力较小的军阀的野心。出于战略和生存的考虑，很快迫使所有的军队通过或联合或征服或两者兼用的方式来获得地盘，甚至像冯玉祥这样大而强的军队，为了摆脱财政上的困境也加入了直系。于是，各级军阀通过不断兼并扩张最终形成了直、皖、奉三系。这三系为了建立自己的绝对权威，互相争权夺利而又势均力敌，谁都无法真正统一，所以就造成了这一阶段争端不止、内乱无穷的混乱局面。三方相持不下，互相消耗的情况下，给南方的革命政府带来了发展的机会，最终北伐的胜利宣告了北洋军阀的灭亡。

一、小规模的武装冲突

民国初年在北京爆发的战争大多规模比较小，只能说是武装冲突，持续的时间也比较短暂。后来军阀混战时期动辄就是几十万人，跨越几个省域，持续的时间也相对来说较长，有时能长达几个月，对社会造成的危害也更严重得多。这些冲突主要是由于政治因素引起的，武装战争只是辅助的手段，政权更替才是目的。不同于后一阶段单纯的军事角逐，战争是各方实力互相兼并的结果。

1. 京保津兵变，又称为二月兵变。这次事件是以孙中山为首的革命党人和袁世凯为首的北洋军阀为了首都之争而暴发的，也是双方实力较量的结果。由于双方力量悬殊太大，最终以袁世凯定都北京而告终。

1912 年 1 月 1 日，孙中山在南京宣誓就任中华民国临时大总统。迫于各方面的压力，2 月 15 日，孙中山辞去临时大总统职务，同时推举袁世凯为临时大总统。当时的革命党人都主张建都南京，一方面是作为革命胜利的纪念，另一方面是防止国家受制于北洋军阀。而袁世凯的势力都在北方，自然是不肯离开北京，但是他迫于舆论的压力，只能在表面上答应孙中山要其南下的要求，却又以整顿军务为理由暂时留在北京。2 月 25 日，南京临时参议院正式选举袁世凯为临时大总统。临时参议会、临时政府派蔡元培为专使，宋教仁、汪精卫为专员，于 2 月 27 日抵达北京，当天下午会见袁世凯，袁表示愿意南下。2 月 29 日袁世凯与专使团举行茶话会。29 日晚，北洋陆军第三镇以索饷为名发动了兵变。叛乱部队打到专使团的住所，蔡元培等人避入东交民巷内的六国饭店。下半夜西城、北城也发生骚乱，土匪和部分巡警加入抢劫。当晚袁世凯亲信并未阻止兵变，陆建章的执法处并无干预，掌管警政的赵秉钧当晚传令全城巡警一律撤岗。次日，兵变像瘟疫一样蔓延到了保定和天津地区。驻保定的北洋陆军第二镇突然起兵，将城门烧毁后，到处劫掠纵火，附近的州县均未幸免，城内百姓纷纷出逃，兵燹造成的损失难以估计。第三日，北京的2000名乱兵陆续潜入天津，开始肆无忌惮地砸抢各商行，掳掠细软钱财。到晚上，他们又伙同地方匪霸，边抢边烧，把天津的变乱推到了高潮。

几乎所有的人都认为此次兵变是在袁世凯的策划和具体部署下进行的。当时南北议和的全权代表、后任中华民国第一任内阁总理的唐绍仪也以其亲身所历印证了此乃预谋之举。他回忆道："当时兵变发生，南方代表束手无策，促予黎明访袁。予在门侧，袁则当门而坐。曹锟（时任北洋军第三镇师长）戎装革履，推门而入，见袁请一安，曰：'报告大总统，昨夜奉大总统密令，兵变之事，已办到矣。'侧身见予，亦请一安。袁曰：'胡说，滚出去！'予始知大总统下令之谣不诬"。[3] 由此可见，这场兵变的总导演应是袁世凯。但有人对此也有不同的看法。如南京国民政府军令部长的徐永昌在回忆录中称："正月十二第三镇在北京兵变，初非袁世凯所主使，有些人委称系袁世凯指使，以抗议南方代表要求迁都南京者，实乃诬传。"不过徐永昌也认为袁世凯利用了这次兵变，达到了目的，"袁适逢其会，利用兵变拒绝迁都，或者有之"。徐永昌也指出了这次兵变的原因，"因第三镇在汉口与革命军作战之后，士兵回京，仍不忘在外作战时期之不纪律生活习惯，而带兵者战时不知注意约束士兵的轨外行动，战后又疏于整顿舆范，故至酿成兵变，若谓第三镇兵变为袁主使，然则谓毅军兵变，亦将有人主使耶"？北京大学教授尚小明也称袁世凯策划"北京兵变"的说法根本不能成立。[4]

不管这次事件是否是袁世凯发动的，这次兵变的结果都是对他有利，也有确实的证据证实与他的纵容不作为有很大关系。这次兵变的结果是最终导致南方革命党人不得不接受袁世凯在北京就职，袁世凯宣布拥立革命，中华民国定都北京。

2. 讨逆张勋。 1917年春，大总统黎元洪和总理段祺瑞发生"府院之争"，黎元洪下召张勋赴京调停。6月14日，张勋率步、马、炮兵10营，共4300余人，北上入京。部队分别驻扎在天坛、先农坛、南河沿、丰台等地。7月1日，张勋策划了复辟帝制的丑剧。1917年7月3

日，"讨逆军总司令部"在天津近郊马厂宣布成立，总司令是段祺瑞，参赞是梁启超、汤化龙。讨逆军分为西路军、东路军和中路军，总计兵力 18 个旅，5.7 万余人。段芝贵指挥中央陆军第 8 师和第 16 旅混成旅为东路，沿京津铁路北上，以曹锟指挥中央陆军第 3 师、第 20 师为西路，由保定出发，沿京汉铁路北上，占领涿州、良乡后，继续向卢沟桥进攻。7 日，讨逆军三路合攻丰台，张勋部队伤亡惨重，不断溃逃。8 日，张勋见大势已去，只能投降，但不愿意解除武装。7 月 12 日早上，讨逆军共 5 万余人，同时向北京市区发起进攻，围攻张勋天坛总部及南池子张宅等处，经过几个小时的激战，辫军大部分缴械投降，张勋逃入荷兰使馆避难。

在这次事变中还出动了飞机轰炸，效果十分显著。7 月 7 日上午，3 架"高德隆"式飞机依次起飞，驾驶飞机执行轰炸任务的是南苑航空学校校长秦国镛、教官姚锡九和鲍丙辰 3 人。飞机首先"光临"了丰台地区的"辫子兵"阵地，之后飞机到达南河沿张勋住宅上空，从飞机上投下手榴弹，在天安门上空散发"打到张勋，反对复辟"的传单，并在紫禁城内投下三枚小炸弹，以示警告。本来航空学校准备下午再次轰炸的，由于震慑力太大，被取消了，"午后五时，拟再派飞机进城攻击，忽接王参谋总长电称，上午飞机所掷炸弹，炸伤数人，清廷恐惧。某已派代表来贵处接洽，请暂毋飞入禁城，日内自有办法等语"。[5]当时的空袭震惊了清廷，溥仪 30 多年后仍然记忆犹新，他在《我的前半生》中说道："飞机空袭那天，我正在书房和老师们说话，听见了飞机声和从来没听见的爆炸声，吓得我浑身发颤，吓得师傅们面无人色。在一阵混乱中，太监簇拥着我赶忙回到养心殿，好像只有睡觉的地方才最安全，我钻进了卧室再不敢出来。太妃们的情形更加狼狈，有的躲进卧室的角落里，有的钻到桌子底下。当时各宫人声嘈杂，乱成一团。这是中国历史上第一次出现空袭，也是内战史上第一次使用中国空军"。其实，"高德隆"式飞机只是一种设备十分简陋的单发小型飞机，机上没有投弹装置，说是轰炸，实际上是由飞行员用手投掷了三颗手榴弹。这是中国空军有案可查的第一次作战行动，它虽然没有造成多大破坏，但却对复辟势力给予了巨大的精神震慑。张勋于轰炸当晚躲进了荷兰驻中国大使馆，"辫子军"缴械投降。

7 月 12 日，在紫禁城里也惶惶不可终日的溥仪，终于宣布"退位"，并推卸责任："乃本年七月一号黎明，忽闻谋变国体之事，殊非初衷所能料及。骤闻之下，骇异殊深。数日以来，迭颁谕旨，进退群僚，均非冲人所闻知，宫禁情形，顿生隔阂……所有七月一号以后谕旨，自应一律撤销"。[6]轰炸紫禁城，加速了清廷退位的结局，让上演12天的复辟闹剧就这样草草收了场。

张勋的倒行逆施固然被历史所遗弃，但复辟的真相却不简单。张勋在事发后一再声明自己并不是贸然行动，而是得到了各位军阀的赞同，只是各位都背弃了他。他于10日通电痛斥北洋将帅，背盟卖友："变更国体，事关重大，非勋所独能主持，谁非清朝臣子，各有应尽之责。数年以来，全仗众力。去岁徐州历次会议，冯、段、徐、梁诸公及各督军，无不有代表在场；即勋此次到京，徐东海、朱省长（家宝）均极端赞助，其余各督军亦无违言。芝老虽面未表示，亦未拒绝，复派代表来商，谓只需推倒总统，复辟一事，自可商量。勋又密电各方面征求同意，亦皆许可，函电俱在，非可讳言。现既实行，不但冯、段通电反对，并朝夕共谋之陈光远、王士珍，首先赞成之曹锟、段芝贵等，亦居然抗颜犯阙，直逼京畿，翻云覆雨，出于俄顷，人心如此，实堪浩叹"。[7]于是可知，复辟的主角固为张勋，但是后台尚有无数人，而段祺瑞假手张勋复辟以去黎元洪，又借讨伐复辟之名以去张勋，则极为明显。7月12日的上海《新闻报》署名"指谜"之通讯就揭示了事实之真相："复辟之议，起于去年彰德会议，至第一次徐州会议，始决定为议案之一。督军团中，尤以倪嗣冲、张怀芝、曹锟主张为最力。东海、河间，亦与闻其事。此次来京，提及复辟，河间并不反对，并有我在前清亦赐过爵之言；而东海迄今尚未言复辟之不当，不过云今非其时耳。盖东海主张明年选举总统时，必有一番捣乱，迨两党相争，不能解决，始请宣统复辟，则千稳万妥，张勋竖子，发之太骤，此东海所由反对也。"徐世昌虽然赞同复辟，但不认可他现在行动，而张勋之所以遭到众人的抛弃，除了时机外，还与他自身的狂妄自大有关："故张勋此次之失败，即在未算到段合肥之亲自出马，又不料如此之迅速，稍一犹豫，各督军谢恩奏折一上，即难挽回矣，而其根本上之失败，则仍系张勋所自取。此次以调停之名来京，本系北洋派令彼冲头阵，彼妄自尊大，俨以北洋派老大哥自居，大有指挥同盟之气概。最为北洋派所忌者，即一手包办内阁之事，内阁既可一手包办，万一复辟告成，彼将一手包办上谕。"张勋想称老大，但是并未得到所有军阀的认可，这是他复辟失败的根本原因。

二、大规模的军阀混战

军阀混战是民国时期非常常见的一种现象，也可以说是民国时期的主要特征。虽然中华民国推翻了延续了两千多年的封建体制，但是理想的政治制度并未建立，军阀政治占据了很长的一段时期。在军阀统治时期，由于利益的冲突，发生了许多或大或小的各级战争，这里只介绍发生在北京的几次规模最大的战争。

1. **直皖战争**。发生于1920年7月14日，是直系曹锟与皖系段祺瑞为争夺北京政府统治权，在京津地区的对抗。从法律上来说，这是一场地方军人抗拒中央政府的军事政变。这场战争标志了第一次大规模冲突的开始，也标志着直奉第一次联盟，反对他们眼中的霸权角色（皖系）。

袁世凯死后，皖系军阀掌握了北京政府的主要权力。在政治上，段祺瑞操纵非法的"安福国会"，选举徐世昌取代直系首领冯国璋为总统；在军事上，于1919年1月建立辖有三个师四个混成旅的参战军为其嫡系。1920年4月，直、奉两系结成反段联盟。5月，吴佩孚自衡阳率直军北上至保定，准备讨段。7月14日，直皖两军在北京东西两面的京津铁路和京汉铁路线上的涿州、高碑店、琉璃河一带开战。西线直军遭边防军的进攻而受挫，退出了高碑店一带。东路边防军由徐树铮坐镇，进攻直军所据的杨村，未决胜负。16日，日本驻军开出一支护路队助西北边防军占领杨村。17日，吴佩孚率兵突袭边防司令部所在地松林店，皖系部分高级将领被迫投降。接着，直军占领涿州并向长辛店追击。奉军也大军压境，作为直军的后盾。这次直皖战争仅仅历时五日，皖军就大败，直、奉两系军阀遂控制了北京政权。

曾任段祺瑞内阁交通总长、直系所最攻击的亲日派人物曹汝霖，在其回忆录中认为这次战争是由于段芝贵轻敌所致："……后来吴佩孚通电讨段，竟说为国除奸，这见得他太无修养，出言太放肆了。并自河南分兵进驻近畿，竟对合肥（指段祺瑞）有宣战之势。于是合肥檄讨曹锟吴佩孚，以边防军两师，西北军三混成旅为主力，编成定国军，自任总司令，以徐树铮为副司令，派段芝贵为前敌总指挥，在长辛店设指挥部。段芝贵料此战不会长久，遂在火车上设总指挥部，很露轻敌之意。张作霖因受段在团河冷淡，曹锟又极力拉拢，遂亦袒曹。吴光新时率二十万大军为长江上游总司令，合肥此着，本大有用意。岂知吴光新忽发奇想，适于此时赴武昌，大宴鄂中将领，被王占元扣留。皖系军分东西两路，东路由徐又铮率西北军三混成旅，在杨村方面与直军曹锳作战，且防奉军入关。西路由曲同丰陈文运分率边防军两师（还有一师驻山东），在涿县琉璃河对抗，并令丁士源以运输飞机供运输。东路徐又铮进军颇顺利，已越过廊房进到北仓，预备改装警察队进入天津（因军队不能入租界）。西路初出顺利，适逢大雨，彼此在雨中相持两日，兵士在壕中，雨水过膝，仍在壕不动。闻吴佩孚于大雨中在大树上挂电话，不停向保定催派援军，并用鞭炮在火油桶中燃放，以节省子弹，聊助声势，足见直军兵械两缺，急待救援。余不知兵，惟想对方已力竭待援，何勿挥军前进，反令军士困守雨壕之中，岂不令士气沮丧，这是什么兵法？前方阵势如何布置，我不明白，到了第五日陈文运军已退守固安，曲同丰尚在前线，而援直之奉军尚在途中，奉军非能朝发夕至，在此中间，不知曲陈两军作何行动，真令人百思而不可解！迨奉军到达保定，曹锟已预备粮食，不待休息，即令先派一部分驰赴增援。吴佩孚见援军已到，即令援军代守防地，自己率领劲旅渡琉璃河，迂回直趋长辛店之后，闻段香岩（段芝贵）尚在车中打麻将，秘书长梁众异（梁鸿志）屡催增兵西路，段终迟迟不发。等到吴佩孚率兵逼近长辛店，子弹已落到火车，即仓皇开车进京城。其时东路徐又铮正预备驱军入天津，闻西路败讯，不敢前进，退守廊坊，回京视察。曲同丰在前线被俘，主将被俘，西路军队即溃不成军。边防军及西北军的精良军械，均为直奉两军分赃而得。闻合肥预令两路不许用重炮，恐火力太猛，伤亡过重，虽似宋襄之仁，亦已有轻敌之心。仅五日间，战事即告终结，自有战事以来，未有若是之速也"。[8]从这一段记录中可以看出曹汝霖的不满和愤慨，他认为由于段芝贵的大意轻敌，指挥不力，没有抓住有力战机，一再失误，从而导致最终的失败。

皖系的失败大大地削弱了它的能力，失去了对中央政府的统治。安福系的解散也使它失去了对国会的控制，西北边防军被废除，还失去了许多地区。它在全盛时期统治和具有影响的 8 个省中，只有浙江和福建还坚决地留在它的阵营内。皖系被大大削弱了，直系和奉系共同分享战果，新内阁由两派都接受的总理靳云鹏所组成（靳云鹏与张作霖是姻亲，又是吴佩孚最尊重的老师和早年的恩人）。奉系得到了热河、察哈尔和绥远，直系得到了山东、陕西、河南和安徽。[9]

2. **第一次直奉战争**。1920 年直皖战争后，直、奉两系军阀共同控制了北京政权。后来为了扩张势力，双方的矛盾不断趋于激化。从 1922 年 4 月 10 日起，奉军就不断进关，改名为"镇威军"，一路进至军粮城、马厂、静海一带，一直开到了德州附近，另一路于 17 日进至京汉铁路的长辛店一线。4 月 25 日，吴佩孚与直系督军齐燮元、陈光远、萧耀南、田中玉、赵倜、冯玉祥等人联名通电，宣布张作霖的十大罪状，以保定为大本营，随时做好战斗准备。4 月 29 日，张作霖宣布自任"镇威军"总司令，以孙烈臣为副司令，指挥奉军 4 个师、9

个旅，约 12 万兵力，兵分东、西两路发起进攻。西路奉军以张景惠为总司令，驻扎在长辛店，企图围攻直军的大本营保定，并于即日下达了总攻的命令。同时，直军也以吴佩孚为总司令，指挥 7 个师、5 个旅，约 10 万余人，兵分东、西、中三路进行应战。西路吴佩孚的第 3 师进驻琉璃河，中路王承斌的第 23 师驻守固安，东路张国熔的第 26 师，后来又增加了张富来的第 24 师，在大城一线布防。从 4 月 29 日起，直奉两军在长辛店、固安、马厂一带进行激战，奉军擅长骑兵作战，直军曾经一度十分被动。战争伊始，东路直军在奉军骑兵的猛烈的攻势下退至任丘、河间一线；西路直军也受到奉军的炮火压制而毫无进展。30 日，吴佩孚亲自到前线进行督战，以一部兵力在正面实施钳制，才慢慢打开局面。到 5 月 5 日，张作霖不得不败退出关。后来经英、美传教士的调停，双方停战。虽然奉系在这次军阀之战中失利，但后来在日本的援助下重整军备，伺机卷土重来。直系取胜后，完全控制了北京政府。

这次战争共持续了两个月的时间，但真正战斗的时间只有 6 天，即从 4 月 29 日到 5 月 4 日。这次战争有大量的军队参加了实际战斗，估计双方至少有 10 万人参与，伤亡巨大。[10]这次作战涉及的地区十分广泛，几乎在双方接壤的所有边界都展开了战斗，投入的军队规模之大，速度之快，都是前所未有的。战争最终以直系的胜利而掌握了北京政府的控制权，但直、奉之间的矛盾并未得到根本解决，他们之间仍在酝酿新的战争。

战争的胜利使直系的力量得到了增长。热河、察哈尔和绥远归于直系，河南的叛乱被粉碎，与直系的关系更加紧密，直系成为国内最强大的力量。胜利后，徐世昌总统被迫于 6 月 2 日正式辞职，离开北平，在直系的支持下黎元洪复职。此后，内阁成员一直就由直系控制。[11]1923 年 1 月，曹锟花了大量金钱贿赂国会议员，终于在 10 月正式被选为总统。

3. 第二次直奉战争。即 1924 年张作霖、段祺瑞和孙中山联合打倒曹锟、吴佩孚的一次战争，这是北洋军阀统治时期规模最大的一次混战。奉系自 1922 年直奉战争败退关外后，苦心经营，扩充实力，以图再起。张作霖这次做了充分准备，他为了强大奉系力量，孤立直系，组织了反直三角同盟。他不但积极联系皖系残余势力，而且还竭力利用南方孙中山的革命力量进行反直斗争。他密切关注江浙战争，在 9 月 3 日战争爆发后，15 日奉军趁江浙战争相持之机，集结主力分别向热河和山海关方面出动。9 月 18 日，第二次直奉战争正式爆发。这次战争是奉系发动的，直系完全是被动的。

　　冯玉祥乘吴佩孚在长城山海关一线与奉军激战之时，率部从古北口、密云前线秘密回师北京，在北京警备副司令孙岳配合下，于10月23日晨占领北京城，囚禁了曹锟，发动了北京政变，致使直军遭到惨败。冯、吴之战开始时互有胜负："兹闻丰台东站人谈论，冯、吴两军业在杨村一带开火。冯军所用均系小钢炮，将吴军击退。嗣吴军以重炮反攻，遂退至落垡云"。[12]11月2日晚，"吴、冯两军，在万庄一带交战"，冯军颇有伤亡。[13]3日，冯部张之江旅和胡部李记才、朱云龙旅，攻占杨村、北仓，并俘敌第一混成旅旅长潘鸿钧及其全旅官兵，吴之总司令部被迫撤至军粮城，直军残部溃退天津。同时，西进奉军已抵唐山附近。4日，吴佩孚在奉军、国民军的夹击下，腹背受敌，走投无路，无奈率残部登上华甲运输舰浮海南下，前往英美势力所在的长江流域。

　　北京政变在历史上有着重要意义。首先，完成了辛亥革命"赶走皇帝"的未了任务，铲除了封建帝制复辟的祸根。政变后，冯玉祥授意内阁通过了《修正清室优待条件》，规定废除帝号，清室迁出紫禁城，驱逐溥仪出宫。随即对故宫历代文物进行清点、保管。其次，造成了有利于革命的客观形势。北京政变导致曹吴政权的垮台，直系在北方的势力受到沉重打击，吴佩孚主力被歼，只率2000多人南逃，其"武力统一"的图谋化为泡影。尽管政变后政权落到段祺瑞手中，但冯玉祥建立的国民军在北京及其外围驻有重兵，制约了段祺瑞政府。这种形势不仅有利于北方革命的发展，也有利于南方革命势力的巩固。第三，北京政变客观上促进了民族、民权运动的兴起，为争取国民会议的召开创造了有利的条件。中国共产党早在1923年就提出了召开国民会议的主张，但由于直系实行"武力统一"，无法实现召开国民会议的主张。北京政变以后，冯玉祥电邀孙中山北上主持大计，共商国是。中共再次号召"国民会议"运动，支持孙中山北上。孙中山行前发表《北上宣言》，沿途广为宣传，使召开国民会议和废除不平等条约的群众性运动蓬勃展开。第四，北京政变不仅有利于北方革命形势的高涨，并对以后的工人运动和北伐战争起了积极作用。北京政变后，冯玉祥改组成立了中华民国国民军，国民军纪律较严，政治上倾向革命。他们在北京有时以"维护秩序"为名，保护群众集会和示威游行。中国共产党还通过冯玉祥和国民党的关系，营救"二七"以来被捕入狱的工会领袖，恢复失业工人的工作，恢复铁路工会。这些为工人运动由"二七"惨案以来的低潮走向以"五卅运动"为标志的高潮创造了极有利的条件。

其实，这次战争即使没有冯玉祥的倒戈，曹吴也未必能稳操胜券，有识之士早于战争开始之前就已指出吴佩孚的形势并不乐观。钟伯毅总结四点直系失败的原因："盖直军武器不如奉军犀利，更缺新式大炮，奉天有新式兵工厂，弹药补充不虞匮缺，此其一也；吴佩孚动员20万大军而饷款无着，缘直方于事先和战未决，殆仓促出兵巨额饷款一时无法筹集，财政总长王克敏初犹寄希望于金佛朗案之解决，但吴佩孚坚持不借外债之原则，军饷遂无从筹措。战争期间，吴鉴于形势恶化，尝筹得一笔款项，以之悬赏，因于山海关一度奏捷，但终无法长期维持，此其失败原因之二也。出师之日将士各怀私心，竟于争取奉天军民长官之要缺，因此，如冯玉祥、王承斌辈对于作战路线之安排均怀失望，此其三也。日本方面对与奉天利益自极为关切。直奉战事起，日本驻华公使芳泽谦吉，驻天津总领事吉田茂先后向曹锟、吴佩孚探询直军战胜后日本是否得保其在奉天之利益。吴佩孚标榜民族主义已为所忌，而其答复日方曰'届时一切均循外交正规途径交涉，无不可以商谈者'。日方以为吴佩孚空言推脱，于是塘沽码头不许直军舰停泊，海军之联络乃为切断，此其四也"。[14]钟氏分析得十分全面精确，吴氏为主的直系的确在很多方面和奉系有一定的差距。

战争结束后，中国的形势发生了很大变化。直系丧失了总统职务和大量军职。最重要的是，它丧失了大量领土，包括热河、察哈尔、绥远、直隶、山东、河南、浙江和福建。曹锟被监禁和吴佩孚的惨败，使这一派系暂时失去了主宰地位。国民军作为一个新角色出现了，冯玉祥及其政变的共谋者，都是过去的直系军官。他在沿京汉路和京绥路一带地区可以自由行动。他占领了直隶的一部分，河南、陕西、甘肃、热河、察哈尔和绥远。战争的成果大部分归于奉系，它得到了沿京津浦铁路附近的地区以及直隶的一部分、山东和安徽，并准备最终进入长江流域。直系的失败，使奉系成了国内最强的派系，它拥有20万国内最优良的军队。[15]

4. 国民军和直系奉系之战。北京政变之后，冯玉祥和奉系的矛盾并没有缓解。由于奉系的强势地位，不顾国民军已占领了天津的事实，仍派遣军队开进，迫使国民军解散了军队，国民军的督军辞职。1925年11月9日冯玉祥在段祺瑞的调解下，致电张作霖表示愿意继续合作，共求和平，但是张作霖不听劝告，依然在京津一带增兵四师，并对驻守京畿一带的国民军第一军采取三面包围的态势。[16]无奈之下，冯玉祥被迫于1926年1月通电下野。

国民军的实力不如奉系，虽然冯玉祥之国民一军人数不少，据有京津、察哈尔、绥远、甘肃等地盘，部队为 6 师另 8 旅，约计 9 万余人，基本保持 16 个混成旅。[17]但是其武器装备落后，《民国军事近纪》记载，"冯军人数虽多，然自无兵工厂，又无海口可以购械，其运经天津者，又多被扣留，故不得已而求械于苏俄"。为了扩大力量，寻求出路，国民军一直和国民党、共产党都保持着来往。而北京政变之后，国共两党也确实对国民军有着更高的期望，特别是共产党人为了争取和改造国民军作了很多工作。经李大钊和孙中山的代表徐谦介绍，冯玉祥结识了苏联驻华大使。1925 年 10 月，苏联顾问到达张家口，冯玉祥请他们帮助自己训练军队。1926 年 3 月，冯玉祥以访德途径苏联的名义实现了访苏。在苏联期间，冯玉祥同苏联党政军各方面负责人进行了广泛的接触。为支持冯回国参加北伐，苏联政府除了派来一些军事顾问外，还调拨了大量的军械弹药给国民军。苏联的军事援助使国民军的武器装备大为改善，大大提高了国民军的战斗力。从 1925 年 3 月至 1926 年 7 月，国民军第一军从苏联得到了俄式步枪 38828 支，日式步枪 17029 支，德国子弹 1200 万发，7.6 毫米口径步枪子弹 4620 万发，大炮 48 门，山炮 12 门，迫击炮 18 门，手榴弹 1 万多枚，附带子弹的机枪 230 挺，以及大量药品。[18]

1926 年 1 月下旬，张作霖、吴佩孚、张宗昌、阎锡山等各派军阀，组成了"讨赤联军"，向国民军大举进攻，国民军被迫放弃天津、北京。1926 年 3 月 31 日，北京已陷入围城状态。为了打破直奉晋联盟，4 月 9 日夜，鹿仲麟发动了第二次北京政变，把段祺瑞赶下台，释放了曹锟，并表示愿意迎吴佩孚进京主持政局，但遭到吴佩孚的拒绝。国民军在反奉战争中失利，于 4 月 15 日从北京城撤退至北京西北郊区昌平县的南口镇，这里是通往绥远的交通要道，地势险恶，易守难攻。

4 月 29 日，直系、晋军决定三路围攻国民军。北路由奉军进攻多伦，中路由奉军、直鲁联军、直军分三路进攻南口正面及两翼，南路由晋军进攻丰镇。作战计划虽然已经定好，联军虽然在人数上占有绝对优势，但各派军阀之间各有各的利益打算，内部并不团结统一，张作霖属下将领与国民军另有密谋。国民军和孙传芳、靳云鹗、李景林保持联系，达成约定后，于 5 月中旬，在晋北丰镇、阳高突然向晋军发起猛攻，大破晋军，雁门关外要地尽归国民军所有。6 月，吴佩孚免去靳云鹗的十四省联军副司令、第一军总司令职务，张宗昌也将李景林部缴械。张作霖、吴佩孚在整肃内部，各部取得暂时谅解后，于 6

月 28 日在北平会晤达成协议，6 月 29 日对国民军发起总攻击。直奉联军分别在延庆、赤城、独石口、沽源、多伦和南口等地约两千里战线上向国民军各部发起了进攻。直奉晋共五十多万人，兵力数倍于国民军，战况异常激烈。直军吴佩孚在直鲁联军张宗昌的配合下，担任南口正面攻坚；奉军吴俊升率部出热河攻多伦，直取张家口；晋军商震部北出大同以断国民军的退路，企图将国民军消灭在塞北草原上。国民军在南口顽强抵抗，做了充分准备，挖掘的防御阵地沟深壕固，并且前置电网，后设地雷，防御工事长达百余里。

刘汝明的第十师和佟麟阁的第十一师担任南口正面防御，其他部队则部署在察东和晋北各地。当时南口方面是主要战场，张作霖和吴佩孚的主力部队都集中在这一方面，并集中大炮和飞机轮番轰击。刘汝明指挥所部浴血奋战，岿然不动。刘汝明当时是冯玉祥手下的"十三太保"之一，负责正面防御，面对直奉联军的轮番进攻和飞机大炮的轰炸，刘汝明的阵地岿然不动，这一战刘汝明威名大振。尽管如此，国民军还是伤亡过重，因处于三面包围之中，原来的一万多人只剩下一千多人，弹尽粮绝，不得已乃于 8 月 15 日向绥远、包头一带撤退。[19] 经过南口苦斗五个月后，国民军的重武器几乎损失殆尽。为了躲避追击，国民军撤退路线均是穷僻之地，因地瘠民贫，衣食补给更是困难。因此，一直到 1926 年 9 月冯玉祥五原誓师北伐，国民一军的装备状况都处于劣势地位。

在直奉军和国民军双方的激战中，不仅炮弹纷飞，吴奉方面还出动了飞机轰炸京城，给城内的居民造成了很大困扰和伤害。为了说服吴奉不再轰炸北平，王士珍领衔发出多封电报，极尽劝诫他们停止轰炸："昨于团城之落弹，距老朽会议之纯一斋不过数百步耳，在飞机凭高视下，不过一分秒耳"。[20] 像王士珍这样的北洋元老都难免遭受炮弹的袭击，普通百姓的生命安全更是可想而知了。

第二节　国共两党的抗日战争

北平抗战是在全国抗日斗争的大背景下开展起来的，是中华民族伟大抗日战争的重要组成部分，具有重要的地位与意义。在中华民族的危急时刻，具有光荣的爱国主义传统的北平军民，始终站在抗日救亡的最前线，掀起了抗日救亡运动的高潮，积极投入到这场漫长的民族战争中。无论是正面战场，还是敌后战场，千千万万个爱国将士浴血奋战、视死如归，各界民众万众一心、同仇敌忾，用生命和鲜血开始了长达十二年的抗战，终于取得了最后胜利。

一、古北口抗战

日本侵占东北后，很快又将侵略矛头指向华北。1933 年 1 月，日军开始向山海关发动进攻，由此拉开了向华北扩张的第一战。2 月，日军分兵向热河发起全面进攻。随后，日本关东军南侵长城各口，中国守军奋起抵抗。3 月至 5 月，在中国国民政府的指挥下，国民革命军（东北军、西北军、中央军等）在长城沿线的义院口、冷口、喜峰口、古北口等地，抗击侵华日军的一次次进攻。其中古北口之战是长城抗战中作战时间最长、战事最激烈的战场，被日军称为"激战中之激战"。自 3 月 5 日至 5 月 19 日，东北军第 67 军和中央军第 17 军在古北口、南天门、石匣一带地区与日本关东军激战两月余，毙伤日军不少于 5000 人（日方公布 2400 人），而 67 军和 17 军累计伤亡不少于 12000 人，其中 17 军伤亡达万人以上。[21]

古北口战役共分三个阶段，第一阶段为 3 月 5 日至 12 日的古北口保卫战。日军占领承德后，追击向古北口溃退的东北军 67 军第 107 师王以哲部。3 月 5 日，67 军 107 师奉命向承德反攻，下午进至古北口外滦平县青石梁一带，与南下的日本关东军第 8 师团川原旅团先头部队遭遇，战况异常激烈。在 107 师奋勇抗击下，将日军击退。3 月 6 日至 9 日，107 师和日夜兼程 6 日即赶到古北口的第 67 军 112 师协同作战，他们在日军飞机和重炮轰击下浴血奋战，打退了日军多次猛攻，在中央军抵达前顽强地守住了古北口。9 日晚，107 师奉命撤回后方休整。10 日晨 4 时，中央军第 17 军 25 师经急行军赶至古北口，由东北军 67 军 112 师在古北口长城构筑第一道防线，25 师占据古北口南城两侧高地并向左右延伸，构筑第二道防线。

由于装备落后，中国军队在日军连日飞机和重炮的狂轰滥炸下伤亡惨重，我军在无防空炮火的境况下殊死抵抗。10 日 7 时，日军飞机前来轰炸，此后每隔 1 小时就轰炸一次，整日未停。15 时，日军步兵在炮火掩护下，开始向 112 师守卫的将军楼阵地和 25 师守卫的龙儿峪阵地发动进攻，在守军英勇抗击下，日军退回原线。11 日拂晓，日军发起总攻，以猛烈炮火掩护步兵和骑兵向龙儿峪、将军楼及古北口正面长城阵地进攻。日军第 8 师团长西義义一亲临前沿指挥。25 师和 112 师顽强抵抗，战斗极为惨烈。至 10 时许，112 师某团团长、团副相继阵亡，18 时，112 师丢弃将军楼和古北口正面阵地，撤离了古北口。日军乘胜向龙儿峪一线阵地包抄攻击，其一部则向南城阵地进攻。守卫龙儿峪的25师73旅145团与日军展开反复搏杀，伤亡巨大，团长戴安澜负伤。而敌人以猛烈火力封锁道路，第25师电话机和无线电报机均被敌机炸毁，与前后方失去联系，使我国军队无法增援，将军楼、南天门相继失守。为了夺回将军楼制高点，师长关麟征亲自指挥75旅149团向将军楼高地发起攻击。149团团长王润波身先士卒带队冲锋，负伤多处，仍拼杀不止，直至壮烈牺牲。师长关麟征被炸伤5处，血流如注，仍挥枪督战。149团官兵前仆后继，艰苦奋战，虽竭尽全力夺取将军楼南侧高地，但多次强攻将军楼阵地未果。当晚，关麟征因伤势严重回北平治疗，临行前指令由73旅旅长杜聿明代理师长，指挥作战。下午6时，河西镇112师1团又擅自撤退，25师随即派75旅150团推进至河西镇，以巩固左翼阵地。[22]

12日拂晓，日军增加重炮和飞机向25师发起全面进攻。25师官兵顽强抵抗，连续击退日军3次大规模进攻。15时，25师被迫开始退守南天门预备阵地。在撤退时，145团派出的一个军士哨因远离主力，未及撤退。该哨七名士兵携一挺机关枪扼守着一座日军必经的小山头，先后毙伤日军百余名，为主力转移争取了宝贵时间。日军恼羞成怒，动用飞机大炮联合轰击，将该哨消灭，攻克山头后发现只有7名中国士兵的尸体。日军面对这些殊死抵抗的士兵十分震惊，非常敬佩该哨士兵的英勇精神，遂将尸骸葬于山下，并在坟前竖起一块木牌，题写"支那七勇士之墓"。12日晚，第17军第2师赶到南天门接替防务，25师撤回密云休整。此战，25师与日军激战3昼夜，毙伤日军2000余人，自身伤亡4000余人，日军主力在古北口遇到顽强抵抗，傲气受挫，当得知防守古北口前线的是中央军时，遂不敢轻敌冒进。3月13日至4月20日战事相对平静。中国守军在此期间，抓紧构筑工事，同时派出小股部队袭扰日军，取得一定胜利。

古北口战役的第二阶段，自4月20日至28日，为南天门阻击战。自4月15日起，日军将滦东兵力逐渐向古北口方面转移，除原有的第8师团和骑兵第3旅团外，又相继增加了第6师团主力、第33旅团，总兵力达到2.5万人，并附有强大的空军、炮兵、坦克等部队。4月16日和18日，日军飞机轰炸石匣镇和密云县城。4月20日深夜，日军一个大队由当地一名汉奸带路偷袭南天门左翼制高点八道楼子，一夜之间八座碉楼全部被敌人占领，守军死伤惨重，这对我国军队极为不利，战况由此急转直下。21日，第2师第6旅奉命收复八道楼子阵地，多次强攻未果，伤亡惨重。22日，第4旅旅长郑洞国指挥两个团继续反攻，官兵们一批批倒在日军密集的枪弹下，终未得手。23日7时，日军利用八道楼子瞰射之利，向南天门一线阵地同时发动猛攻，激战竟日。24 日，日军用飞机重炮猛轰南天门中心阵地，工事尽被荡平。继而日军 1700 余人向该阵地发起一次次猛攻，10 时许阵地失守。守卫 421 高地的 11 团伤亡过半，阵地被敌人突入，双方展开激烈肉搏战，战况极其危急。适值军长徐庭瑶正在前线督战，闻讯后立即指挥补充团反攻，经多次冲锋，12 时终将该阵地夺回。25 日，日军不再出动步兵攻击，而是以前所未有的猛烈炮火对南天门阵地实施报复性轰击。从早到晚，炮击和飞机轰炸不断，许多中国士兵的耳朵被震聋。第 2 师连续作战 5 昼夜，伤亡甚大，疲劳已极。25 日夜，第 2 师奉命撤至后方休整，由 83 师刘戡部接替防务。换防后，日军连续三日向南天门诸阵地发起猛烈攻势，致使阵地工事完全被毁坏，造成过大伤亡。28 日 5 时，日军向南天门两侧阵地猛攻，并以战车掩护骑兵迂回两翼攻击。83 师顽强阻击，与敌激战竟日，伤亡惨重，直至高地全化为焦土，才放弃中央据点高地，被迫于当晚撤至南天门以南 600 米的预备阵地。日军也无力再攻，因伤亡过大，遂于 5 月上旬又将第 16 师团 1 部及第 5 师团第 11 联队调到南天门前线。

古北口战役的第三阶段，自 5 月 10 日至 19 日，是石匣一带的阻击战。5 月 10 日始，日军在飞机、大炮、战车掩护下，向中方阵地发起全线攻击，83 师官兵与敌鏖战至深夜，将日军击退。11 日 1 时，日军5000 余人发动夜袭，一部攻击左翼的小桃园、笔架山阵地，一部攻击涌泉庄、稻黄甸等阵地。守军竭力抵抗，双方反复拼杀。下午，83 师伤亡过半，被迫后撤至预备阵地，旋即由第 2 师接替防守。12 日晨，日军出动 4 个旅团发起全线进攻，中国守军进行了拼死抵抗。第 2 师和 25 师在各自阵地苦战竟日，虽给日军以严重杀伤，但自身伤亡巨大，不得不且战且退。13 日，日军攻占石匣城。14 日，日军继续向南攻击。至此，第 17 军又与日军连续激战 5 个昼夜，伤亡达 4000 余人。5 月 15 日，在获悉日军有"允许谈判解决战端"的意愿后，国民党北平军分会遂令第 17 军全部撤出密云。但日军并未停止南侵，19 日，日军不战而克密云县城，而后继续向怀柔、顺义推进，其主力进至距北平城东北 25 公里处方止。5 月 23 日拂晓，日军第 8 师团第 4、第 16 旅团数千人向牛栏山地区的第 59 军傅作义部发起进攻，战斗持续到下午13 时，59 军击退日军 7 次冲击，守住了阵地。下午，日军改变主攻方向，以骑兵、步兵向 420 团左翼迂回，第 421 团奉命增援，将日军击退，恢复左翼阵地。傍晚，第 59 军奉命撤至高丽营。此战击毙日军300 余人，击伤 600 余人，第 59 军伤亡 800 余人。

5 月 25 日，北平军分会派作战处处长徐燕谋随日本使馆武官永津比佐重到密云县城，向日军第 8 师团师团长西義义一请求停战，草签了所谓"觉书"。31 日，国府代表熊斌和日军代表冈村宁次在塘沽签订了《塘沽协定》，在事实上承认了日本占领东北三省和热河，并把冀东 22 县置于日伪势力范围之内，从此华北门户洞开。这次失败，不仅使中国兵员损失巨大，而且给以后华北的局势带来了灾难性的后果。

二、卢沟桥事变及平汉路抗敌

1935 年，曾任吴佩孚政务厅长的汉奸白坚武，在土肥原的支持下与汉奸石友三、李瑞清等拼凑了"华北正义自治军"，在北平策动叛乱，成立"华北国"。他们收买了北平军分会所属的铁甲大队的两个中队长，于 6 月 28 日发动叛乱，用铁甲车炮轰北平军分会，指挥潜伏在东交民巷的 3000 名汉奸便衣与日军配合进攻北平军分会。由于铁甲大队事先有察觉，没有给炮弹装引信，使发射的炮弹未能爆炸，汉奸便衣队遭中国军警包围，使暴动失败，制造"华北国"的阴谋破产。[23] 这一事件给宋哲元的 29 军带来进占北平的机会。由于察哈尔省与热河省交界，察东边境不断遭到日伪军的侵扰。1935 年 1 月，曾因日伪军侵犯沽源县而发生察东事件。6 月，又发生了张北事件。国民党当局以 29 军屡次与日方发生冲突，给国民政府惹来麻烦为由，于 6 月 19 日免去宋哲元的察哈尔省主席职务，准备将 29 军南调。恰在这时发生了白坚武匪徒攻击北平事件。察省代主席萧振瀛以北平防务空虚为辞，建议抽调 29 军一部开入北平，得到北平军分会代理主任鲍文樾的首肯。几天时间内，29 军迅速控制了北平的所有要地，造成了占据北平的既成事实。在中央军被日军驱出华北的形势下，国民党当局只好于 8 月 28 日任命宋哲元为平津卫戍司令。[24]

接防平津后，29 军的发展进入了黄金时代。昔日的西北军将领也纷纷投奔效力。1935 年底，冀察政务委员会成立，宋哲元接管了冀察两省和平津两市，这更给 29 军的发展创造了有利条件。蒋介石鉴于中央军被日本人驱出了华北，只好命宋哲元"忍辱负重"，维持华北，于是宋哲元趁机向蒋介石要求扩充部队。在中央的支持下，到 1937 年 7 月卢沟桥事变时，29 军以一军之名，实际拥有 3 个军的兵力，大约 10 万人，冀察一带就有 29 军和东北军万福麟两军。并且装备也得以大大改善，主力部队每连补充轻机枪 4 挺，掷弹筒两门，连长每人发自来得手枪一支，排长或用手枪，或用冲锋枪，每班装备有枪榴弹两支。战斗列兵每人发捷克式步枪一支，刺刀一把，手榴弹 4 个。此外，通信器材、骡马及军需用品也均有改善。[25]

1936 年 4 月 17 日，刚组建不久的广田内阁正式决定向中国华北增兵，强化华北驻屯军。到 6 月，日本共增兵 8 批，全部由塘沽登陆，然后进抵平津各地。这次增兵的总人数，东京公布为 6000 人，连同原驻华北 2400 人，合计为 8400 人。实际增兵人数远远超过这个数字。据上海《申报》1936 年 9 月间的调查，增兵后的华北驻屯军人数不下14000 人。而有的学者指出，增兵后的兵力超过 20000 人。此外，华北驻屯军还在华北的一些城市设立了特务机关，豢养了一批伪军。上万装备精良的日本兵荷枪实弹地开进华北，再加上驻屯军的原有兵力和蜂起于华北各地的特务机关，其武装力量已经给 29 军和宋哲元带来了严峻的挑战。[26]

七七事变，是日本全面侵华的开始，也是中国全民族抗战的起点。其实，在此之前的 1936 年，自日本增兵以来就不断制造事端，挑衅中国士兵，尽管每次都遭到 29 军的还击，但由于蒋介石和宋哲元的妥协退让态度，已经迫使中国军队退出了丰台镇。1937 年 6 月底，日军在卢沟桥一带频繁"演习"，6 月 29 日还向卢沟桥进行实弹射击。7 月 6日，日军携重炮到卢沟桥"演习"，并要求通过宛平县到长辛店演习。

1937 年 7 月 7 日夜，日军在卢沟桥附近借"军事演习"之名，向中国驻军挑衅，并以一名士兵失踪为借口，要求进入宛平县城搜查，遭到拒绝。当晚，日军攻打宛平县城，一时间枪炮声大作，震惊中外的卢沟桥事变爆发。7 月 8 日清晨得到增援的日军向卢沟桥一带的中国驻军发动进攻，并炮轰宛平县城。宛平城的战斗打了约一个小时，日军未能前进一步。于是日本又和我军进行交涉，要求严惩我方，损失由我方负责，遭到我方的拒绝。卢沟桥战斗打响之后，秦德纯、冯治安、张自忠等召开了紧急会议，并发表声明指出："彼方要求须我军撤出卢沟桥城外，方免事态扩大，但我方以国家领土主权所在，未便轻易放弃，倘彼一再压迫，为正当防卫计，当不得不与之竭力周旋"。[27]同时，29 军军部向守卫城桥的部队发出命令："卢沟桥即为尔等之坟墓，应与桥共存亡，不得后退"。[28]在山东乐陵原籍休假的宋哲元，得到事变消息后，致电 29 军将领，令他们"扑灭当前之敌"。[29]

8 日晚，金振中营的反击，打退了日军在龙王庙和铁路桥东侧的进攻。由于北平的兵力不足，天津的援军还未到，日军就假惺惺地提出谈判。在协议达成后仅仅两个小时，即 9 日清晨 6 时，日军就撕毁协议，再次炮轰宛平城。9 日上午，接防的保安队不停地受到日军的刁难，经过反复交涉，傍晚 7 时后到达宛平的人数不足 200 人，而且装备极差。尽管如此，我方还是按照协议将宛平守军全部撤出，退守永定河西岸。而日军不仅一兵未撤，而且增加兵力，将机械化部队第 2 大队从通州调到了丰台。10 日上午，日军向我方发起了冲击。经过激战，铁路桥东段终被日军占领。日本为了拖延时间，希望停战会商，双方协议各自撤军，但日军仍然寻找各种借口拖延。而此时日军已由天津、通州、古北口、榆关等处带着火炮、坦克而来，关外尚有日军 11 列火车正向关内开来。下午 3 时，大批日军占领小井村、大井村、五里店，并且隔断电线，检查行人，截断了平卢公路交通，显然七七事变正向全面战争演变。

7 月 11 日，日本内阁批准了 7 月 10 日军参谋本部提出的关于增兵华北的方案，决定从中国东北和朝鲜向华北增兵。这一天，日本正式发表《关于向华北派兵的政府声明》，为其武装侵略行为竭力辩护，把卢沟桥事变的责任都推到中国方面，以此为借口向中国派遣军队，实现灭亡中国的目的。[30]但宋哲元不相信日本会扩大事态，一直和日本和谈，不惜采取一系列的让步措施以示诚意，甚至要拆除北平城内防御工事。但 20 日下午日本用猛烈的炮火袭击宛平城和长辛店，以此作为对宋哲元的答复。事态已经很明显，但是由于蒋介石一直没有放弃和平解决的希望，声称："和平未绝望之前一秒钟，我们还是希望和平，希望由和平的外交方法，求得卢事的解决"。[31]23 日，蒋介石还电令驻日大使许世英晤见日本外相广田，要求日本政府以"和平解决之愿望"，平息中日争端。哪知日本外务省官员竟然毫不掩饰地表明开战的态度："今后为军人对军人交涉，非外交当局时期"。[32]经过日本军政当局的周密策划，卢沟桥事变最终演变成了日本全面侵华的转折点。

由于七七事变以来，受蒋介石不断寻求政治解决的思路影响，29 军上层和战不决，祈望和平，使得下层官兵受到极大束缚，许多战机失之交臂。并且上层没有积极备战，导致有些战斗尽管在士兵的努力下取得了胜利，却因为缺乏全面系统的规划安排，导致局面的胜利不能坚持到底，只能以失败告终。

廊坊保卫战。卢沟桥事变爆发后，驻扎在廊坊的 29 军 38 师 113 旅部 226 团就意识到这是钳制、阻止日军增援部队从天津开往北平的重要通道，对卢沟桥至关重要。7 月上旬，日本因大批增援部队尚未到达，又要集中力量在卢沟桥作战，所以暂时没有对廊坊进行攻击，为避免冲突，由天津开往北平的增援日军，没有利用铁路线，而是利用公路以汽车运输，甚至徒步行军。而 226 团日夜看着日军增援部队开赴卢沟桥去打自己的同胞兄弟，但在避战命令束缚下而无可奈何。尽管如此，由于廊坊的战略地位，日军还是不停地寻找事端，25 日下午，日军非法将车站占领，但师部仍然执行"不准敌人出站进街，不准开枪"的命令，任由日军在他们面前构筑工事。士兵王春山没有接到命令就忍不住开火，29 军终于主动出击了。日军没带重武器，加之立足未稳，又一贯轻视中国军队，仓促应战，伤亡惨重，避居车站。夜晚崔团长准备率兵进攻，但旅长要求他们听候调解，不准出击。午夜敌人派 77 联队千余人增援，还命令驻屯军步兵旅团第 2 联队第二大队在乘火车去北平途经廊坊时，下车加入战斗。26 日晨 2 时，27 架飞机开始在廊坊上空轮番轰炸，8 时日军在飞机和装甲车的配合下，对我军发动攻击，我军被动应战。战至上午 10 时，整个营区成为一片火海，旅长刘振三命令撤退，下午 1 时日军占领廊坊。这时刘旅和天津、北平失去联系，不知道何去何从。战士们要求打击敌人，夺回廊坊。于是 27 日午夜，全团乘敌不备，发起猛攻，激战一小时后敌人溃退。但在关键时刻，因旅部了解到平津战况，下令拂晓前撤兵，226 团不得不再次撤离阵地。刘旅撤离后，日军迅速占领了该地，断绝了中国军队平津间的交通。[33] 尽管后来军部下令和谈破灭，可以开打了，可是机会已经丧失，29 军陷入了更加危急、被动的局面。

丰台争夺战。 7 月 25 日，29 军何基沣旅附炮兵一个营，乘其不备，向丰台发起猛攻，战斗进行得很顺利，到中午已经收复大部分地区，只有东南端的日军还在利用工事负隅顽抗。但这是一次临时的安排，没有全局的计划，没有其他部队的增援，因此，在日军的增援部队源源不断地开来之时没有力量阻止，导致大好形势下只能放弃阵地，未能收复丰台。

广安门之战。 7 月 26 日，华北驻屯军第 2 联队第 2 大队 500 余名日军从天津经廊坊赶到丰台，随机换乘汽车和坦克，径直开往广安门。日军要求开放城门进去参观，团长刘汝珍认为日军来意不善，于是一面开城门一面让部队提高警惕，准备战斗。不久，说是七八十人的日军来了 500 多人，还带着 12 辆载重汽车和 2 辆坦克，见城门未开，有的日军还爬起城来。守军请示上级，宋哲元命令加紧备战。于是守城士兵诱敌进城，等日军半数进入城门后急忙关闭城门，把日军截为两端，向敌人开火。守军击毁日军汽车 2 辆，坦克 2 辆，缴获日军汽车 8 辆，武器一批。后因日军同 29 军交涉，绥靖公署命令守军不准扩大事态，允许日军收容部队，城外的退回丰台，城内的收容后由日本领事馆带走。[34]

26 日下午，北平特务机关长松井久太郎代表香月清司来到东城铁狮子胡同求见宋哲元下最后通牒，要求 29 军撤出北平，如果中国方面不按此办理，日军就要采取"独自之行动"，而且要中国军队负一切责任。[35]至此，宋哲元终于知道除了奋起抵抗外别无他途了，和平是没有希望了。他命令秦德纯马上退回通牒，拒绝日本侵略者的要求，限日军立刻退出北平城。香月清司对日军在广安门受挫和最后通牒被拒十分恼怒，在日本当局的授意下于 27 日向中国军队发起总攻。深夜日军向南苑、北苑发起进攻，宋哲元与 29 军将领一致表示，决心固守北平，誓与城垣共存亡。但由于前阶段因循坐误，错失良机，备战不足，完全处于被动地位。

血战南苑。日军于 7 月 27 日占领通县、团河之后，又于当夜向南苑发起进攻。南苑处于团河之北，是通往北平的咽喉要道，此地若失守，日军可以长驱直入永定门，占领北平城。宋哲元决定 29 军军部由南苑移驻北平，委派 132 师师长赵登禹为南苑方面的指挥官。当天下午，军部迁往北平，赵登禹赶到南苑，和骑兵师长郑大章一起负责南苑的防务。27 日傍晚，没有随军部撤回的佟麟阁携张寿龄在原军部营房找到刚刚到达的赵登禹研究作战问题。但他们万万没有料到此时的调兵遣将已属临阵磨枪，一切都来不及了。28 日一早，日军就出动飞机数十架，向驻军营地东北角的骑兵师轰炸，密集的马匹和士兵来不及疏散、隐蔽，成片地倒在血泊中。飞机轰炸之后，集结于团河附近的日军第 20 师团主力与位于马驹桥的华北驻屯军一部，在 40 架飞机的配合下，从东、南两面同时向南苑进攻，另有日军切断了南苑至北平的公路交通。南苑战斗一打响，佟麟阁、赵登禹就在各自的阵地上指挥作战。敌人的轰炸使各部的联系完全中断，无法实现统一指挥。正在焦急中佟麟阁遇到军部传令兵，才知道军部已下令，南苑各部队立即撤回城内。赵登禹在大红门玉河桥时遭到日军伏击，左臂中弹，血流如注，卫士连忙上前包扎，劝其退出火线，赵毫不理会，仍指挥突围。随后，他多处中弹，双腿被炸成重伤仍挺身力战，直至生命最后一息，时年仅 39 岁。

由于事先没有统一安排，各部队纷纷撤向北平时，无人指挥，无人掩护，秩序混乱，佟麟阁立即决定到大红门附近掩护收容。当各部队都已撤退，收容完毕，已是午后 1 时，佟麟阁又等待一会，确信没有部队之后才和几个随从卫兵一起向北平撤去。这时，日军已经离他们很近，由于青纱帐遮住了视线，佟麟阁没走多远就和一股日军相遇。对射中不幸被射中腿部，部下劝他包扎伤口，他拒绝了部下的请求继续战斗，镇定地指挥大家转移。此时，日军的飞机又来轰炸，不幸被炸弹击中头部，壮烈牺牲，年仅 45 岁。

南苑战事失利，主力部队撤退之后，38 师没有接到撤退命令，一直坚持战斗，直到晚上 8 点，最后被迫退到一堵围墙下，全部壮烈牺牲。在南苑战斗中，军事训练团的官兵打得也十分惨烈。军训团是为培养中下级干部，补充军队需要而成立的，队干部大多为原抗日同盟军军官及西北军在山西汾阳的军校毕业生，其中一部分是中共地下党员。军部考虑他们在训练中当战斗兵使用不妥，拟迁往保定继续学业。他们坚持以先烈为榜样，在前线杀敌报国。南苑战斗开始时，日军首先从南面发起陆空联合进攻，首当其冲的就是军事训练团的阵地。经过半天的战斗，军训团虽有严重伤亡，但阵地没有丢失一寸，依然保持旺盛的士气。此役结束时，军训团仅存 700 余人，1000 多名官生光荣牺牲。

通州冀东保安队起义。就在南苑失陷的当夜，驻守通州的冀东保安队宣布起义，向通州的日军发起突然袭击。冀东保安队原名河北特种警察部队，是蒋介石授命秘密组织的特种警察支队，冀东伪政权成立后更名为冀东保安队。张庆余等人为依附汉奸深感不安，张的儿子甚至登报与他脱离父子关系。在全国舆论压力和众叛亲离的局面中，他们不愿意当汉奸但又不敢轻举妄动。直到宋哲元出任冀察政务委员会后，张庆余、张砚田向宋表明心迹。七七事变后，张庆余等人和 29 军联系，[36]冯治安说："等我军与日军开战时，请张队长出其不意，一面在通州起义，一面分兵侧击丰台，以收夹击之效。"由于张庆余等人并未暴露，所以在日本人的信任下，以"配合皇军"作战为名，使冀东保安队 1 万余人的队伍得以集结。7 月 28 日，日军大举进攻 29 军，南苑等北平近郊相继发生激战。张庆余等人认为部署已完，战机已到，不容错失，于是决定当夜 12 时在通州起义，击毙了通县日本特务机关长细木繁，活捉了大汉奸殷汝耕。日军留在通州的部队约有 300 人，连同宪兵、特警及日侨共 700 人，他们集中于西仓日本兵营内，负隅顽抗。由于日军火力猛烈，工事坚固，激战 6 小时，牺牲了 200 余人还未攻下。这时已经是 29 日清晨，若是援军到来十分危险。张庆余决定火攻，滚滚的浓烟遮住了天空，使敌人的飞机看不到目标，只好盲目地扔了几颗炸弹便飞走了。到 9 时许，日军被全部歼灭。

由于日军增援部队的增加，出现了不少临阵脱逃分子，张砚田、苏连章等人相继离队，影响很坏。张庆余决定乘日本尚未合围，放弃通州，借夜幕开往北平，投奔 29 军。行至北平城下，始知 29 军已撤向保定，张庆余只好率队通过北郊向门头沟转移。刚过安定门时，便和日军铃木旅团遭遇。敌人装甲车 20 多辆，集中火力向保安队打来，保安队孤军作战，腹背守敌。保安队教导总队队长沈维干和第一区队长张含明先后中弹牺牲。激战中殷汝耕逃走，被抓回，有人建议把他交给宋哲元，可是到北平城下竟被日军解救。

张庆余见为避免全军覆没，只好把部队化整为零，分散为 120 个小组，趁夜色分批突围，奔赴保定集中。等到达保定与 29 军会和时，这支 1 万余人的起义队伍仅剩 4 千余人。其他人员除跑散失踪者，多数人被俘后押回通州。未接到起义通知的其他保安队，也因此失去信任，被日军解除武装，后被押送到伪满洲国丰满水库工地充当劳工服役，多数人客死他乡。这次起义虽然共歼日军 500 多名，自身也付出了沉重的代价，但是有力地鼓舞了华北人民的抗日斗志，不仅给日本侵略者以沉重的打击，也给"冀东防共自治政府"以致命的打击。起义后，殷汝耕被迫辞职，由池宗墨接替政务长官的职务，伪政府的所在地也由通县迁往唐山。

7 月底，日军侵占平津后，以速战速决的方针，沿平绥、平汉、津浦线展开大规模进攻，企图夺取整个华北。中国守军为了阻止日军南进，在北平郊区发生了许多激烈的战斗。

南口战役。 8 月初，蒋介石先后任命傅作义为第 7 集团军司令，刘汝明为副司令，汤恩伯为前敌总指挥，负责平绥路东段之防御。8 月 12 日拂晓，敌增援部队赶到，以步兵 5000 余人，炮 50 多门，战车 20 多辆，全面总攻南口一带阵地。中国守军第 13 军第 89 师凭借有利地形顽强抵抗，南口镇 6 次易手。529 团第 3 营第 7 连大部牺牲，连长隆桂铨也壮烈殉职，剩下士兵在无人指挥的情况下仍然坚守阵地。17 日，日军夺取了长城防线上的最高峰 1390 高地。汤恩伯急令第 4 师第 12 旅和独立第 7 旅加入横岭城附近的战斗。18 日，傅作义率领第 72 师第 200 旅、第 211 旅和独立第 7 旅由大同驰援南口。蒋介石也急令卫立煌第 14 集团军增援南口、怀来地区作战，令位于平汉、津浦路的部队以部分兵力配合卫立煌北进。但是日军发现卫立煌北进增援后，立即派第 6 师团第 36 旅团编成牛岛支队进入门头沟以西山地进行堵击，令第 20 师团进入良乡西北山岳地带，向守卫在平汉线及其西侧的中国第 26 路军攻击。由于汉奸通敌告密令我军的作战意图泄露，卫立煌部在芹峪口与日军遭遇，激战数日，日军败退阳坊。22 日，第 14 集团军右翼第 83 师在千军台与牛岛支队一部遭遇，战至 24 日，第 83 师以一部兵力继续作战外，主力继续北进。当进至沿河城时，被永定河洪水所阻，即改道青白口向大村西侧前进。同日，左翼第 10 师在大村将牛岛支队另一部击溃。25 日，第 85 师占领髻髻山制高点，双方展开拉锯战。日军的飞机大炮狂轰滥炸，髻髻山一带的山头几乎被夷为平地。当地群众组织担架队、运输队支持抗日战斗，在官兵和群众共同努力下，战斗持续了 20 余天。南口失守后，卫立煌部于 9 月 18 日沿西山南撤。

21 日拂晓，日军向横岭城发起总攻，中国守军猛烈迎击，战斗空前激烈。敌人狂轰滥炸，加之使用毒气弹，守军伤亡惨重。自 21 日夜到 26 日，中日两军一直展开激战，26 日下午，汤恩伯奉命突围，向洋河以西、桑乾河以南撤退。27 日，日军占领居庸关、八达岭、延庆、怀来等地。此役历时 15 日，中国军队伤亡 29376 人，日军伤亡 2600 多人。[37]

大石河战斗。平津沦陷后，8 月下旬，中国军队在平汉路北段构筑三道防御阵地，阻敌沿平汉路南进，侧击日军对南口方向的进攻。8 月 21 日，日军炮轰房山城，中国军队第 30 师、31 师英勇还击，血战 3 昼夜将敌人击退。8 月 27 日日军侵入房山，与中国军队对峙。驻饶乐府村的爱国官兵曾组成"登峰队"的敢死队，深夜涉河至开古庄袭击日军。9 月 12 日中午，日军飞机对大石河沿岸的中国守军阵地进行轰炸，第 20 师团在火力掩护下发起进攻，中国守军伤亡惨重。15 日，日军由固安强渡永定河，向涿州右侧推进。同时，板垣师团的一部由永清向涿州南方迂回。17 日，琉璃河镇弃守，18 日涿州陷落，平汉路北段的第一道防线被突破。[38]

"国民抗日军"的抗日活动。1937 年 7 月底 29 军撤退后，流散的东北义勇军赵同等二十多人想扩大队伍，地下党于 8 月初派徐明、阎铁去开展工作，后来又派去王远音、汪之力、王建中、陈大凡、沈海清等党员以及许多民先队员和进步青年。个别失散的 29 军和冀东保安队零散人员也参加了这支队伍。到 8 月下旬，游击队发展到 60 多人。8 月 22 日深夜，游击队冒充日本人骗开北平第二监狱的大门，切断电话线，搜缴枪支，解散了近千名被关押的人员。这次战斗营救出 20 多名共产党员，缴获 39 条步枪，17 支手枪，3 挺轻机枪，队伍随之扩大到 700 余人。从此，这支队伍便正式打起了"国民抗日军"的旗号，地下党内习惯称之为"平西游击队"。9 月 8 日，平西游击队在北郊黑山扈与进攻的日军激战七八小时，击落敌机一架。这一胜利消息不胫而走，骄横狂妄的日军遭受打击，北平同胞备受鼓舞。[39]11 月，国民抗日军发展到 3000 多人，并在昌宛山区建立游击根据地。12 月 25 日，国民抗日军改编为八路军，成为晋察冀军区的第五支队，负责坚持和建设平西根据地。

三、中国共产党开辟的抗日根据地

北平地区抗日根据地是晋察冀边区的屏障和护卫，是华北抗战的战略要地，也是八路军战略反攻、挺进东北的堡垒阵地。自北平沦陷后，北平周围先后形成了冀东、平西、平北、平南根据地，它们离北平城很近，直接形成了对北平的反包围。而且这些根据地也逼近伪蒙疆政权首府张家口、华北重要城市天津和保定，对伪满、蒙疆、华北的三个傀儡政权都构成了直接威胁，成为插在华北日伪心腹上的尖刀。根据地军民消灭了大量敌人，不仅解放了本地区，还配合八路军其他部队收复了冀热察辽地区的大片国土。

1. **平西抗日根据地**。1938 年 3 月初，晋察冀军区第一支队政委邓华率三大队进入门头沟的斋堂川，创建北平第一个抗日根据地——平西抗日根据地，司令部设在西斋堂村中的聂家大院。5 月下旬，宋时轮支队也来到平西，与邓华支队合并组建八路军第四纵队。分别是邓华支队编为三十一、三十二和三十三大队，宋时轮支队三十四大队、三十六大队、骑兵大队，参加冀东暴动，回到平西后来改编为冀热察挺进军第九团。在党的领导下，建立了 1500 多人的自卫队，先后攻克了怀来矾山堡、蔚县桃花堡和门头沟等敌人据点，解放了平西十多万人，使平西根据地初具规模。根据地开创后，迅速成为八路军向热河、察哈尔前进的阵地，更成为北平、天津中共地下党组织与边区联系的"红色走廊"——前往解放区的华北革命青年、爱国人士和国际友人，都要通过这个"红色走廊"奔赴延安；当时全国各地支持延安的物资中有近三分之一是从这条走廊中安全运去的。

平西根据地的巩固和发展，引起了日寇的惊慌。从 1939 年 2 月至 6 月，日军连续三次向根据地发动进攻。挺进军不仅粉碎敌人的进攻，并且乘机开辟了永定河以北地区和涞水、房山、涿县三县平原地区。在第三次反"扫荡"中，平西根据地军民创造了许多辉煌的战例。白乙化领导的"华北抗日联军"进行的沿河城歼灭战就是其中之一。当时由竹野太郎率领大岛大队的奥村中队 300 余人，依仗精良的装备从沿河城一路杀来，"抗联"虽有 500 来人，但武器落后，不仅没有火炮，甚至连挺机枪都没有。但全体指战员同仇敌忾，决心要和敌人血战到底。白乙化身先士卒，带领一大队 3 次冲入敌阵，不仅打退了敌人对斋堂的进犯，毙伤日寇 100 多人，还用两挺机枪击落敌机 1 架，奥村中队长被击毙。

　　1940 年 3 月初，敌人对平西发动了一场更大规模的"扫荡"。从北平、天津、张家口、承德等地调集了近万人的兵力，另强拉民夫 2000 多人，牲口 1000 多头。配有航空兵田中玉本部侦察轰炸机 10 余架，大炮 50 多门，化学兵藤井部的催泪弹等化学武器。敌人从西、北、东三面分 10 路向平西根据地疯狂扑来。在广大群众紧密配合下，挺进军灵活机动歼灭敌人。十团首先在永定河北岸同 600 余敌人展开激战，在门头沟一带给敌人以重大杀伤。当十团粮食断绝时，为了保障部队战斗力，白乙化忍痛杀掉自己的坐骑给前线部队充饥。第 7 团于 9 日夜袭涞水城，牵制东线之敌。九团英勇阻击西北面涿鹿、矾山堡进犯的敌人，在风雪交加的严寒中奋战 3 昼夜，把日军独立第二混成旅团一部 2000 多人拖困在落坡岭地区。肖克司令员发出了《告九团全体指战员、政工人员书》，表彰了九团为这次反扫荡战役做出的重大贡献。第 12 团与地方部队一起阻击由王平村、红煤厂进犯的敌人。经过历时 14 天的战斗，敌人于 22 日全部撤出根据地。平西八路军共作战 30 余次，毙伤俘日伪军 900 多人，缴获轻重机枪 8 挺，步枪 100 多支，子弹 3000 余发，骡马 170 余头，击落敌机 1 架。

　　1940 年 7 月，日军对平西发动了"七一大扫荡"，在这次历时数月的"反扫荡"中，突破了敌寇的 5 次合围，到 1940 年秋，平西根据地面积扩大了一倍，拥有 1100 个大小村庄，东起门头沟，西至张家口，北临平绥铁路及桑干河，西临平汉铁路，南临拒马河，南接紫荆关，横跨冀、察两省之昌平、宛平、房山、涿县、涞水、易县、蔚县、涿鹿、怀来、怀安、宣化直到小五台山一带包括 12 个县约 4 万平方公里的广大地区，人口约 30 万，1.2 万多兵力。

　　为粉碎敌人的进攻，平西军民采取一切有效措施，进行灵活多样的顽强斗争。至 1943 年，根据地军民渡过艰难时期，恢复与开辟了怀来、涿鹿及蔚县、宣化、阳原农村和桑干河两岸地区，并取得了林字台伏击战、三袭沿河城、爆破楼岭敌据点等战斗的胜利。1945 年，平西军民发起攻势，在斋堂东门外王家河滩歼灭战中大获全胜，击败日军的"反攻"，英雄的平西军民终于和全国人民一起迎来了抗战的胜利。

　　2. 冀东抗日根据地。为了使冀东、平西这两块交错相连的地区协同作战，利用地理上威胁敌伪指挥中枢和便于进入伪满国境的条件，配合华北各地以至正面战场，创造反攻前进阵地，共产党建立了冀东抗日根据地。冀东地区位于北平东面的冀热辽边境，北依燕山，南临渤海，包括平谷、顺义、通县等地，是连接东北和华北的战略要地。

1935 年，日本在冀东扶植成立了伪"冀东防共自治政府"，使冀东沦为日本的殖民地。七七事变后，河北省委根据中共中央的指示，组织成立了人民武装抗日自卫委员会冀东分会，会员发展到 1.5 万人。1938 年 6 月，八路军第 4 纵队取道平北、挺进冀东，配合中共冀热边特委发动和领导了冀东抗日武装大起义。7 月 6 日，抗日联军率先在滦县港北村发动起义，应者云集。已经饱受日伪 5 年蹂躏的冀东人民发出了愤怒的吼声，抗日的烽火很快燃遍了冀东大地。不少伪军警察也进行起义，特别是开滦煤矿的数千名工人成立了工人武装大队，积极参加暴动，壮大了抗日力量。冀东人民抗日大暴动的领导人李运昌后来曾评价说："1938 年开滦工人大暴动，在冀东抗日游击战争中所起的作用确实很大，它超过了一般性罢工的范围。它直接参加了冀东人民抗日大暴动，配合了八路军挺进冀东，开展冀热边游击战争，形成了工农兵大联合，是震动全国、惊动世界的大暴动，其意义是重大的"。[40]

从 7 月底到 8 月初，是冀东人民抗日暴动的全面发动时期。西起潮白河，东到山海关，北达长城沿线，南至渤海之滨，包括滦县、丰润、玉田、遵化、迁安、乐亭、昌黎、蓟县，以及兴隆、平谷、青龙、密云、三河、顺义、香河、通县、卢龙、抚宁、宝坻、宁河、武清等21 县和开滦矿区，到处都有暴动的队伍。各路武装约有 10 万余众，其中属于冀东抗联的约 7 万人，属于国民党和其他方面的约有 3 万人。暴动武装斩关夺隘，横扫敌顽，占领了蓟县、平谷、玉田、宝坻、卢龙、迁安、乐亭 7 座县城和大片乡镇，日伪势力为之丧胆。8 月中旬，八路军四纵主力与冀东抗日联军在遵化铁厂胜利会师，抗日暴动达到高潮。刘少奇曾高度评价这次暴动说："这是真正地发动了几十万群众来进行反对日寇汉奸的武装斗争"，"是一次很值得研究的人民抗日大起义"。[41]

但遗憾的是，这一重大胜利没能保持到底。9 月中旬传来日本侵略军要大举"围剿"冀东的消息，四纵队部分领导对当时的形势估计过于严重，不听党中央和北方局的拦阻，抗日联军于 10 月上旬西撤，结果损失惨重，冀东抗日联军除伤亡外，大部分溃散。面对严峻形势，冀东抗日联军领导人李运昌、李楚离等人在平谷县樊各庄召开紧急会议，决定停止西撤，重新返回冀东。在党政军民共同努力下，冀东形势不断好转。1940 年初，冀东游击根据地建立。经过半年多的顽强斗争，作战数十次，建成了盘山、腰带山、鲁家峪三块游击根据地，形成东西两大块游击区，建立了 5 个抗日县政权，1600 个抗日村政权，人口近百万，冀东斗争形势出现了新面貌。

1940年5月5日到6月10日，日伪军向冀东根据地进行分区扫荡，企图消灭冀东抗日武装力量。在一个多月的反扫荡作战中，八路军进行大小战斗47次，共毙伤日伪军1500余人，缴获轻机枪2挺、长短枪400余支。7月28日，日本关东军大稻地一骑兵中队扫荡盘山，第13支队副司令包森组织四个连队设伏于白草洼附近山头，待敌军闯进时一声令下，八路军机枪、步枪、手榴弹向敌群猛烈开火。激战十几个小时，终于将武岛中队长及其70多名骑兵全部消灭，创造了冀东抗日战场全歼整连日军的首例。

1942年自8月11日起，日伪军1万多人对冀东进行扫荡，八路军再次分散活动，寻机打击敌人。在1个多月中，八路军作战20多次，毙伤俘日伪军850多人，粉碎了敌人的扫荡，并开辟了滦东和北宁路以南地区。1942年自9月17日到11月15日，日伪军共4.6万人对冀东游击根据地进行大扫荡，八路军为了避免与敌人决战，主力进行转移，少数部队在基本区内坚持游击战争。1943年2月，冀东八路军发动了恢复基本区的军事进攻，此次作战大大增强了八路军恢复基本区的信心，鼓舞了冀东军民的斗志。

3. 平北抗日根据地。平北是冀热察三省交界相连的长城内外的一片地区，包括昌平、怀柔、密云、顺义、延庆和滦平、丰宁等地区，总面积约2.5万平方公里，人口约五六十万。它既是连接平西抗日根据地和冀东抗日根据地的交通要道，又是伪华北自治政府、伪满洲国、伪蒙疆联合自治政府的结合部，战略地位十分重要。

抗战爆发后，1938年12月，"平北第一个农村党支部"在延庆大庄科乡沙塘沟成立。1939年春，冀热察挺进军第34大队奉命挺进平北，进入十三陵地区开辟根据地，但未能立住，坚持了一个月又返回了平西。年底，中共冀热察区委和冀热察挺进军根据中央的指示，先后派部队挺进平北，创建平北抗日根据地。1940年1月，由20多名党政军干部组成的平北工作委员会和由第9团第8连与原昌栾密联合县编成的平北挺进大队，进入到昌平、延庆之间的后七村一带，取得了一系列的胜利，建立了包括5个区的昌延抗日根据地，在昌平、延庆、怀柔等地先后建立了游击队。

1940年5月，白乙化奉命率领十团开赴平北，创建丰（宁）滦（平）密（云）新的抗日根据地。1940年5月28日，白乙化率1营及团支属队到达沙塘沟，打败了十三陵黄花城、永宁、大庄科日伪军3000余人的侵犯，最后歼敌200余人，击毙了伪营长苏庆生以下40余人。这是 10 团主力进入平北的第一仗，即沙塘沟反击战。沙塘沟反击战给敌人以沉重打击，引起敌人的极大恐慌，于是集中 3000 多兵力，从 5 月下旬开始，对昌延中心区进行大规模扫荡，历时三个多月，妄图摧毁这个刚刚建立的根据地。日伪实行惨无人道的"三光"政策，反复搜山，但是昌延群众并不屈服，他们同部队和县区干部一起过着游击生活。白天晚上转山头，同敌人展开拉锯战。6、7 月间，冀热察挺进军又增派第 7 团分批进入平北，计划开创更大的局面，使平北成为挺进军活动的中心。第 7 团与第 10 团在平北与日本关东军第 9 独立守备队及伪满军进行了多次战斗，重创日伪军。但由于日伪重兵压境，第 7 团自己伤亡也伤亡巨大，物质困难，部队逐渐撤回了平西，成立了 6 个小块根据地，成立了 4 个联合县抗日民主政府。

1942 年三个伪政权协调行动，对平北根据地进行时间最长手段最残忍的扫荡，根据地同志们枕戈待旦，随时随地准备战斗。冬春季节没有青纱帐的掩护，他们就在一些群众基础好的村庄发动群众，利用村外边的土坎、村内的碾子、炕洞等挖洞，有时还住在坟里。先找一个适当的地方挖坑，从坑边挖出一个出入的孔，坑里铺上草，上面用木头和秫秸封顶，再掩上土堆成坟丘，中间用秫秸秆做一个通气孔，上插白纸幡伪装成坟头，供人出入的孔口则盖上一块石板。晚上干部们进"坟"休息、开会，第二天早晨确定安全后再从"坟"里回村。独山脚下的盆窑村，全村 40 余户人家、200 多口人齐心抗日，县区干部常到该村住。村里挖了许多隐蔽洞，烧陶用的盆窑成为天然巧妙的藏身之处。

4. 平南抗日根据地。位于北平以南，冀中大清河以北，北平、天津、保定之间的三角地带，包括良乡、大兴、宛平和固安、新城等县的部分地区。平南地区为京南门户，交通方便，战略地位重要，在平南建立抗日根据地，既对平津保的敌军构成直接威胁，又可以在军事上、经济上支援平西、冀东抗日根据地。所以，自八路军挺进大清河北开始，日军就将平南作为进攻的重点，不断向平南进行扫荡。

自 1940 年 4 月 10 日至 5 月底，日伪军 4 万多人对根据地进行连续 50 天的大扫荡。八路军与敌人作战 23 次，将敌人打退，但八路军主力被迫退出了永定河两岸地区。到 1940 年底，根据地境内经常驻有日伪军 1 万多人，据点 204 个，占整个冀中据点的 38%。1941 年 6 月 10 日，日伪军 2 万多人对根据地进行大规模扫荡，企图消灭八路军主力。此后一个多月的清剿。搜捕抗日军民，建立伪政权，大清河北部全部沦为敌占区。为了打击敌人的疯狂进攻，1942 年 8 月到 10 月，八路军发起了青纱帐战役，恢复了文新、胜芳苇塘地区两块根据地。经过艰苦的努力，到年底，大清河北已重新建立4个联合县的抗日民主政府。1943年上半年恢复和开辟工作又取得进一步发展，恢复了18块根据地。日本宣布投降后，第10军分区向拒不投降的日伪军发起猛烈攻击，平南人民终于迎来了抗日胜利。

第三节　解放战争时期的军事活动

抗战胜利后，国民党妄想通过美国的支持，用战争手段消灭中国共产党及其领导的中国人民解放军，坚持独裁统治，重新掀起内战。1945年9月1日，军事委员会委员长北平行营成立，随后国民党第11战区司令长官部进驻北平，第12军由美国空运至北平，第16军经同蒲、正太、平汉铁路进占昌平、南口地区。10月30日国民党参谋总长何应钦飞抵北平，主持召开华北"剿共"会议。12月13日，蒋介石亲自飞抵北平，积极筹划内战。在中国共产党的领导下，北平根据地的军民做好充分准备，保卫抗战胜利的果实，共同完成了由分散游击战向大兵团作战的转变，最终取得平津战役的胜利和北平的和平解放。

一、解放战争时期的自卫战争

蒋介石统治下的国民政府为了拖延时间，为内战做好准备，与共产党签订了《停战协定》，协议由1946年1月13日生效。等到蒋介石认为时机已经成熟，立即在美国的支持下公开撕毁《停战协定》，于1946年6月26日，向中原解放军发动进攻，标志着内战全面爆发，北平解放区也在敌人的疯狂进攻之下。仅1月20日至3月2日，驻昌平南口、阳坊、沙河、平西府等处的国民党和地方武装在停战期间就先后向解放区发动27次进攻。截止到上半年，向顺义地区的伙会、陈各庄、北王路等地进攻数十次之多。北平地区各解放区的军民为了保护解放区，艰苦奋战，粉碎了敌人一次次的进攻。

冀东保卫战。 1946年7月底，国民党第92军第56师、第142师、第21师与地方保安部队共3万余人，企图全面进攻冀东解放区。冀东军区第14军区先后集中第53、第29、第16、第17团和第59团的1个营及通县、香河、三河等县大队共6000余人做好布防，阻击敌人的进犯。这次战争历时1个多月，解放军共歼敌3300多人。自9月4日起，国民党第11战区集中6个军14个师，连同地方武装力量大约10万多人，从山海关、昌黎向冀东解放军发起进攻。在敌人的疯狂进攻下，冀东区党委发出《关于目前对顽斗争的指示》，发动游击战争，充分发挥民兵和地方武装在保卫战争中的作用。到 11 月底，共进行了较大的战斗 82 次，歼灭国民党反动派军队 7000 余人，收复了乐亭、青龙、宁河、宝坻等县城，使战局开始由被动转向主动。

平北保卫战。自 1947 年 8 月始，国民党军队和地方武装多次向延庆、密云、永宁、四海、怀柔、昌平等地发起攻击，解放军英勇奋战，不屈不挠，不仅打退敌人一次次进攻，而且主动发起冲击，解放了被国民党占领一年七个月的延庆县。

冀东第二次保卫战。国民党军队分别于 1948 年 1 月和 3 月、4 月、7 月向潮白河东休整的通县大队、顺义荣各庄、永乐店地区、通县西集地区不断发起冲击，骚扰解放区的军民。冀东军区在党的领导下，一次次取得胜利，共毙伤俘敌 1000 余人，缴获一些枪支弹药。为了配合晋察冀野战军发起的察南绥东战役，冀察热辽独立第 5 师于 1948 年 3 月 7 日向密云的国民党军队主动发起进攻。第 5 师多次与国民党发生激战，4 月 3 日主动撤出战斗。

平南保卫战。1948 年 2 月 18 日，国民党军队沿永定河对大兴、涿良宛地区发起进攻，20 日，解放军利用永定河河堤的有利地势，与敌人激战 3 小时，以极小的代价打退了敌人的进攻。3 月 20 日，涿良宛独立营被国民党军队大约 3000 多人包围于新庄，解放军又一次以永定河河堤和沙岗为依托，进行坚决反击，毙敌 300 余人。为了向北平近郊推进，华北军区第 7 纵队和冀中军区第 10 军分区协同作战，于 10 月 16 日向大兴庞各庄、榆垡、黄垡三个据点发起进攻，并于 17 日取得胜利。共毙敌 600 余人，缴获机枪 22 挺，长短枪 450 枝。

二、平津战役

平津战役是三大战役的最后一战，也是颇具特色的著名战役。在这次战役中，毛泽东巧妙地把武装斗争与非武装斗争结合起来，充分发挥各方面的积极作用，对傅作义加强政治争取工作，成功实现了对国民党军队的和平改编。能够和平解决平津战役，始终建立在充分的军事解决基础之上。谈判是为了军事解决创造比较好的条件，当谈判陷入僵局时就依靠军事斗争去解决。由于两手都做好了充分准备，所以这次战役始终是谈打交错、以战促和的局面。

傅作义经北平地下党组织和民主人士的争取工作，有愿意和平解决平津的想法，但又摇摆不定。一方面不反对和我党谈判，一方面又不愿意放弃军队，有伺机逃跑的想法。1948 年 11 月 18 日，傅作义的代表彭泽湘和符定一到达石家庄与我方接洽，通过接洽发现傅意图拖延作战时间，时刻准备伺机西逃。于是，毛泽东利用其犹豫不决的时机，竭力争取不使傅作义部（四十个师）向江南撤退。他严令东北野战军迅速入关，切断北平、天津、唐山之间的联系，分割包围敌人，并令杨罗耿兵团协同杨成武部阻止傅部西窜，徐向前、周士第部停攻太原。自 1948 年 11 月 23 日始，东北野战军主力 10 个纵队和特种兵全部分别从东北各地，隐蔽向关内开进。11 月 29 日，华北军区第 3 兵团向张家口国民党发起进攻，平津战役正式爆发。至 12 月中旬，东北野战军 3 纵、10 纵、11 纵、15 纵和华北野战军 7 纵攻占丰台、海淀和通县等地，完成对北平的包围；东北野战军 1 纵、6 纵等部攻占采育镇、廊坊等地，截断北平与天津的联系；7 纵、8 纵和 9 纵分别占领唐山、军粮城、杨村、杨柳青等地，割断天津与塘沽的联系，形成对天津的包围；2 纵、12 纵和炮纵由山海关向天津塘沽挺进，将敌人西窜和南逃的陆路完全截断。

为了敦促傅作义早下决心，毛泽东及时做出包围平津而不打，集中力量斩断"西翼"的决策。12 月 19 日，他致电东北野战军和杨罗耿兵团，为"不使归绥一带之敌退往河套区域和邓宝珊、马鸿逵等部相结合，致使而后难于追歼"，立即发起攻打第 35 军的战斗，争取 5 天之内解决西翼敌军。21 日，华北第 2 兵团发动新保安战役，经过 11 小时的激战，攻克新保安，全歼守敌傅系第 35 军 19000 人。24 日，华北第 3 兵团和东北野战军 4 纵又包围了逃出张家口的孙兰峰集团，歼敌 54000 人，解放了张家口。这两次战斗将傅部主力大部歼灭，自此北平通往绥远的道路，以及平绥路东段地区已经被我军完全控制，剩下北平、天津、绥远三个据点，几乎成为陆上的孤岛。1949 年 1 月 6 日，傅作义派"华北剿总"少将处长周北峰和燕京大学教授张东荪为代表，赶赴天津蓟县八里庄与我方进行第二次正式谈判。遗憾的是，傅作义仍然冀图拖延以观时局发展。为彻底打消傅作义的幻想，东北野战军于 1 月 14 日集中 1 纵、2 纵、7 纵、8 纵、9 纵共 22 个师向天津守敌发起猛攻，经过 29 小时的激战，生俘天津警备司令陈长捷，全歼守敌 13 万人。军事胜利对和平谈判发挥了至关重要的作用。我军取得天津战役胜利的当天即 1 月 15 日，傅作义的全权代表、"华北剿总"副司令邓宝珊协同周北峰到达通县城外五里桥，与我方进行第三次正式谈判。我方代表苏静与傅方代表崔载之共同草拟了《关于被迫和平解决十八条及附件》，规定自 22 日起傅部开始移驻城外进行改编。傅作义表示完全赞同。1 月 31 日，北平和平解放。

平津战役历时两个多月，实行战略包围，各个战役分割，各个击破的方针，以军事压力和政治争取相结合，取得了最后胜利。共歼灭和改编国民党华北"剿匪"司令部及3个兵团部、1个警备司令部、13个军部、51个师，共计52万余人，解放军共伤亡3.9万人。

注释：

1　张云：《中国军队近代化论纲》，《学术月刊》2003年第4期。

2　（美）齐锡生：《中国的军阀政治（1916—1928）》，中国人民大学出版社2010年，第14—41页。

3　韩文宁：《袁世凯制造"京保津兵变"的真相》，《中华遗产》2009年第1期。

4　尚小明：《论袁世凯策划民元"北京兵变"说之不能成立》，中国社会科学网2013年11月10日。

5　许指言：《复辟半月记》，中华书局2007版，第62页。

6　哈恩忠：《段祺瑞派飞机"轰炸"紫禁城》，《北京档案》2012年第8期。

7　沈云龙：《黎元洪评传》，转引自沈云龙：《徐世昌评传》上册，中国大百科全书出版社2013年，第375页。

8　曹汝霖：《曹汝霖一生之回忆》，中国大百科全书出版社2009年，第73页。

9　（美）齐锡生：《中国的军阀政治（1916—1928）》，中国人民大学出版社2010年，第174页。

10　李剑农：《中国近百年政治史》2卷，商务印书馆1983年，第562—563页。

11　半粟：《中山出世后六十年大事记》259页，引自李剑农《中国近百年政治史》2卷，第576页。

12　王尧守1924年11月4日致王怀庆报告，见《零散军事档案汇集》（二史馆藏），转引自陈长河《从档案看1924年第二次直奉战争》，《军事历史研究》2003年第4期。

13　陈长河：《从档案看1924年第二次直奉战争》，《军事历史研究》2003年第4期。

14　李振广：《民国军阀》，中国大百科全书出版社2010年，第38—39页。

15　（美）齐锡生《中国的军阀政治（1916—1928）》，中国人民大学出版社2010年，第174—185页。

16　来新夏：《北洋军阀》下册，南开大学出版社2000年，第934页。

17　姜克夫：《民国军事史略稿》第一卷，中华书局1987年，第1页。

18　吴恒长：《国共两党与西北军》，解放军出版社2012年，第35页。

19　刘曼容：《论1925年国民军的反奉战争》，《江汉论坛》1990年第3期。

20　孙曜编：《中华民国史料》，文明书局1929年，第697页。

21　密云县史志办公室：《筑起抗日的长城——纪念长城抗战古北口战役 80 周年》，《北京党史》2013 年第 3 期。

22　鲍星时、曹友林：《长城抗战主战场古北口座战》，《北京党史研究》1990 年第 4 期。

23　何天义、曹朝阳、何晓：《华北抗日战争史》第一部，河北人民出版社、河北出版传媒集团 2012 年，第 20 页。

24　何天义、曹朝阳、何晓：《华北抗日战争史》第一部，河北出版传媒集团 2012 年，第 39 页。

25　何天义、曹朝阳、何晓：《华北抗日战争史》第一部，河北出版传媒集团 2012 年，第 40—41 页。

26　申报年鉴社编：《申报年鉴》1936 年，上海书店出版社 2015 年，第 57 页。

27　中华民国外交问题研究会：《中日外交史料丛编》（4），中华民国外交问题研究会 1966 年，第 194—195 页。

28　何基沣：《七七事变纪实》，《文史资料选辑》第 1 辑，上海人民出版社 1982 年，第 19 页。

29　《庐山谈话会议记录稿》，转引自李云汉：《宋哲元与七七抗战》，传记文学出版社 1973 年，第 190 页。

30　日本外务省编：《日本外交年表和主要文书》（1840—1945）下卷，原书房 1969 年再版，第 366 页。

31　《中共党史参考资料》第 8 册，人民出版社 1980 年，第 5 页。

32　古物奎二：《蒋总统秘录》第 11 册，中央日报社 1977 年，第 18 页。

33　何立波：《七七事变》，中共党史出版社 2005 年，第 95—113 页。

34　何天义、曹朝阳、何晓：《华北抗日战争史》第一部，河北人民出版社、河北出版传媒集团 2012 年，第 146—149 页。

35　李宗仁：《中国全面抗战大事记》，1938 年，第 47 页。

36　张庆余：《冀东保安队通县反正始末记》，见《七七事变》，中共党史出版社 2005 年，第 72 页。

37　《北京志·军事卷·军事志》，北京出版社 2002 年，第 418 页。

38　《北京志·军事卷·军事志》，北京出版社 2002 年，第 418—419 页。

39　何天义、曹朝阳、何晓：《华北抗日战争史》第一部，河北人民出版社、河北出版传媒集团 2012 年，第 194—195 页。

40　唐山市政协文史资料委员会：《唐山百年纪事》（第 3 卷），中国文史出版社 2002 年，第 333 页。

41　唐山市政协文史资料委员会：《唐山百年纪事》（第 3 卷），中国文史出版社 2002 年，第 312 页。

主要参考文献

一、正史

（汉）司马迁：《史记》，中华书局标点本。

（汉）班固：《汉书》，中华书局标点本。

（汉）荀悦：《汉纪》，中华书局标点本。

（晋）陈寿：《三国志》，中华书局标点本。

（南朝宋）范晔：《后汉书》，中华书局标点本。

（唐）房玄龄等：《晋书》，中华书局标点本。

（唐）令狐德棻：《周书》，中华书局标点本。

（唐）魏征等：《隋书》，中华书局标点本。

（唐）李延寿：《北史》，中华书局标点本。

（后晋）刘昫等：《旧唐书》，中华书局标点本。

（宋）欧阳修等：《新唐书》，中华书局标点本。

（宋）薛居正等：《旧五代史》，中华书局标点本。

（宋）司马光等：《资治通鉴》，中华书局标点本。

（元）脱脱等：《金史》，中华书局标点本。

（元）脱脱等：《辽史》，中华书局标点本。

（元）脱脱等：《宋史》，中华书局标点本。

（明）宋濂等：《元史》，中华书局标点本。

（清）张廷玉等：《明史》，中华书局标点本。

二、实录档案

《明实录》，中央研究院影印本。

《清实录》，中华书局影印本。

清官修：《皇亲开国方略》，清光绪十年刊广百宋本。

三、政书

（唐）杜佑：《通典》，中华书局 1988 年。

（宋）王溥：《唐会要》，上海古籍出版社 1991 年。

（宋）郑樵：《通志》，中华书局 1987 年。

（元）马端临：《文献通考》，浙江古籍出版社影印本，1988 年。

（明）徐溥等《大明会典》，国家图书馆出版社 2009 年。

（清）吴廷燮：《唐方镇年表》，中华书局 1980 年。

蒋良骐：《东华录》，中华书局 1980 年

《清会典》及《光绪大清会典事例》，中华书局，1991 年影印本。

四、类书、辞书、总集

（宋）李昉等：《文苑英华》，中华书局 1966 年。

（宋）王钦若等：《册府元龟》，中华书局 1960 年。

（宋）乐史：《太平寰宇记》，中华书局 2000 年。

（元）苏天爵：《国朝文类》，文渊阁四库全书本。

（清）董诰等：《全唐文》，中华书局 1983 年。

五、志书

（北魏）郦道元：《水经注》，中华书局 2001 年。

（明）李贤等：《明一统志》，国家图书馆出版社 2009 年。

（清）顾祖禹：《读史方舆纪要》，中华书局 2005 年。

（清）于敏中等：《日下旧闻考》，北京古籍出版社 1981 年。

（清）周家楣等：《光绪顺天府志》，北京古籍出版社 1987 年。

（清）吴廷燮等：《北京市志稿》，北京燕山出版社 1998 年。

《清一统志》，浙江古籍出版社 2000 年。

《畿辅通志》，上海古籍出版社 1991 年。

（清）魏源：《海国图志》，中州出版社 1999 年

六、诸子、文集笔记

《十三经注疏》，中华书局 1980 年。

（宋）宇文懋昭：《大金国志》，中华书局 1986 年。

（宋）洪皓：《松漠纪闻》，国学文库本。

（宋）苏辙：《栾城集》，文渊阁四库全书本。

（宋）李心传：《建炎以来系年要录》，中华书局 1956 年。

（宋）李心传：《建炎以来朝野杂记》，中华书局 1956 年。

（宋）李焘：《续资治通鉴长编》，文渊阁四库全书本。

（宋）徐梦莘：《三朝北盟会编》，文渊阁四库全书本。

（元）虞集：《道园学古录》，文渊阁四库全书本。

（宋）赵孟頫：《松雪斋集》，文渊阁四库全书本。

（明）顾炎武：《昌平山水记》，北京古籍出版社 1980 年。

（明）顾炎武：《日知录》，岳麓书社 1994 年。

（明）李贽：《续藏书》，文渊阁四库全书本。

（清）吴振棫：《养吉斋丛录》，北京古籍出版社 1983 年。

（清）赵翼：《簷曝杂记》，文渊阁四库全书本。

（清）刘献廷：《广阳杂记》，文渊阁四库全书本。

（清）谷应泰：《明史纪事本末》，中华书局 1970 年。

（清）恽毓鼎：《恽毓鼎澄斋日记》，浙江古籍出版社 2004 年。

（清）赵翼：《廿二史札记》，中华书局 1984 年。

（清）钱大昕：《廿二史考异》，商务印书馆 1937 年。

（清）王夫之：《宋论》，中华书局 2011 年。

七、今人著述

白寿彝主编：《中国通史》，上海人民出版社 1989 年。

罗琨等：《中国军事通史》，军事科学出版社 1998 年。

曹子西主编：《北京通史》，中国书店 1994 年。

中国社会科学院考古研究所：《新中国的考古发现和研究》，文物出版社 1984 年。

北京市文物研究所编：《北京考古四十年》，北京燕山出版社 1990 年。

彭华：《燕国史稿》，中国文史出版社 2005 年。

北京市文物研究所：《琉璃河西周燕国墓地》（1973—1977），文物出版社 1995 年。

马王堆汉墓帛书整理小组编：《战国纵横家书》，文物出版社 1976 年。

［英］崔瑞德、［英］鲁惟一编；杨品泉等译：《剑桥中国秦汉史》，中国社会科学出版社 1992 年。

［德］傅海波、［英］崔瑞德编：《剑桥中国辽西夏金元史》，中国

社会科学出版社 1998 年。

　　史念海：《河山集》，三联书店出版社 1963 年。

　　王永兴：《唐代前期军事史略论稿》，昆仑出版社 2003 年。

　　陈寅恪：《唐代政治史述论稿》，上海古籍出版社 1982 年。

　　《金明馆丛稿二编》，三联书店出版社，2001 年。

　　王寿南：《唐代藩镇与中央关系之研究》，台湾大化书局 1978 年。

　　李锡厚、白滨：《辽金西夏史》，上海人民出版社 2003 年。

　　陶晋生：《宋辽关系史研究》，台湾联经山版事业公司 1984 年。

　　《北京志·军事志》，北京出版社 2002 年。

　　董耀会、吴德玉、张元华：《明长城考实》，档案出版社 1988 年。

　　刘小萌：《清代八旗子弟》，辽宁民族出版社 2013 年。

　　中国史学会编：《第二次鸦片战争》，上海人民出版社 1979 年。

　　中国社会科学院近代史研究所编：《义和团史料》，中国社会科学出版社 1982 年。

　　夏仁虎：《旧京琐记》，北京古籍出版社 1986 年

　　[美] 齐锡生：《中国的军阀政治（1916—1928）》，中国人民大学出版社 2010 年。

　　许指言：《复辟半月记》，中华书局 2007 年。

　　李剑农：《中国近百年政治史》，商务印书馆 1983 年。

　　来新夏：《北洋军阀》，南开大学出版社 2000 年。

　　姜克夫：《民国军事史略稿》，中华书局 1987 年。

　　吴恒长：《国共两党与西北军》，解放军出版社 2012 年。

　　何天义、曹朝阳、何晓：《华北抗日战争史》，河北人民出版社 2012 年。

　　何立波：《七七事变》，中共党史出版社 2005 年。

　　中国社会科学院近代史研究所编：《清末新军编练沿革》，中华书局 1978 年。

　　中国社会科学院近代史研究所编：《庚子记事》，中华书局 1978 年。

后 记

千年古都北京，缘于其特殊的地域环境，长期作为中国北方军事重镇而存在。综观有关北京军事史研究的学术成果，改革开放以来，涌现出一些有关这方面的研究论著，但这些成果是就某一时段或某一军事战争进行分析，尚非整体性、系统性的论述与思考。《北京军事史》这一课题，旨在通过梳理北京先秦至民国初的军事面貌、军事制度、战争因素及其影响等方面的文献史料和考古资料，从军事史角度阐释北京都城文化的形成、发展，揭示北京古都历史文化的特点和时代价值。

我们不揣浅薄，在王岗研究员的策划、统领下，集北京市社科院历史研究所众人之力，在有限的时间里完成了这部《北京军事史》。具体分工：前言、概论、第五章由王岗撰写，第一章、第二章、第四章由靳宝撰写，第三章由许辉撰写，第六章由郑永华撰写，第七章由张艳丽撰写，第八章由陈清茹撰写，全书由靳宝负责统稿。

由于军事史涵盖的内容非常广泛，既有宏观的战争叙事，又有微观的军事技术分析，课题组各位成员对于相关内容的详略、取舍不尽相同。同时，由于成于众人之手，虽经前期统一策划、后期统稿，但全书在学术体例、叙述风格、内容侧重点等方面还存在一些不统一的地方，书中的疏漏与错误亦在所难免，敬请读者批评指正！

本书是北京市社会科学院重大项目《北京专史集成》系列推出的第十六本，今后还将陆续推出其他专门史著作。我们希望通过不断努力，以更高的学术要求，彰显自身研究特色，将北京历史文化研究提升到一个新的层次。

课题组

2017 年 11 月